갑골학 일백 년 5

甲骨學一百年

The Study of Oracle-Bone Inscriptions in Century

2012년도
대한민국학술원 선정
우수학술도서

이 도서는 대한민국학술원에서 선정한
"2012년도 우수학술도서"로서 교육과학기술부의
지원으로 구입 배부한 것임.

지은이 **왕우신**王宇信은 북경 平谷 출생. 중국사회과학원 역사연구소 연구원, 중국은상문화연구회 이사장. 갑골학과 先秦 시대 역사학이 주 전공이며, 현재 중국 고대문명과 하상주 정치제도를 연구하고 있다. 1964년 북경대학 역사학과를 졸업하고 사회과학원에서 胡厚宣 교수의 지도를 받았으며, 『甲骨文合集』의 편찬에 참여하였다. 주요저작으로는 『建國以來甲骨文研究』, 『西周史話』, 『西周甲骨探論』 등이 있으며, 『甲骨學通論』은 한국에서도 번역되었다.

지은이 **양승남**楊升南은 사천성 平昌현 출생. 중국사회과학원 역사연구소 연구원, 선진사연구실 주임, 중국은상문화학회 부회장 등을 역임. 중국 先秦史 및 갑골학, 고문자학이 주전공이며 중국 고대 국가구조와 사회사를 연구하고 있다. 1964년 사천대학 역사학과를 졸업하고, 같은 해 8월 중국과회과학원 역사연구소로 옮겼으며, 『甲骨文合集』의 편찬에 참여하였고, 王宇信과 함께 胡厚宣 주편의 『甲骨文合集釋文』의 총교열을 맡았다. 『甲骨學一百年』의 주요 저자로 참여하였고, 『商代經濟史』, 『中國春秋戰國政治史』, 『商代土地制度史』(공저) 등이 있다.

옮긴이 **하영삼**河永三은 경남 의령 출생. 경성대학교 중문과 교수, 한국한자연구소 소장. 한자학이 주전공이며, 한자에 반영된 문화 특징을 연구하고 있다. 1983년 부산대학교 중문과를 졸업하고 臺灣 政治大學에서 석·박사 학위를 취득했다. 『한자문화학』, 『한자야 미안해』(부수편, 어휘편), 『연상 한자』, 『한자의 세계』 등의 저서와 『한어문자학사』, 『한자 왕국』, 『언어와 문화』, 『언어지리유형학』, 『洙泗考信錄』(공역) 등의 역서가 있다.

갑골학 일백 년甲骨學一百年 **5**

1판 1쇄 발행 2011년 4월 15일 **1판 2쇄 발행** 2012년 8월 25일

지은이 왕우신 · 양승남 외 **옮긴이** 하영삼 **펴낸이** 박성모 **펴낸곳** 소명출판
등록 제13-522호 **주소** 137-878 서울시 서초구 서초동 1621-18 (란빌딩 1층)
대표전화 (02) 585-7840 **팩시밀리** (02) 585-7848
이메일 somyong@korea.com **홈페이지** www.somyong.co.kr

ISBN 978-89-5626-581-0 94820 값 25,000원

ISBN 978-89-5626-576-6 (전 5권)

이 번역도서는 정부재원(교육인적자원부 학술연구조성사업비)으로 한국연구재단의 지원에 의하여 연구되었음.

갑골학 일백 년 5

甲骨學一百年

왕우신 · 양승남 외 지음
하영삼 옮김

소명출판

일러두기

※ 본문

1. 한글세대가 읽을 수 있는 쉬운 한국어로 풀어쓰는 것을 원칙으로 한다.
2. 가능한 한자의 사용을 자제하며 필요한 때에만 한자를 병기한다. 다만, 각주에서는 책의 전문성을 고려하고 번잡함을 피하고자 원문 그대로 쓴다. 본문 예) 갑골학甲骨學; 주석 예) 裴明相, 「略談鄭州商代前期的骨刻文字」, 『全國商史學術討論會論文集』, 1985; 『鄭州商城的考古新發現與研究』(1985~1992), 中州古籍出版社, 1993, 177면.
3. 한자 사용권의 인명과 지명, 책이름 등 고유명사는 시기에 관계없이 모두 한국 한자음으로 통일하여 표기하며, 처음 등장하는 인명 뒤에다 생몰연대를 병기한다. 단 중국의 소수민족명 등은 원음을 존중해 표기하며 한자를 병기해 둔다. 한자 사용권을 제외한 서구의 인명과 고유명사는 원음대로 표기함을 원칙으로 한다. 예) 왕우신王宇信(1940~현재), 나시納西족, 백천정白川靜, 멘지스明義士(James Mellon Menzies).
4. 인용 갑골문은 인용 후 번역문을 제시한다. 학자들 간의 해석상의 차이가 있을 때는 저자들의 해석과 의도를 존중한다. 갑골문 등 고문자는 스캔 후 그림저장 형식으로 편집한다.
5. 서명은 『 』, 편명이나 논문이나 단편 글 등은 「 」, 인용문은 " ", 작은 인용문과 강조는 ' ' 등으로 표기한다.
6. 서명과 편명을 동시에 적을 때에는 『서명』「편명」의 형식으로 한다. 예) 『논어』「술이」, 『맹자』「등문공」 상
7. 서명·논문명은 이해하기 쉽도록 풀어쓰는 것을 원칙으로 한다. 예) 『전후 남경·상해 지역에서 새로 얻은 갑골집戰後寧滬新獲甲骨集』
8. 원서에서 구분하지 않은 서명과 논문은 따로 구분해 표기한다. 예) 『甲骨文斷代研究例』→「갑골문 시기구분 연구 예甲骨文斷代研究例」
9. 연대는 서기로 하고, 연호로 표기된 경우에는 서기를 괄호 속에 표기한다. 예) 민국 44년(1955)
10. 숫자 표기는 아라비아 숫자로 한다. 예) 75,423편

※ 용어

1. 전문 용어는 가능한 한글화시킨다. 예) 斷代 : 시기구분, 綴合 : 조각 맞추기
2. 생경한 한자 용어는 가능한 한 풀어쓴다. 예) 品類 : 기물분류
3. 어려운 용어는 한자를 병기하고, 괄호 속에 간단히 풀이하여 이해를 돕는다. 예) 전와磚瓦(벽돌과 기와)
4. 비슷한 의미를 가지는 한자를 가능한 한 의미가 차이가 나도록 번역한다.
   1) "斷代"의 경우, 일반적 의미로 쓰일 때에는 "시기구분"이라 번역했지만, "分期"와 함께 등장하여 대칭적 의미로 쓰일 때에는 "斷代"는 "시대구분"으로, "分期"는 "시기구분"으로 번역했다.
   2) "宰"은 일반적인 양과 구분하기 위해 "희생양"으로, "牢"는 일반적인 소와 구분하기 위해 "희생소"로 구분해 번역했다.
   3) 재앙에 관한 용어의 경우, "타"는 "탈"로, "尤"와 "咎"는 "허물"로, "災"(祟, 齒 등)는 "재앙"으로, "禍"는 "불행"으로, "艱"은 "어려움" 등으로 구분하여 번역했다.
   4) 공납에 관한 동사의 경우, "氏"는 "갖고 왔다", "來"는 "보내 왔다", "入"은 "들여왔다" 등으로 구분하여 번역했다.

※ 역주

1. 중요한 개념이나 이 책에서의 설명이 미진한 경우, 혹은 이 책이 나온 이후 지금까지의 고고학적 성과는 가능한 보충하여 역주로 처리하도록 한다.

저자 서문

한국어판 『갑골학 일백 년』 출판에 부쳐

2010년 3월 5일 아침, 부산 경성대학교에서 한국의 저명 학자 하영삼 교수로부터 갑자기 걸려온 전화를 받고서, 너무나 반가웠다. 하지만, 가장 기뻤던 것은 하 교수가 알려온 『갑골학 일백 년』의 한국어 번역본에 관한 진전 상황 때문이었다. 이미 제2차 교정이 완성되어 출판사에 넘길 예정이고, "순조롭다면 올해 안에 5권의 분량으로 출판될 수 있을 것이다"라고 했다. 아울러 필자에게 한국어 번역판 『갑골학 일백 년』의 "서문"을 부탁해 왔다. 이 책이 한국에서 번역 출판될 수 있었다는 것은 한국의 "중국학" 전문가가 한층 더 깊은 수준의 중국 전통문화 연구를 향해 진전했음을 말해준다. 그리고 그러한 성과가 이루어졌음의 반영인 동시에 한중 학자 간의 학술 교류와 우호적인 왕래가 새로운 성과를 이룬 것으로 생각한다. 이 때문에 이 책의 주 편집자이자 저자의 한 사람인 필자는 "서문"을 부탁한 하 교수의 부탁을 흔쾌히 받아들이게 되었다.

우리가 이 책의 한국어 번역판 출간을 두고서 한국의 "중국학" 전문가가 한층 더 깊은 수준의 중국 전통문화 연구를 향해 진전했으며 그러한 성과가 이루어졌음의 반영이라 하는 것은, 바로 갑골문이라는 것이 3천 년 전 중국의 가장 이른 체계적인 문자이며, 사료가 상대적으로 적은 상나라 사회 역사의 백과사전이자 제1차 연구 자료이기 때문이다. 세계에서 가장 오래된 문자의 하나인 갑골문자는 방대하고 심오한 중국 전통문화를 계승한 한자의 시조이다. 그래서 누구라도 중국의 전통문화를 이해하려면 갑골문의 이해로부터 시작해야만 한다. 이러한 의미에서 갑골문은 중국 전통문화의 근원이자 핵심이다.

한중 양국 인민들 간에는 자고이래로 밀접한 문화 교류와 우호적 왕래가 있었으며, 인구에 회자하는 아름다운 이야기들도 많이 남겼다. 예컨대, 당나라 때의 많은 유학생 중, 유명한 고운孤雲 최치원崔致遠 선생은 그의 나이 열셋에 그 기세등등한 「토황소격문討黃巢檄文」을 남겼는데, 이미 중국의 모든 사람이 아는 천고의 명문이 되었다. 또 16세기의 퇴계 이황李滉과 율곡栗谷 이이李珥라는 "두 대학자"는 송나라 주희朱熹의 철학사상을 발전시켰으며, 명나라 철학자인 왕양명王陽明의 학설을 계승하여, 한국적 특색의 "퇴계학파"를 만들었다. 한국인들은 "동방의 주자朱子"라 불리는 이 두 분을 특히나 존중하여, 그들의 초상을 현재 쓰이는 천원권(이퇴계)과 오천원권(이율곡)의 도안으로 쓰고 있다. 게다가 고려高麗에서 조선朝鮮에 이르는 시기의 『조천록朝天錄』과 『연행록燕行錄』 등은 중국에서 경험한 한국인들의 견문을 기록하였는데, 오늘날까지도 당시 중국 사회와 전통문화를 연구하는 데 중요한 자료가 되고 있다.

세상이 변하고 왕조가 바뀌고, 일본 제국주의에 대한 항거와 한국전쟁이라는 시련 속에서도 중국 전통문화에 대한 한국 학자들의 사랑과 추구는 중단되지 않았다. 특히 지난 세기 60~70년대 이후 한국의 "중국학" 연구는 이미 단순한 중국 전통문화의 소개가 아니라 갑골문이나 금문과 상주商周의 역사문화라는 중국 전통문화의 심층과 근원의 영역까지 확장했다. 1950년대 말부터 70년대까지, 조좌호曺佐鎬 교수가 「복사卜辭에 보이는 중국의 고대국가」(『동국사학』 Vol.3 No.1, 1955)를, 윤내현尹乃鉉 교수가 「상 왕조사의 연구—갑골문을 중심으로」(1978) 등을 발표했으며, 80년대 이후에는 신진 학자들이 대거 출현했으며, 저술도 숲처럼 많았다. 예컨대, 이형구李亨求 교수의 「문헌자료로 파헤쳐 본 갑골문화」(1983), 「발해연안의 무자無字 복골卜骨 연구—고대 동북아 제 민족의 복골 문화를 함께 논함」(상·중·하, 1980~1981) 등이 있다. 또 손예철孫叡徹의 「갑골 복사로 본 은상 제사」(1980), 「갑골 제사 복사 중의 희생에 관한 고찰」(1980), 「서울대학 소장 갑골편 연구」(1980) 등도 있다. 특히 윤내현尹乃鉉 교수가 출간한 『상주사商周史』(1984)는 당시 외국 학자 중 갑골문과 금문과 문헌자료를 이용해 상주의 역사 문화를 계통적으로 정리한 비교적 이른 시기의 저작으로, 중국의 단대사斷代史에 대한 한국 학자의 연구 수준을 대표한다. 1992년 중국과 한국이 정식으로 수교한 이후, 한국 학자들의 갑골학 은상 문화 연구는 완전히 새로운 단계에 접어들게 되었다. 『갑골문합집』, 『소둔 남지 갑골』, 『은허 갑골 각사 유찬』 등과 같은 갑골 자료가 한국에서 영인 출판되었고, 실제 갑골문 자료들도 수집하였는데, 서울대학은 러시아로부터 몇 편의 갑골을 들어왔으며(1996년 필자의 감정에 의해 위각으로 밝혀졌다), 숙명여자대학에서도 미국에서 7편의 갑골(『은계유주殷契遺珠』에 실렸던 자료임)을 사 들였다. 또 중국학자들의 갑골학 저작도 대거 번역 출판되었는데, 『고문자 첫걸음』(이학근 저, 하영삼 역), 『중국 갑골학사』(오호곤(등) 저, 양동숙 역), 『은대 정복 인물 통고殷代貞卜人物通考』(요종이 저, 손예철 역), 『갑골학 통론』(왕우신 저, 이석재 역) 등이 있다. 또 이 시기에는 적잖은 저서도 쏟아져 나왔는데, 하영삼의 『문화로 읽는 한자』(1992.5), 「갑골문에 반영된 인간중심주의」(1996.5) 등을 비롯해, 이형구의 「발해 연안의 갑골문과 한국의 갑골 문화」(1996.5), 양동숙의 「중국문자의 형성과 갑골문의 표음성」(1996.5)과 「갑골문의 '호好'자의 형음의 고찰」(1993), 정기래의 「중국 고대의 식인—사람이 사람을 먹는 행위에 대한 투시」(1994) 등을 비롯해 중국 갑골학의 대가인 호후선에 관한 전문 연구 등이 있다.

특히 양동숙 교수가 출판한 『갑골문 해독』(2009)은 갑골과 문자 고석에 대한 한국 학자의 새로운 수준을 반영했다. 이뿐 아니라 양동숙의 「한국의 갑골문 현황」(1996.5)은 한국의 갑골학 연구를 총 정리했다. 또 한국의 연구 현황을 중국학계에 소개한 학자도 있는데, 정기래의 「남조선의 중국 상고사 연구」가 중국의 핵심저널인 『중국사연구』(1989년 제3기)에 발표되었고, 정일의 「한국 '국제 갑골학 학술토론회' 술요」도 핵심저널인 『중국사 연구 동태』(1996년 제9기)에 발표되었는데, 이는 중국 학계가 한국 학자들의 연구 성과에 주목하고 중시하고 있음을 보여주었다. 한국 학자들은 갑골학 영역의 새로운 분과라 할 "서주 갑골학"에 대해서도 상당히 일찍부터 관심을 둬, 양동숙이 1989년 「서주 갑골문의 고찰」을 발표했고, 홍희가 1991년 『주원 갑골문 연구』를 완성했다. 이외에도 많은 학자가 갑골문자를 고석했다. 중국 전통문화의 매체이자 원류라 할 갑골문과 금문과 은상 문화의 연구에서 한국학자들은 전방위적으로 깊이 있는 방향으로 나아가고 있다. 이러한 부분에서 체계적이고 전면적으로 갑골학 연구의 성과(한국 학자들의 성과까지 포함)를 총결하고 전망한 『갑골학 일백 년』의 한국어 번역 출판은 깊이 있는 한국 갑골학 발전의 급박한 수요에 부응하고, 동시에 한국 학자들이 중국 전통문화의 매체이자 원류인 갑골학과 은상 문화를 연구하는 과정에서 획득한 성과의 표지이다. 우리는 『갑골학 일백 년』이 한국에서 출판되어, 한국 학자들의 연구에 가치 있는 참고자료가 되고 유익한 계기가 되기를, 그리고 한국의 갑골학 발전에 공헌하기를 충심으로 희망한다.

우리가 이렇게 말하는 것은, 한국어 『갑골학 일백 년』의 번역 출판은 한중 양국 학자들의 교류와 우호적 왕래가 이룬 성과이며, 이는 1992년 한중 양국의 수교 이후 양국 학자들 간의 우호적 교류가 더욱더 절실해졌기 때문에 가능했다. 정기래, 홍희, 이형구, 하영삼, 정일, 양동숙 교수 등과 같은 적잖은 한국 학자들이 갑골문의 출토지인 하남성 안양에서 거행된 갑골학 은상 문화 국제 학술대회 등에 여러 차례 참가하였고, 또 중국의 각 대학을 방문하거나 거기서 연구하기도 했다. 또 적잖은 중국 학자들이 한국의 국제 학술대회에 초청되었고, 대학에서 강연하거나 방문하기도 했다. 그리고 홍콩이나 대만을 비롯해 외국에서 개최된 각종 국제대회에 함께 참석하여 "이문회우以文會友"하였으며, 학술 교류 속에서 우의를 다지고 상호를 이해해왔다. 위대한 선배 학자인 동작빈董作賓도 1955년 5월 서울대학, 성균관대학, 연세대학, 고려대학 등을 방문한 적이 있으며, 서울대학에서 박사학위를 받았고, "은허 고고"와 "한자 원류 탐색" 등을 주제로 강연한 바 있다. 동작빈은 대만으로 돌아가 「서울대학 소장 대갑골大胛骨 각사 고석」(1957)을 발표하기도 했다. 필자의 절친한 친구이자 "노형"인 정기래 교수는 1987년 9월 안양에서 거행된 제1차 국제회의 때 알게 되었다. 필자의 학생인 홍희 교수는 1992년 한중 수교가 이루어지고 나서 얼마 되지 않아 북경으로 필자를 찾아왔고, 서주 갑골을 연구하기 위해 필자의 대학원생이 되고자 했으나 실현되지는 못했다(당시 필자는 박사 지도 교수가 아니었다). 하지만, 그 후로 20년간 줄곧 스승과 제자의 관계로 지내왔으며, 지금 그는 이미 한국의 저명한 번역가이자 중국 민족사의 전문가로 성장했다. 이학근, 구석규, 채철무 등과 같은 적잖은 중국 학자들도 한국으로 초빙되어 방문하고 한국 학자들과 교류했다. 필자가 처음 한국을 방문하게 된 것은 1996년 숙명여자대학 창학 90주년을 기념하여 열린 "국제 갑골학 학술대회"였으며, 거기서 양동숙, 하영삼, 이규갑, 이홍진, 손예철 등 한국의 대표 학자들을 알게 되었다. 이후 2001년 4~8월까지 대진대학에서 한 학기 동안 방문 교수로도 있었다. 그 후 중어중문학회의 초청으로 2002년 연세대학에서 거행된 국제학술대회에 참가한 것이 세 번째 방문이었다. 세 번의 방문을 통해 필자는 한국의 남부로부터 북부에 이르기까지, 목포대학, 부산대학, 인제대학, 선문대학, 효성여자대학(대구가톨릭대학), 대전대학, 경북대학, 서라벌대학, 숙명여자대학, 서울대학, 성균관대학, 한양대학, 연세대학, 단국대학, 동국대학, 대진대학, 한림대학 등을 방문했으며, 거기서 강연을

하거나 교류하면서 서로 절차탁마하기도 하였고, 많은 친구를 만나고 또 새로운 친구도 사귀었다.

몇 번의 한국 방문 기간에 친구들은 필자로 하여금 가능한 한 많은 곳을 방문하고 참관하도록 배려해 주었다. 필자는 2002년 막 완공한 부산의 월드컵 경기장을 보기도 했고, 서울 타워, 아름다운 여의도와 경기도 파주의 오두산鰲頭山 등지의 현대 건축물을 보기도 했다. 하지만, 서울의 경복궁, 국립민속박물관, 국립중앙박물관, 한국 신석기 시대의 석마반石磨盤과 석마봉石磨棒, 그리고 청동기 시대의 농기구인 인답뢰人踏耒와 청동편 등과 같이 한국의 문화 고적을 더 많이 보았으며, 이는 필자에게 깊은 인상을 남겨 주었다. 이외에도 필자는 철도박물관을 참관하기도 했고, 서울의 유리창琉璃廠이라 할 수 있는 인사동 골동 거리와 유명한 동대문 시장을 여러 차례 돌아다니기도 했다. 경기도의 깊은 연봉과 울창한 숲에 둘러싸인 봉선사奉先寺에서 필자는 이러한 사찰이 선학禪學을 홍양하고 교육의 발전에 이바지하고 있으며, 지금의 동국대학도 이 사찰과 깊은 인연이 있다는 사실을 알게 되었다. 또 임진왜란 때 파괴된 포천에 있는 회암사檜巖寺 유적지를 방문하여, 부서진 기와 조각과 무너진 담장의 폐허 속에서 외로이 남은 쌍사자 석등과 조선 왕조 태종 때의 유물인 무학대사비의 좌대와 비석 덮개도 볼 수 있었다. 한국의 유명한 문화 고도인 경주를 방문해서는 세계 문화유산인 천마총과 민속문화원을 보고서 고도로 발달한 신라 문명에 감탄을 금할 수가 없었다. 불국사의 장엄함과 엄숙함은 필자로 하여금 정신이 번쩍 들게 함은 물론 놀라움을 금치 못하도록 하였다. 이외에도 필자는 세계문화유산에 등재된 경상남도 가야산의 해인사로 가 "학사대學士臺"에서 최치원 선생을 참배했고, 해발 1천 미터가 넘는 높은 산을 올라 정상에서 9세기에 축조된 5미터 높이의 부도 마애 석각 조상造像의 풍채를 보기도 했다. 해인사에서 완벽하게 보존된 팔만 고려 대장경을 보고서는 돌아갈 생각조차 잊어버렸으며, 방충과 통풍과 방습 문제를 과학적으로 처리하여 문물을 보호한 선인들의 지혜에 탄복했다.

친구들은 또 필자로 하여금 한국의 사회와 문화와 접촉할 수 있도록 해주었다. 성균관의 엄숙함과 유학이 한국 사회에서 대단히 큰 영향을 끼치고 있었고, 젊은 사람들의 경로사상은 가정에서뿐 아니라 지하철이나 버스 등 공공장소에서도 실현되어 노인에게 자리를 양보하는 것이 이미 습관화되어 있었다. 광주에서는 마침 "모내기" 때를 만났는데, 전통 복장을 한 "농부"들이 논에서 노래를 부르고 춤을 추며 모내기를 하고 있었다. 불어오는 바람에 휼날리는 깃발에는 "농민이 천하의 근본이다"라고 쓰여 있었다. 한국 사회가 현대 공업화 사회에 진입하였어도 중농 사상의 역사적 전통을 잊지 않고 있음을 잘 보여주었다. 이외에도 한국에서 석가탄신일(국가 지정 공휴일)을 체험하기도 했는데, 사원에서는 석가모니의 탄신을 기념하기 위한 성대한 잔치가 열렸다. 대진대학의 한 교수가 석가모니의 일생을 설명해주었고, 북소리와 음악에 맞추어 일제히 부처상을 향해 절을 하고 경건한 마음으로 공덕함에 돈을 넣었다……. 그런 다음 모두 공짜로 제공되는 공양도 함께 들었다. 필자는 또 대표단 속에 "끼어들어"(필자의 친구가 불교 신도였다) 해인사에서 거행된 선종 대표회의에 참석하기도 했다. 거기서 "좌선"을 체험할 수 있었고, 이틀 동안 소식素食만 먹으며 지낼 수도 있었다. 그리고 해인사의 "약수암藥水菴"에서는 주지 스님이 제공한 "작설차"도 맛보았다. 해인사를 찾은 동국대학(불교대학)을 졸업한 한 여성은 자신이 대만을 방문한 적이 있으며, 이후 돈을 모아 중국의 명산과 고찰을 찾아 여행할 꿈을 안고 살고 있다고 했다……. 몇 번에 걸친 한국 방문을 통해 한국 학자들의 중국학 연구와 추구에 상당히 이해하게 되었고, 한국의 유구한 역사문화와 전통과 민속에 대해서도 제법 깊이 인식하게 되었다. 이 때문에 필자는 대진대학에 있는 동안 강의의 나머지 시간을 이용해 보고 듣고 느끼고 한 것을 연속해 10여 편의 수필로 남겼다. 중국에 돌아오고 나서는 『중국사회과학원보中國社會科學院報』에 4~5편을 연재해 적잖은 사람들의 공감을 일으키기도 했다.

이처럼 한중 학자들의 학술 교류와 우호적 교류가 강화되면서, 우리는 갑골학 연구에서 얻은 성과는 물론 의문점과 난제를 비롯해 더 깊고 확장이 필요한 과제에 대해 인식을 같이하게 되었다. 1999년 안양에서 거행된 갑골문 발견 1백 주년 국제학술대회 석상에서 갑골학 발견 1백 주년을 기념하기 위해 『갑골학 일백 년』을 처음으로 내놓게 되었으며, 국내외 전문가들의 주목과 호평을 받은 바 있다. 대단히 영광스럽게도 것은 한국의 한국연구재단(KRF)에 의해 이 책이 번역과제 대상 문헌으로 선정되었다. 작금의 연구 수준을 대표하는 이 『갑골학 일백 년』은 2001년 9월 제8회 "5개년 제1차 프로젝트"의 일등상을, 같은 해 12월에는 제5회 중국 국가 "전국 도서상"의 후보상을, 2002년 10월에는 중국사회과학원의 "제4회 우수 저작상"을 수상했다. 해마다 수도 없이 쏟아지는 중국의 그 많은 도서 중에서 한국연구재단에서 우리의 이 책을 번역 대상으로 선정하였다는 것은 분명히 혜안을 가졌다고 해야 할 것이며, 세계 학술 발전의 현황을 파악하고 교육문화 발전을 이끄는 높은 수준을 반영한 결과라 하겠다. 우리는 한국 정부가 한국의 학계가 더욱 높은 수준의 중국 전통문화 연구에 박차를 가할 수 있도록 내린 중대한 정책적 결정에 충심 어린 흠모와 감사를 드린다. 또 학술 교류과정에서 공동으로 수준을 높이고, 우호적인 교류 속에서 우의와 이해를 증진시킨 한국의 동료께도 감사드린다. 이는 그들이 우리를 신뢰하고 지지하고, 긍정하고 적극적으로 추천했기에 한국 정부가 이러한 한중 학술 교류사에서의 새로운 중요한 일을 완성할 수 있었기 때문이다. 우리 함께 노력하여 "갑골학"이라는 이 국제성을 띤 학문이 다시 한 번 찬란한 역사를 이루도록 해야 할 것이다.

『갑골학 일백 년』의 한국어 번역판이 곧 출간될 이 시점에서, 우리는 또 하영삼 교수에게 진정 어린 위로와 진심 어린 감사를 드려야 할 것이다. 중국에 "10년을 갈아야 검 한 자루가 완성된다"는 말이 있다. 하영삼 교수는 과중한 학교 업무와 연구를 수행하는 동시에 묵묵히 혼자서 『갑골학 일백 년』의 한 글자 한 글자, 한 문장 한 문장을 한국어로 번역해 냈다. 원문으로 123만 자에 달하는 『갑골학 일백 년』은 중국에서도 대단한 분량의 대작이라 일컬어지고 있다. 이를 한국어로 옮긴 결과 2천 쪽 5권이라는 방대한 분량으로 변신했다. 한 사람의 일생이 몇 십 년이나 되던가? 하영삼 교수는 자신의 10년 청춘, 자신의 피와 땀, 고생스런 작업과 학술 발전을 위한 봉사정신을 『갑골학 일백 년』이라는 이 한국어 번역판의 한 줄 한 줄 행간에 녹여 넣었다. 갑골학은 중국에서도 일반인들이 느끼기에는 깊고 어려운 수준의 학문이라고 말해진다. 이 거대한 분량의 『갑골학 일백 년』은 전문성이 강한 학술서이다. 난삽하고 어려운 전문 용어, 많은 벽자僻字와 현대 한자로 옮기기 어려운 갑골문자, 정확하게 해독되지 않은 어려운 글자들이 많아, 문자학에 종사하는 사람이라 할지라도 일반 학자들이 읽고 이해하기에는 일정한 어려움이 존재한다. 하물며 중국과 다른 언어와 문자를 사용하는 한국 학자에게는 어떻겠는가? 하영삼 교수는 10년의 세월을 견디며 이 거대한 분량의 번역 작업을 완성했다. 이는 하 교수의 수준 높은 중국학 수준을 반영한 성과일 뿐 아니라 갑골학에 다져 놓았던 도타운 기초와 높은 연구 수준이 반영된 결정체라 할 것이다. 『갑골학 일백 년』의 번역을 완성했다는 것은 한국의 한 갑골학자가 이미 전 세계 갑골학 발전의 최전선에 서 있음을 나타내 주는 표지라 하겠다.

하영삼 교수가 오늘날의 이러한 뛰어난 학술적 성취를 이룰 수 있었던 것은 결코 우연이 아니다. 1996년 숙명여자대학에서 거행된 국제 갑골학 학술대회에서 그의 뛰어나고 정교한 논문은 송곳 끝이 주머니를 뚫고 나오듯 재능을 드러냈다. 그리고 학술대회에서 필자의 논문 발표 통역도 그가 담당했다. 그 이후로 인제대학과 부산대학 등에서의 몇 차례 학술 강연에서도 통역을 맡아주었고, 한국에서의 영접과 대접도 그가 직접 담당했다. 그는 또 중국에서 이루어진 국제학술대회에도 여러 차례

초청되어 참석하였으며, 그의 정교한 논문은 세계 각국 학자들의 주목을 받았다. 하영삼 교수는 한중 학자의 학술 교류에서도 큰 공헌을 했다. 2008년 7월 그는 정주대학과 경성대학이 연합으로 주최한 국제학술대회에 필자와 송진호 교수를 초청하였으며, 한국에서 온 30여 명의 학자를 만날 기회를 제공했다. 또 "한국한자연구소"를 운영하면서 중국은 물론 세계의 저명 학자들을 초청하여 한자의 세계화에 노력하고 있다. 기회는 언제나 준비된 자에게만 주어지는 법이다. 하 교수는 다년간에 걸쳐 쌓은 자신의 갑골학 연구에 대한 축적과 깊은 학술적 소양, 그리고 중국어문학에 대한 높은 수준과 능숙한 중국어 구사력, 여기에다 한순간도 나태하지 않고 끈기 있게 끝까지 해내는 발분과 고집으로 이 5권에 달하는 방대한 분량의 『갑골학 일백 년』이 한국에서 출판될 수 있게 하였고, 한중 문화교류가 깊이 있게 발전하는데 커다란 공헌을 할 수 있었다. 우리는 다시 한 번 하 교수에게 열렬한 축하와 깊은 감사를 드린다.

필자가 이 한국어판 「서문」을 쓰는 동안, 이런저런 생각이 끊임없이 떠올라 적잖은 한국의 옛 친구와 새로운 친구들의 얼굴이 내 눈앞에 아른거린다. 한국에서 가 보았던 대학, 답사했던 고대 유적지들, 명승고적과 아름다운 산천들…… 이 모든 것들이 어제 일처럼 아른거린다. 더 많은 친구가 중국을 방문해 주기를, 마음 편하게 지내기를, 마음껏 먹고 마시기를…… 필자는 학수고대한다. 또 한국에 가서 옛날 친구들과 새로운 친구들을 다시 만날 수 있기를 기대해 본다. 또 『갑골학 일백 년』의 한국어 번역판이 처음 발간되고서 이에 대한 독자들의 반응과 의견을 귀기울여 들을 수 있기를, 또 함께 갑골학의 미래와 발전과 우리 한 사람 한 사람 모두가 할 수 있는 공헌에 대해서도 함께 토론하고 싶다. 이 기회를 빌려 다시 옛날 그곳으로 돌아가 최근 7~8년간 변화한 한국 사회와 문화의 발전을 체험해 보고 싶다는 심경을 밝혀 본다.

마지막으로 옛 친구들(이 책의 새로운 독자를 포함하여)의 학술활동에 풍성한 수확이 있기를 빈다.

아울러 더욱 강화되고 발전한 한중 학술 교류를 축하한다.

2010년 3월 10일
북경 방장方莊 방고원芳古園에서
"입렴청소려入簾青小廬" 주인 왕우신王宇信 씀

갑골학 일백 년 전체 차례

제13장 상나라 때의 종교제사 및 규칙

1. 상나라 때의 종교 제사

종교는 사회 의식형태의 하나로 상부구조를 구성하는 부분이다. 종교인들은 현실 세계 외에도 초자연적이며 초인간적인 신비한 경지와 힘이 존재하며, 그것이 자연과 사회를 주재한다고 믿는다. 그래서 그것을 경외하고 숭배한다. 은허 갑골의 제사 복사는 상 왕조의 통치자들이 귀신을 얼마나 경외하고 숭배했는지를 잘 보여준다. 연구에 의하면, 상제上帝라는 최고신에는 태양日・구름雲・바람風・비雨・천둥雷 등 자연신 이외에도, 고조高祖・선공先公・선왕先王・선비先妣 등의 조상신이 있었다. 상나라 왕 및 왕실 귀족들은 이러한 제신들께 극히 자주, 그리고 극히 복잡한 제사를 올렸다. 진몽가의 1930년대의 통계에 의하면, 복사에 나타나는 제사이름이 약 37가지이며,[1] 1950년대의 일본의 도방남島邦男의 통계에 의하면 이미 2백여 가지에 이른다.[2] 이 절에서는 상술한 제신들에 대한 상나라 사람들의 제사숭배 정황을 소개하고자 한다.

1) 지상신인 상제上帝의 숭배

복사에 보이는 상제上帝에 관한 기록은 다음의 것들이 있다.

□□일에 점을 칩니다. '쟁'이 [물어봅니다]. □ 상제께서 가뭄을 내리겠습니까? □□卜, 爭, [貞]□上帝降堇.

—『속존』 상 168편

……'출'이 …… 상제께서 …… 형 ……. ……出 …… 上帝 …… 兄.

—『후』 상 28.14편

5가지의 음악을 올리면 상제께서 허락하시고, 왕께서 도움을 [받을 수 있을까요]? 叀五鼓, 上帝若, 王[受]佑.

—『갑』 1,164편

은나라 사람들은 상제가 지고무상의 권력을 갖고 있으며, 비·천둥·바람 등을 부릴 수 있는 자연신으로, 또 인간의 길흉화복을 주재할 수 있는 존재로 여겼다. 상제의 권위는 다음과 같은 복사에서 그 대강을 살펴볼 수 있다.

---

1) 陳夢家, 「古文字中的商周祭祀」, 『燕京學報』 第19期, 1935.
2) 島邦男, 『殷墟卜辭硏究』, 弘前大學, 1958.

(1) 비를 내리는 상제

병인일에 점을 칩니다. '쟁'이 물어봅니다. 이번 11월에 상제께서 비를 내리겠습니까? 丙寅卜, 爭, 貞今十一月帝令雨.

—『합집』 5,658편 앞면

신미일에 점을 칩니다. '쟁'이 물어봅니다. 다음 8월에 상제께서 [많은] 비를 내리겠습니까? 辛未卜, 爭, 貞生八月帝令[多]雨.

물어봅니다. 다음 8월에 상제께서 많은 비를 내리지 않겠습니까? 貞生八月帝不其令多雨.

—『합집』 10,976편 앞면

『합집』 5,658편의 복사에서 "이번 11월" 즉 지금 11월에 상제께서 비를 내려주실 것인지를 물었다. 『합집』 10,976편에서는 앞면과 뒷면에서 "다음 8월" 즉 다음 달인 8월에 상제께서 많은 비를 내려 주실 것인지를 물었다.[3)]

(2) 천둥을 내리는 상제

계미일에 점을 칩니다. '쟁'이 물어봅니다. 다음 1월에 상제께서 큰 천둥을 내리겠습니까? 癸未卜, 爭, 貞生一月帝其弘令雷.

물어봅니다. 오는 1월에 상제께서 큰 천둥을 내리지 않겠습니까? 貞生一月帝不其弘令雷.

—『합집』 14,128편 앞면

---

3) "生月"은 다음 달을 말한다. 陳夢家, 『殷虛卜辭綜述』, 中華書局, 1988, 117~118면; 蔡哲茂, 「卜辭生字再探」, 『中央研究院歷史語言研究所集刊』 第64本 第4分, 1993 참조.

이 복사는 앞면과 뒷면에서 "다음 1월" 즉 다음 달인 1월에 상제께서 큰 천둥을 내리실 것인지를 물었다. "홍弘은 크다大는 뜻으로, 상제께서 큰 천둥을 내릴 것을 말한다."[4]

물어봅니다. 상제께서 이번 13월에 이르러 천둥을 내리겠습니까? 貞帝其及今十三月令雷.

물어봅니다. 상제께서 다음 1월에 천둥을 내리겠습니까? 帝其于生一月令雷.

—『합집』 14,127편 앞면

이 복사들은 각각 상제가 이번 13월과 다음 달인 1월에 천둥을 내릴 것인지를 물은 내용이다.

(3) 바람을 내리는 상제, 상제의 사관인 바람과 바람신에 대한 제사

물어봅니다. 오는 계묘일에 상제께서 바람을 내리겠습니까? 貞翌癸卯帝其令風.

—『을』 3,094편

오는 계묘일에 상제께서 바람을 내리지 않겠습니까? 밤에 안개가 끼었다. 翌癸卯帝不令風. 夕霧.

—『을』 2,452편

상제의 사관인 바람신에게 개 2마리를 올릴까요? 于帝史風二犬.

—『통』 398편

을사일에 점을 칩니다. 물어봅니다. 왕께서 상제의 사관에게 '빈'제사를 드리면 허물이 없겠습니까? 乙巳卜, 貞王賓帝史, 亡尤.

4) 于省吾, 「釋雷」, 『甲骨文字釋林』, 中華書局, 1979, 11면.

—『통』 64편

물어봅니다. 바람신에게 양 3마리, 돼지 3마리, 개 3마리를 올려 '체禘'제사를 드릴까요? 貞帝風三羊・三豕・三犬.

—『전』 4.17.5편

『을』 3,094편과 2,452편은 상제께서 바람을 불게 할 것인지의 여부를 물은 것인데, 상나라 사람들은 바람을 신으로 보았으며, 상제의 신하로 간주하여 그에게 제사를 드렸다. 예컨대 『통』 398편에서는 개 2마리를 올려 상제의 사관인 바람신에게 제사를 드릴 것을, 『통』 64편에서는 상제의 사관에게 '빈'제사를 드릴 것을, 『전』 4.17.5편은 양 3마리, 돼지 3마리, 개 3마리를 올려 바람신에게 '체禘'제사를 드릴 것을 물었다. 복사에 자주 등장하는 "대추풍大掫風"(예컨대 『합집』 137편 앞면)을 우성오는 대취풍大驟風으로 해석했는데 오늘날의 큰 폭풍에 해당한다.[5] 바람이 크면 재앙이 되기 때문에, 복사에서는 다음에서처럼 바람이 재앙을 가져올 것인지의 여부를 자주 묻기도 했다.

신미일에 점을 칩니다. 물어봅니다. 이번 신미일에 큰 바람이 불어 불행한 일이 되지 않겠습니까? 辛未卜, 貞今辛未大風不隹禍.

—『전』 8.14.1편

물어봅니다. 이번 바람이 불어 재앙이 되겠습니까? 貞茲風不隹孽.

—『전』 6.4.1편

바람은 재앙을 만들 수 있기에 상나라 사람들은 다음에서처럼 바람을

5) 于省吾, 「釋大𩖫𩗗」, 『甲骨文字釋林』, 中華書局, 1979.

가라앉히는 제사를 지내기도 했다.

계묘일에 점을 칩니다. '빈'이 물어봅니다. 바람을 잠재울 수 있겠습니까? 癸卯卜, 賓, 貞寧風.

—『계』 455편

갑술일에 점을 칩니다. 물어봅니다. 바람을 잠재우는데, 양 3마리, 개 3마리, 돼지 3마리를 쓸까요? 甲戌, 貞其寧風, 三羊·三犬·三豕.

—『속』 2.15.3편

"영풍寧風"은 바람을 가라앉게 하다는 뜻인데, 『속』 2.15.3편에서는 양 3마리, 개 3마리, 돼지 3마리를 사용해 바람신에게 제사를 드리고 바람이 가라앉기를 기구했다.

(4) 가뭄을 내리는 상제

□□일에 점을 칩니다. '쟁'이 [물어봅니다]. □ 상제께서 가뭄을 내리겠습니까? □□卜, 爭, [貞]□上帝降堇.

—『속존』 상 168편

□축일에 점을 칩니다. 물어봅니다. 비가 내리지 않을까요? 상제께서 가뭄을 내리겠습니까? □丑卜, 貞不雨, 帝隹堇.

—『합집』 10,164편

무신일에 점을 칩니다. '쟁'이 물어봅니다. 상제께서 우리에게 가뭄을 내리겠습니까? 1월이었다. 戊申卜, 爭, 貞帝其降我堇. 一月.

물어봅니다. 상제께서 우리에게 가뭄을 내리지 않겠습니까? 貞帝不我降堇.

—『을』 7,793편

신묘일에 점을 칩니다. '각'이 물어봅니다. 상제께서 우리에게 가뭄을 내리겠습니까? 辛卯卜, 㱿, 貞帝其堇我.

—『속존』 하 156편

근堇은 한暵과 같으며, 가뭄이 들다旱는 뜻이다.[6] 이상의 4판의 복사는 모두 상제께서 가뭄을 내릴 것인지를 물은 것이다.

(5) 화복禍福을 좌우하는 상제

'공방'을 정벌하는데, 상제께서 우리에게 도움을 주시겠습니까? …… 伐𢀛方, 帝受我佑.

—『합집』 6,273편

물어봅니다. 왕께서 '멱'을 따르게 하여 '파방'을 공격하면, 상제께서 우리에게 도움을 주시겠습니까? 貞王隹𢦏從, 伐巴方, 帝受我佑.

—『합집』 6,473편 앞면

경오일에 점을 칩니다. '내'가 물어봅니다. 왕께서 성을 짓는데, 상제께서 허락하실까요? 8월이었다. 庚午卜, 內, 貞王作邑, 帝若. 八月.

—『합집』 14,201편

임인일에 점을 칩니다. '빈'이 물어봅니다. 이번에 비가 내리지 않아 상제께서 이 성에 홍수가 나지 않게 해 주실까요? 2월이었다. 壬寅卜, 賓, 貞若茲不雨, 帝隹茲邑龍不若. 二月.

---

6) 唐蘭, 『殷虛文字記』 講義本, 1934; 中華書局 影印本, 1981.

왕께서 점괘를 해석해 말씀했다. 상제께서 이 성이 물에 잠기는 것을 보호해 주지 못할 것이리라. 王占曰, 帝隹茲邑, 龍, 不若.

—『합집』 94편의 정면과 뒷면

상제께서 비를 충분히 내려 풍년이 들게 할까요? 帝令雨足年.

물어봅니다. 상제께서 비를 충분히 내리게 하지 않아 풍년이 들지 않을까요? 貞帝令雨弗其足年.

—『전』 1.50.1편

물어봅니다. 상제께서 우리의 수확을 방해할까요? 2월이었다. 貞隹帝𡆥我年. 二月.

물어봅니다. 상제께서 우리의 수확을 방해하지 않을까요? 貞不隹帝𡆥我年.

—『합집』 10,124편 앞면

물어봅니다. 재앙을 내리지 않겠습니까? 10월이었다. 貞卯帝弗其降禍. 十月.

—『합집』 14,176편

□□일에 점을 칩니다. '각'이 물어봅니다. 우리가 이미 '빈'제사를 드렸는데, 상제께서 약속을 내려 주실까요? □□卜, 㱿, 貞我其已賓乍, 帝降若.

—『합집』 6,498편

이상의 8판의 복사 중, 『합집』 6,273편과 6,473편은 전쟁복사로, 상나라 왕이 주변국에 작전을 펼치면서 상제께서 보우해 주실 것인지를 물었고, 『합집』 14,201편은 왕이 성읍을 만드는데 상제께서 순조롭게 해 주실 것인지를 물었다. 또 『합집』 94편은 상제가 이 성읍을 보호해 줄 것인지, 더 이상 비를 내리지 않을 것인지를 물었는데, 점사占辭에서는 상제가 이 성읍이 물에 잠기는 것을 보호해 주지 못할 것이라고 했다. 『전』 1.50.1편은 상제께서 강우를 명령한 비의 양이 충족한지, 풍년을 들게 할런지를 물었다. 『합집』 10,124편은 풍년을 들게 하는데 해가 될는지를 물었다. 『합집』 14,176편은 상제께서 재앙을 내릴 것인지를 물었다. 『합집』 6,498편은 상제께서 순조로움을 내릴 것인지를 물었다. 결론적으로, 이상의 복사에서는 상제라는 이 지고지상의 신이 인간의 길흉화복을 주재함을 보여주고 있다. 진몽가는 결론적으로, "상제가 관할하던 것에 ① 수확, ② 전쟁, ③ 성의 건설, ④ 왕의 행동 등이 있었다. 그의 권위나 명령이 미치는 대상에는 ① 천시天時, ② 왕王, ③ 우리我, ④ 성읍邑 등이 있었다"고 했다.[7)]

2) 자연신의 숭배와 제사

(1) 태양신의 숭배와 제사

복사에 보이는 태양신에 대한 제사 기록으로는 다음의 것들이 있다.

을사일에 점을 칩니다. 왕께서 태양에게 '빈'제사를 드릴까요, 드리지 말까요? 乙巳卜, 王賓日, 弗賓日.

—『일』 872편

병자일에 점을 칩니다. '즉'이 물어봅니다. 왕께서 태양에게 '빈'제사를 드리고, '료'제사를 드리면 허물이 없겠습니까? 丙子卜, 卽, 貞王賓日, 叙亡尤.

—『남』「명」 352편

떨어지는 태양에게 '어'제사를 드리면 왕께서 보호를 받을까요? 御各日, 王受佑.

—『수』 1,278편

---

7) 陳夢家, 『殷虛卜辭綜述』, 中華書局, 1988, 571면.

이것은 태양신에게 '빈賓'·'료敹'·'어御'제사를 드린 기록이다. 복사에는 또 "뜨는 해出日"와 "지는 해入日"에 대해 제사를 드린 기록도 있다.

> 무술일에 점을 칩니다. '내'가 '작'으로 하여금 '뜨는 해'와 '지는 해'에게 '술'제사를 드리는데 희생양을 사용할까요? 戊戌卜, 内乎雀𢦔于出日入日, 宰.
>
> —『합집』 6,572편

> 을묘일에 점을 칩니다. '뜨는 해'와 '지는 해'에게 '유'제사를 드릴까요? 乙酉卜, 侑出日入日.
>
> —『화이트』 1,569편

> 신미일에 점을 칩니다. '뜨는 해'에게 '유'제사를 드릴까요? 辛未卜, 侑于出日.
>
> —『합집』 33,006편

> 계미일, 물어봅니다. 갑신일에 '뜨는 해'와 '지는 해'에게 '주'제사를 드리고, '세'제사에 소 3마리를 쓸까요? 이 복사를 쓰라. 癸未, 貞甲申酒出入日, 歲三牛. 茲用.
>
> 계미일, 물어봅니다. '뜨는 해'와 '지는 해'에게 '묘'제사를 드리고, '세'제사에 소 3마리를 쓸까요? 이 복사를 쓰라. 癸未, 貞其卯出入日, 歲三牛. 茲用.
>
> '뜨는 해'와 '지는 해'에 '세'제사를 드려 [소 여러 마리를 쓸까요]? 쓰지 말라. 出入日, 歲卯[多牛], 不用.
>
> —『둔남』 890편

출일出日과 입일入日에 대해 그것이 시간이라는 설과 태양에 대한 제의라는 설 두 가지가 있다. 1936년 진몽가는 그것이 "태양에게 지내는 제사에 관한 기록"이라고 했고,[8] 1956년 다시 『상서』 「요전堯典」에서의 "해가 뜨는 것을 공손히 받들어寅賓出日"나 "해가 지는 것을 공손히 전송

하여寅餞納日"라는 언급으로 이를 보충하였다.[9] 1937년 곽말약은 이것은 "은나라 사람들이 태양에게 조석으로 예배를 드렸던 것을 말한다"고 했으며,[10] 1944년 호후선은 "은나라 사람들은 태양에게 제사를 드렸으며, 태양이 뜨고 지는 아침과 저녁에 제사를 지냈다"고 했다.[11] 1951년 동작빈은 은나라 때에 "태양신이 있었으며, 태양이 뜨고 질 때 제사를 드렸다"고 했다.[12] 1958년 일본의 도방남은 출일出日과 입일入日은 시간을 나타내는 단어라고 했으며,[13] 1967년 김상항도 "출일出日과 입일入日은 원래 태양이 뜨고 태양이 지다는 의미이다"고 했다.[14] 1985년 송진호는 「갑골문의 '출일出日'과 '입일入日'에 관한 고찰」을 발표하여, 복사에서의 '출일'과 '입일'에 관한 자료를 전면적으로 고찰했다. 그의 통계에 의하면, 지금까지 확인된 "출일"과 "입일"에 관한 자료는 총 12편에 21조항의 복사가 있다. "21조항의 복사로 볼 때 은나라 사람들이 '출일'과 '입일'에 제사를 지낼 때 주로 1마리, 2마리, 3마리, 여러 마리의 소 희생을 사용했으며, 때로는 양을 사용하기도 했다. 제의에는 '술䝟'·'용用'·'우又'·'관祼'·'세歲'·'주酒'·'묘卯'제사 등이 사용되었으며, 초기에는 '술䝟'이 많이 쓰이다가 후기에는 '우又(侑)'제사가 많이 쓰였다. 이러한 제의는 은나라 때에 자주 보이는 것들로, 조상신이나 자연신 등 다른 제사에서도 사용되었다. 그래서 은나라 때의 태양신 신앙은 다신 신앙의 하나임을 알 수 있다." 그는 또 "출일出日"과 "입일入日"이 시간대를 말한 것이라는 견해에 대해, "갑골문에서의 '출일出日'과 '입일入日'의 경우, 초기에는 나누어 말해 '출일과 입일出日于(與)入日'이라고 했으나, 중·후기에는

8) 陳夢家, 「古文字中之商周祭祀」, 『燕京學報』 第19期, 1936.
9) 陳夢家, 『殷虛卜辭綜述』, 中華書局, 1988, 573~574면.
10) 郭沫若, 『殷契粹編考釋』, 日本 東京 文求堂, 1937, 7면 上.
11) 胡厚宣, 「殷代之天神崇拜」, 『甲骨學商史論叢』 初集 第2冊, 1944.
12) 董作賓, 「中國古代文化的認識」, 『大陸雜志』 第3卷 第12期, 1951.
13) 島邦男, 『殷墟卜辭研究』, 汲古書院, 1958, 231~233면.
14) 金祥恒, 「甲骨文"出日"·"入日"說」, 『中國文字』 第26冊, 1967.

'출일입일出日入日'이나 '출입일出入日'이라고 하여 이미 전문 명사화한 경향을 보인다. 특히 '출입일出入日'은 더욱 추상적 술어의 의미가 강하다. 과거 '출일'과 '입일'을 태양이 뜨고 태양이 지는 것이나 아침과 저녁의 뜻으로 간단하게 해석하기도 했으나, 이는 모두 '출입일出入日'의 복사 내용과 맞아 떨어지지가 않는다. '출입일出入日'이라는 자연현상은 존재하지 않기 때문에, 이는 추상적인 전문 명사이며, 태양에 제사지내던 은나라 때의 예제에서 '출입일'은 제사를 받는 대상이다. '출일'과 '입일'과 '출입일'은 은나라 때 예제에서의 어떤 특수한 종교적인 내용을 반영한 것이 분명하며, 결코 '태양이 뜨고 태양이 지는' 그러한 글자 그대로의 단순한 의미는 아닐 것이다." "갑골문에서의 '출일'과 '입일'은 은나라 때의 태양에 관한 제의이다"고 했다.[15] 결론적으로 말해서, 송진호의 「갑골문의 '출일出日'과 '입일入日'에 관한 고찰」은 지금까지 이루어진 복사의 "출일"과 "입일"에 관한 연구 중에서 가장 전면적이고 상세한 논문이라 할 수 있다. 필자의 생각에도, 갑골문의 "출일"과 "입일"은 은나라 사람들이 태양에게 올렸던 제사라는 학설이 옳은 듯 보이며, 시간의 명칭이라는 설은 근거가 없어 보인다.

(2) 동모東母와 서모西母의 제사

복사에 보이는 동모東母와 서모西母에 대한 기록은 다음의 것들이 있다.

> 기유일에 점을 칩니다. '각'이 물어봅니다. '동모'께 '료'제사를 드리는데 소 9마리를 쓸까요? 己酉卜, 㱿, 貞燎于東母九牛.
>
> —『합집』 14,337편

15) 宋鎭豪, 「甲骨文"出日"·"入日"考」, 『出土文獻硏究』, 文物出版社, 1985.

물어봅니다. '동모'께 '료'제사를 드리는데 소 3마리를 쓸까요? 貞燎于東母三牛.

—『합집』 14,339편

물어봅니다. '동모'께 '료'제사를 드리는데 돼지 3마리 …… 쓸까요? 貞燎于東母三豕 ……

—『합집』 14,340편

임신일에 점을 칩니다. 물어봅니다. '동모'와 '서모'께 '유'제사를 드리면 괜찮을까요? 壬申卜, 貞侑于東母西母若.

—『합집』 14,335편

복사에서의 "동모"와 "서모"에 대해, 진몽가는 아마도 태양과 달의 신을 말한 것으로 보인다고 했다. 그것은 『예기』「제의祭義」에서 "동쪽으로 태양에게 제사를 드리고 서쪽으로 달에게 제사를 올리네祭日于東, 祭月于西"와 「봉선서封禪書」에서의 한나라 관서寬舒가 "태양에게 올리는 제사에는 소를, 달에게 드리는 제사에는 양과 돼지와 수소를 써야 한다祭日以牛, 祭月以羊彘特"고 주청했던 기록에 근거했는데, 이들은 '동모'에게 제사를 드릴 때 소 희생을 많이 사용했던 복사의 기록과 일치하기 때문이라고 했다.[16] 학자들은 대부분 진몽가의 학설을 따르고 있다. 하지만 송진호는 다른 의견을 제시했다. 그에 의하면 갑골문에 반영된 태양신의 성격으로 볼 때, 인간화人化된 성분은 찾아보기 어렵기 때문에, 동모東母와 서모西母가 태양과 달의 신이라는 가정이 반드시 성립될 수 있는 것은 아니다. 그는 이렇게 말했다. "갑골문에 '모두 동쪽에서 생겨났다共生于東'(『경인』 3,155편)와 '서쪽은 선비께서 동쪽은 선비께서叀西惟妣. 叀北惟妣'(『합집』 32,906편)라는 말이 있다. 동모東母와 서모西母는 상나라 사람들의 마음

16) 陳家夢, 『殷虛卜辭綜述』, 中華書局, 1988, 574면.

속에 자리 잡고 있던 생명을 관리하는 신이며, 이는 선비先妣로부터 퍼져 나와 사방四方을 주재하는 존재라 보는 편이 나을 것이다. 『시』 「상송」 「은무殷武」에서도 '상의 도읍은 가지런하니, 온 천하의 중심이 되고…… 왕께서 만세토록 편안하게 누리시어, 지금까지 우리 후손 도우시네 商邑翼翼, 四方之极 …… 壽考且寧, 以保我後生'라고 했다. 동모와 서모에게 '료燎'제를 드린 것은 상 민족 자손들의 번성을 기구하기 위한 것이었을 것이다."[17]

(3) 구름신의 제사와 숭배

은허 갑골 복사에 의하면, 상나라 사람들은 구름을 신으로 여기고 숭배하였으며, 구름에 대한 제사도 많이 기록되어 있다.

> 을축일에 점을 칩니다. '쟁'이 물어봅니다. '작'을 불러 구름에게 '료'제사를 올리는데, 개를 쓸까요? 己丑卜, 爭, 貞呼雀燎于云, 犬.
>
> 물어봅니다. '작'을 불러 구름에게 '료'제사를 올리는데, 개를 쓰지 말까요? 貞勿呼雀燎于云, 犬.
>
> —『합집』 1,051편 앞면

> 물어봅니다. 상제의 구름에게 '료'제사를 올릴까요? 貞燎于帝云.
>
> —『속』 2.4.11편

> '이운'에게 '료'제사를 올릴까요? 燎于二云.
>
> —『림』 1.14.18편

> 기해일에 점을 칩니다. '영'이 물어봅니다. 다음 경자일에 '주'제사를 …… ? 왕께서 점괘를 해석해 말씀하셨다. '경'일에 비가 올 것이다. [밤에] 비가 올 것

17) 宋鎮豪, 『夏商社會生活史』, 中國社會科學出版社, 1994, 476면.

인지를 점쳤다. 경자일에 '삼색운'에게 '주'제를 올렸다. '극'제사가 끝났을 때 날이 개었다. 己亥卜, 永, 貞翌庚子酒 …… 王占曰, 玆隹庚雨. 卜之[夕]雨. 庚子酒三嗇云麤, 其, 旣祇, 啓.

—『합집』 13,399편 앞면

물어봅니다. '사운'에게 '료'제사를 올릴까요? 貞燎于四云.

—『합집』 13,401편

산악 신에게 먼저 '주'제사를 올리고, '오운'에게 '주'제사를 올리면, 큰 비가 올까요? 크게 길하리라. 叀岳先酒, 迺酒五云, 有雨. 大吉.

—『둔남』 651편

계유일에 점을 칩니다. 또 '육운'에게 '료'제사를 올리는데, 돼지 6마리, 배를 가른 양 6마리를 쓸까요? 癸酉卜, 又燎于六云, 六豕·卯羊六.

계유일에 점을 칩니다. 또 '육운'에게 '료'제사를 올리는데, 돼지 5마리, 배를 가른 양 5마리를 쓸까요? 癸酉卜, 又燎于六云, 五豕·卯五羊.

—『합집』 33,273편

계유일에 점을 칩니다. 또 '육운'에게 '료'제사를 올리는데, 돼지 5마리, 배를 가른 양 5마리를 쓸까요? 癸酉卜, 又燎于六云, 五豕·卯五羊.

—『둔남』 1,062편

위에서 인용한 『합집』 13,399편의 복사에서 "삼색운三嗇云"의 "색嗇"을 우성오는 "색啬"으로 풀이하고 "색色"으로 해석해, "삼색운三嗇云"은 바로 "세 가지 색깔의 구름三色云"을 말한다고 했다.[18] 그래서 이운二云, 삼운三

18) 于省吾, 「釋云」, 『甲骨文學釋林』, 中華書局, 1979.

云 등은 바로 두 가지 색깔의 구름二色云, 세 가지 색깔의 구름三色云 등을 말한다. 하지만 진몽가는 "색嗇"을 "장墻"으로 읽었고, 이를 상祥의 가차자로 보아 상스러운 구름祥云을 말한다고 했다.19) 송진호에 의하면 "일운一云부터 육운六云까지 상나라 사람들의 구름에 대한 관찰을 반영한 것으로, 그들이 관찰했던 구름의 색깔이나 변화무쌍한 모습, 혹은 특정의 영성적 조짐 등을 말하는 것으로 보인다. 제의에는 주로 구름을 피워 올리는 '료燎'제사가 사용되었고, '주酒'제사도 함께 쓰였다. 사용된 희생으로는 개·돼지·양 등이었으며, 구름의 숫자가 커질수록 사용된 희생의 수도 이에 비례해 많아졌다."20)

(4) 사방신과 사방풍四方風의 제사

은허 갑골문에는 동東·서西·남南·북北의 사방의 방위명과 사방의 바람 이름이 6판의 갑골에서 보이는데 그 구체적 내용은 다음과 같다.

> 동쪽을 '석'이라 하며, 그 바람을 '협'이라 한다. 東方曰析, 風曰劦.
> 남쪽을 '인'이라 하며, 그 바람을 '개'라 한다. 南方曰因, 風曰凱.
> 서쪽을 '이'라 하며, 그 바람을 '이'라 한다. 西方曰夷, 風曰彝.
> [북쪽을] '복'이라 [하며], 그 바람을 '역'이라 한다. [北方曰]伏, 風曰殴.
>
> —『합집』 14,294편

> 신해일, '내'가 물어봅니다. 이번 1월에 상제께서 비를 내려주시겠습니까? 4일 후인 갑인일 밤에 [과연 비가 내렸다]. 辛亥, 內, 貞今一月帝令雨. 四日甲寅夕[允雨].
> 신해일, '내'가 물어봅니다. 이번 1월에 [상제께서] 비를 내려주시지 않겠습니까? 辛亥卜, 內, 貞今一月[帝]不其令雨.

---

19) 陳家夢, 『殷虛卜辭綜述』, 中華書局, 1988, 575면.
20) 宋鎭豪, 『夏商社會生活史』, 中國社會科學出版社, 1994, 481면.

신해일 점을 칩니다. '내'가 물어봅니다. '복'이라 [불리는] 북쪽과 그 [바람인] '역'에게 '제禘'제사를 지내면, [풍년이] 들겠습니까? 辛亥卜, 內, 貞帝于北方[曰]伏, [風]曰𠬝. 𠦪[年].

신해일 점을 칩니다. '내'가 물어봅니다. '개'라 불리는 남쪽과 그 바람인 '인'에게 '체'제사를 지내면, 풍년이 들겠습니까? 1월이었다. 辛亥卜, 內, 貞帝于南方曰完, 風因. 𠦪年. 一月.

물어봅니다. '석'이라 불리는 동쪽과 그 바람인 '협'에게 '체'제사를 지내면, 풍년이 들겠습니까? 貞帝于東方曰析, 風曰劦. 𠦪年.

물어봅니다. '석'이라 불리는 서쪽과 그 바람인 '이'에게 '체'제사를 지내면, 풍년이 들겠습니까? 貞帝于西方曰彝, 風曰夷. 𠦪年.

—『합집』 14,295편

『합집』 14,294판의 소 어깻죽지에 새겨진 각사는 찬鑽과 조鑿와 지진 흔적이 없다. 내용에서도 "물어보다 貞"나 "점을 치다 卜"는 말이 없는 것으로 보아, 이들은 복사가 아닌 기사 각사로 보인다. 이 각사에는 동서남북 사방의 이름과 사방의 바람의 이름이 등장하고 있다. 『합집』 14,295판은 큰 거북의 배딱지에 총 6조항의 복사가 새겨졌는데, 제1복사와 제2복사는 긍정과 부정의 형식으로 당시의 1월에 상제께서 비를 내려줄 지를 물었고, 제3·제4·제5·제6·복사에서는 각기 동서남북의 사방과 사방의 바람신에게 풍년이 들 것인지, '체禘'제사를 거행하면 좋을 것인지를 물었다. 그밖에도 떨어져 나간 복사에 어떤 방향의 이름이나 바람의 이름만 단독으로 출현하는 다음과 같은 4조항의 복사가 보인다.

…… 양 4마리, 남쪽에 4마리. 동쪽의 '석'에게 '묘'제사를 드리는데 소 3마리, 양 3마리, 남쪽에 3마리를 쓸까요? …… 四羊·南四. 卯于東方析, 三牛·三羊·南三.

—『영장』 1,288편; 『홉킨스』 472편

을유일, 물어봅니다. '이윤伊尹'에게 '유侑'제사와 '세'제사를, 서쪽에 '이'제사를 드릴까요? 乙酉, 貞又歲于伊, 西彝.

—『수』 195편

바람이 잦아지도록, 태양에게 '이'제사를 드리는데, '위'에게 희생물을 쓸까요? 其寧, 叀日彝, 韋用.

—『경』 4,316편

'위풍'에게 돼지를 쓰면, 또 큰 비가 올까요? 韋風, 叀豕, 又大雨.

—『전』 4.42.6편

복사에 보이는 사방의 바람에 대해 가장 먼저 연구한 사람은 호후선이다. 그는 1941년 「갑골문 사방 바람 이름에 대한 고찰甲骨文四方風名考」을 발표하였고,[21] 1944년에는 이를 「갑골문의 사방 바람의 이름에 관한 고증甲骨文四方風名考證」으로 고쳐 발표했다.[22] 1956년에는 또 「사방과 사방의 바람에 풍년을 기구했던 은나라 때의 제사釋殷代求年于四方和四方風的祭祀」라는 논문을 발표하여[23], 사방과 사방의 바람에 대해 더욱 상세히 고증했다. 그는 뒤의 논문에서 위에 인용한 사방 이름과 사방의 바람 이름이 기록된 6편의 갑골을 비교 분석한 결과, 동방과 동방의 바람 이름, 북방과 북방의 바람 이름이 서로 일치한다고 했다. 또 서방과 서방의 바람 이름의 경우 어깻죽지 뼈의 각사(즉 『합집』 14,294편)와 거북배딱지 복사(즉 『합집』 14,295편)의 사방 이름과 바람 이름이 서로 뒤바뀌어 있다. 하지만 "『수』 195편에서 '서이西彝'라고 했지 '서이西夷'(즉 이夷-인용자 주)라고 하지 않았으며, 『전』 4.42.6편에서 '위풍韋風'이라고 했지 '이풍彝風'이라고

21) 胡厚宣, 「甲骨文四方風名考」, 『責善半月刊』 第2卷 第19期, 1941.
22) 胡厚宣, 「甲骨文四方風名考證」, 『甲骨學商史論叢』 初集, 1944.
23) 胡厚宣, 「釋殷代求年于四方和四方風的祭祀」, 『復旦學報』(人文科學), 1956年 第1期.

하지 않았고, 『경』 4,316편에서 '이위彝韋'라고 했지 '위이韋彝'라고 하지 않은 것으로 보아, 거북배딱지에서 말한 서방을 '이'라 하고 그 바람을 '이'라 한다西方曰彝, 風曰夷는 것이 옳아 보인다"고 했다. 그리고 남방과 남방의 바람 이름에 대해서, 호후선은 "개兂를 옛날에는 개豈로 읽었다"고 하면서, 『시』 「패풍」 「개풍凱風」에서의 "개풍이 남쪽으로부터 오네凱風自南"와 『이아』 「석천釋天」의 "남풍을 개풍이라 한다南風謂之凱風", 『산해경』 「남산경南山經」의 "모산의 꼬리, 그 남쪽에 '육유'라는 계곡이 있는데, 개풍은 거기서 나온다旄山之尾, 其南有谷曰育遺, 豈風自是出"고 한 기록 등에 근거해 남방과 남방의 바람 이름에 대해 소 어깻죽지 뼈에서 말한 남방의 "바람을 개兂"라고 한다고 한 것이 옳으며, 거북배딱지에서 말한 것은 남방과 남방의 바람 이름이 뒤바뀐 것이라 했다. 그래서 "소위 사방과 사방의 바람 이름은 은나라 사람들의 마음속에서 언제나 일종의 신령이었다"고 했다. 그는 이상의 복사에 근거해 "기왕에 사방과 사방의 바람에게 '체禘'제사를, 동방의 '석析'에게 '묘卯'제사를, 또 서방의 '이彝'에게 '세歲'제사를, '녕일寧日'제사를 '이위彝韋'에게 드렸고, 돼지를 '위풍韓風'에게 올렸다면, 은나라 사람들이 사방과 사방의 바람을 일종의 신령으로 여겼던 것은 분명하다 할 수 있다. 풍년을 기구하고 비가 내리기를 비는 등 생산과 관련된 큰일을 모두 사방과 사방의 바람에게 빌었는데, 이는 은나라 사람들이 천신인 상제上帝와 일월성신 이외에도 사방과 사방의 바람 신을 융숭하게 숭배했음을 알 수 있다"고 했다. 그는 갑골문에는 아직 사시四時에 대한 언급이 없는 것에 근거해 "은나라 사람들이 사방을 사시四時에 배분하는 관념은 이미 갖고 있었으나 아직 맹아 단계에 머물렀고 '그 신을 네 개로, 각각이 사계절을 관장하는' 명확한 제도는 아직 등장하지 않았던 것으로 보인다"고 했다. 그는 『산해경』과 「요전堯典」의 관련 기록을 분석해, "갑골문과 『산해경』으로부터 변화되어 「요전」에 이르러서야 비로소 동서남북의 사방과 춘하추동의 사시가 서로 결합되기 시작했다"고 했다.[24] 양수달은 일찍이 동방에 '체禘'제사를 드렸다는 복사의 언급에 근거해 복사에서의 사방신은 사실 신인神人이 고유명사화 한 것이라고 했다.[25] 진몽가는 「대황경大荒經」의 기록을 분석한 결과, "4가지(서방을 제외한) 중에서, 사방신의 이름 즉 사방의 이름을 설명했는데, 사방의 바람의 이름과는 다르다. 사방신은 바람과 일월日月을 주재하기 때문에, 사방의 바람은 사방신의 사자使者로 해석되어야 한다. 복사에서 사방신에 대한 제사가 사방의 바람에게까지 미치고 있는 것은 복사에서의 바람이 상제의 신하이기 때문인데, 이는 바로 이 점과 상응된다."[26] 즉 은나라 사람들이 사방과 사방의 바람 이름을 신령으로 여기고 이들을 제사지냈던 것이 명백해 진다. 1985년 이학근은 「상나라 때의 사풍과 사시商代的四風與四時」라는 글을 발표했다. 그는 「대황경」에 기록된 사방신의 기능이 첫째 바람을 내고 들이는 것이며, 둘째 일월日月의 크기를 관장하는 것이라는 사실에 근거해, "이러한 관념은 분명 고대인들의 역상에 대한 지식을 반영해 준다. 고대인들은 이미 계절의 추이에 따라 바람이 변화되며, 주야의 길이도 차이가 난다는 것을 알고 있었다. 사방신을 비롯해 그 신들이 만들어 내는 바람은 당시 사람들의 과학지식과 우주관의 일종의 결정체였으며, 단순히 신화로 볼 것이 아니다"고 했다. 그에 의하면 "사방의 바람에 대해 기록한 각사의 존재는 바로 상나라 때에 사시四時가 존재했다는 가장 좋은 증거가 된다. 석析·인因·이彝·복伏이라는 네 가지 이름 그 자체에 사시四時의 관념이 들어있다"고 했다.[27] 송진호도 "사방신의 이름과 사방의 바람 신의 이름은 그 자체가 방위와 지역과 춘하추동의 사계라는 의미를 함께 담고 있다"고 했다.[28]

상나라 사람들이 바람과 천둥과 비와 구름 등을 신령으로 보았고, 상

---

24) 胡厚宣, 「釋殷代求年于四方和四方風的祭祀」, 『復旦學報』(人文科學), 1956年 第1期.
25) 楊樹達, 「甲骨文中之四方風名與神名」, 『積微居甲文說』, 上海古籍出版社, 1986.
26) 陳夢家, 『殷虛卜辭綜述』, 中華書局, 1988, 589면.
27) 李學勤, 「商代的四風與四時」, 『中州學刊』, 1985年 第5期.
28) 宋鎭豪, 『夏商社會生活史』, 中國社會科學出版社, 1994, 487면.

제의 신하로 본 것은 앞서 들었던 '상제의 사관인 바람帝史風'이 그 한 예이고, 다음의 복사에서도 '상제의 신하帝臣'라고 한 예가 보인다.

상제의 신하에게 명할까요? 隹帝臣令.

—『합집』 217편

상제의 신하에게 나오게 할까요? 隹帝臣令出.

—『합집』 14,223편

상제의 신하에게 비를 내리게 할까요? 于帝臣又雨.

—『합집』 30,298편

상제의 다섯 신하에게 '유侑'제사를 드려 …… 을 구하면, 또 큰비가 내릴까요? 求 …… 又于帝五臣, 又大雨.

—『합집』 30,391편

왕께서 상제의 다섯 신하와 우두머리에게 '유侑'제사와 '세'제사를 드리면, 비가 오지 않겠습니까? 王又歲于帝五臣・正, 隹亡雨.

—『합집』 30,391편

계유일에 물어봅니다. 상제의 다섯 옥신에게 340마리의 희생양을 쓸까요? 癸酉, 貞帝五玉臣, 其三百四十宰.

—『합집』 34,149편

이러한 복사에서의 "상제의 신하帝臣"와 "상제의 다섯 신하帝五臣"는 바람風・천둥雷・구름雲・비雨 등과 같은 자연신을 말한다. 바람・천둥・구름・비 등 신하들은 상제의 좌우에서 상제의 부림을 받는데, 어떤 복사에서는 바람・천둥・구름・비 등이 오는 방향에 대해서도 기록해 두었다. 그래서 은나라 사람들은 또 동서남북의 사방도 일종의 신령으로 보아 숭배했으며 제사를 드렸다. 다음을 보자.

물어봅니다. '료'제사를 동쪽에 드릴까요? 貞尞于東.

—『일』 459편

물어봅니다. '어'제사를 남쪽에 드릴까요? 貞御于南.

—『을』 4,798편

물어봅니다. '료'제사를 서쪽에 드릴까요? 貞尞于西.

—『후』 상 24.5편

물어봅니다. '동'제사를 서쪽과 북쪽에 드릴까요? 貞㯥于西北.

—『을』 4,733편

신묘일에 점을 칩니다. '과'・'융'・'주'제사를 드리는데, 사방에게 '유侑'제사를 드리면 보살핌을 받겠습니까? 辛卯卜, 𠭯彡酒, 其侑于四方.

—『남』 「명」 681편

경술일에 점을 칩니다. 사방에 '녕'제사를 드리는데 개 5마리를 쓸까요? 庚戌卜, 寧于四方, 其五犬.

—『남』 「명」 487편

호후선에 의하면 "은나라 사람들은 농업 생산을 위주로 했기 때문에 주로 비에 의존했으며, 바람과 구름과 천둥과 무지개와 비는 모두 상제에 의해 부려지며 사방에서 온다고 생각했다. 사방에는 각기 신령이 있어, 상제와 바람과 구름과 천둥과 무지개와 비는 서로 함께 인간의 농작물의 수확을 장악했다. 천신인 상제는 총체적인 신령으로 바람과 구름과 천둥과 무지개와 비에게 명령을 내렸으며, 그런 즉 바람과 구름과 천둥과 무지개와 비도 신령이 되었다. 바람과 구름과 천둥과 무지개와 비는 사방에서 왔으며, 그런 즉 동서남북의 사방도 신령을 가지게 되었다." "사방이라는 것은 바로 은나라 때의 농사 신에 다름 아니다."[29]

3) 조상신의 숭배와 제사

은허 갑골복사에서 제사 복사는 상당히 큰 비중을 차지하고 있으며, 그 중에서도 조상에 대한 제사 복사가 가장 많다. 상나라 사람들이 숭배하고 제사를 지냈던 조상신은 대략 두 부류로 크게 나눌 수 있는데, 하나는 고조高祖 신이고, 다른 하나는 선공先公·선왕先王·선비先妣 등의 신이다. 아래에서는 이러한 각종 조상신의 제사에 대해 살펴보기로 한다.

(1) 고조신高祖神의 숭배와 제사

왕국유 이후, 상나라 상갑上甲 이전의 고조에 대한 탁월한 연구가 이루어졌다. 진몽가의 통계에 의하면, 상나라 사람들이 숭배했던 먼遠世 고조 신으로는 기夒, 왕해王亥, 토土, 계季, 왕항王恒, 악岳, 하河, 시兕, 왕오王吳, 수戣 등 10명이 있으며, 이들은 "복사에서 자주 보이는 중요한 인물이며, 이들 외에도 적잖은 사람들이 있다"고 했다.[30] 제문심은 고조신을 제사지냈던 복사를 다음과 같이 열거했다.[31]

---

29) 胡厚宣, 「釋殷代求年于四方和四方風的祭祀」, 『復旦學報』(人文科學), 1956年 第1期.
30) 陳夢家, 『殷虛卜辭綜述』, 中華書局, 1988, 337~345면.
31) 齊文心·王貴民, 『商西周文化志』, 上海人民出版社, 1998, 103~105면.

고조인 기夒를 제사지냈던 복사는 다음과 같다.

고조이신 '기'께 '축'제사를 드리면, 왕께서 보살핌을 받겠습니까? 唯高祖夒祝用, 王受佑.

—『수』1편

고조인 왕해王亥를 제사지냈던 복사는 다음과 같다.

계묘일, 물어봅니다. 고조이신 '왕해'께 '𢆶'제사를 드리는데, '료'제사로 하지 말까요? 癸卯, 貞弜唯高祖王亥𢆶, 唯燎.

—『합집』32,083편

고조인 하河를 제사 지냈던 복사는 다음과 같다.

신미일, 물어봅니다. 고조이신 '하'께 수확을 기구하며, 신사일에 '주'제사와 '료'제사를 드릴까요? 辛未, 貞求禾高祖河, 于辛巳酒燎.

—『합집』32,028편

이상의 복사는 기夒·왕해王亥·하河 등 세 사람의 조상이 "고조"로 불렸음을 보여준다. 제문심에 의하면, "갑골복사에는 이외에도 제사를 받았던 신들이 있는데, '고조'라는 호칭을 받지는 못했지만 그들의 지위는 앞서 말한 '고조'라 불렸던 세 신과 대체로 일치한다. 이들은 종종 '고조'라고 불렸던 신들과 동일한 제수를 받고 동등한 제례를 받았다." 그녀는 또 다음의 복사를 열거했다.

기해일에 점을 칩니다. '솔'에 사냥을 나가는데, '료'제사로써 '토'께 돼지를, '시'께 돼지를, '하'께 돼지를, '악'께 돼지를 올릴까요? 己亥卜, 田率, 燎土豕·兕

豕·河豕·岳豕.

—『합집』 34,185편

"이 복사에서는 토土·시兕·하河·악岳 등 네 신이 등장하지만, '하河' 만이 '고조'라는 칭위를 받았다(앞서 말한 것처럼). 하지만 이들에게는 모두 희생물로 돼지를 사용하였으며, '료燎'제사를 거행했다. 이렇게 볼 때, 이 네 신은 모두 성질이나 지위가 같은 것으로 보아야 할 것이다." 그녀는 동일한 복사나 같은 판에 등장하는 복사에 기록된 신의 이름을 다음과 같이 조합했다.

1. 하河·왕해王亥(『합집』 1,182편)
2. [기夔]·악岳(『둔남』 622편)
3. 악岳·하河·기夔(『합집』 10,076편)
4. 악岳·하河(『합집』 34,234편)
5. 하河·악岳(『합집』 34,295편)
6. 토土·하河·악岳(『합집』 21,115편)
7. 토土·[illegible]·하河·악岳(『합집』 34,185편)
8. 토土·[illegible](『을』 5,272편)
9. [illegible]·토土(『합집』 14,773편)
10. [illegible]·하河·악岳·산羔·화[illegible](『합집』 22,419편)
11. 산羔·하河·악岳(『갑』 3,610편)
12. 광光·하河·월戉(『녕』 3.40편)
13. 악岳·측夨·산山(『합집』 21,110편)
14. 악岳·기夔·기企(『합집』 24,960편)
15. 왕해王亥·목[illegible](『전』 1.49.7편)

"이상의 1~13까지는 모두 하나의 복사에 등장하는 신 이름이며, 14와

15는 같은 판同版에 병렬된 복사에서의 신 이름이다. 이상의 15조組의 신 이름을 종합하면, 하河(고조)·왕해王亥(고조)·기夔(고조)·악岳·토土·[illegible]·[illegible]·산[illegible]·화[illegible]·광光·월戠·측夨·기企·목[illegible] 등이 있다. 그들 중 대부분은 '고조'라는 칭호가 없지만, 복사로부터 그들은 '고조'의 칭위를 받았던 기夔·왕해王亥·하河 등과 대체로 동등한 지위에 있었음을 알 수 있다." 또 갑골복사에 의하면, "이러한 고조신은 복을 내릴 수도 화를 내릴 수도 있었기 때문에 은나라 사람들은 그들에게 비를 기구하고, 풍년을 기구하고, 수확을 기구함으로써, 농사의 풍성한 수확을 빌었다." "갑골복사에 의하면 고조 신은 왕에게도 화를 내릴 수 있었으며, 곡식에 재앙을 내리거나 가뭄 등 재해를 내릴 수도 있었다. 화를 면하고 복을 기구하기 위해, 은나라 사람들은 그들에게 여러 가지 제사를 거행했는데, 제사 이름에는 료燎·주酒·유侑·체禘·취取·주奏·침沉·보報·고告·무舞 등이 있었으며, 술과 소·양 등의 희생을 사용해 제사를 올렸고, 심지어 사람을 희생으로 삼기도 했다."[32] 왕국유 이후 상갑上甲 이하의 조상 중 천간이 아닌 것으로 이름을 삼은 인명을 연구했는데, 그것과 「은본기」·『세본』 등에 등장하는 상갑上甲 이전의 조상 이름을 서로 비교했다. 하지만 왕해王亥를 제외하면 나머지 이름들은 아직 공통된 인정을 받지 못하고 있다. 동시에 그중의 몇몇 신의 성격, 즉 그들이 자연신인지 아니면 조상신인지에 대해서도 지금까지 분명하게 밝혀지지 않았다. 그래서 이러한 방면에서의 연구는 더욱 강화되어야 할 것이다.

(2) 선공先公·선왕先王·선비先妣 등에 대한 숭배와 제사

은허 갑골복사의 의하면, 상나라 때의 선공先公은 상갑上甲부터 시작하고, 선비先妣는 시임示壬의 부인인 비경妣庚부터 시작해서 10개의 천간으로 일명日名을 삼았다. 일명日名의 의미에 대해서는 그간 생일이라는 설,

32) 齊文心·王貴民, 『商西周文化志』, 上海人民出版社, 1998, 103~105면.

죽은 날이라는 설, 제사 이름이라는 설, 순서를 나타낸다는 설 등 다양한 해석이 있었다.[33] 이학근은 먼저 복사에 근거해 은나라 사람들의 "몇몇 일명日名은 시호諡法와 같이 죽은 후에 확정된 것으로 태어난 날이나 죽은 날과는 무관하며, 이 일명日名에 의해 제삿날이 정해지지 일명日名이 제삿날에 의해 정해지는 것은 아니다"고 했다. 그는 다음의 4조목의 복사로써 이를 증명했다.

을사일에 점을 칩니다. 제왕의 날짜를 '정'으로 할까요? '을'로 할까요? 다른 날로 할까요? 乙巳卜, 帝日叀丁. 叀乙. 又日.

'신'으로 할까요? 다른 날로 할까요? 叀辛. 又日.

—『쿨링』 985 · 1,106편

계미일에 점을 칩니다. '□'이 물어봅니다. 10일 동안 불행한 일이 없겠습니까? 기축일에 '소사'가 죽었다. 8월이었다. 癸未卜, □, 貞旬亡禍. 己丑, 小㓞死. 八月.

—『허』 1,983편

정해일에 점을 칩니다. '□'이 물어봅니다. 어려움이 오겠습니까? 이틀 후인 기축일에 '소사'가 죽었다. 8월이었다. 丁亥卜, □, 貞其有來艱. 二日己丑, 小㓞死. 八月.

—『철』「1」 210편

병인일에 점을 칩니다. '출'이 물어봅니다. '소사'의 날을 '계'일로 할까요?

---

33) "生日說"은 『白虎通』「姓名篇」·『帝王世紀』(『太平御覽』 卷83 인용)·『史記』「殷本紀」「索隱」에서 인용한 皇甫謐의 해석에 보인다. "死日說"은 『史記』「殷本紀」「索隱」에서 인용한 譙周의 해석에 보인다. 이 설을 신봉하는 학자로는 董作賓(「甲骨文斷代硏究例」, 『慶祝蔡元培先生六十五歲論文集』 上冊, 1933)·王玉哲(「試論商代兄終弟及的繼統法與殷商前期的社會性質」, 『南開大學學報』(人文科學) 1956年 第1期)가 있다. "祭名說"은 王國維의 「殷卜辭中所見先公先王考」(『觀堂集林』 卷9, 1917)에 보인다. "次序說"은 陳夢家의 『殷虛卜辭綜述』(中華書局, 1988), 405면에 보인다.

'축'일로 할까요? 8월이었다. 丙申卜, 出, 貞作小𠭯日, 叀癸. 八月.

—『후』 하 9.3편

이학근에 의하면, 『쿨링』 985 · 1,106편에서 말한 "'제일帝日'은 죽은 왕의 일명日名을 정丁으로 할 것인지 을乙로 할 것인지, 아니면 신辛으로 할 것인지를 점친 것이다. '을乙'과 '신辛'의 다음에 모두 '우일㕚(有)日'이라고 주석을 붙여 놓은 것으로 볼 때, 이 죽은 왕의 일명日名은 정丁이었을 것이며(강정康丁을 지칭한다)",[34] "무을武乙 임금이 강정康丁을 위해서 날짜를 선택한 것이며", "제帝"는 무을武乙이 그의 아버지인 강정康丁을 불렀던 칭호이다.[35] 『허』 1,983편과 『철』 「1」 210편은 험사驗辭에서 "소사小𠭯가 8월 기축己丑일에 죽었다"고 했으며, 『후』 하 9.3편에서는 "병신일에 그의 날짜를 계癸로 해야 할지에 대해 점을 쳤으며", "'작모모일作某某日'은 바로 그의 일명日名에 대해 점을 친 것이다. 『보』 「인」 5편과 『주』 1,055편의 '사𠭯'의 제사에 대한 점복에서는 모두 계癸일에 제사를 지냈다."[36] 상나라 사람들이 선공先公과 선왕先王과 선비先妣에 대해 제사를 드릴 때에는 대부분 그들의 일간명日干名에 해당하는 날에 거행했지만, 몇몇 경우에는 그 일간명日干名의 전날이나 다음날 거행하는 경우도 있었으며, 극소수이긴 하지만 다른 날에 거행하기도 했다.

연구에 의하면, 상나라 사람들이 선공 · 선왕 · 선비에 대해 제사를 드릴 때에는 단제單祭 · 합제合祭 · 특제特祭 · 주제周祭 등 4가지의 제사 방식이 동원되었다. 아래에서는 단제單祭 · 합제合祭 · 특제特祭에 대해 설명하고자 한다. 다만 주제周祭는 비교적 복잡하기 때문에 다음 절에서 따로 설명하기로 한다.

---

34) 李學勤, 「論殷代的親族制度」, 『文史哲』, 1957年 第11期.

35) 李學勤, 「評陳夢家『殷虛卜辭綜述』」, 『考古學報』, 1957年 第3期.

36) 李學勤, 「論殷代的親族制度」, 『文史哲』, 1957年 第11期.

① 단제單祭

'단제'는 다음과 같이 선왕이나 선비 중 한 사람을 대상으로 단독으로 진행하는 제사를 말한다.

갑신일에 점을 칩니다. 을유일에 '조을'께 '유'제사를 드리는데 희생양 3마리를 쓰고 소 30마리를 머리를 잘라 쓸까요? 甲申卜, 乙酉侑祖乙三宰, 𣏟三十牛.

—『합집』 1,513편

임오일에 점을 칩니다. '비계'께 '유侑'제사와 '세'제사를 드리는데 작은 희생양을 쓸까요? 壬午卜, 其又歲于妣癸, 叀小宰.

—『합집』 27,572편

『합집』 1,513편은 선왕께 단제單祭를, 『합집』 27,572편은 선비께 단제單祭를 드린 예이다.

② 합제合祭

'합제'는 여러 조상을 모아 동시에 제사를 드리는 것을 말한다. 제사를 드릴 때에는 또 순사順祀와 역사逆祀 두 가지가 있다. 순사順祀는 선조의 세차가 먼 조상으로부터 가까운 조상의 순으로 지내는 것을 말한다. 다음을 보자.

갑술일에 '상갑'께, 을해일에 '보을'께, 병자일에 '보병'께, [정축일에] '보정'께, 임오일에 '시임'께, 계미일에 '시계'께, [을유일에 '대을'께], [정해일에] '대정'께, 갑오일에 ['대갑'께], [병신일에 '외병'께], [경자일에] '대경'께 '익'제사를 드렸다. 甲戌翌上甲, 乙亥翌報乙, 丙子翌報丙, [丁丑]翌報丁, 壬午翌示壬, 癸未翌示癸, [乙酉翌大乙], [丁亥]翌大丁, 甲午翌[大甲], [丙申翌外丙], [庚子]翌大庚.

—『수』 113편

□미일에 점을 칩니다. 상갑・대을・대정・대갑・대경・대무・중정・조을・조신・조정으로부터 10시示까지 기구하면서 '솔'제사에 숫양을 쓸까요? □未卜, 求自上甲・大乙・大丁・大甲・大庚・大戊・中丁・祖乙・祖辛・祖丁十示, 率羊.

—『합집』 32,385편

을축일에 [점을 칩니다]. '대을'부터 '정조'까지 9시示께 부탁드릴까요? 乙丑[卜], 求自大乙至丁祖九示.

—『합집』 14,881편

정유일에 점을 칩니다. 물어봅니다. 왕께서 '상갑'부터 '무을'까지 '빈'제사를 드리는데, '합'제를 올리면 허물이 없겠습니까? 丁酉卜, 貞王賓𣪊自上甲至于武乙, 衣, 亡尤.

—『후』 상 20.3편

계해일에 점을 칩니다. 물어봅니다. 왕께서 '상갑'부터 여러 왕들까지 '빈'제사를 드리는데, '합'제를 올리면 허물이 없겠습니까? 癸亥卜, 貞王賓㓞自上甲至于多后, 衣, 亡尤.

—『전』 2.25.2・2.25.4편

갑진일에 점을 칩니다. 물어봅니다. 왕께서 조을・조정・조갑・강조정께 '빈'제사를 드리는데, '합'제를 올리면 허물이 없겠습니까? 甲辰卜, 貞王賓求祖乙・祖丁・祖甲・康祖丁・武乙, 衣, 亡尤.

—『합집』 35,803편

이상의 6판은 선공과 선왕의 이름이 정확하게 기록된 '순사順祀 합제'에 관한 복사이다. 위에서 인용한 『수』 113판은 익翌제사(주제周祭의 5가지 사전祀典의 하나)로써 '상갑'부터 '대경'에 이르는 10명의 선공 선왕께, 『합집』 32,385편은 선공인 '상갑'과 직계 선왕인 '대을'부터 '조정'까지 총

10명의 선조들께, 『합집』 14,881판은 직계 선왕인 '대을'부터 '조정'까지의 9명의 선조들께 제사를 드린 것이다. 『후』 상 20.3판은 '상갑'부터 '무을'에 이르는 각각의 선조들께 제사를 드려야 하는지를 물은 것인데, 방계의 선왕이 포함되었는지의 여부는 알 수 없다. 『전』 2.25.2・2.25.4판은 '상갑'부터 시작하는 여러 조상의 제사에 대해 점을 친 것인데, '상갑'부터 어느 조상까지 포함되었는지 불분명하다. 하지만 일반적으로 이 복사가 사용되었던 왕세의 아버지 항렬의 조상까지였을 것으로 추측하고 있다. 『합집』 35,803판은 황黃조 복사로서, 조을・조정・조갑・강정・무을 등 5왕의 제사에 관해 점을 친 것인데, 조을은 소을을, 조정은 무정을 지칭하며, 소을부터 무을에 이르는 5명의 직계 선왕의 제사에 관해 물은 것이다. 앞의 네 왕에 대해서는 "조祖"라 부르면서 가장 마지막 왕인 무을에 대해서는 '조祖'라 부르지 않았기 때문에, 이 복사는 '문정' 때의 복사에 속하는 것으로 알려져 있다. 순사順祀 복사 중에는 다음의 예처럼 '어떤 선공 선왕에서부터 시작해 몇 시示까지'라는 식으로만 기록된 경우도 보인다.

> 경신일에 점을 칩니다. '주'제를 지내는데 '상갑'부터 소 1마리씩 해서 '시계'까지 소 1마리, '대을'부터 해서 9시示까지는 희생소 1마리, 다른 제사에는 소 1마리를 쓸까요? 庚申卜, 酒自上甲一牛至示癸一牛, 自大乙九示一牢, 它示一牛.
>
> —『합집』 22,159편

> 경인일에 물어봅니다. '주'제사와 '승'제사와 '벌'제사를 올리는데, '상갑'부터 해서 6시示까지는 강족 2명과 소 2마리, 6시示에는 강족 3명과 소 3마리, 소시小示에는 강족 1명과 소 1마리를 쓸까요? 庚寅, 貞酒升伐自上甲六示三羌三牛, 六示二羌二牛, 小示一羌一牛.
>
> —『합집』 32,099편

을해일, 물어봅니다. '대시'께 '묘'제사를 드리는데 희생양 10마리, 하시下示에는 희생양 5마리, 소시小示에는 희생양 3마리를 쓸까요? 己亥, 貞卯于大示其十宰, 下示五宰, 小示三宰.

—『둔남』 1,115편

계묘일에 점을 칩니다. 물어봅니다. '주'제사를 올려 기구하는데, 을사일에 '상갑'부터 20시示까지는 소 1마리, 2시示에 양을 쓰고, 토지신에게 '료'제사를 올릴 때 사방의 '과'의 신에게 '돼지'와 '희생소'를 끄소, 사방의 '과'의 신에게 돼지를 쓸까요? 癸卯卜, 貞酒求, 乙巳自上甲二十示一牛, 二示羊, 土燎四戈・彘・牢, 四戈豕.[37)]

—『합집』 34,120편

『합집』 22,159편에서는 '주'제사를 드리는데 '상갑'부터 '시계'까지 6명의 직계 선공에게는 각각 소 1마리, '대을' 이하의 9세世 선왕에게는 각각 희생 소 1마리, 다른 제사에는 각각 소 1마리를 쓸 것인가를 물었다. 일반적으로 "대을 9시示"는 '대을'부터 시작되는 9세世의 직계의 선왕을 말하며, 다른 제사란 방계의 선왕을 말하는 것으로 해석하고 있다. 『합집』 32,099편에서의 "상갑 6시示"의 경우, 전통적으로는 상갑・보을・보병・보정・시임・시계 등 6세世의 선공을 말하는 것으로 해석하는데, 이렇게 되면 이 6세世의 선공에게는 강족 3명과 소 3마리를 올려 제사를 드린 것이 된다. 하지만 그 아래의 6시示의 선왕에게는 도리어 강족 2명과 소 2마리를 사용해 제사를 드린 것이 되어, 직계 선왕을 높이 받들던 예제와 맞지 않게 된다. 그래서 주봉한은 "상갑 6시上甲六示"는

37) (역주) '二十示'는 上甲부터 武乙에 이르는 20명의 선조를, '二示'는 示任과 示癸를, '四戈'는 東戈・西戈・南戈・北戈를 말한다. 마지막 "四戈豕"에서의 "四戈"는 "四巫"가 되어야 한다. 그렇게 되면 "사방의 무당에게는 돼지를 희생으로 쓸까요?"로 해석되어진다.

다른 복사에서의 "상갑부터 대시까지自上甲至于大示"(『둔남』 1,104편)와 같은 것이라고 해석했는데, "대시"는 "상갑"에다 "대大"자를 붙여 부르던 대을·대정·대갑·대경·대무 등 5명의 직계 선왕을 더한 숫자라고 했다.[38] 『둔남』 1,115편의 "하시下示"와 "소시小示"를 어떻게 구분할 것인가, 그리고 『합집』 34,120편의 "상갑부터 20시自上甲二十示"가 지칭하는 대상에 대해서는 학계의 의견이 아직 통일되지 않고 있으며, 이에 대해서는 이후 지속적인 연구가 이루어져야 할 것이다. 합제合祭 복사에서의 "역서逆祀"란 선조의 세차를 가까운 데서부터 먼 곳으로 배열한 것을 말하는데, 이는 구석규에 의해 처음 발견되었다.[39] 다음을 보자.

> 을축일에 점을 칩니다. 물어봅니다. 왕께서 '빈'제사를 드리는데 '무을'께 '세'제사를 올려 '상갑'까지 이르고, '묘'제사를 드리면, 허물이 없겠습니까? 乙丑卜, 貞王賓武乙歲, 征至于上甲, 卯, 亡尤.
>
> —『속』 1.26.11편

> 기축일에 점을 칩니다. '대'가 물어봅니다. '정'·'조을'·'조정'·'강갑'·'조신' 등 5시示께 '고'제사를 드릴까요? 己丑卜, 大, 貞于五示告: 丁·祖乙·祖丁·羌甲·祖辛.
>
> —『일』 536편

『속』 1.26.11편의 복사에서는 무을부터 상갑에 이르는 제사에 대해 점을 쳤는데, 그 순서가 역으로 되었다. 『일』 536편의 복사에서는 "정", "조을", "조정", "강갑", "조신"의 제사에 대해 물었다. 곽말약에 의하면 "'정'은 무정을, 조을은 소을을 말한다"[40]고 했는데, 매우 정확한 해석이

38) 朱鳳瀚, 「論殷墟卜辭中的"大示"及其相關問題」, 『古文字研究』 第16輯, 中華書局, 1989.
39) 裘錫圭, 「甲骨卜辭中所見的逆祀」, 『出土文獻研究』, 文物出版社, 1985.
40) 郭沫若, 『殷契粹編考釋』, 科學出版社, 1965, 第250片 考釋.

다. 이 5명의 왕에 대한 제사도 역순으로 되었다.

선비先妣에 대한 단순한 합제合祭의 기록은 아직 발견되지 않았다.

③ 특제特祭

곽말약은 오래 전에 선비先妣에 대한 "특제特祭"설을 제기했지만, 지금은 이미 선비에 대한 제사가 특수한 것이 아님이 밝혀졌다. 1980년 상옥지는 황黃조 복사의 연구를 통해 상나라 사람들이 가까운 직계 선조에게 여러 가지 특수한 제사를 지냈다는 설을 제기했다.41) 예컨대 "방제祊祭" 복사인 경우 세 가지 유형이 있는데, 첫째 유형은 "간지+복卜, 정貞+선조 이름+방祊, 기뢰其牢"의 형식으로, 다음의 예와 같다.

> 병술일에 점을 칩니다. 물어봅니다. '무정'께 '방'제사를 드리는데 희생소를 올릴까요? 丙戌卜, 貞武丁祊, 其牢.
>
> —『일』 981편

두 번째 유형은 "간지+복卜, 정貞+선조 이름+彡방彡祊, 기뢰其牢"의 형식으로, 다음의 예와 같다.

> 갑신일에 점을 칩니다. 물어봅니다. '무을'께 '彡'제사와 '방'제사를 드리는데 희생소를 올릴까요? 甲申卜, 貞武乙彡祊, 其牢.
>
> —『보』「제」 125편

세 번째 유형은 "갑지+복卜, 정貞+선조 이름+종방宗祊, 기뢰其牢"의 형식으로, 다음의 예와 같다.

---

41) 常玉芝, 「說文武帝－兼略述商末祭祀制度的變化」, 『古文字研究』 第4輯, 中華書局, 1980.

병술일에 점을 칩니다. 물어봅니다. '문무정'께 '종'제사와 '방'제사를 드리는데 희생소를 올릴까요? 丙戌卜, 貞文武丁宗祊, 其牢.

—『철』「이」 85편

상옥지에 의하면, 첫째 유형, 즉 "방기뢰祊其牢" 형식의 복사에서 제사 대상이 되었던 선조는 무정 · 조갑 · 강정 · 무을 · 문정 등 5명의 직계 선왕과 무을의 배우자인 모계母癸에 한정되었다.[42] 이 기간 동안 방계 선왕인 조기 · 조경 · 늠신 등은 이러한 제사를 받지 못했으며, 무을의 배우자를 제외한 나머지 왕의 배우자도 모두 이러한 제사를 받지 못했다. 그래서 "방기뢰祊其牢" 복사는 세계世系가 비교적 가까운 직계 선조에 대한 특수한 제사를 기록한 것으로 보인다. 두 번째 유형인 "⿱방기뢰⿱祊其牢" 복사와 세 번째 유형인 "종방기뢰宗祊其牢" 복사의 적용 범위는 더욱 제한적이어서, 무을과 문정 두 왕에만 한정되었고 나머지 여러 선조나 여러 비妣는 모두 이러한 제사를 받지 못했다. 그래서 이들은 세계世系가 더욱 가까운 선조들에게 지냈던 특수한 제사를 기록한 복사로 보인다. 이러한 것 외에도, 상옥지는 또 다음에 열거한 복사도 특수한 제사였음을 발견했다.[43]

계유일에 점을 칩니다. 물어봅니다. 오는 을해일에 왕께서 '무을'에게 '유侑' 제사와 '승'제사를 드리는데 '⿱'제사를 드리고, 정벌을 하면, 왕께서 보살핌을 받겠습니까? 癸酉卜, 貞翌日乙亥王其又升于武乙⿱, 正, 王受又又.

—『합집』 36,123편

병술일에 점을 칩니다. 물어봅니다. 오는 정해일에 왕께서 '문무제'에게 '유

42) 黃組의 祊祭 卜辭에서의 "母癸"는 武乙의 배우자임에 분명하다. 常玉芝, 「祊祭卜辭時代的再辨析」, 『甲骨文與殷商史』 第二輯, 上海古籍出版社, 1986年 참조.

43) 常玉芝, 「說文武帝－兼略述商末祭祀制度的變化」, 『古文學研究』 第4輯, 中華書局, 1980.

侑’제사와 ‘승’제사를 드리고, 정벌을 하면, 왕께서 보살핌을 받겠습니까? 丙戌卜, 貞翌日丁亥王其又升于文武帝, 正, 王受又又.

—『합집』 36,168편

[임인일에] 점을 칩니다. 물어봅니다. 오는 계묘일에 왕께서 ‘비계’에게 [‘유侑’제사와 ‘승’제사를 드리는데] ‘[illegible]’제사를 드리고, 정벌을 하면, 왕께서 보살핌을 받겠습니까? [壬寅]卜, 貞翌日癸卯王其[又升于]妣癸[illegible], 正, 王受又又.

—『합집』 36315편

이 세 편의 복사의 문례文例는 모두 동일하다. 즉 모두 “간지+복卜, 정익일貞翌日+간지+왕기우승우王其又升于+선조이름+[illegible], 정正, 왕수우우王受又又”(어떨 때에는 “[illegible]”자는 생략 가능하다)로 되어 있다. 『합집』 36,123편의 복사는 무을에게 제사를 드린 것이며, 『합집』 36,168편의 “문무제文武帝”는 문무정을 지칭한다.[44] 『합집』 36,315편의 “비계妣癸”는 무을의 배우자를 말한다.[45] 즉 이러한 형식의 복사는 단지 무을과 문정의 두 왕과 무을의 배우자에게만 한정되었다. 그래서 이 또한 세계世系가 더욱 가까운 직계 선조에 대한 특수한 제사로 보인다.

44) 常玉芝, 「說文武帝－兼略述商末祭祀制度的變化」, 『古文學研究』 第4輯, 中華書局, 1980.
45) 常玉芝, 「祊祭卜辭時代的再辨析」, 『甲骨文與殷商史』 第二輯, 上海古籍出版社, 1986.

2. 상나라 때의 주제周祭제도 및 그 규칙

1) 주제周祭의 발견과 연구

1899년 은허 갑골복사가 발견된 이후, 국내외 갑골 학자들은 여러 방면에서 탁월한 연구 성과를 내 놓았는데, 주제周祭 제도의 발견과 그에 대한 연구가 날로 깊어진 것도 중요한 성과의 하나였다.

"주제"는 상나라 왕 및 왕실귀족이 익翌·제祭·치壴·협劦·융彡 등의 5가지 사전祀典을 이용해 그들 선조를 대상으로 순서를 이루어 하나의 주기가 이루어지도록 지내는 제사를 말한다. 이러한 제사는 한 왕세王世에서 다음 왕세로 이어져 끊임없이 계속 거행되었다. 그래서 그것은 상 왕조의 매우 중요한 제사제도였다.

상나라 때의 "주제"제도를 가장 먼저 발견한 사람은 동작빈이었다. 1929년 중앙연구원에서 은허의 제3차 발굴에서 4판의 큰 거북 배딱지大龜腹甲를 발굴했다. 그는 그 거북딱지 위에 새겨진 복사를 자세하게 연구한 결과, 이전부터 계속 규명하지 못했던 "정貞"과 "복卜" 사이에 놓인 한 글자가 사실은 정인貞人의 이름임을, 또 정인을 통해 복사의 시대를 추정할 수 있음을 밝혀냈다.[46] 1933년 그가 발표한 저명한 논문인 「갑골문 시기구분 연구 예甲骨文斷代硏究例」에서 시기구분의 10가지 표준을 체계적으로 제시했는데, 그것은 세계世系·칭위稱謂·정인貞人·갱위坑位·방국方國·인물人物·사류事類·문법文法·자형字形·서체書體 등이다. 게다가 이러한 10가지 표준에 근거해 은허 갑골복사를 다음의 5시기로 구분했다.

---

46) 董作賓, 「大龜四版考釋」, 『安陽發掘報告』 第3期, 1931.

제1기 반경盤庚 · 소신小辛 · 소을小乙 · 무정武丁

제2기 조경祖庚 · 조갑祖甲

제3기 늠신廩辛 · 강정康丁

제4기 무을武乙 · 문정文丁

제5기 제을帝乙 · 제신帝辛[47]

이후 그는 다시 분류 연구를 했으며, 그 결과 은나라 때의 예제에는 신파와 구파의 차이가 있다는 것을 발견했다. 그는 무정 · 조경 · 문정을 구파로, 조갑 · 늠신 · 강정 · 무을 · 제을 · 제신을 신파로 확정함으로써, 자신이 원래 구분했던 5시기 구분법을 파괴하고 다시 새로운 분파分派연구법을 제시했다.[48]

동작빈은 소위 신파의 사전祀典을 연구를 하는 과정에서, 거북등딱지에 기록된 융彡 · 익翌 · 제祭 · 치𡖊 · 협劦 등 5가지 사전祀典[49]으로 선왕先王과 선비先妣에 제사를 드린 제5기 때의 복사 중에서, 선왕과 선비는 언제나 "그 세차世次의 일간日干에 의거해 '사전祀典'에 배열하여 따로따로 제사를 드렸으며", "질서정연하여 조금도 뒤섞이지 않았음"을 발견했다.[50] 이에 근거해 그는 5가지 제사에서 선왕과 선비께 드린 제사의 순서를 정리해 냈다. 이와 동시에 또 소 어깻죽지 뼈와 거북 배딱지에 부기된 선왕에 대한 5가지 제사의 갑명甲名의 복순卜旬 복사에 근거해 각각

47) 董作賓, 「甲骨文斷代硏究例」, 『慶祝蔡元培先生六十五歲論文集』 上冊(國立中央硏究院歷史語言硏究所集刊外編) 第一種, 1933. 董作賓은 이후 祖庚을 第2期에서 第1期로 귀속시켰다. 『甲骨學五十年』, 藝文印書館, 1955, 109면 참조.

48) 董作賓, 『殷曆譜』 第1章 「緖言」, 上編 卷一, 1945.

49) 이것은 董作賓이 확정한 5가지 제사의 거행 순서이다. 그중 彡 · 翌 · 劦은 간혹 彡日 · 翌日 · 劦 등으로 기록하기도 했다. 동작빈에 의하면 "彡은 鼓樂을 동반한 제사이며, 翌은 舞羽을 동반한 제사로, 제사를 드릴 때에는 고기(肉)를 사용했다. 𡖊은 밥(食; 黍稷)을 올리는 제사이며, 劦은 合祭인데 아마도 가장 마지막으로 다른 제사들을 연합해 한꺼번에 지내는 제사를 말했을 것이다"고 한다. 董作賓, 『殷曆譜』 上編 卷一, 1945, 3면.

50) 董作賓, 『殷曆譜』 上編 卷一, 1945, 3면.

의 사전祀典에서 선왕과 선비에 대한 제사의 주기(즉 일주기)에 필요한 시간을 계산했는데, 5가지 제사에서 필요한 주기는 보통 36순旬이었다. 그는 융彡제사가 5가지 제사 중에서 제일 먼저 거행된 제사, 즉 5가지 제사에서의 처음이 융彡제사라고 했으며, 5가지 제사는 융彡－익翌－제祭－치 壴－협劦－융彡의 순서로 주기를 이루며 거행되었다고 했다. 그는 이렇게 계통적으로 거행된 5가지 제사를 "5사통五祀統"이라 불렀다. 그는 또 복사와 청동기 명문에 근거해 제을 35년과 제신 52년 때의 제사계보祀譜를 재구했고, 이어서 제5기 때의 5가지 제사를 기준으로 삼아 조갑 때의 5가지 제사의 계보를 재구해 냈다. 이상의 이러한 성과는 모두 1945년 출판된 『은력보』에 실렸다.

동작빈의 복사의 시기구분 및 5가지 제사제도의 발견은 갑골학과 상나라 역사 연구에 대단히 중요한 공헌을 했다. 그의 선구적인 개척 정신은 사람들의 경탄을 자아냈고, 그가 처음 창조한 공은 결코 마멸될 수 없는 것이다. 하지만 새로운 자료의 끊임없는 발견과 갑골학 연구의 심화 발전으로, 1950년대부터는 국내외 학자들이 그의 시기구분과 5가지 제사에 관해 뜨거운 논쟁을 벌이기 시작했다. 지금은 복사의 시기구분 방법이 더욱 과학적으로 발전했고(이 책의 제5장 참조), 5가지 제사 즉 이후 학계에서 말하는 주제周祭에 대해서도 진몽가·도방남·허진웅·상옥지 등이 계통적으로 연구해,[51] 이에 대한 자신의 견해를 체계적으로 제시했다. 지금은 근 반세기에 걸친 연구 노력 끝에 상나라 때의 이 중요한 제의의 원래 모습이 이미 기본적으로 밝혀진 상태이다.

주제周祭의 연구는 다음의 몇 가지 중요한 문제를 먼저 밝혀야 한다. 첫째는 주제周祭 복사의 유형과 특징으로, 이것에 의해 주제周祭의 점친

51) 陳夢家, 『殷虛卜辭綜述』 第11章, 科學出版社, 1956; 島邦男, 『殷墟卜辭研究』, 弘前大學, 1958; 許進雄, 『殷卜辭中五種祭祀的硏究』, 臺灣大學, 1968; 常玉芝, 『商代周祭制度』, 中國社會科學出版社, 1987. 다음에서의 논의 중 이들의 의견에서 출처에 대해 주석을 달지 않은 부분은 모두 이상의 책에서 인용했다.

순서와 제사의 과정을 밝힐 수 있다. 둘째는 선왕과 선비의 제사 순서와 제수품의 숫자이다. 셋째는 "주제"의 제사 주기와 5가지 사전祀典에서 어느 것이 첫 제사인가 하는 것이다. 넷째는 "추왕기사隹王幾祀"에서의 "사祀"의 의미 및 "주제" 제사계보의 복원이다.

2) 주제周祭복사의 유형과 특징, "주제"의 점복 순서와 제사의 과정

"주제" 복사는 황黃조(동작빈의 시기구분에서의 제5기 복사)[52] 복사가 가장 많은 양을 차지하고 있으며, 내용도 가장 완전하고 체계적이다. 그 다음은 출出조(동작빈의 시기구분에서는 제2기 복사) 복사에서 가장 잘 보존되고 있다. 나머지 조는 5가지 제사에 관한 기록이 없는 경우도 있으며, 어떤 경우에는 있다 하더라도 수량이 매우 적고 계통성도 없다. 그래서 "주제"의 연구는 주로 황조 복사에서의 5가지 제사복사가 주를 이루고, 출조 복사도 부가적으로 사용된다. 황조와 출조의 "주제" 복사의 유형과 특징은 상옥지에 의해 총체적으로 정리되었다.

황조의 "주제" 복사 중에서 지금까지 발견된 익翌·제祭·치壴·협劦·융彡 등 5가지로 선왕과 선비에게 제사를 드린 복사를 기록한 갑골은 총 365여 판版 정도가 된다. 이는 사전祀典의 이름이 떨어져 나갔지만 5가지 사전에 관한 복사임을 추측할 수 있는 자료는 포함되지 않은 숫자이다. 황조 복사에서 5가지 제사로 선조에게 제사를 드릴 때에는 주로 다음과 같은 3가지 유형의 복사를 사용했다.

첫째 유형은 상갑上甲 및 이후 왕들의 합제合祭 복사로, 구체적인 사례

52) 董作賓은 第5期 卜辭에는 帝乙·帝辛 卜辭만 포함된다고 했다. 하지만 여러 학자들의 연구에 의하면, 제5기 복사에는 文丁 卜辭도 포함된다고 한다. 董氏의 다른 시기의 卜辭에 귀속된 王世에도 많은 문제가 존재한다. 그래서 여기서 서술할 때에는 복사에 대한 董氏의 시기구분법을 채택하지 않고, 현재 통용되고 있는 李學勤의 分組法을 채택한다. 李學勤의 글은 「小屯南地甲骨與甲骨分期」(『文物』, 1981年 第5期)에 보인다.

는 다음과 같다.

계미일에 왕께서 점을 칩니다. 물어봅니다. '주'제사와 '융'제사를 '상갑'부터 이후 왕들까지 드리는데, '합'제를 올리면, 다른 탈이나 불행한 일이 없겠습니까? 4월이었다. 왕의 재위 2년이었다. 癸未王卜, 貞酒彡日自上甲至于多后, 衣, 亡壱自禍. 在四月. 隹王二祀.

—『합집』 37,836편

[계]□일에 왕께서 점을 칩니다. 물어봅니다. 지금 무당의 '구서九筮'점으로 점괘를 해석합니다. '주'제사와 '융'제사를 ['상갑'부터] '이후 왕들'까지 드리는데, '합'제를 올리면, 다른 탈이나 불행한 일이 없겠습니까? [1]2월이었다. 왕께서 점괘를 해석하여 말했다. 대길하리라. 왕의 재위 2년이었다. [癸]□王卜, 貞田巫九畚,[53] 其酒彡日[自上甲]至于多后, 衣, 亡壱在禍. 在[十月]又二. 王占曰, 大吉. 隹王二祀.

—『합집』 37,835편

이 두 복사의 특징은 점을 친 날이 모두 계일癸日이며, 복사의 뒷부분에 종종 연도와 월("왕의 몇 년隹王幾祀"은 당시 왕의 재위 년수를 말한다. 다음의 글 참조)이 부기되어 있다는 점이다. 이러한 합제合祭 복사는 한 가지 사전祀典이 막 거행되려 하기 전 상갑上甲("주제"에서 선왕은 상갑부터 시작된다)[54]의 제삿날의 하루 전날인 계일癸日에 어떤 사전祀典으로써 '상갑' 및

53) (역주) "巫九畚"은 복사에서 자주 보이는 상용어이다. 곽말약은 이를 처음에는 사람 이름으로 보았으나 이후 畚를 眢로 고쳐 해석했으나 다른 설명은 하지 않았다. 당란은 "巫九占"이나 "巫九繇"로 해석하여, 『주례』에서의 "九筮"에 해당하는 옛날 점복법의 일종이라 했다. 우성오는 畚를 繇로, 繇는 搖와 같아 '춤을 추다'는 뜻이라고 했다. 그래서 田巫九畚는 "무당으로 하여금 9단계의 춤을 추게 하다"는 뜻이 된다. 그러나 이효정의 지적처럼 畚가 '춤을 추다'라는 뜻이라면 갑골문에 존재하는 舞자를 쓰지 않고 굳이 畚자를 쓸 필요가 없었을 것이다. 여기서는 당란의 해석을 따른다. 『갑골문자고림』(중화서국, 1996), 487~489면 참조.

54) 본래 商代의 先王은 大乙(즉 成湯)부터 시작되어야 하며, 大乙의 앞인 上甲 · 報乙 ·

그 이후의 여러 왕들께 제사를 드리는 것이 순조로울 것인지를 물은 것이다.

두 번째 유형은 갑甲이라는 이름을 가진 선왕先王께 5가지 제사를 드린 것을 기록한 복순卜旬 복사로, 구체적 예는 다음과 같다.

> 계사일에 왕께서 점을 칩니다. 물어봅니다. 10일 동안 불행한 일이 없겠습니까? 왕께서 점괘를 해석해 말씀하셨다. 길하리라. 6월이었다. 갑오일에 '강갑'에게 '융'제사를 드렸다. 왕의 재위 3년 이었다. 癸巳王卜, 貞旬亡禍. 王占. 曰, 吉. 在六月. 甲午彡羌甲. 隹王三祀.
>
> —『합집』 37,838편

> 계묘일에 왕께서 점을 칩니다. 물어봅니다. 10일 동안 불행한 일이 없겠습니까? 4월이었다. 왕께서 점괘를 해석해 말씀하셨다. '대길하리라.' 갑진일에 '대갑'에게 '융'제사를 드렸다. 癸卯王卜, 貞旬亡禍. 在四月. 王占曰, 大吉. 甲辰彡大甲.
>
> —『합집』 35,534편

이상의 두 복사는 모두 이전 10일旬의 마지막 날인 계일癸日에 다음 10일 동안 불행한 일이 없을 것인지를 물은 것으로, 복사의 마지막 부분에 다음 10일의 첫째 날인 갑일甲日에 갑甲이라는 이름을 가진 어떤 왕에게 어떤 사전祀典으로써 제사를 드린다는 내용이 기록되어 있다.[55] 이러한 복사의 특징은 점을 친 날이 모두 계일癸日이고 제사를 지낸 날은 모두 갑일甲日이며, 제삿날의 천간일天干日이 언제나 선왕의 일간명日干名과 일치하고 있다는 점이다. 복사에는 종종 달의 이름이 기록되어 있고, 어떤

報丙·報丁·示壬·示癸 등은 先公으로 불러야 마땅하나, 여기서는 서술의 편의를 위해 일괄적으로 先王으로 부르기로 한다.

55) 상나라에서 10일旬의 시작 일에 대한 학계의 견해는 일치되어 있지 않다. 대다수의 학자들은 10일旬이 甲日에서 시작되어 癸日에서 끝난다고 여기고 있지만, 극소수의 학자들은 癸日에서 시작되어 壬日에서 끝난다고 여긴다. 우리는 앞의 의견을 견지한다.

경우에는 연도까지 기록되어 있다. 복순卜旬복사에 부기된 갑甲이라는 이름을 가진 왕에게 제사를 드렸던 목적은 이 갑甲이라는 이름을 가진 왕에게 제사를 드린 그 10일旬 동안 또 어느 선왕과 선비께 제사를 드려야 할지를 분명하게 하기 위한 것이었다(선왕과 선비의 제사의 순서에 근거해 알 수 있다. 이에 대해서는 뒤에서 상술하게 될 것이다).

세 번째 유형은 왕빈王賓 복사로, 구체적인 예는 다음과 같다.

> 무진일에 점을 칩니다. 물어봅니다. 왕께서 '빈'제사를 '대무'께 드리면서, '협일'제사를 올리면, 허물이 없겠습니까? 戊辰卜, 貞王賓大戊劦日, 亡尤.
>
> —『안명』 2,851편

> 계축일에 점을 칩니다. 물어봅니다. 왕께서 '무정'과 부인인 '비계'께 '빈'제사를 드리면서, '치'제사를 올리면 허물이 없겠습니까? 癸丑卜, 貞王賓武丁奭妣癸壹, 亡尤.
>
> —『합집』 36,269편

『안명』 2,851편에서는 무진일에 '대무'께 '협'제사를 드릴 것에 대해 물었고, 『합집』 36,269편에서는 계축일에 무정의 부인인 비계妣癸께 '치'제사를 드릴 것에 대해 물었는데, 제삿날과 왕이나 왕비의 일간명日干名이 일치하고 있다.[56] 이러한 복사에는 "왕빈王賓"이라는 말이 들어 있기 때문에 왕빈王賓복사라 불린다. 이러한 복사의 특징은 년과 월을 기록하지 않았다는 것이다. 이 복사들은 상나라 왕이 당일 어떤 선조에게 드린 제사에 관한 기록이다.

---

56) 祭日과 先王의 日干名이 불일치하는 두 가지의 특별한 예를 발견했는데, 하나는 『粹』 208편으로, 雍己께 某午日에 彡祭를 드렸지만 干支表에서는 "己午"日이 없었다. 다른 하나는 『前』 1.13.5편으로, 丁未日에 南庚께 彡祭를 드린 것이다. 총 220여 편의 복사에서 이 두 가지만의 예외가 있다는 것은 우리들의 결론에 영향을 미치지 않을 것이다.

황黃조에 보이는 "주제"복사를 종합해 볼 때, 선왕에 대한 제사는 세 가지 유형의 복사가 존재하지만 선비에 대한 제사에는 한 가지 유형의 복사(왕빈 복사)만 존재한다. 이러한 복사로부터 알 수 있는 "주제"에서 점 친 순서와 제사의 과정은 다음과 같다.

①어떤 사전祀典의 제사가 막 거행되기 전, 먼저 첫 번째 선왕先王인 상갑上甲의 제삿날 하루 전인 계일癸日에 이러한 사전祀典으로 '상갑'부터 시작되는 여러 선조에게 제사를 드리는 것이 순조로울지를 물었고, 동시에 이러한 '사전'을 거행한 해와 달을 기록해 두었다. 그 기록은 첫째 유형의 복사인 합제合祭복사에 나타난다. "선왕 선비에 대한 "주제"의 순서표"(다음에 제시될 표를 참조)에 근거하면, 하나의 사전祀典에서 선왕 선비에 대한 제사가 한 바퀴를 도는 데는 10순旬이 걸린다. 즉 합제合祭복사에서 물었던 것은 어떤 사전祀典의 전체 사계祀季[57]인 10순旬 간의 제사였다.

②10일旬마다 제사가 거행되기 전, 이전 10일旬의 마지막 날인 계일癸日에 다음 10일 동안의 제사가 순조로울 지를 물었으며, 동시에 이번 10일旬의 첫째 날인 갑일甲日에 제사지냈던 갑甲이라는 이름을 가진 선왕의 제사를 부기해 두었다. 이와 동시에 이 제사가 거행되었던 달을 기록해 두었으며, 어떤 경우에는 연도까지 기록해 두었다. 그러한 기록이 바로 두 번째 유형의 복사, 즉 갑甲이라는 이름을 가진 선왕께 드리는 5가지 제사의 복순卜旬 복사이다. 즉 복순卜旬복사에서 물었던 것은 어떤 사전祀典의 10일 이내의 제사에 관한 것이었다.

③어떤 특정한 날 특정 왕과 특정 왕의 부인에 대해 제사를 지낼 때에는 당일 이 제사가 순조로울지에 관해 물었으며, 그 기록이 바로 세 번째 유형의 복사, 즉 왕빈王賓복사이다. 왕빈 복사에서 물었던 것은 어떤 사전祀典의 당일 특정 왕과 왕비의 제사에 관한 것이었다.

57) (역주) 제사의 1주기를 말한다. 陳夢家, 『殷虛卜辭綜述』, 科學出版社, 1956, 236면.

황黃조의 "주제" 복사의 유형과 점을 친 순서로 볼 때, "주제"의 제사 과정은 질서정연했다.

출出조의 "주제" 복사에 관해서는 지금까지 확인된 출出조 복사에서 익翌・제祭・치𡧊・협劦・융彡 등 5가지 사전祀典으로 선왕 선비를 제사지낸 복사는 황黃조보다 훨씬 적어, 대략 140편 정도된다. 출조 복사에서 5가지 사전으로 선조에게 제사를 지낼 때에는 주로 다음과 같은 4가지의 유형을 사용했다.

첫째 유형은 상갑上甲 및 이후 여러 왕을 합제合祭한 복사로, 구체적 예는 다음과 같다.

> 계유일에 점을 칩니다. '양'이 물어봅니다. 오는 갑술일에 '상갑'부터 '주'제사와 '협'제사를 드리는데, '의'제사를 올리고, 여러 왕들에게까지 [이르면], [탈이 없겠습니까?] 癸酉卜, 洋, 貞翌甲戌乞酒劦自上甲, 衣, [至]于多后, [亡巷]
>
> —『보』 2.14편

> 경술일에 점을 칩니다. 왕께서 물어봅니다. 오는 신해일에 '상갑'부터 '주'제사와 '융'제사와 '탁'제사를 드리는데, '합'제를 올리고, 여러 왕까지 이르면, 탈이 없겠습니까? 11월이었다. 庚戌卜, 王, 貞翌辛亥乞酒彡乇[58]自上甲, 衣, 至于多后, 亡巷. 在十一月.
>
> —『업초』「하」 40.10편

> 신해일에 점을 칩니다. '탁'이 물어봅니다. 왕께서 '익일'제사와 '탁'제사를 '상갑'부터 드리는데, '합'제를 올리고, 여러 왕까지 이르면, 탈이 없겠습니까? 辛亥卜, 涿, 貞王賓翌日乇力自上甲, 衣, 至于后, 亡尤.
>
> —『합집』 22,621편

58) (역주) 원문에는 㓂으로 되어 있으나 보통 乇으로 해석하며, 희생의 배를 갈라 지내는 제사이름이다. 여기서는 일반적인 해석법을 따라 乇으로 표기했다.

이 세 복사는 비록 모두 5가지 사전으로 상갑上甲부터 시작되는 여러 선조들의 제사에 대해 물은 것이지만, 복사의 문례가 많이 다르고, 점을 쳐 물은 날짜도 같지 않다. 『보』 2.14편은 계일癸日에 이튿날인 갑일甲日에 '협'제를 상갑上甲 및 그 이후의 여러 왕께 지낼 것인지를 물었는데, 이는 황조 복사와 비슷하다. 조그만 차이라고 한다면 황조에서는 점을 친 날인 계일癸日만 기록하고 제삿날인 갑일甲日을 기록하지 않은 것이며, 또 황조에서는 종종 연도와 월을 기록했지만 출조에서는 월을 거의 기록하지 않았고 연도는 절대 기록하지 않았다(그 이유는 다음에 설명하게 됨)는 점이다. 『업초』「하」 40.10편은 경일庚日에 이튿날인 신일辛日에 융彡제사를 상갑上甲부터 시작되는 여러 왕께 드려야 하는지를 물었다. 『합집』 22,621편은 신일辛日에 그날 익翌제사를 상갑上甲부터 시작되는 여러 왕께 드려야 하는지를 물었다. 즉 두 복사는 모두 신일辛日에 상갑上甲 및 여러 왕에게 제사를 지낸 것이며, 상갑上甲은 신일辛日에 제사를 받은 것으로, 제삿날의 천간일天干日과 왕의 일간일日干名이 불일치하는데, 이는 5가지 제사의 규칙에 위배된다. 그것은 아마도 출조 시대의 이러한 복사는 "주제"제도가 아직 고정되기 전의 복사이기 때문이 아닌가 생각된다.[59]

두 번째 유형은 선왕에게 드린 5가지 제사의 복순卜旬 복사를 부기한 것으로, 구체적 예는 다음과 같다.

> 계유일에 점을 칩니다. '윤'이 물어봅니다. 10일 동안 불행한 일이 없겠습니까? 갑술일에 '주'제사와 '제'제사를 '상갑'께 드렸다. 癸酉卜, 尹, 貞旬亡禍. 甲戌酒祭于上甲.
>
> —『일』 318편

> 계해일에 점을 칩니다. '윤'이 물어봅니다. 10일 동안 불행한 일이 없겠습니

59) 구체적인 논증은 常玉芝, 『商代周祭制度』(中國社會科學出版社, 1987), 17~19면 참조.

까? 12월이었다. 을축일에 '소을'께 '익일'제사를 드리고, 정묘일에 '부정'께 '익일'제사를 드렸다. 癸亥卜, 尹, 貞旬亡禍. 在十二月. 乙丑翌日小乙, 丁卯翌日父丁.

—『칠』「X」 23편

계사일에 점을 칩니다. 왕께서 물어봅니다. 10일 동안 불행한 일이 없겠습니까? 4월이었다. '시계'를 만나고자 '융'제사를 드렸다. '을' …… 癸巳卜, 王, 貞旬亡禍. 在四月. 遘示癸彡. 乙……

—『미국』 645편

이상의 3편의 복사는 모두 계일癸日에 다음 10일旬 동안 불행한 일이 없을 것인지를 물은 것으로, 복사의 뒷부분에 선왕께 드린 5가지 제사를 부기해 두었다. 황黃조 복사에서의 이러한 유형의 복사와는 달리 단지 갑甲이라는 이름을 가진 왕에 한정되지 않고 어떤 왕의 제사라도 가능함을 보여주고 있다. 그러나 황조 복사에서의 이러한 유형의 복사와 마찬가지로 제삿날의 천간일天干日은 선왕의 일간명日干名과 일치하고 있다. 출出조의 복순卜旬 복사에 갑甲이라는 이름을 가지지 않은 왕의 제사가 부기된 현상은 황조의 복순卜旬 복사에 부기된 갑甲이라는 이름을 가진 왕에 대한 제사의 목적(동일한 10일旬 동안 어느 선조에게 제사를 올려야 할지를 표명함)에 대해 더없이 훌륭한 주석을 달아 준 셈이다.

세 번째 유형은 익일(이튿날)의 제사에 대해 점을 친 복사로, 구체적 사례는 다음과 같다.

갑진일에 점을 칩니다. '대'가 물어봅니다. 다음 을사일에 '소을'께 '제'제사를 드리면 탈이 없겠습니까? 9월이었다. 甲辰卜, 大, 貞翌乙巳祭于小乙, 亡巻. 在九月.

—『수』 280편

계유일에 점을 칩니다. 왕께서 물어봅니다. 다음 갑술일에 왕께서 '대갑'께

'빈'제사를 드리면서 '치'제사를 올리면 탈이 없겠습니까? 癸酉卜, 王, 貞翌甲戌王其賓大甲壹, 亡巷.

—『속』 1.10.2편; 『통』 상 161편

이 두 복사에서 "물어봅니다貞"의 뒤에 놓인 "익翌"은 시간 지시사로, 점을 친 다음날을 지칭한다. 복사에서 제삿날의 천간일天干日은 제사를 드린 선왕의 일간명日干名과 언제나 일치하고 있다.

네 번째 유형은 왕빈王賓 복사로, 구체적 사례는 다음과 같다.

정묘일에 점을 칩니다. '윤'이 물어봅니다. 왕께서 '빈'제사를 '대정'께 드리는데 '협'제사를 올리면 허물이 없겠습니까? 9월이었다. 丁卯卜, 尹, 貞王賓大丁魯, 亡尤. 在九月.

—『합집』 22,763편

[정]사일에 점을 칩니다. '려'가 물어봅니다. 왕께서 '빈'제사를 '중정'께 드리는데 '협'제사를 올리면 비가 내리지 않겠습니까? [丁]巳卜, 旅, 貞王賓中丁魯, 不雨.

—『전』 1.8.8편

을축일에 점을 칩니다. '즉'이 물어봅니다. 왕께서 '빈'제사를 '당'께 드리는데 '익일'제사를 올리면 허물이 없겠습니까? 3월이었다. 乙丑卜, 即, 貞王賓唐翌日, 亡尤. 三月.

—『업』 2「하」 38.1편

임인일에 점을 칩니다. '행'이 물어봅니다. 왕께서 '빈'제사를 '대경'의 부인인 '비임'께 드리는데 '협'제사를 올리면 허물이 없겠습니까? 壬寅卜, 行, 貞王賓大庚奭妣壬魯, 亡尤.

—『후』 상 2.3・2.7・3.4편

앞의 3편의 복사는 선왕의 제사에 관해 물은 것으로, 복사의 문례가 꼭 같지는 않다. 황조 복사와의 차이는 달의 이름을 기록하였거나(『합집』 22,763편, 『업』 2「하」 38.1편), 어떤 경우에는 복사의 뒤에 "허물이 없겠습니까? 亡尤", "불행한 일이 없겠습니까? 亡禍", 혹은 "탈이 없겠습니까? 亡壱" 라고 물은 것이 아니라 비가 올 것인지를 묻기도 했다(『전』 1.8.8편)는 점이다. 이처럼 엄격하지 않은 문례를 황조에서는 찾아 볼 수 없다. 또 어떤 경우에는 기록된 왕의 이름이 일간명日干名이 아니라 미칭美稱을 기록하기도 했는데(『업』 2「하」 38.1편), 이는 아마도 주제周祭가 시행되던 초기라 전체 규정이 아직 그다지 엄격하지 않았던 시기였기 때문으로 보인다. 황조 때와 마찬가지로 이러한 복사에서 점을 친 제삿날도 왕이나 비妣의 일간명日干名과 일치하고 있다.

출出조 복사에 보이는 주제周祭복사를 전체적으로 살펴보면, 선왕에 대한 제사는 황조보다 1가지가 더 많은 4가지 유형이 존재하며, 선비先妣에 대한 제사는 황조와 같아 1가지 유형(왕빈王賓복사)만 존재한다. 그리고 이로부터 출조 복사의 주제周祭에서 점친 순서와 제사 과정이 황조 복사와 대체로 일치함을 알 수 있다.

① 특정 사전祀典의 제사가 막 거행되기 전, 계일癸日에 이러한 사전祀典으로 상갑上甲부터 시작되는 여러 선조께 제사를 드리면 순조로울 지를 물었는데, 그 기록은 첫째 유형, 즉 합제合祭복사이다. 황조 복사와의 차이는 출조 복사에서는 단지 달의 이름만 기록하였을 뿐 연도는 기록하지 않았다는 점이다(원인에 대해서는 추후 설명). 또 출조 때의 복사에서는 한 가지 사전祀典으로 선왕과 선비께 제사를 드리는 한 주기에 9순旬의 시간이 걸렸는데, 이는 황조 때보다 1순旬이 줄어든 것이다(그 원인은 추후 설명).

② 10일마다 지내는 제사가 막 거행되기 전, 이전 10일의 마지막 날인 계일癸日에 이번 10일 간의 제사가 순조로울 지를 물었고, 어떤 선조에게 제사를 올려야 할지를 부기해 두었는데, 그 기록은 두 번째 유형, 즉 선왕께 올리는 5가지

제사의 복순卜旬 복사이다. 황조와의 차이는 출조 복사의 이러한 유형은 갑甲이라는 이름을 가진 선왕에 대한 5가지 제사만이 아니라 어떤 왕에 대한 5가지 제사도 부기되어 있으면서, 또 이러한 유형의 복사에도 달의 이름만 기록했을 뿐 연도는 기록하지 않았다는 점이다. 복순卜旬복사에서 물었던 것은 어떤 사전祀典에서의 10일 이내의 제사에 관한 것이었다.

③ 어떤 왕에 대한 제사를 지낼 때, 제사를 거행하기 하루 전, 즉 선왕의 일간명日干名의 하루 전날에 다음날의 제사가 순조로울지를 물어본 것으로, 어떤 경우에는 달의 이름을 기록하기도 했다. 이는 세 번째 유형, 즉 익일(다음날)의 제사에 관해 물은 복사이다. 황조 복사에는 이러한 유형의 주제周祭 복사는 보이지 않는다.

④ 어느 특정일에 특정 왕이나 비妣에게 제사를 드릴 때, 당일 이 제사가 순조로울지를 물은 것인데, 이는 바로 네 번째 유형, 즉 왕빈王賓 복사이다. 왕빈 복사는 특정의 사전祀典에서 그날 지내야 할 특정 왕과 비에 대한 제사에 관해 물었다. 황조 복사와의 차이는 출조복사의 이러한 유형은 어떤 경우에는 달의 이름을 기록하였고, 어떤 경우에는 왕의 일간명日干名을 기록하지 않고 미칭美稱을 기록하였으며, 또 어떤 경우에는 제사 때 비가 올지의 여부를 묻는 등 복사의 격식이 황조만큼 규범화되지 못했다는 점이다.

출조의 주제周祭 복사의 유형과 점복의 순서로 볼 때 그 제사의 과정은 황조 때와 대체로 일치한다. 다만 차이가 있다면 세 번째 유형의 복사가 하나 더 출현하고 있으며, 황조 때보다 더 번잡했다는 점이다. 게다가 상술한 복사에 의하면 출조 복사는 아직 주제周祭 제도가 형성되고 완성되어 가는 단계에 있었음을 알 수 있다.

3) 주제周祭에서 선왕 선비에 대한 제사 순서와 제수 품목

주제周祭에서 선왕과 선비에 대한 제사의 순서는 동일 갑골에 새겨진 동일 유형의 주제周祭에 관한 복사에서 왕과 왕비가 제사를 받았던 날짜 간의 연계 관계를 찾아내 제사를 받은 날짜를 순서대로 배열해 낸다.

당시 동작빈은 황黃조 복사에서 거북등딱지에 새겨진 5가지 제사 복사(즉 왕빈王賓 복사)를 정리하면서 선왕·선비가 제사를 받은 날짜 사이에 연계 관계가 있음을 발견했다. 당시에는 자료에 한계가 있었기에 그가 정한 선왕·선비의 제사 순서는 대부분 추정에 의한 것이었다. 그 후 진몽가·도방남·허진웅 등이 자신의 연구에 근거해 주제周祭에서의 선왕·선비의 제사 순서를 정리했다. 1987년 상옥지는 360여 판版의 갑골에 새겨진 5가지 제사 복사(그녀가 이용한 5가지 제사 복사는 이전의 어떤 학자들보다 많은 숫자이다)를 고찰하고, 상술한 두 번째 유형의 복사, 즉 갑甲이라는 이름을 가진 선왕에게 드린 5가지 제사의 복순卜旬 복사와 세 번째 유형의 복사 즉 왕빈王賓 복사를 이용해 주제周祭에서의 선왕 선비의 제사 순서를 배열해 내었다. 방법은 동일 판版의 갑골에 새겨진 몇 가지 동일 유형의 주제周祭 복사로부터 각 왕과 비妣들이 제사를 받았던 날짜 간의 연계 관계를 찾아내고, 제사를 받았던 날짜의 전후 순서를 배열해 내는 식이었다. 다음의 표는 학자들 간의 선왕 선비의 제사 순서에 대한 대조표이다.[60]

---

60) ① 제사 순서표는 「帝乙帝辛時五種祀典祖妣祭日表」(『殷曆譜』 상편 권3, 1945)에, 진몽가의 제사 순서표는 「周祭祀譜表」(『殷墟卜辭宗述』, 과학출판사, 1956), 386~388면에, 도방남의 제사 순서표는 「先王先妣序表」(『殷墟卜辭研究』(중역본) 1975), 99면에, 허진웅의 제사 순서표는 「先王先妣繫聯表」(『殷墟卜辭中五種祭祀的研究』, 1968), 48~49면에, 상옥지의 제사 순서표는 「先王先妣序表」(『商代周祭制度』, 1987), 110면에 근거했다. ② 표에서 선왕 선비의 이름 아래에 쳐진 밑줄은 제사의 순서에서 배열이 다른 선왕 선비를 말한다. ③ 표에서의 旬의 순서는 선왕 선비가 제사를 받았던 旬의 차례를 말하지, 실제 거행되었던 제사의 旬의 숫자는 아니다.

〈표 21〉 은 선왕 선비 제사 순서 대조표

	동작빈	진몽가	도방남	허진웅	상옥지
제1순	上甲・報乙・報丙・報丁・示壬・示癸	上甲・報乙・報丙・報了・示壬・示癸	上甲・報乙・報丙・報丁・示壬・示癸	上甲・報乙・報・報丁・示壬・示癸	上甲・報乙・報丙・報丁・示壬・示癸
제2순	大乙・大丁 示壬奭妣庚	大乙・大丁 示壬奭妣庚	大乙・大丁 示壬奭妣庚	大乙・大丁 示壬奭妣庚	大乙・大丁 示壬奭妣庚
제3순	大甲・外丙・大庚 示癸奭妣甲・大乙奭妣丙・大丁奭妣戊・大甲奭妣辛・大庚奭妣壬	大甲・外丙・大庚 示癸奭妣甲・大乙奭妣丙・大丁奭妣戊・大甲奭妣辛・大庚奭妣壬	大甲・外丙・大庚 示癸奭妣甲・大乙奭妣丙・大丁奭妣戊・大甲奭妣辛・大庚奭妣壬	大甲・外丙・大庚示癸奭妣甲・大乙奭妣丙・大丁奭妣戊・大甲奭妣辛・大庚奭妣壬	大甲・外丙・大庚 示癸奭妣甲・大乙奭妣丙・大丁奭妣戊・大甲奭妣辛・大庚奭妣壬
제4순	小甲・大戊・雍己 大戊奭妣壬	小甲・大戊・雍己 大戊奭妣壬	小甲・大戊・雍己 大戊奭妣壬	小甲・大戊・雍己 大戊奭妣壬	小甲・大戊・雍己 大戊奭妣壬
제5순	中丁・外壬 中丁奭妣己・中丁奭妣癸	中丁・外壬 中丁奭妣己・中丁奭妣癸	中丁・外壬 中丁奭妣己・中丁奭妣癸	中丁・外壬 中丁奭妣己・中丁奭妣癸	中丁・外壬 中丁奭妣己・中丁奭妣癸
제6순	菱甲・祖乙・祖辛 祖乙奭妣己・祖辛奭妣庚	菱甲・祖乙・祖辛 祖乙奭妣己・祖乙奭妣庚	菱甲・祖乙・祖辛 祖乙奭妣己・祖辛奭妣壬	菱甲・祖乙・祖辛 祖乙奭妣己・祖乙奭妣庚	菱甲・祖乙・祖辛 祖乙奭妣己・祖乙奭妣庚
제7순	羌甲・祖丁・南庚 祖辛奭妣甲・祖丁奭妣庚・祖丁奭妣辛	羌甲・祖丁・南庚 祖辛奭妣甲・祖丁奭妣庚・祖丁奭妣庚	羌甲・祖丁・南庚 祖辛奭妣甲・祖丁奭妣庚・祖丁奭妣庚・祖丁奭妣庚	羌甲・祖丁・南庚 祖辛奭妣甲・祖丁奭妣庚・祖丁奭妣庚	羌甲・祖丁・南庚 祖辛奭妣甲・祖丁奭妣庚・祖丁奭妣庚
제8순	陽甲・盤庚・小辛 祖丁奭妣己・祖丁奭妣癸	陽甲・盤庚・小辛	陽甲・盤庚・小辛・祖丁奭妣癸	陽甲・盤庚・小辛	陽甲・盤庚・小辛
제9순	小乙・武丁・祖己 祖庚・小乙奭妣庚・武丁奭妣辛・武丁奭妣癸	小乙・武丁・祖己 祖庚・小乙奭妣庚・武丁奭妣辛・武丁奭妣癸	小乙・武丁・祖己 祖庚・小乙奭妣己・小乙奭妣庚・武丁奭妣辛・	小乙・武丁・祖己 祖庚・小乙奭妣庚・武丁奭妣辛・武丁奭妣癸	小乙・武丁・祖己 祖庚・小乙奭妣・武丁奭妣辛・武丁奭妣癸
제10순	祖甲・康丁 武丁奭妣戊	祖甲・康丁 武丁奭妣戊	祖甲・康丁 武丁奭妣戊・祖甲奭妣戊・康丁奭妣辛	祖甲・康丁 武丁奭妣戊・祖甲奭妣戊・康丁奭妣辛	祖甲・康丁 武丁奭妣戊・祖甲奭妣戊・康丁奭妣辛

제11순	武乙·文丁 祖甲奭妣戊· 康丁奭妣辛	武乙·文丁 祖甲奭妣戊· 康丁奭妣辛	武乙·文丁 武乙奭妣戊· 文丁奭妣癸	武乙·文丁 武乙奭妣戊· 文丁奭妣癸	
제12순	武乙奭妣戊 文武丁奭妣癸	帝乙 武乙奭妣戊· 文丁奭妣癸			

이상의 대조표에 근거해 다음의 사실을 알 수 있다.

동작빈에 의하면, 제사를 받았던 선왕이 33명, 선비가 24명으로 총 57명이며, 제사의 순서는 총 12순으로 되어 있다.

진몽가에 의하면, 제사를 받았던 선왕이 34명, 선비가 22명으로[61] 총 56명이며, 제사의 순서는 총 12순으로 되어 있다.

도방남에 의하면, 제사를 받았던 선왕이 33명, 선비가 25명으로 총 58명이며, 제사의 순서는 총 12순으로 되어 있다.

허진웅에 의하면, 제사를 받았던 선왕이 33명, 선비가 22명으로 총 55명이며, 제사의 순서는 총 11순으로 되어 있다.

상옥지에 의하면, 제사를 받았던 선왕이 31명, 선비가 20명으로 총 51명이며, 제사의 순서는 총 10순으로 되어 있다.

이외에도 각 연구자들은 제6순·제7순·제8순·제9순·제10순·제11순·제12순에서 의견이 갈리고 있다. 이러한 차이는 선비에 대한 제사에서 제사를 받은 대상과 제사 순서의 문제이며, 선왕에 대한 제사에서는 무을·문정·제을이 주제周祭에 포함되는가의 문제이다. 이러한 의견 차이에 대해 상옥지가 상세하게 분석한 적이 있는데, 그 주요 내용은 다음

61) 出組의 祖甲 卜辭에 羌甲의 배우자에게 劦祭를 드린 복사가 있는데, 내용은 "庚辰卜, □, 貞王賓羌甲奭妣庚劦, 亡[尤]"(『合集』 23325편)이다. 陳夢家는 이것이 祖甲 때의 것이며, 羌甲의 배우자인 妣庚이 제사를 받았으나(『殷虛卜辭綜述』, 381면), 第5期(黃組)의 周祭에서는 더 이상 제사를 받지 못했다고 했다. 하지만 陳氏의 祀序表에는 이것을 포함시키지 않았다. 그래서 여기서는 통계에 넣지 않았다.

과 같다.

(1) 선비先妣에 대한 제사의 차이

선비의 제사라는 부분에서 학자들의 의견 차이는 제6순에서부터 시작된다.

제6순의 제사의 순서에 대해, 진몽가·허진웅·상옥지의 배열은 일치하여 조을의 배우자인 비기妣己와 조을의 배우자인 비경妣庚을 나열했으나, 동작빈과 도방남은 조을의 배우자인 '비기'만 나열했을 뿐 조을의 배우자인 '비경'은 제외했다. 전자에서는 조신의 배우자인 비경妣庚을 배열했고, 후자에서는 조신의 배우자인 비임妣壬을 배열했다. 조을의 배우자인 비경妣庚과 비기妣己가 동일한 10일旬 내에서 제사를 받았다는 사실은 상옥지가 『안명』 2,850편; 『후』 상 4.6편; 『안명』 2,854·2,858편을 이용해 증명한 바 있다.[62] 즉 조을의 배우자인 비기妣己와 비경妣庚은 모두 소을의 배우자인 비경妣庚의 3순旬 전에 제사를 받았다는 관계를 증명하였으며, 복사에서의 "조을의 배우자 비경祖乙奭妣庚"은 분명 조신의 부친인 조을의 배우자임에 분명하다는 사실을 증명했다. 동작빈과 도방남은 5가지 제사 복사에서의 "조을의 배우자 비경祖乙奭妣庚"을 모두 "소을의 배우자 비경"으로 해석했다. 그래서 그들의 제사 순서표에서는 조을의 배우자 비경은 시종 제사를 받지 못했다. 비록 소을이 황조의 비非 주제周祭 복사에서도 가끔 조을祖乙로 지칭되기도 했지만, 주제周祭에서의 '소을'은 한번도 '조을'로 불린 적이 없다. 선비께 주제周祭를 드릴 때, 조을의 배우자 비경妣庚은 언제나 소을의 배우자 비경妣庚보다 3순旬 전에 제사를 받았는데, 이는 이 두 비경妣庚이 다른 두 왕의 배우자임을 분명하게 보여준다. 그래서 동작빈과 도방남이 "조을의 배우자 비경"을 "소을의 배우자 비경"이라 생각하여 제6순에 배열하지 않고 '조을의 배우자 비경'

62) 常玉芝, 『商代周祭制度』, 中國社會科學出版社, 1987, 96~100면.

을 배열한 것은 옳지 않다.

동작빈은 제6순에서 조신의 배우자 비경妣庚을 배열했다. 그가 근거로 삼았던 자료는 『후』 상 3.8편이었는데, 그 내용은 "경자일에 점을 칩니다. 물어 봅니다. 왕께서 '빈'제사를 드리는데 '조신'의 배우자인 '비경'께 '융'제사를 올리면, 허물이 [없겠습니까]? 庚子卜, 貞王賓祖辛奭妣庚彡日, [亡]尤"였다. 상옥지에 의하면, 조신에게 분명 비경妣庚이라는 배우자가 있었고 그녀가 주제周祭에서 제사로 모셔졌다면 그녀의 제사 순서는 안배할 방법이 없다. 왜냐하면 각 학자들의 제사 순서표에서 조신에게는 모두 제6순의 신일辛日에 제사를 드렸고, 조신의 배우자 '비경'에게는 신일辛日의 하루 전인 경일庚日에 제사를 드렸다는 것인데, 그렇게 되면 선비의 제사는 반드시 남편인 선왕의 뒤에 놓여야 한다는 원칙(주제周祭에서의 선왕후비先王後妣의 원칙에 대해서는 다시 기술함)에 위배되기 때문이다. 이 때문에 진몽가와 허진웅은 『후』 상 3.8판은 연습 삼아 새긴 복사로 정식의 제사를 기록한 복사가 아니라고 생각했다. 또 허진웅은 연습 삼아 새긴 사람이 다른 왕의 배우자를 조신의 배우자로 잘못 새긴 것이라고도 하였다. 하지만 상옥지는 이 각사가 연습 삼아 새긴 것이라는 데 동의하지 않았지만 허진웅의 말처럼 다른 왕의 배우자를 조신의 배우자로 새겨 넣었다는 의견에는 동의하였다. 왜냐하면 주제周祭에서 "조祖"가 들어간 선왕인 조을祖乙과 조정祖丁(소을의 부친)에게는 모두 비경妣庚이라는 배우자가 있었고 제사를 받았으며, "조신의 배우자인 비경"에 대해 점을 친 복사가 단지 이 한 예밖에 존재하지 않아 새기는 사람이 잠시 소홀하여 조을이나 조정을 "조신祖辛"으로 잘못 새겼을 가능성이 매우 높기 때문이다.

도방남은 제6순에서 '조신의 배우자 비임妣壬'을 배열했다. 상옥지는 『보』「제」 67・89편과 『안명』 2,857편 두 복사를 이용해 주제周祭에서의 조신祖辛에게는 단지 비갑妣甲이라는 배우자만 제사를 모셨음을 증명했다.[63] 도방남이 근거했던 것은 『종술』에 첨부한 출出조 복사에서의 한 복사의 모사본으로, "임자일에 점을 칩니다. '행'이 물어 봅니다. 왕께서 '빈'제사를 드리는데 조신의 배우자인 비임께 '세'제사를 올리면, 허물이 없겠습니까? 5월이었다壬子卜, 行, 貞王賓祖辛奭妣壬歲, 亡尤. 在五月"는 내용이다. 이는 주제周祭 복사가 아님이 분명하다. 여기에서의 조신의 배우자인 비임妣壬이 받았던 제사는 "세歲"제사이지 익翌·제祭·치壴·협劦·융彡 등 5가지 사전에 속한 제사가 아니다. 그래서 조신의 배우자인 비임妣壬을 주제周祭의 계보에 넣은 것은 잘못이다.

제7순의 제사 순서에서는 진몽가·허진웅·상옥지의 배열이 일치하여, 모두 조신의 배우자인 비갑妣甲·조정의 배우자인 비기妣己·조정의 배우자인 비경妣庚을 배열했다. 하지만 동작빈은 조정의 배우자인 비기妣己는 배열하지 않고 오히려 조정의 배우자인 비신妣辛을 배열했다. 또 도방남은 조신의 배우자인 비경妣庚을 더 나열했다. 상옥지에 의하면 동작빈이 조정의 배우자인 비신妣辛을 제7순에 배열한 것은 "조정의 배우자인 비신妣辛"을 소을의 부친인 조정의 배우자로 잘못 여겼기 때문이다. 사실 "조정의 배우자인 비신妣辛"은 소을의 아들인 무정의 배우자가 되어야 옳다. 정丁의 이름을 가진 상나라 왕 중에서 대정大丁·중정中丁·조정祖丁(소을의 부친)·무정武丁·강정康丁 등 5명의 왕은 모두 그 배우자가 제사를 받았다. 대정의 배우자 중에는 비무妣戊, 중정의 배우자 중에는 비기妣己와 비계妣癸, 조정(소을의 부친)의 배우자 중에는 비기妣己와 비경妣庚, 강정의 배우자 중에는 비신妣辛이 있다. 무정만 비신妣辛·비계妣癸·비무妣戊 등 3명의 배우자가 제사를 받았으며, "조정祖丁"이라 불리는 자도 비신妣辛·비계妣癸·비무妣戊 등 3명의 배우자가 제사를 받았다(『계』274편, 『후』상 3.14편, 『철』「이」215편의 복사에 보임). 또 소을의 부친인 조정祖丁은 복사에서 종종 "사조정四祖丁"이라 불렸으며(『보』「제」81편, 『속』1.22.5

63) 常玉芝, 『商代周祭制度』, 中國社會科學出版社, 1987, 94·96면. 祖辛의 배우자인 妣甲에게 제사를 드린 복사로는 黃組 복사에 『珠』62·『佚』353(『甲零』32)·『虛』1,020편 등이 있고, 出組 복사에는 『合集』22,816편이 있다.

편 등에 보임), 그의 배우자에게 제사를 드릴 경우에는 "사조정의 배우자인 비기四祖丁奭妣己"(『후』 상 3.11편, 『전』 1.17.2편, 『후』 상 3.10편, 『후』 상 3.12편, 『안명』 2,857편, 『속존』 상 2,293편), "사조정의 배우자인 비경四祖丁奭妣庚"(『보』 「제」 67 · 82 · 89편)이라 불렀다. 그래서 "조정의 배우자인 비신"은 바로 무정의 배우자인 비신妣辛을 지칭한다. 동작빈은 그녀를 소을의 부친인 조정의 배우자로 보았고, 또 그녀를 제7순에서 제사를 받는 것으로 배열했는데 이는 잘못이다. 도방남은 제7순에다 조신의 배우자인 비경妣庚을 배치했고, 또 조정의 배우자인 비기妣己의 제삿날인 기일己日의 이튿날인 경일庚日에 제사를 받은 것으로 배열했다. 하지만 조신祖辛은 조정祖丁보다 먼저 왕이 되었으므로, 주제周祭에서 선비先妣의 제사 순서는 배우자가 된 선왕先王의 즉위 순서에 근거한다는 원칙(주제周祭에서의 선왕 선비의 원칙에 대해서는 이후 기술함)에 위배된다. 게다가 앞에서 제6순의 제사 순서에 대한 견해 차이를 분석하면서 이미 조신祖辛과 이름이 없는 비경妣庚의 배우자가 주제周祭에서 제사를 받았음을 지적했기 때문에, 도방남이 제7순에다 조신의 배우자인 비경妣庚을 배치하여 제사를 받았다고 한 것은 잘못이다.

제8순의 제사 순서에서, 진몽가 · 허진웅 · 상옥지는 모두 어떤 선비先妣도 제사를 받지 않은 것으로 처리했다. 하지만 동작빈은 조정의 배우자인 비기妣己와 조정의 배우자인 비계妣癸를 배열했고, 도방남은 조정의 배우자인 비갑妣甲을 배열했다.

조정의 배우자인 비기妣己의 제사 순서에 대해, 상옥지는 『전』 1.17.2편, 『안명』 2,857편, 『보』 「제」 67 · 82 · 89편 등 3편의 복사에 근거해, 그녀와 조정의 배우자인 비경妣庚이 모두 소을의 배우자인 비경보다 2순旬 전에 제사를 받았음을 증명했다.[64] 소을의 배우자인 비경妣庚은 제9순에서 제사를 받았다. 그래서 조정의 배우자인 비기妣己와 조정의 배우자

64) 常玉芝, 『商代周祭制度』, 中國社會科學出版社, 1987, 94~96면.

인 비경妣庚은 바로 제7순에 제사를 받았다. 동작빈은 조정의 배우자인 비기妣己를 조정의 배우자인 비경妣庚의 다음 1순旬 즉 제8순에서 제사를 받았다고 했는데 이는 근거가 없다. 그는 또 조정의 배우자인 비계妣癸가 같은 순旬에서 제사를 받았다고 했는데, 이 역시 조정의 배우자인 비계妣癸를 소을의 부친인 조정의 배우자로 잘못 인식한 것이다. 소을의 부친인 조정의 배우자로는 비기妣己와 비경妣庚이 주제周祭에서 제사를 받았으며, 이 조정의 배우자인 비계妣癸는 실제로는 무정의 배우자를 지칭한다. 그 이유는 위에서 제7순의 제사 순서를 분석할 때 이미 설명했다. 그래서 동작빈이 조정의 배우자인 비계妣癸를 제8순에서 제사를 받은 것으로 배열한 것은 잘못이다. 도방남이 제8순에다 조정의 배우자인 비갑妣甲을 배열한 것도 잘못이다. 그것은 황黃조와 출出조 복사에서 모두 조정의 배우자인 비갑妣甲이라는 칭위가 보이지 않기 때문이다. 유사한 칭위는 빈賓조의 『속』 1.35.1편에 보이는데, 그 내용은 "'조정'의 배우자인 '비갑'께 '어'제사를 드리면, 탈이 있을까요? 于祖丁毋妣甲御, 㞢䖟"이다. 하지만 이것은 5가지 제사에 관한 것이 아니기 때문에 도방남이 조정의 배우자인 비갑妣甲을 주제周祭에다 넣은 것은 옳지 않다.

제9순의 제사 순서에 있어서, 동작빈·진몽가·허진웅·상옥지의 배열은 동일하며, 단지 도방남만 소을의 배우자인 비기妣己를 더 배열했다. 상옥지에 의하면, 소을의 배우자로 단지 비경妣庚 한 사람만이 제사를 받았는데, 이는 황黃조와 출出조 복사에서 모두 일치하는 사실이다. 도방남이 소을의 배우자인 비기妣己를 배열한 근거는 『후』 상 3.4판의 복사였는데, "기사일에 점을 칩니다. '행'이 물어봅니다. 왕께서 '빈'제사를 드리는데 '조을'의 배우자인 '비기'께 '협'제사를 올리면 [허물이 없겠습니까?] 己巳卜, 行, 貞王賓祖乙奭妣己劦, [亡尤]"라는 내용이다. 여기서 말하는 조을의 배우자인 비기妣己는 조신祖辛의 부친인 조을祖乙의 배우자이지 소을의 배우자가 아님은 분명하다. 이러한 사실은 주제周祭 순서에서도 증명할 수 있다.[65] 그래서 도방남이 앞에서 든 복사에서의 "조을의 배우자인 비기妣己"를 "소을의 배우자인 비기妣己"로 생각했고, 그녀를 제9순의 제사 대상으로 배열한 것은 잘못이다.

제10순의 제사 순서에 있어서, 도방남·허진웅·상옥지의 배열은 일치하여, 모두 무정의 배우자인 비무妣戊·조갑의 배우자인 비무妣戊·강정의 배우자인 비신妣辛을 배열했다. 하지만 동작빈과 진몽가는 무정의 배우자인 비무妣戊만 배열하고, 조갑의 배우자인 비무妣戊와 강정의 배우자인 비신妣辛은 다음의 제11순에다 배열했다. 상옥지는 『안명』 2,854·2,858판의 복사에 근거해 조갑의 배우자인 비무妣戊는 소을의 배우자인 비경妣庚의 다음 1순旬에서 제사를 받았음을 증명했고, 또 『후』 상 4.6·4.7·4.8·4.9편, 『전』 1.17.4편 등 3편의 복사에 근거해 소을의 배우자인 비경妣庚은 무정의 두 배우자인 비신妣辛과 비계妣癸와 동일한 순旬에서 제사를 받았음을 증명했다. 소을의 배우자인 비경妣庚과 무정의 배우자인 비신妣辛과 무정의 배우자인 비계妣癸는 제9순에서 제사를 받았다(동작빈과 진몽가도 이렇게 여겼다). 그래서 조갑의 배우자인 비무妣戊는 제10순에서 제사를 받았다. 상옥지는 또 『전』 1.37.1·1.33.5편의 복사를 이용해 강정의 배우자인 비신妣辛은 조갑의 배우자인 비무妣戊와 같은 순旬에서 제사를 받았음을 증명했다. 그래서 강정의 배우자인 비신妣辛도 제10순에서 제사를 받아야만 옳다.[66] 따라서 동작빈과 진몽가가 조갑의 배우자인 비무妣戊와 강정의 배우자인 비신妣辛을 제11순에 배열한 것은 근거가 부족하다.

(2) 무을·문정·제을 등이 주제周祭 계통에 속하는지의 여부

제11순·제12순의 제사 순서에서, 학자들의 견해 차이는 더욱 크다. 상옥지의 배열은 10개의 순旬을 순서로 하고 있고, 제사를 지낸 선왕도

65) 상세한 논증은 常玉芝, 『商代周祭制度』 第3章 第3節(中國社會科學出版社, 1987) 참조.
66) 상세한 논증은 常玉芝, 『商代周祭制度』 第3章 第3節(中國社會科學出版社, 1987) 참조.

강정에서 그치며, 제사를 지낸 선비는 강정의 배우자인 비신妣辛에서 그친다. 동작빈·도방남·허진웅의 배열을 보면 선왕의 경우 문정까지, 선비의 경우 문정의 배우자인 비계妣癸까지 이르고 있다. 또 동작빈은 12개의 순旬을, 도방남과 허진웅은 11개의 순旬을 순서로 삼고 있다. 진몽가의 배열은 선왕의 경우 제을까지, 선비의 경우 문정의 배우자인 비계妣癸까지 이르고 있으며, 총 12개의 순旬을 순서로 하고 있다. 동작빈·진몽가·도방남·허진웅 등 네 사람이 배열한 선왕은 무을·문정·제을 등 상옥지보다 3명이 더 많고, 선비의 경우 무을의 배우자인 비무妣戊와 문정의 배우자인 비계妣癸보다 2명이 더 많다(강정의 배우자인 비신妣辛 앞의 선비들의 제사에 대한 의견의 대립은 위에서 충분히 분석했기 때문에 여기서는 계산에 넣지 않았다). 상옥지는 이상에서 말한 3명의 왕과 2명의 비妣는 주제周祭의 계통에 속하지 않는다고 했다.

무을·문정·제을 등 3명의 왕과 무을의 배우자인 비무妣戊 및 문정의 배우자라 불리는 비계妣癸가 주제周祭의 계통에 속하는지는 대단히 중요한 문제이다. 왜냐하면 이는 주제周祭가 어느 왕과 어느 왕비에서 끝나는가의 문제와 연계되어 있을 뿐 아니라, 더욱 중요한 것은 황黃조 복사의 시대와 관련된 문제이기도 하며, 나아가 상나라 말의 제사제도의 변화와 발전의 문제와 관련되어 있기 때문이다. 이러한 점에 비추어, 상옥지는 5가지 제사 복사의 연계 관계로부터 주제周祭주기 및 상나라 말의 제사제도의 변화를 다음과 같은 세 가지 측면에서 상세히 분석했다.

5가지 제사에 관한 복사의 계련 관계로 볼 때, 하나의 선왕 혹은 하나의 선비先妣가 주제周祭의 계통에 속하느냐의 판단은 주로 다음의 두 가지에 근거한다. 하나는 그들이 익翌·제祭·치壴·협劦·융彡 등의 5가지 사전祀典의 제사를 받았느냐는 것이고, 다른 하나는 그들이 제사를 받을 때 다른 왕과 비妣와 연계되느냐 하는 것이다. 지금까지 확인된 무을·문정·제을·무을의 배우자인 비무妣戊의 제사에 관한 기록은 다음과 같다.

먼저, 무을의 제사 기록이다.

을축일에 점을 칩니다. 물어봅니다. 왕께서 '빈'제사를 드리는데 '무을'께 '익일'제사를 올리면 허물이 없겠습니까? 乙丑卜, 貞王賓武乙翌日, 亡尤.

—『속』 1.27.2편

을묘일에 점을 칩니다. 물어봅니다. 왕께서 '빈'제사를 드리는데 '무을'께 '제'제사를 올리면 허물이 없겠습니까? 乙卯卜, 貞王賓武乙祭, 亡尤.

—『전』 1.22.4편

을사일에 점을 칩니다. 물어봅니다. 왕께서 '빈'제사를 드리는데 '무을'께 '협일'제사를 올리면 허물이 없겠습니까? 乙巳卜, 貞王賓武乙劦日, 亡尤.

—『보』「제」 124편

을미일에 점을 칩니다. 물어봅니다. 왕께서 '빈'제사를 드리는데 '무을'께 '협일'제사를 올리면 허물이 없겠습니까? 乙未卜, 貞王賓武乙劦日, 亡尤.

—『전』 1.21.2편

을축일에 조개화폐를 상으로 내리셨다. 왕께서 이르시길 …… '무을'께 '구'제사를 드릴 때 '융'제사를 올려라. 왕의 재위 6년이었다. '융일'제사 …… 乙酉, 賞貝, 王曰 …… 遘于武乙彡日, 隹王六祀. 彡日 ……

—『관지』 2.36편

둘째, 문정의 제사 기록이다.

정축일에 점을 칩니다. 물어봅니다. 왕께서 '빈'제사를 드리는데 '문무'께 '익일'제사를 올리면 허물이 없겠습니까? 丁丑卜, 貞王賓文武翌日, 亡尤.

—『보』「제」 141편

정해일에 점을 칩니다. 물어봅니다. 왕께서 '빈'제사를 드리는데 '부정'께 '협일'제사를 올리면 허물이 없겠습니까? 丁亥卜, 貞王賓父丁劦日, 亡尤.

—『보』「제」 187편

이상의 무을·문정의 제사에 대한 기록에서『관지』2.36편이「풍이豐彝」라는 청동기 명문임을 제외하면 나머지 6조항은 모두 복사이다. 이들 복사에 반영된 중요한 현상은 각각의 복사를 모두 독립된 갑골에 새겼으며, 다른 왕이나 비妣의 복사들과 함께 새기지 않았다는 점이다. 이것은 무을과 문정 2왕과 나머지 왕이나 비妣들이 제삿날에서 계련관계가 없다는 것이며, 계련관계가 없다는 것은 그들과 다른 왕이나 비는 서로 다른 제사 계통에 속했다는 말이다.

셋째, 제을의 제사 기록이다.

지금까지 발견된 은허 갑골복사에서는 제을의 제사에 관한 기록을 찾아볼 수가 없다. 섭옥삼葉玉森과 진몽가는『전』1.26.1편 복사에서의 "제사를 드리면 {{에게 허물이 없겠습니까?{{亡尤"의 "{{"이 "부을父乙"이라고 하였다. 그는 특히 이 복사가 "제신帝辛 때 드린 주제周祭에서의 제을에 대한 제사"라고 했지만,[67] 같은 책에서 또 제을에게 주제周祭를 드린 복사는 아직 발견되지 않았다고도 했다.[68] 이렇게 볼 때 그는 아직 확신이 없었던 것으로 보인다. 상옥지는『전』1.26.1편 복사의 "{{"은 "부을父乙"이라는 글자와 형체적으로 닮아 보이지 않으며, 이가 "허물이 없겠습니까? 亡尤"라는 말과 연결되어 있는 것으로 볼 때, 제사 이름이 되어야 할 것 같다고 했다. 그래서 이 복사는 왕빈王賓복사의 잔편으로, 어떤 선조께 "{{"제사를 올리면 순조로울 것인가를 물은 것이다. 만약 "{{"을 "부

67) 陳夢家,『殷虛卜辭綜述』, 科學出版社, 1956, 421면.

68) 陳夢家,『殷虛卜辭綜述』, 科學出版社, 1956, 422면. 여기서 陳氏는 "文武帝"를 帝乙이라 여겼는데, 常玉芝는 이가 文武丁이라고 생각했다. 常玉芝,「說文武帝」,『古文學研究』第4輯, 中華書局, 1980.

을父乙”로 보게 되면 이 복사에는 제사 이름이 없게 되고 마는데, 그렇다면 “부을父乙”이 받은 제사가 5가지 사전祀典에 속한 제사임을 어떻게 판단할 수 있단 말인가? 게다가 복사에 제삿날이 기록되어 있지도 않고 다른 왕이나 비妣에 제사를 드렸던 복사와 동판同版 관계도 아니다. 그렇다면 또 어떻게 다른 왕과 왕비와 제사의 날짜 상에서 계련관계를 가진다는 것을 알 수 있단 말인가? 반대로 제을帝乙이라는 호칭이 등장하는 상나라 말 때의 「사사필기유四祀邲其卣」의 명문으로 볼 때, 제을은 주제周祭 계통에 속하지 않았음을 알 수 있다. 「사사필기유四祀邲其卣」[69]의 명문은 다음과 같다.

> 을사일에 왕께서 말씀하셨다. “문무제을께 ‘합’제를 거행하라.” ‘소대청’[70]에서 제사를 드렸다. ‘을’의 영혼을 만나고자 ‘익일’ 제사를 올렸다. 병오일에는 [illegible] 제사를 드렸고, 정미일에는 [illegible]제사를 드렸다. 을유일에 왕께서는 ‘도’라는 곳에 계셨고 ‘필’에게 조개화폐를 상으로 내리셨다. 때는 왕의 재위 4년, ‘익일’ 제사를 드리는 날이었다. 乙巳, 王曰, 隣文武帝乙宜, 在召大廳, 遘乙翌日, 丙午[illegible], 丁未[illegible]. 己酉, 王在梌, 邲其賜貝. 在四月, 隹王四祀. 翌日.
>
> —『녹유』 275편

명문에서의 “문무제을”은 제을帝乙을 말한다.[71] 그래서 이 기물은 제신帝辛 때에 만들어졌음이 분명하다. 명문에서의 “‘을’의 영혼을 만나고자 ‘익일’ 제사를 올렸다遘乙翌日”에서의 “을乙”이 도대체 누구를 지칭하는지는 의견이 분분하다. 진몽가는 명문의 앞부분에서 말한 “문무제을文武帝乙”을 말한다고 했고 또 문무제을은 주제周祭 계통에 속한다고 보았

69) (역주) 「四祀邲其卣」나 「亞獏四祀邲其卣」라고도 하며, 하남성 안양에서 출토된 은나라 때의 기물로, 현재 고궁박물원에 소장되어 있다.

70) (역주) 은나라 도성에 있던 궁궐의 이름.

71) 丁山, 「邲其卣三器銘文考釋」, 『文物周刊』 第37・38期, 上海, 1947.

다. 하지만 동작빈·도방남·허진웅·상옥지는 주제周祭 계보의 배열을 통해 제신帝辛 4년祀 4월 을사일의 익翌제사는 모두 문무제을에게 드린 것이 아니라고 했다. 동작빈·상옥지는 대을大乙께 드린 것으로, 도방남과 허진웅은 36순旬형의 주기 때 제사를 드렸던 보을報乙이라고 했다.[72] 상옥지에 의하면, 진몽가가 말했던 "'을'의 영혼을 만나고자 '익일' 제사를 올렸다遘乙翌日"에서의 "을乙"은 "문무제을文武帝乙"을 말한다. 즉 명문에서 기록한 '제신 4년 4월 을사일에 문무제을께 '익'제사를 드린' 것은 옳다고 했다. 하지만 이것에 근거해 문무제을이 주제周祭의 계통에 속한다고 본 것은 잘못이다. 왜냐하면 상술한 학자들이 배열한 주제周祭의 제사계보에 의하면, 제신 4년 4월 을사일의 주제周祭는 문무제을이 아니기 때문이다. 주제周祭의 제사계보에 문무제을을 넣을 수 없다면, 이 명문은 제을이 주제周祭의 계통에 속하지 않는다는 것을 잘 설명해 준다.

넷째, 무을의 배우자인 비무妣戊의 제사 기록이다.

무을의 배우자인 비무妣戊라는 명칭은 「이궤緈簋」[73]의 명문에서만 출현하고 있다.

> 무진일 …… 12월이었다.[74] 왕의 재위 20년이었다. '협일'제사를 드렸다. 무을의 배우자인 '비무'를 만나고자 돼지 1마리를 올렸다. '려'족. 戊辰 …… 在十月二日, 隹王二十祀. 劦日. 遘于妣戊武乙奭豕一. 旅.
>
> —『삼대』 6.52.2편

72) 陳夢家, 『殷虛卜辭綜述』, 科學出版社, 1956, 422면; 董作賓, 「殷曆譜後記」, 『中央研究院歷史語言研究所集刊』 13本, 1948; 島邦男, 『殷墟卜辭研究』(中譯本), 144면; 許進雄, 『殷卜辭中五種祭祀的硏究』, 1968, 100면; 常五芝, 『商代周祭制度』, 中國社會科學出版社, 1987, 267~270면.

73) (역주) 달리 「緈作父乙簋」, 「戊辰簋」, 「緈彝」, 「肄簋」 등으로도 불린다. 은나라 때의 기물이며, 일찍이 미국의 盧芹齋, 캐나다의 멘지스와 뉴욕의 薩克萊爾 등의 소장을 거쳐 지금은 미국 워싱턴의 프리어 예술전시관(Freer Gallery of Art)에 소장되어 있다.

74) (역주) 명문에는 11월로 되어 있다.

동작빈 · 진몽가 · 도방남 · 허진웅은 모두 이 명문이 무을의 배우자인 비무妣戊에게 '협'제사를 드린 것을 기록한 것이라 했으며, 이에 근거해 무을의 배우자인 비무妣戊가 주제周祭 계통에 속한다고 했다. 상옥지도 이 기록이 무을의 배우자인 비무妣戊에게 '협'제사를 드린 것이라고 했으나, 이러한 사실이 무을의 배우자인 비무妣戊가 주제周祭계통에 속함을 증명해 주는 것은 아니라고 했다. 최근, 상옥지는 다시 새로 출토된 상나라 말기의 「부자방정𢆶孳方鼎」[75]의 청동기 명문에 근거해 「이궤肄簋」의 명문을 살펴, 「이궤」의 명문에서 기록한 것은 무을의 배우자인 비무妣戊에게 '협'제사를 드린 것이 아니며, 그것이 무을의 배우자인 비무妣戊가 주제周祭계통에 속함을 증명해 줄 수도 없다고 했다. 「부자방정」의 명문은 다음과 같다.

> 갑자일, 왕께서 '부자'에게 상을 내리셨다. '부자'는 이를 이용해 부친 '신'을 위해 귀중한 청동기를 만들었다. 12월이었다. '조갑'을 만나고자 '협일' 제사를 드렸다. 왕의 재위 20년이었다. 甲子, 王易𢆶孳, 商[76]用乍父辛尊彝. 在十月又二. 遘祖甲劦日. 隹王二十祀.[77]

이 명문에서는 상나라 왕의 재위 20년 12월 갑자일이 '조갑'에게 '협'제사를 드리던 날이었음을 기록하고 있다("구遘"는 "만나다遇", "마주치다逢"의 뜻이다). 그래서 이는 조갑에게 주제周祭를 드린 것에 대한 기록이다. 조갑의 제사를 기록한 "구조갑협일遘祖甲劦日"에서, "구遘"자가 "협일劦日"의 앞에 놓여 있는데, 이는 조갑을 만난 '협'제사임을 말해준다. 하지만

---

75) (역주) 상나라 후기 때의 유물로, 1981년 산서성 曲沃縣 曲村에서 출토되었다. 張頷, 「𢆶孳方鼎銘文考釋」, 『古文字研究』 제16집 참조.

76) (역주) 商은 賞의 가차자이며, 이 책에서는 뒷 문장에 연결되도록 끊어 있으나, 문맥상 앞 문장에 이어져야 순조로워 보이기에, 앞 문장에 이어 해석했다.

77) 이 청동기 명문의 拓本은 文化部文物局 · 故宮博物院編, 『全國出土文物珍品選(1976~1984)』(文物出版社, 1987)에 보인다.

무을의 배우자인 비무妣戊에 대한 제사를 기록한 「이궤」의 "구우비무무을석시일遘于妣戊武乙奭豕一"에서는 "협일劦日"이 "구우遘于"의 앞에 놓여 있다. 만약 「이궤」의 기록이 무을의 배우자인 비무妣戊에게 "협"제사를 드린 것이라면, 문장의 구조는 당연히 "구우비무무을석협일遘于妣戊武乙奭劦日"이 되어야 하고, "돼지 1마리豕一"라는 말도 덧붙이지 말아야 할 것이다. 왜냐하면 지금까지의 주제周祭 복사와 명문에서는 아직 주제周祭의 사전祀典 이름의 앞이나 뒤에 다른 제사 이름을 덧붙인 적이 없기 때문이다. 그래서 「이궤」 명문은 왕의 재위 20년 12월 무진일에 돼지를 사용하여 무을의 배우자인 비무妣戊에게 제사를 지낸 것을 기록한 것이다. "협일"은 여기서 왕의 재위 20년 12월 무진일이 주제周祭에서의 '협'제사의 제사기간祀季 이내라는 것을 말해주며, '협'제사는 시간을 표시하는 의미가 들어 있다. 상옥지에 의하면, 상나라 말기에는 간지자에다 주제周祭 날짜를 더해 표시하는 방식이 유행했다고 한다.[78] 「이궤」 명문에 바로 이런 상황이 존재하고 있다. 종합적으로 말해서, 「이궤」의 명문이 무을의 배우자인 비무妣戊가 주제周祭 계통에 속한다는 것을 증명해 주지는 못한다.

다섯째, 문정의 배우자인 비계妣癸의 제사 기록이다.

1930년대 동작빈이 「갑골문 시기구분 연구 예甲骨文斷代研究例」를 발표한 이후, 학자들은 대부분 동작빈의 5시기 구분법을 사용하여, 제5기 복사를 제을과 제신 때의 복사라고 여기고 있다. 그래서 제5기 복사에서의 "모계母癸"를 제을帝乙이 문정文丁의 배우자를 불렀던 호칭으로, "비계妣癸"를 제신帝辛이 문정文丁의 배우자를 불렀던 호칭으로 보았다. 동작빈·진몽가·도방남·허진웅 등은 단지 이에 근거해 문정文丁에게 "계癸"라는 이름을 가진 배우자가 있다고 여겼고, 또 주제周祭의 계통에 포함된다고 생각했다.

78) 常玉芝, 『殷商曆法研究』, 吉林文史出版社, 1998, 第3章 第1節.

하지만 지금까지 발견된 복사와 금문에서 문정文丁의 배우자와 관련된 주제周祭의 기록을 찾을 수가 없기 때문에 이러한 설명은 믿을 만하지 못하다. 동작빈·도방남·허진웅 등은 문정文丁의 배우자를 주제周祭에 배열하긴 했지만 어떤 근거 자료도 제시하지 못했다. 진몽가가 제시한 유일한 증거는 『녕』 2.125판의 복사인 "계해일에 점을 칩니다. 물어봅니다. 왕께서 '빈'제사를 드리는데 '비계'께 '융일'제사를 올리면 허물이 없겠습니까? 癸亥卜, 貞王賓妣癸彡日, 亡尤"이다.79) 하지만 첫째, 이 복사는 5가지 사전祀典의 하나인 '융'제사로 비계妣癸에게 제사를 드린 것이지만, "비계妣癸"의 앞에 배우자가 되는 선왕先王의 이름이 붙어 있지 않은데, 이는 선비先妣에 대한 주제周祭의 규칙에 부합하지 않는다. 그래서 선왕의 이름이 붙어 있지 않으면 제사의 차례를 알 수가 없다. 둘째, 그것이 다른 왕이나 왕비의 제삿날과 계련관계를 갖고 있지 않기 때문에 이는 주제周祭복사가 아니다. 셋째, 주제周祭에서 중정中丁과 무정武丁의 경우 모두 비계妣癸라는 이름을 가진 배우자가 제사를 받았는데, 이 복사에서의 "비계妣癸"가 문정文丁의 배우자임을 확정할 수 있는 근거는 무엇인가? 그렇다면 제5기 복사에서의 "비계妣癸"나 "모계母癸"는 도대체 어느 왕의 배우자인가? 상옥지는 제5기 "방제祊祭"복사의 시대를 분석함으로써, 그녀는 분명 무을의 배우자, 즉 "비계妣癸"는 제을이 무을의 배우자를 불렀던 호칭이며, "모계母癸"는 문정이 무을의 배우자를 불렀던 호칭임에 분명하다고 했다.80) 결론적으로 말해서 문정의 배우자가 주제周祭 계통에 속한다는 확실한 증거는 없다.

주제周祭의 제사 주기 및 상나라 말 때의 제사 제도의 변화로부터 볼 때 무을·문정·제을·무을의 배우자인 비무妣戊와 소위 문정의 배우자라 불리는 비계妣癸는 주제周祭 계통에 속하지 않기 때문에 이에 대해서

79) 陳夢家, 『殷虛卜辭綜述』, 科學出版社, 1956, 384면.

80) 常玉芝, 「祊祭卜辭時代的再辨析」, 『甲骨文與殷商史』 第2輯, 上海古籍出版社, 1986; 常玉芝, 「附錄」, 『商代周祭制度』, 中國社會科學出版社, 1987.

는 뒤에서 따로 서술하고자 한다.

4) 주제周祭 주기와 5가지 사전祀典의 시작

동작빈은 익翌・제祭・치壴・협劦・융彡 등 5가지 사전祀典이 서로 연결되어 끊임없이 계속 거행되었다는 사실을 처음으로 발견했다. 또 실제 제사를 거행할 때 익翌제사와 융彡제사는 단독으로 거행되었고, 제祭・치壴・협劦 등 3가지 제사는 서로 중첩되어 거행되었다는, 다시 말해 5가지 사전祀典 3가지 제사는 한 조組를 이룬 형식으로 진행되었다는 사실을 지적했다. 그렇다면 이 5가지 사전祀典이 "선왕과 선비의 제사 순서표"에 의해 선왕과 선비에 대한 제사가 한 바퀴 도는 데는 얼마의 시간이 걸린 것인가? 다시 말해 주제周祭에서 제사의 1주기에 필요한 시간은 얼마나 되었을까?

(1) 조별 제사의 주기

앞에서 열거한 몇 가지 유형의 주제周祭 복사 중, 갑甲이라는 이름을 가진 선왕에 대한 5가지 제사의 복순卜旬 복사에서만 각종 사전祀典의 거행시간이 명확하게 부기되어 있다. 그래서 학자들이 5가지 사전祀典의 제사 주기를 논의할 때는 언제나 복순卜旬복사에 근거하고, 또 갑甲이라는 이름을 가진 선왕의 제사 순서로써 주기의 순旬의 순서를 표시한다. 다음은 "주제"를 계통적으로 연구한 학자들 간에 의견이 통일된 각 제사 조組의 제사 주기이다.[81)]

먼저, 익翌제사의 제사 주기.

---

81) 상세한 논증은 常玉芝, 『商代周祭制度』(中國社會科學出版社, 1987), 140~175면 참조.

제1순 '공전'에 대한 '익'제사翌工典

제2순 '상갑'에 대한 '익'제사翌上甲

제3순 공순空旬

제4순 '대갑'에 대한 '익'제사翌大甲

제5순 '소갑'에 대한 '익'제사翌小甲

제6순 공순空旬

제7순 '전갑'에 대한 '익'제사翌戔甲

제8순 '강갑'에 대한 '익'제사翌羌甲

제9순 '양갑'에 대한 '익'제사翌陽甲

제10순 공순空旬

제11순 '조갑'에 대한 '익'제사翌祖甲

둘째, '제祭'·'치壴'·'협劦' 조組의 제사 주기.

제1순 '공전'에 대한 '제'제사祭工典

제2순 '상갑'에 대한 '제'제사祭上甲·'공전'에 대한 '치'제사壴工典

제3순 '상갑'에 대한 '치'제사壴上甲·'공전'에 대한 '협'제사劦工典

제4순 '상갑'에 대한 '협'제사劦上甲·'대갑'에 대한 '제'제사祭大甲

제5순 '대갑'에 대한 '치'제사壴大甲·'소갑'에 대한 '제'제사祭小甲

제6순 '대갑'에 대한 '협'제사劦大甲·'소갑'에 대한 '치'제사壴小甲

제7순 '전갑'에 대한 '제'제사祭戔甲·'소갑'에 대한 '치'제사壴小甲

제8순 '강갑'에 대한 '제'제사祭羌甲·'전갑'에 대한 '치'제사壴戔甲

제9순 '양갑'에 대한 '제'제사祭陽甲·'강갑'에 대한 '치'제사壴羌甲·'전갑'에 대한 '협'제사劦戔甲

제10순 '양갑'에 대한 '치'제사壴陽甲·'강갑'에 대한 '협'제사劦羌甲

제11순 '조갑'에 대한 '제'제사祭祖甲·'양갑'에 대한 '협'제사劦陽甲

제12순 '조갑'에 대한 '치'제사壴祖甲

제13순 '조갑'에 대한 '협'제사劦祖甲

셋째, 융彡제사의 제사 주기.

제1순 '공전'에 대한 '융'제사彡工典
제2순 '상갑'에 대한 '융'제사彡上甲
제3순 공순空旬
제4순 '대갑'에 대한 '융'제사彡大甲
제5순 '소갑'에 대한 '융'제사彡小甲
제6순 공순空旬
제7순 '전갑'에 대한 '융'제사彡戔甲
제8순 '강갑'에 대한 '융'제사彡羌甲
제9순 '양갑'에 대한 '융'제사彡陽甲
제10순 공순空旬
제11순 '조갑'에 대한 '융'제사彡祖甲

이 세 조의 제사를 보면, 상갑에 대한 '익翌'제사의 1순旬 전에 공전工典에 대한 '익'제사가 있고, 상갑에 대한 "제祭"제사의 1순旬 전에 공전에 대한 '제'제사가 있고, 상갑에 대한 '치'제사 1순旬 전에 공전에 대한 '치'제사가 있고, 상갑에 대한 '협'제사 1순旬 전에 공전에 대한 '협'제사가 있고, 상갑에 대한 '융彡'제사 1순旬 전에 공전에 대한 '융'제사가 있다. "공전工典"은 무엇을 뜻하는가? 우성오에 의하면, "공工자는 공貢으로 해석해야 하며, 전𠔃은 옛날의 전典자로, 간책簡冊을 지칭한다. 그래서 공전貢典이라는 말은 제사 때 전책典冊을 바치는 것을 말한다"고 했다.[82] 이를 복사에 대입해 본 즉 우성오의 논지는 극히 정확하다. 5가지 제사 복사

82) 于省吾, 「釋工」, 『甲骨文字釋林』, 中華書局, 1979.

에서 각각의 사전祀典을 거행하기 전, 다시 말해 상갑에 제사를 드리기 1순旬 전에 항상 이러한 전책典冊을 신 앞에 바치는 제사를 거행했다는 기록이 있다. 다만 그 전책典冊의 내용이 무엇이었는지에 대해서는 아직 확실한 자료가 없다. 동작빈은 아마도 『수』 113편의 각사에서 기록한 것처럼, 어떤 날에 어떤 사전祀典으로서 어떤 선조에게 제사를 드린다는 식으로, 제사를 받는 선왕(혹은 선비)의 제삿날과 사전祀典 등을 기록하였을 것이라고 했다. 그래서 『수』 113편의 각사는 전책典冊이거나 전책을 베껴 쓴 것일 가능성이 매우 높다.[83)]

(2) 조별 제사 간의 접속 관계

5가지 사전祀典은 익翌, 제祭・치壴・협劦, 융彡의 3조의 형식으로 독립되어 제사가 진행되었다. 하지만 그들은 또 일정한 연계 관계를 갖고 있었다. 이에 대해서는 상옥지가 상세히 논증했는데,[84)] 그녀가 제시한 사례는 다음과 같다.

먼저, 익翌제사와 제祭・치壴・협劦제사와의 접속관계.

> 계해일에 점을 칩니다. 물어봅니다. 왕에게 10일 동안 불행한 일이 없겠습니까? 1[2]월이었다. 갑자일에 '익'제사를 '양갑'께 드렸다. 癸亥卜, 貞王旬亡禍. 在十[二]月, 甲子翌陽甲.
>
> 계미일에 점을 칩니다. 물어봅니다. 왕에게 10일 동안 불행한 일이 없겠습니까? 갑신일에 '익일'제사를 '조갑'께 드렸다. 癸未卜, 貞王旬亡禍. 甲申翌日祖甲.
>
> 계묘일에 점을 칩니다. 물어봅니다. 왕에게 10일 동안 불행한 일이 없겠습니까? 癸卯卜, 貞王旬亡禍.
>
> 계해일에 점을 칩니다. 물어봅니다. 왕에게 10일 동안 불행한 일이 없겠습니

83) 董作賓, 「祀譜一」, 『殷曆譜』 下編 卷2, 1945, 2~3면.
84) 常玉芝, 『商代周祭制度』, 中國社會科學出版社, 1987, 175~186면.

까? 2월이었다. 갑자일에 '제'제사를 '대갑'께 드렸다. 癸亥卜, 貞王旬亡禍. 在二月. 甲子祭大甲.

계미일에 점을 칩니다. 물어봅니다. 왕에게 10일 동안 불행한 일이 없겠습니까? 2월이었다. 癸未卜, 貞王旬亡禍. 在二月.

—『종술』 21.8편

이 복사에는 익翌제사와 제祭·치𧶠·협𠩺제사가 기록되어 있다. 5조목의 복사는 모두 거북 배딱지의 오른쪽 부분에 새겨져 있었으며, 각 조항마다 10일 간의 제사에 대해 물었다. 상옥지는 익翌제사와 제祭·치𧶠·협𠩺제사의 주기와 거북 배딱지의 복순卜旬복사의 계각 규칙(아래를 먼저 위를 나중에, 안을 먼저 바깥을 나중에, 오른쪽을 먼저 왼쪽을 나중에 새김)에 근거해,[85] 이 판에 새겨진 복사에서 기록된 두 제사 조합 간의 접속관계를 분석했다. 즉 '조갑'에 대한 익翌제사와 '공전工典'에 대한 '제祭'제사는 상·하순에 거행되었고,[86] 그래서 익翌제사와 제祭·치𧶠·협𠩺제사는 그룹 지어져 서로 연결되어 거행되었다. 즉 두 개의 제사 조합에 예외가 있는 경우는 1순旬도 없었다.

둘째, 제祭·치𧶠·협𠩺제사와 융彡제사의 접속관계.

계묘일에 점을 칩니다. '부'가 물어봅니다. 왕에게 10일 동안 불행한 일이 없겠습니까? 2월이었다. 갑진일에 '협일'제사를 '조갑'께 드렸다. 癸卯卜, 𡆥, 貞王旬亡禍. 在二月. 甲辰𠩺日祖甲.

계축일에 점을 칩니다. '부'가 물어봅니다. 왕에게 10일 동안 불행한 일이 없겠습니까? 2월이었다. 갑인일에 '공전'께 '주'제사와 '융'제사를 드렸다. 癸丑卜, 𡆥, 貞王旬亡禍. 在二月. 甲寅工典其酒彡.

—『합집』 35,891편

---

85) 常玉芝, 「晩期龜腹甲卜旬卜辭的契刻規律及意義」, 『考古』, 1987年 第10期.

86) 상세한 논증은 常玉芝, 『商代周祭制度』(中國社會科學出版社, 1987), 176~179면 참조.

계축일에 왕께서 점을 칩니다. 물어봅니다. 10일 동안 불행한 일이 없겠습니까? 2월이었다. 왕께서 점괘를 해석해 말했다. '대길하리라.' 갑인일에 '치'제사를 '조갑'께 드렸다. 癸丑王卜, 貞旬亡禍. 在二月. 王占曰, 大吉. 甲寅壴祖甲.

계해일에 왕께서 점을 칩니다. 물어봅니다. 10일 동안 불행한 일이 없겠습니까? 3월이었다. 왕께서 점괘를 해석해 말했다. '대길하리라.' 갑자일에 '협'제사를 '조갑'께 드렸다. 癸亥王卜, 貞旬亡禍. 在三月. 王占曰, 大吉. 甲子劦祖甲.

계유일에 왕께서 점을 칩니다. 물어봅니다. 10일 동안 불행한 일이 없겠습니까? 3월이었다. 왕께서 점괘를 해석해 말했다. '대길하리라.' 癸酉王卜, 貞旬亡禍. 在三月. 王占曰, 大吉.

계미일에 왕께서 점을 칩니다. 물어봅니다. 10일 동안 불행한 일이 없겠습니까? 3월이었다. 왕께서 점괘를 해석해 말했다. '대길하리라.' 갑신일에 '융'제사를 '상갑'께 드렸다. 癸未王卜, 貞旬亡禍. 在三月. 王占曰, 大吉. 甲申彡上甲.

—『홉킨스』 334편

『합집』 35,891판의 복사를 보면, '조갑'에 대한 '협'제사의 다음 순旬이 공전工典에 대한 '융'제사가 거행되는 순旬이었다. 『홉킨스』 334판의 두 번째 복사를 보면, 갑자일에 '협'제사를 '조갑'께 드리고, 다음 순旬, 즉 계유일에 점을 쳤던 10일旬 동안에는 어떤 제사도 거행되지 않았으며, 그 다음 1순旬에서는 갑신일에 '융'제사를 '상갑'에게 드렸다. '융'제사의 제사 주기에서 '상갑'에 대한 '융'제사의 앞 순旬에 '공전'에 대한 '융'제사가 이루어졌기 때문에, 이 편에서 계유일에 점을 쳐 물은 1순旬은 분명 '공전'에게 '융'제사를 드린 순旬이 분명하다. 그 때문에 여기에서는 "갑술일에 '공전'에게 '주'제사와 '융'제사를 드릴까요? 甲戌工典其酒彡"라는 말을 생략하고 기록하지 않았다. 그렇다면 이 판의 복사도 '조갑'에 대한 '협'제사의 하순이 바로 '공전'에 대한 '융'제사를 드렸던 순旬임을 증명해 준다. 앞서 말한 두 판의 복사에서 제祭·치壴·협劦제사와 융彡제사는 실제 제사를 거행할 때에는 서로 긴밀하게 연접되어 있었다. 즉 두 개의 제사 조합 간에는 예외가 있는 순旬은 한 번도 없었다는 것을 보여주고 있다.

셋째, 융彡제사와 익翌제사의 접속관계.

> [계]해일에 왕께서 점을 칩니다. 물어봅니다. 10일 동안 불행한 일이 없겠습니까? 왕께서 점괘를 해석해 말했다. '길하리라.' 7월이었다. 갑자일에 '융'제사를 '조갑'께 드렸다. [癸]亥王卜, 貞旬亡禍. 王占曰, 吉. 在七月. 甲子彡祖甲.
>
> 계[유일에 왕께서 점을 칩니다]. 물어봅니다. 10일 동안 불행한 일이 없겠습니까? 왕께서 점괘를 해석해 말했다. '길하리라.' 7월이었다. 癸[酉王卜], 貞旬亡禍. 王占曰, 吉. 在七月.
>
> 계미일에 왕께서 점을 칩니다. 물어봅니다. 10일 동안 불행한 일이 없겠습니까? 왕께서 점괘를 해석해 말했다. '길하리라.' 8월이었다. 갑신일에 '공전'께 '유'제사를 드렸다. 癸未王卜, 貞,旬亡禍. 王占曰, 吉. 在八月. 甲申工典其妫.
>
> 계사일에 왕께서 점을 칩니다. 물어봅니다. 10일 동안 불행한 일이 없겠습니까? 왕께서 점괘를 해석해 말했다. '길하리라.' 8월이었다. 갑오일에 '익'제사를 '상갑'께 드렸다. 癸巳王卜, 貞,旬亡禍. 王占曰, 吉. 在八月. 甲午翌上甲.
>
> —『주』 244편

위의 첫째 복사에서는 갑자일에 '조갑'에게 드린 '융'제사를 기록했고, 그 다음 순旬, 즉 계유일에 점을 친 순旬에는 어떤 왕에 대한 제사도 없었다. 그 다음 순旬에서는 갑신일에 "공전에게 유妫제사를 드리는 것", 즉 '공전'에 대한 '익'제사에 대해 기록했고, 그 다음 순旬에서는 갑오일에 드리는 '상갑'에 대한 '익'제사를 기록했다. '조갑'에게 '융'제사를 드렸던 순旬은 '융'제사가 끝나는 순旬이고, '공전'에게 '익'제사를 드린 순旬은 '익'제사의 첫 순旬이었다. 여기에서 보듯 '융'제사가 끝나는 순旬에 '조갑'에게 '융'제사를 드렸던 순旬과 '익'제사의 첫 번째 순旬에 '공전'에게 '익'제사를 드렸던 순旬 사이에는 예외를 가진 순旬이 하나도 존재하지 않는다. 그것은 '융'제사와 '익'제사의 두 제사 조합 사이에 놓여 있었기 때문에, 어떤 다른 제사도 허용되지 않는 완전히 빈 순旬이었다. 그래서 '융'제사와 '익'제사라는 두 개의 제사 조합은 실제 거행될 때 서로 긴밀하게 연접되어 있는 것이 아니라 중간에 1순旬의 공백을 두었음을 알 수 있다.

이상의 사례로부터 익翌제사와 제祭・치𢆶・협𠂤제사, 제祭・치𢆶・협𠂤제사와 융彡제사 간에는 긴밀하게 연접되어 있지만, 융彡제사 조와 익翌조 제사 사이에는 1순旬의 간격을 두고 연접되어 있음을 알 수 있다. 이러한 접속관계로 볼 때, 5가지 사전祀典은 앞뒤가 서로 연결되고 주기를 이루어 끊임없이 계속 이어지는 사전祀典임을 알 수 있다. 그렇다면 어떤 사전祀典이 제일 먼저 거행되었던 것일까? 즉 5가지 사전祀典에서의 시작은 어느 제사였을까?

(3) 5가지 사전祀典의 시작

5가지 사전祀典의 시작에 대해서는 주제周祭 문제를 연구해 온 학자들 간에도 몇 가지 다른 의견이 제시되었다. 동작빈과 진몽가는 융彡제사가 처음이라 했고, 도방남는 제祭제사를, 허진웅과 상옥지는 익翌제사가 처음이라고 했다. 그들은 각각 어떤 증거를 제시했을까?

동작빈은 융彡제사를 5가지 사전의 처음이라 하면서, 5가지 사전은 융彡→익翌→제祭・치𢆶・협𠂤 제사의 순서로 주기를 이루며 거행되었다고 했다. 그에 의하면, "지금 융彡제사를 5가지 사전의 시작으로 삼고, '협'제사를 끝으로 삼는데, 이 또한 나름대로의 근거를 갖고 있다. 그것은 첫째, …… 먼 것疏을 먼저하고 가까운 것密을 나중에 하는 것이 그 원리이다. 그렇지 않고 제祭제사를 처음으로 하면, 융彡과 익翌제사가 어찌 연합해 중복되지 않을 수 있겠는가? 둘째, 제사지내는 일祀事로 말하자면, 융彡은 북을 사용하는 제사鼓祭이며 익翌은 깃을 사용한 제사羽舞인데,

악기와 춤은 선조들을 기쁘게 하기 위한 것이다. 제祭는 술과 고기를 사용하였으며 치𧽷는 서직黍稷을 사용했는데, 술과 음식은 선조들에게 흠향하게 하기 위한 것이다. 마지막에는 '협'제사를 드렸는데, 이때에는 다른 제전을 모두 합하여 다 종합하였으니, 이에 이르러 제사가 끝나게 된다. 이는 사리로 보아서도 지극히 순조로운 해석이다."[87] 진몽가는 동작빈의 학설을 따라, 융彡제사를 첫 제사로 삼았다.[88] 하지만 도방남은 "먼 선조를 먼저 지내고 가까운 선조를 나중에 지낸다"는 견해에 대해 다른 관점을 제시했다. 그에 의하면 "융彡제사를 첫 번째로 삼는다고 했지만, 융彡제사는 다음에도 설명하겠지만 전날 밤에서부터 시작해서 당일, 그리고 다음날까지 이어지는 3가지의 제사(융석彡夕 · 융일彡日 · 융약彡龠)로 구성된 3일 간의 제사를 말하는데, 이는 나머지 4가지 제사에서는 볼 수 없는 부분이다. 그래서 융彡이 실제로는 '먼 조상'의 제사가 아니며, 5가지 사전 중에서 가장 성대한 제사임은 두 말할 필요도 없다. 가까운 선조를 뒤에 모신다는 동작빈의 원리에 의한다면 이는 당연히 뒤쪽에 배치해 거행되어야만 한다. 그래서 융彡제사를 먼 선조의 제사로 간주하고서 이를 첫 제사로 본 것은 사실 타당하지 않다." 또 "융彡제사를 드렸던 공전工典은…… 가장 마지막 순旬에 거행되었으며(필자 주—'제' · '치' · '협' 제사의 조합이 가장 마지막 순旬에 배치된 것을 말한다), '제祭'제사와 확연하게 분리된 것이 아니기 때문에, 통상 '제'제사의 이후에 이어서 거행되었으며 5가지 사전의 처음이 될 수 없다."[89] 그래서 그는 '제'제사가 5가지 사전 중의 첫 번째 제사이며, 5가지 사전은 '제' · '치' · '협' →'융彡' → '익翌'의 순서로 주기를 이루어 거행되었다고 했다. 그 이유는 '제'제사로 드린 공전工典제사와 익翌제사로 드린 공전工典제사는 언제나 앞의 제

87) 董作賓, 『殷曆譜』 上編 卷3, 1945, 15～16면.

88) 陳夢家, 『殷虛卜辭綜述』, 392면. 하지만 진몽가는 이 책의 397면에서 "우리가 지금까지 周祭가 어디에서부터 시작되는지를 알지 못했는데 그것은 주기를 이루어 다시 시작되었기 때문이다"고 했다. 이는 祀首에 대해 최종 결론을 도출하지 못했음을 보여준다.

89) 島邦男, 溫天河 · 李壽林 譯, 『殷墟卜辭硏究』(中譯本), 臺灣鼎文書局, 1975, 114면.

사가 종료된 다음 순旬에 거행되었고, 앞의 제사와 확연하게 분리되어 있어 그중 하나는 반드시 5가지 사전 중의 첫 번째 제사일 것이기 때문이다. 그리고 5가지 사전의 주기는 공전工典에 대한 '제'제사가 앞의 제사가 종료된 순旬에 거행되었거나, 혹은 종료된 다음 순旬에 거행되어 결정된 것이기 때문에, '제'제사가 5가지 사전의 처음이 되어야 할 것이며 (…중략…) 또 '제祭'제사의 '제祭'자가 제사의 통칭이 되었다는 것 또한 이러한 결론의 방증이 될 수 있을 것이라고 했다.90)

상옥지는 '협'제사가 나머지 4가지 제사를 모두 합친 것이고 그 때문에 가장 마지막에 거행되었을 것이라는 동작빈의 주장은 의심해 볼 만하다고 했다. 왜냐하면 "'치'제사를 '소갑'께 드리고 '호'제사와 협'제사를 '대갑'께 드릴까요? 壴小甲蒦劦大甲"(『속존』 상 2,687편 앞면, 2,688편 뒷면), "'대갑'께 '호'제사와 협'제사를 '대갑'께 드릴까요? 大甲蒦劦?"(『고』 1,294편), "'조갑'께 '호'제사를 드릴까요? 蒦祖甲"(『일』 545편)91) 등처럼 주제周祭복사에서 '협'제사와 동반되어 "호蒦"자가 출현하는 경우가 몇몇 있는데, "호蒦"는 음악 이름으로, 대호大蒦로 연주하는 음악을 말한다.92) 이렇게 볼 때 '협劦'과 "호蒦"는 뜻이 비슷하다. 그래서 '협'제사는 동작빈 선생의 말처럼 '융'·'익'·'제'·'치'제사 등 4가지 제사를 집대성한 제사가 아닐 가능성이 높으며, 그래서 '협'제사의 뒤에 놓이는 '융'제사가 첫 제사라는 학설도 신빙성을 확보하기 어렵다. 그녀에 의하면, '융'제사에 "전날 밤의 제사"·"당일 제사"·"다음날의 제사"가 있다는 것을 가지고서 동작빈이 말한 먼 조상을 먼저 가까운 조상을 나중에 제사 지냈다는 원리

90) 島邦男, 溫天河·李壽林 譯, 『殷墟卜辭研究』(中譯本), 臺灣鼎文書局, 1975, 114~115면. 島邦男이 말한 "앞의 제사가 종료된 旬"은 모두 각종의 祀典으로 祖甲에게 제사를 드린 旬의 다음 旬을 말하지만, 우리가 말하는 앞의 제사가 종료된 旬이라는 것은 모두 祖甲에게 제사를 지낸 旬을 말하는 것으로, 이 둘 사이에는 1旬의 차이가 존재한다.

91) 이 복사의 上旬은 "壴祖甲"이다. 그래서 그 下旬의 것임을 알 수 있으며, "壴祖甲"은 바로 祖甲에게 壴제사를 드리다는 뜻이다.

92) 羅振玉의 해석으로, 李孝定, 「釋蒦」(『甲骨文字集釋』, 1965)의 인용에 보인다.

에 반대한 도방남의 주장은 설득력이 없다고 했다. 왜냐하면 황黃조의 주제周祭 복사를 보면, 선왕과 선비에게 주제周祭를 올릴 때 언제나 사용했던 "융일彡日"과 "융석彡夕" 제사를 다른 제사 방법으로 운용한 경우는 한 두 왕에 제한되고 있으며, 게다가 제삿날도 선왕의 일간명日干名에 해당하는 날에 이루어진 것이 아니라 선왕의 일간명日干名에 해당하는 하루 전에 이루어졌기 때문이다. 또 "석약夕龠"이라는 제사는 더더욱 절대 존재하지 않았기 때문이기도 하다. 하지만 상옥지에 의하면, 도방남이 이후 사전祀典에서의 공전工典에 대한 제사가 그 앞의 사전祀典이 끝나는 순旬과 확연히 구분되는 가의 여부에 근거해 5가지 사전의 시작을 살폈고, 이로부터 '공전'에 대한 '융'제사가 '공전'에 대한 '제'제사가 종료되는 순旬과 확연하게 분리되어 있지 않았다고 단정했으며, 그리하여 '융' 제사가 5가지 사전에서 첫 제사가 아니라고 한 견해는 일리가 있다고 생각했다. 그러나 상옥지에 의하면, 도방남의 '공전'에 대한 '제'제사는 그 앞의 제사가 종료되는 순旬('조갑'에 대한 익翌제사의 다음 순旬)에 거행된 경우가 있으며, 종료된 다음 순旬('조갑'에 대한 '익'제사의 두 번째 순旬)에 거행되었다는 견해는 논의해 볼 필요가 있다고 했다. 왜냐하면 복사에 근거해 볼 때, '공전'에 대한 '제'제사는 '조갑'에 대한 익翌제사의 다음 순旬, 즉 도방남이 말했던 익翌제사가 종료된 순旬에 거행되었으며, 조갑에게 '익'제사를 드린 후의 2순旬, 즉 그가 말한 '익'제사가 종료된 다음 순旬에 거행된 예를 찾아볼 수가 없기 때문이다. 그래서 '제'제사가 5가지 사전의 첫 제사라는 동작빈의 설명은 근거를 상실하고 있다.

허진웅도 "먼 조상을 먼저 가까운 조상을 나중에 제사지낸다"는 동작빈의 설명에 찬동하지 않았다. 그는 "소위 먼 조상을 먼저 가까운 조상을 나중에 제사지낸다는 논리는 제향을 드리는 순서에 관한 것인데, 금문과 고대 문헌 어디에서도 증거를 찾을 수가 없다"고 했다.[93] 그는 두

93) 許進雄, 『殷卜辭中五種祭祀的研究』, 臺灣大學文學院. 1968, 55면.

가지 사전祀典 사이가 확연히 분리된 현상이 존재하는가라는 도방남의 견해에 계시를 받아 '익'제사가 5가지 사전에서의 첫 제사이며, 5가지 사전은 '익'→'제'·'치'·'협'→'융'제사의 순으로 주기를 이루며 거행되었다고 했다. 그 이유로 다음의 두 가지를 들었다. "첫째 '익'제사와 그 앞의 제사인 '융'제사가 어떤 제사 주기에서도 확연히 분리되어 있기 때문이며, 둘째 한 조로 된 3가지 제사가 동일한 복사에서 출현할 때, 그 순서는 '익'·'협'·'융'제사의 순으로 등장하기 때문이다. 그 근거는 다음의 두 복사에서 확인할 수 있다.

> 이미 '주'제사를 '부정'께 드렸고, '익일'제사와 '협일'제사와 '융일'제사를 올려, 왕께서 '빈'제사를 드렸다. 于旣酒父丁, 翌日·劦日·彡日, 王迺賓.
>
> —『남』「명」629편

> …… 음식을 올렸다 …… '익일'제사와 '협일'제사와 '융일'제사를 드리면, 왕께서 후회하지 않겠습니까? ……饗……翌日·劦·彡日, 王弗每.
>
> —『속존』상 1,856편

이 두 복사에서 조를 이룬 3가지 제사의 배열은 모두 '익'→'협'→'융'의 순서로 되어 있다. 이러한 일치는 아마도 우연은 아닐 것이며, 분명히 실제 제사를 거행할 때의 순서, 즉 '익'제사가 가장 먼저 행해지고 이를 이어 '제'·'치'·'협'제사가 행해지고(복사에서는 '협'제사로써 '제'·'치'·'협'제사로 구성된 제사 조합을 표시했다), 가장 마지막으로 '융'제사가 거행되었을 것이다. 그렇다면 '익'제사가 5가지 사전 중에서 첫 제사라는 것은 지극히 명백해 진다.

5가지 사전의 첫 제사와 제사의 순서에 관한 허진웅의 주장은 정확하다. 5가지 사전이 실제 거행되는 과정을 보면 '공전'에 대한 '익'제사만이 그 앞의 '융'제사가 종료된 시간으로부터 1순旬의 간격을 두고 확연하게 분리되어 있기 때문에, '익'제사가 5가지 사전의 첫 제사이며, 전체 제사의 순서는 '익' →'제'·'치'·'협' →'융'제사의 순으로 주기를 이루며 반복적으로 거행되었다. 현재 이러한 주장에 대해 아직 이의가 제기된 적이 없는 것을 볼 때, 이러한 문제는 기본적으로 해결된 것으로 보인다.

(4) 주제周祭의 제사 주기

허진웅과 상옥지는 조별 제사의 주기, 조별 간의 접속관계, 5가지 사전 중의 첫 제사 등에 관해 논의한 후, 다음과 같이 '익'제사를 처음으로 하여 '익' →'제'·'치'·'협' →'융'제사를 순서로 하는 5가지 사전의 제사주기를 제시했다.

첫째, 5가지 사전의 제사주기.

제1순 '공전'에 대한 '익'제사翌工典
제2순 '상갑'에 대한 '익'제사翌上甲
제3순 공순空旬
제4순 '대갑'에 대한 '익'제사翌大甲
제5순 '소갑'에 대한 '익'제사翌小甲
제6순 공순空旬
제7순 '전갑'에 대한 '익'제사翌戔甲
제8순 '강갑'에 대한 '익'제사翌羌甲
제9순 '양갑'에 대한 '익'제사翌陽甲
제10순 공순空旬
제11순 '조갑'에 대한 '익'제사翌祖甲
제12순 '공전'에 대한 '제'제사祭工典
제13순 '상갑'에 대한 '제'제사祭上甲·'공전'에 대한 '치'제사壴工典

제14순 '상갑'에 대한 '치'제사𢍰上甲 · '공전'에 대한 '협'제사𠦪工典
제15순 '상갑'에 대한 '협'제사𠦪上甲 · '대갑'에 대한 '제'제사祭大甲
제16순 '대갑'에 대한 '치'제사𢍰大甲 · '소갑'에 대한 '제'제사祭小甲
제17순 '대갑'에 대한 '협'제사𠦪大甲 · '소갑'에 대한 '치'제사𢍰小甲
제18순 '전갑'에 대한 '제'제사祭戔甲 · '소갑'에 대한 '협'제사𠦪小甲
제19순 '강갑'에 대한 '제'제사祭羌甲 · '전갑'에 대한 '치'제사𢍰戔甲
제20순 '양갑'에 대한 '제'제사祭陽甲 · '강갑'에 대한 '치'제사𢍰羌甲 · '전갑'에 대한 '협'제사𠦪戔甲
제21순 '양갑'에 대한 '치'제사𢍰陽甲 · '강갑'에 대한 '협'제사𠦪羌甲
제22순 '조갑'에 대한 '제'제사祭祖甲 · '양갑'에 대한 '협'제사𠦪陽甲
제23순 '조갑'에 대한 '치'제사𢍰祖甲
제24순 '조갑'에 대한 '협'제사𠦪祖甲
제25순 '공전'에 대한 '융'제사彡工典
제26순 '상갑'에 대한 '융'제사彡上甲
제27순 공순空旬
제28순 '대갑'에 대한 '융'제사彡大甲
제29순 '소갑'에 대한 '융'제사彡小甲
제30순 공순空旬
제31순 '전갑'에 대한 '융'제사彡戔甲
제32순 '강갑'에 대한 '융'제사彡羌甲
제33순 '양갑'에 대한 '융'제사彡陽甲
제34순 공순空旬
제35순 '조갑'에 대한 '융'제사彡祖甲
제36순 공순空旬

이는 갑甲이라는 이름을 가진 왕의 제사 순서에 의해 표시된 주제周祭의 제사주기인데, 한 주기가 36순旬으로 되어 있다. 그중 '익'제사와 '융'

제사에 등장하는 3차례의 공순空旬은 모두 이 사전祀典에서 제사를 받는 갑甲이라는 이름을 가진 왕이 없는 순旬이다. 가장 마지막의 공순空旬, 즉 '조갑'에 제사를 드린 후의 공순空旬은 진정한 의미에서 어떠한 제사도 올리지 않은 순旬이다. 이 마지막 공순空旬은 3개 제사로 구성된 조組의 접속 관계에서 유일하게 간격이 만들어진 곳이다. 하지만 이는 이 제사의 주기가 다른 제사의 주기로 옮겨가게 하는 기능을 가진 순旬이기 때문에 주제周祭 주기의 구성 부분에 포함된다.

그러나 복사에 의하면 주제周祭의 주기에는 37순旬으로 된 유형도 존재한다. 상옥지는 다음의 4판의 복사를 들어 이를 증명했다.

계사일에 점을 칩니다. '영'이 물어봅니다. 왕께서 10일 동안 불행한 일이 없겠습니까? 6월이었다. 갑오일에 '공전'에게 '유'제사를 올릴까요? 癸巳卜, 泳, 貞王旬亡禍. 在六月. 甲午工典其㓜.

계축일에 점을 칩니다. '영'이 물어봅니다. 왕께서 10일 동안 불행한 일이 없겠습니까? 6월이었다. 갑인일에 '주'제사와 '익'제사를 '상갑'에게 드렸다. 왕의 제위 20년이었다. 癸丑卜, 泳, 貞王旬亡禍. 在六月. 甲寅酒翌上甲. 王二十祀.

계유일에 점을 칩니다. '영'이 물어봅니다. 왕께서 10일 동안 불행한 일이 없겠습니까? 갑술일에 '익'제사를 '대갑'에게 올릴까요? 癸酉卜, 泳, 貞王旬亡禍. 甲戌翌大甲.

계사일에 점을 칩니다. '영'이 물어봅니다. 왕께서 10일 동안 불행한 일이 없겠습니까? 8월이었다. 癸巳卜, 泳, 貞王旬亡禍. 在八月.

계축일에 점을 칩니다. '영'이 물어봅니다. 왕께서 10일 동안 불행한 일이 없겠습니까? 8월이었다. 갑인일에 '익일'제사를 '강갑'에게 드렸다. 癸丑卜, 泳, 貞王旬亡禍. 在八月. 甲寅翌日羌甲.

계유일에 점을 칩니다. '영'이 [물어봅니다]. 왕께서 10일 동안 [불행한 일이 없겠습니까]? 9[월]이었다. 癸酉卜, 泳, [貞]王旬[亡禍]. 在九[月].

—『합집』 37,867편(『전』 3.28.4; 『통』 793; 『속』 6.1.8 · 6.5.2; 『남』「사」 2.234)

이 판의 첫 번째 복사는 계사일에 점을 쳤으며, 복사의 뒤쪽에 이튿날인 갑오일에 거행한 "공전工典에게 유劦제사", 즉 익翌제사의 공전工典 제사에 대해 기록해 두었다. 두 번째 복사는 계축일에 점을 친 것으로, 복사의 뒤쪽에 이튿날인 갑인일에 상갑上甲에 대한 '제'제사에 대해 기록해 두었다. 앞에 열거한 익翌제사의 제사주기는 통상 '익'제사에서의 '공전'에 대한 제사의 다음 순旬, 즉 '상갑'에 대한 '익'제사의 순旬을 말해 준다. 하지만 이 복사에서는 도리어 '익'제사의 '공전'에 대한 제사의 2순旬 뒤가 비로소 상갑에 대한 '익'제사, 즉 '익'제사에서의 공전에 대한 제사와 상갑에 대한 '익'제사 간에는 1순旬이 더 많음을 보여 주고 있다. 그래서 '익'제사는 공전에 대한 '익'제사 이외에도 나머지 각 순旬의 제사순서도 차례대로 1순旬씩 늘어나며, 이렇게 되면 끝나는 순旬, 즉 조갑에 대한 '익'제사의 순旬은 제11순이 아니라 제12순이 되며, '익'제사의 1주기는 12순旬이 되어 버린다. 나아가 5가지 사전의 제사주기는 1순이 증가되어 36순에서 37순으로 변한다. 이 판의 복사에서 주제周祭의 37순旬형 주기에 증가된 1순은 공전에 대한 제사와 상갑에 대한 제사가 든 순旬의 사이에 위치한다.

> [계]유일에 점을 칩니다. 물어봅니다. 왕께서 10일 동안 불행한 일이 [없겠습니까]? 12월이었다. [갑]술일에 '공전'에게 ['매'제사와] 𦍒제사를 드렸다. [癸]酉卜, 貞王旬[亡]禍. 在十月又二. [甲]戌工典其[妹]其𦍒.
>
> [계]사일에 점을 칩니다. 물어봅니다. 왕께서 10일 동안 불행한 일이 [없겠습니까]? 1[2]월이었다. [갑오]일에 '주'제사와 𦍒제사와 '제'제사를 '상갑'에게 드렸다. [癸]巳卜, 貞王旬[亡]禍. 在十月[又二]. [甲午]酒𦍒祭上甲.
>
> —『합집』 35,407편(『후』 상 21.3편 · 『통』 300편)

이 판의 첫 번째 복사는 계유일에 점을 친 것으로, 복사의 뒤쪽에 이튿날인 갑술일에 공전에 대한 '제祭'제사를 기록해 두었으며,94) 두 번째 복사는 계사일에 점을 친 것으로, 복사의 뒤쪽에 이튿날인 갑오일의 상갑에 대한 '제'제사를 기록해 두었다. 앞에서 열거한 '제 · 치 · 협'제사로 된 조의 제사주기에 의하면 통상 공전에 대한 '제'제사의 다음 1순은 상갑에 대한 '제'제사이지만, 이 판에서는 도리어 공전에 대한 '제'제사의 2순 뒤가 비로소 상갑에게 '제'제사를 드린 순旬이 된다. 즉 공전에 대한 '제'제사와 상갑에 대한 '제'제사 사이에 1순이 더 출현한다. 그래서 '제 · 치 · 협'제사로 된 조는 공전에 대한 '제'제사는 물론 나머지 각 순의 제사 순서도 1순씩 순차적으로 늦추어 진다. 이렇게 되면 끝나는 순旬, 즉 조갑에 대한 '협'제사는 제13순이 아니라 제14순에서 이루어지며, '제 · 치 · 협'제사로 된 조의 주기는 14순으로 변하며, 나아가 5가지 사전의 제사주기에는 1순이 더해져 36순에서 37순으로 변하게 된다. 이 판의 복사에 의하면 주제周祭의 37순 형 주기에서는 증가된 1순이 공전에 대한 제사와 상갑에 대한 제사 사이에 놓인다.

계미일에 왕께서 [점을 칩니다]. 물어봅니다. 10일 동안 불행한 일이 [없겠습니까]? 왕께서 점괘를 해석해 말했다. '대길하리라.' 5월이었다. 癸未王[卜], 貞旬亡[禍]. 王占曰, 大吉. 在五月.

계사일에 왕께서 점을 칩니다. 물어봅니다. 10일 동안 불행한 일이 없겠습니까? 왕께서 점괘를 해석해 말했다. '대길하리라.' 5월이었다. 갑오일에 '공전'에게 '주'제사와 ['유'제사를] 드렸다. 癸巳王卜, 貞旬亡禍. 王占曰, 大吉. 在五月. 甲午工典其酒幼.

[계묘일에 왕께서 점을 칩니다.] 물어봅니다. [10일 동안 불행한 일이 없겠습니까?] 왕께서 점괘를 해석해 말했다. ['대길하리라']. 5월이었다. [갑진일에 '공]전'에게 '주'제사와 ['유'제사를] 드렸다. [癸卯王卜], 貞[旬亡禍]. 王占[曰], [大吉]. 在五月. [甲辰工]典其酒[幼].

---

94) "祭"祀의 工典祭는 "妹"자로 쓰거나 "肖"로 쓰지, "祭"를 쓰지는 않는다.

—『영국 소장』 2,605편

이것은 상옥지가 새로 발견한 27순 주기에 관한 새로운 증거이다. 이 판의 첫 번째 복사는 계미일에 점을 친 것으로, 복사의 뒤쪽에 "5월이었다"는 말만 있고 어떤 제사를 드렸는지는 기록하지 않았다. 두 번째 복사는 그 다음 순旬의 계사일에 점을 친 것으로, 복사의 뒤쪽에 이튿날인 갑오일에 거행했던 공전에 대한 '익'제사를 기록해 두었으며, 시간대는 5월이었다. 세 번째 복사의 점복 날짜와 제삿날은 모두 떨어져나갔으며, 남아 있는 "'[공]전'에게 '주'제사를 드리다典其酒"는 세 글자에 근거해 공전에 대한 제사를 거행했음을 알 수 있다. 매우 다행스럽게도 이 복사에는 달의 이름이 남아 있는데, 앞의 복사와 마찬가지로 "5월이었다." 이에 근거해 이 복사는 이번 순旬의 다음 순旬 일에 대해 물은 것이 틀림없으며, 점을 친 날은 분명 "계묘"일이었을 것이다. 복사의 뒤쪽에 첨부된 공전에 대한 제사의 날짜는 분명 이튿날인 갑진일이었을 것이며, 이 공전에 대한 제사도 분명 공전에 대한 '익'제사, 즉 앞의 복사와 마찬가지로 "공전에게 '주'제사와 '유'제사를 드릴까요? 工典其酒幼"였을 것이다. 공전에 대한 '익'제사는 2순 동안 거행되었다. 그렇다면 '익'제사의 제사주기는 11순에서 12순으로 변하고, 주제周祭의 전체 주기는 36순에서 37순으로 변하게 된다. 이 판의 복사에서 37순 형의 주기에서 증가된 1순은 공전에 대한 제사와 상갑에 대한 제사가 있는 순旬 사이에 놓이며, 공전에 대한 제사가 1순 더 연장되었음을 보여 준다.

계축일에 점을 칩니다. 물어봅니다. 왕께서 [10일 동안] 불행한 일이 없겠습니까? 6월이었다. 갑인일에 '공전'에게 ['유'제사를] 드렸다. 癸丑卜, 貞王[旬]亡禍. 在六月. 甲寅工典其[幼].

[계사일에] 점을 칩니다. [물어봅니다.] [왕께서] 10일 동안 불행한 일이 [없겠습니까]? □월[이었다]. 갑오일에 '[익]일'제사를 '대갑'에게 드렸다. [癸巳]卜, [貞]

[王]旬[亡]禍. [在]□月. 甲午[翌]日大甲.

—『합집』 35,522편(『화이트』 1,805편)

이 판의 첫 번째 복사는 계축일에 점을 쳤으며, 복사의 뒤쪽에 이튿날인 갑인일에 거행한 공전에 대한 '익'제사가 기록되어 있다. 두 번째 복사에서는 점을 친 날이 잘려나갔지만, 복사의 뒤쪽에 남아 있는 갑오일로부터 점을 친 날이 하루 전인 계사일이었으며, 이 복사는 갑오일에 거행한 대갑에 대한 '익'제사를 기록하고 있음을 알 수 있다. 36순 형의 주기에서 대갑에 대한 '익'제사는 공전에 대한 '익'제사의 3순 후에 거행된다. 하지만 이 판의 기록에 의하면 대갑에 대한 '익'제사는 공전에 대한 '익'제사의 4순 후에 거행되었다. 상옥지에 의하면, 이렇게 해서 1순이 증가되었다고 한다. 앞의 3판에서 보여 주는 것은 아마도 '익'제사의 공전에 대한 '익'제사와 상갑에 대한 '익'제사 사이에 위치할 가능성, 즉 이 판의 복사도 주제周祭에 37순 형의 주기가 존재했을 가능성이 극히 높음을 보여주고 있다.

허진웅은 37순 형의 주기에서 증가된 1순은 어떤 순旬의 사이에도 놓일 수 있으며, 공전에 대한 제사와 상갑에 대한 제사가 있는 순旬이 사이에 한정되지는 않는다고 주장했다. 그가 제시한 복사의 증거는 다음과 같은 3판이 있다.

첫 번째 판은『을』468 · 469 · 470 · 472편, 즉『합집』36,196편의 병 · 갑편인데, 짜 맞추기 된 이 판의 복사는 다음과 같다.

병신일에 점을 칩니다. 물어봅니다. 왕께서 '빈'제사를 '대을의 배우자인 비병'께 드리는데 '[익]일'제사를 올리면, 허물이 없겠습니까? 丙申卜, 貞王賓大乙奭妣丙[翌]日, 亡尤.

무술일에 점을 칩니다. 물어봅니다. 왕께서 '빈'제사를 '대정의 배우자인 비무'께 드리는데 '익일'제사를 올리면, 허물이 없겠습니까? 戊戌卜, 貞王賓大丁奭妣

戊翌日, 亡尤.

[신축일에 점을 칩니다.] [물어봅니다.] [왕께서] ['빈'제사를] '대갑의 [배우자인] 비병'께 [드리면], [허물이] 없겠습니까? [辛丑卜], [貞][王賓]大甲[奭]妣辛[翌日], 亡[尤].[95]

[임]자일에 점을 칩니다. 물어봅니다. [왕께서] '빈'제사를 '대경의 배우자인 비임'께 드리면, 허물이 없겠습니까? [壬]子卜, 貞[王]賓大庚奭妣壬翌日, 亡尤.

그렇다면 짜 맞추기 한 이 거북 등딱지에서 나타내 주고 있는 선비의 제사 순서는 다음과 같다.

병신일에 '익'제사를 대을의 배우자인 비병에게 드림 丙申翌大乙之配妣丙
무술일에 '익'제사를 대정의 배우자인 비무에게 드림 戊戌翌大丁之配妣戊
신축일에 '익'제사를 대갑의 배우자인 비신에게 드림 辛丑翌大甲之配妣辛
임자일에 '익'제사를 대경의 배우자인 비임에게 드림 壬子翌大庚之配妣壬

허진웅에 의하면, "대정의 배우자인 비무, 대갑의 배우자인 비신, 대경의 배우자인 비임은 36순의 주기에 의한다면 같은 순旬에 들어있어야 하며, 제3순에 거행되어야 한다. 하지만 짜 맞추기를 한 후의 이 복사에 의하면, 대정의 배우자인 비무와 대경의 배우자인 비임 사이에는 1순의 간격이 존재한다. 이것은 37순 주기 때의 예외에 해당하는 순旬이다."[96] 그러나 상옥지는 짜 맞추기 한 이 판이 37순 주기의 예외 순旬(증가된 1순을

95) 이 복사의 干支日은 떨어져 나갔지만, 그것이 大丁의 배우자인 妣戊에 대한 제사를 기록한 卜辭와 同一 版에 기록되어 있기 때문에, 黃組의 周祭卜辭의 경우 龜背甲의 右半部 卜辭는 오른쪽이 먼저 왼쪽에 나중에 새겨진다는 契刻規律과 周祭에서의 大甲의 배우자인 妣辛이 大丁의 배우자인 妣戊와 동일한 旬에 제사를 받았다는 순서에 근거해 볼 때, 大甲의 배우자인 妣辛의 祭日은 분명 大丁의 배우자인 妣戊의 祭日인 戊戌日의 이후인 辛丑日임을 알 수 있다.

96) 許進雄, 「讀『商代周祭制度』, 談例外旬」, 『金祥恒敎授逝世周年紀念論文集』, 臺灣, 1990.

말함)을 증명해 줄 수는 없다고 생각했다. 그 이유는 앞에서 들었던 4판(즉 『합집』 37,867·35,407편, 『영국 소장』 2,605편, 『합집』 35,522편)의 복사가 37순형의 주기의 예외 순旬이 결코 주제周祭의 선왕과 선비에 대한 순旬의 순서를 혼란시키지 않았음을 증명해 주었기 때문이다. 즉 매 1순마다 있는 선왕 선비의 제사를 두 순旬으로 나눌 수 없으며, 각 순旬에 배치된 제사의 순서를 뒤바꾸지 않는다는 전제 하에서 두 순旬 사이에 1순이 증가된다는 것을 증명해 주었기 때문이다. 하지만 지금 위에서처럼 짜 맞추기 한 복사에서는 본래 1순 속에 배치되었던 대을의 배우자인 비병, 대정의 배우자인 비무, 대갑의 배우자인 비신, 대경의 배우자인 비임에 대한 제사를 두 순旬에 걸친 제사로 분리시켜 버렸다. 즉 대경의 배우자인 비임을 다음 순旬의 제사로 이동시켜 버렸는데, 이렇게 되면 주제周祭에서의 선왕 선비의 제사 순서에 위배되고, 그래서 성립될 수 없다.[97] 상옥지는 일찍이 『상대 주제 제도』와 「갑골 짜 맞추기의 오류 분석甲骨綴合錯誤例析」에서 짜 맞춘 이 판에서의 대경의 배우자인 비임(즉 『을』 469편)은 잘못된 것임을 상세히 분석한 적이 있다.[98] 대경의 배우자인 비임의 제사를 기록한 『을』 469편과 대을·대정·대갑 등 세 왕의 배우자의 제사를 기록한 『을』 470·472·468편은 정밀하게 결합될 수 없기 때문에, 『은허문자 짜 맞추기殷墟文字綴合』(제399편)와 장병권의 병합판에서의 짜 맞추기 한 위치가 다르다.[99] 그래서 『갑골문 합집』에서는 이 편과 나머지 3편을 나누어 멀리 떨어지게 해 놓았다(『합집』 36,196편)고 지적했다. 상옥지에 의하면, "만약 이 편과 나머지 3편이 분명 1판(거북배딱지)에서 나누어진 것이라면, 대경의 배우자인 비임의 제사를 점친 날인 임자일은 임인일이 잘못 새겨진 것일 것이다. 그래서 이 판을 37순 주기의 예외 순旬이 존재

---

97) 常玉芝, 『殷墟甲骨文和商代金文年祀的硏究』, 근간.

98) 常玉芝, 『商代周祭制度』, 中國社會科學出版社, 1987, 89~90면; 「甲骨綴合錯誤例析」, 『中原文物』, 1990年 第3期.

99) 鍾柏生 先生이 제공한 描摹版에 보인다. 또 許進雄, 「讀『商代周祭制度』, 談例外旬」, 『金祥恒敎授逝世周年紀念論文集』(臺灣, 1990), 附圖一 참조.

하는 증거로는 볼 수 없다"고 했다.100)

두 번째 판은 『합집』 36,226편의 을, 즉 『안명』 2,858편인데, 그 복사는 다음과 같다.

> 임자일에 점을 칩니다. 물어봅니다. 왕께서 '빈'제사를 '대경의 배우자인 [비임'에게] 드리는데 ['협일'제사를] 드리면, [허물이 없겠습니까?] 壬子卜, 貞王賓大庚奭[妣壬劦日], [亡尤].
>
> 임신일에 점을 칩니다. 물어봅니다. [왕께서] '빈'제사를 '대무의 배우자인 비임'에게 드리는데 '협일'제사를 드리리면, 허물이 없겠습니까? 壬申卜, 貞[王]賓大戊奭妣壬劦日, 亡尤.
>
> 계미일에 점을 칩니다. 물어봅니다. 왕께서 '빈'제사를 '중정의 배우자인 비계'에게 드리는데 '협일'제사를 올리면, [허물이 없겠습니까?] 癸未卜, 貞王賓中丁奭妣癸劦日, [亡尤].

허진웅은 "제사 계보의 순서에 의하면, 대경의 배우자인 비임과 대무의 배우자인 비임은 단지 1순 밖에 차이가 나지 않지만 이 거북딱지에서는 임자일과 임신일 사이에 2순의 차이가 나는데, 이 또한 대경의 배우자인 비임과 대무의 배우자인 비임 사이에 예외의 순旬이 존재하는 현상이다"고 했다.101)

세 번째 판은 『합집』 36,226편의 갑, 즉 『안명』 2,854편인데, 그 복사는 다음과 같다.

> 신해일에 점을 칩니다. 물어봅니다. 왕께서 '빈'제사를 '대갑의 배우자인 비신'에게 드리는데 '협일'제사를 올리면, 허물이 없겠습니까? 辛亥卜, 貞王賓大甲奭妣辛劦日, 亡尤.

---

100) 常玉芝, 『殷墟甲骨文和商代金文年祀的研究』, 근간.

101) 許進雄, 「讀『商代周祭制度』, 談例外旬」, 『金祥恒教授逝世周年紀念論文集』, 臺灣, 1990.

[기]축일에 점을 칩니다. 물어봅니다. 왕께서 '빈'제사를 '조을의 배우자인 [비기'에게] 드리는데 '협일'제사를 올리면, 허물이 없겠습니까? [己]丑卜, 貞王賓祖乙奭[妣己]𦎫日, 亡尤.

경신일에 점을 칩니다. 물어봅니다. 왕께서 '빈'제사를 '소을의 배우자인 [비경'에게] 드리는데 '협일'제사를 올리면, 허물이 [없겠습니까?] 庚申卜, 貞王賓小乙奭[妣庚]𦎫日, [亡]尤.

무진일에 점을 칩니다. 물어봅니다. 왕께서 '빈'제사를 '조갑의 배우자인 비무'에게 드리는데 '협일'제사를 올리면, 허물이 없겠습니까? 戊辰卜, 貞王賓祖甲奭妣𦎫日, 亡尤.

허진웅은 "제사 계보의 순서에 근거하면, 대갑의 배우자인 비신과 조을의 배우자인 비기 사이에는 응당 3순의 차이가 있어야 하지만 이 판에서는 도리어 4순의 차이가 있는데, 이 또한 그 사이에 예외의 순旬이 존재하고 있음을 보여 준다"고 했다.[102)]

이상의 두 판은 허진웅이 7조각의 거북 등딱지를 짜 맞추기 해 만든 것이다. 하지만 이 두 판이 서로 긴밀하게 결합이 되지 않았기 때문에 허진웅은 이를 『안명』 2,858편과 『안명』 2,854편의 두 개의 번호로 나누어 놓았으며, 『갑골문 합집』에서는 하나의 번호로 처리하여 갑과 을로 나누어 놓았다. 상옥지에 의하면, 『안명』 2,858편에서는 대경의 배우자인 비임과 대무의 배우자인 비임 사이에 1순旬이 더 있고, 『안명』 2,854편에서는 대갑의 배우자인 비신과 조을의 배우자인 비기의 사이에 1순이 더 있는데 이것이 37순 주기에서의 예외 순旬이라는 허진웅의 지적은 정확하다고 했다. 하지만 이 두 판은 하나의 딱지(등딱지)가 나누어진 것이다. 또 『안명』 2,854편에서 대갑의 배우자인 비신의 제삿날을 점 친 날이 신해일이고, 『안명』 2,858편에서 대경의 배우자인 비임의 제사를 점 친 날이

102) 許進雄, 「讀『商代周祭制度』, 談例外旬」, 『金祥恒教授逝世周年紀念論文集』, 臺灣, 1990.

임자일이다. 신해일과 임자일은 동일한 순旬에 들어 있기 때문에, 대갑의 배우자인 비신과 대경의 배우자인 비임은 동일한 순旬에서 제사를 받았으며, 이는 주제周祭에서의 선비의 제사 순서에 부합한다. 그래서 이 두 판의 기록은 사실 하나의 제사 주기를 말한 것이기도 하며, 37순 주기의 예외 순旬이 존재한다는 증거이기도 하다. 허진웅이 제기했던 이 복사의 증거는 대단히 중요하며, 이는 37순 형 주기에서 증가된 1순은 어떤 두 순旬 사이에라도 놓일 수 있음을 증명해 주었다. 이후 허진웅은 또 황黃조 복사의 주제周祭 제사 계보의 복원을 통해 이러한 관점을 진일보하게 실증했다.[103] 상옥지는 과거 앞에서 든 『합집』 37,867편과 35,407편, 『영국 소장』 2,605편, 『합집』 35,522편 등 4판의 복사에 근거해 37순 형의 주기에서 증가된 1순은 각 제사 조組에서의 공전에 대한 제사와 상갑에 대한 제사가 있는 순旬 사이에 놓인다고 했지만, 이후 허진웅이 제시한 『안명』 2,858편과 2,854편의 증거를 보고, 또 자신의 주제周祭 제사계보에 대한 복원을 통해,[104] 허진웅의 37순 형의 주기에서 증가된 1순이 놓이는 위치가 공전에 대한 제사와 그 제사의 상순上旬 사이에 한정되지는 않으며, 어떤 2순旬 사이에라도 놓일 수 있다고 했다.

5가지 사전의 제사주기에 대해, 주제周祭를 계통적으로 연구했던 다른 몇몇 학자들의 의견을 보면, 동작빈은 5가지 사전의 일주기는 36순과 37순의 상례常例가 있고 그 외에도 35순과 38순의 예외가 있다고 했다.[105] 진몽가는 5가지 사전에는 통상 37순의 한 가지 주기만 있다고 했으며,[106] 도방남은 허진웅과 상옥지와 마찬가지로 36순과 37순의 두 가지 주기가 있다고 했다(하지만 한 주기 내에서의 제사의 순서의 안배는 도리어 완전

---

103) 許進雄, 「第五期五種祭祀祀譜的復原－兼談晩商的曆法」, 『大陸雜志』 第73卷 第3期, 1986; 『古文字研究』 第18輯, 中華書局, 1992.

104) 常玉芝, 『殷墟甲骨文和商代金文年祀的研究』, 근간.

105) 董作賓, 『殷曆譜』下編 卷2 「祀譜」, 1945, 11면 下. 또 島邦男은 董作賓에게는 39旬의 變例가 있다고 했다.

106) 陳夢家, 『殷虛卜辭綜述』, 科學出版社, 1956, 395면.

히 일치하는 것은 아니다).[107] 제사주기에 대한 견해의 차이는, 앞에서 설명한 5가지 사전의 첫 제사와 한 조組로 구성된 3개 제사의 순서에 대한 견해가 일치하지 않고, 각 제사 조합들 간의 접속관계와 선비의 제사에 대한 몇몇 안배가 불일치하는 것 이외에도 무을·문정·제을 및 무을의 배우자인 비무와 소위 문정의 배우자라 불리는 비계가 제사를 받았는가의 여부에 관한 견해 등에서도 의견이 통일되지 않고 있다.[108]

동작빈의 「제사 순서표祀序表」[109]에서는 무을과 문정을 조갑에 대한 제사의 다음 순旬인 제11순에 배치하였으며, 무을의 배우자인 비무와 소위 문정의 배우자라 불리는 비계를 제12순에 배치하였다. 하지만 제사 계보를 구체적으로 편집 배열할 때에는 문제가 생겼다. 즉 복사에서 '익', '제'·'치'·'협', '융'제사 등 3가지 큰 조합에서 조갑에 대한 '융'제사 이후에만 하나의 공순空旬이 존재한다. 그래서 무을과 문정에 대한 '융'제사를 배치할 수 있는 순旬이 되었지만, 조갑에 대한 '익'제사 이후의 1순旬, 그리고 '제'·'치'·'협'제사에서의 조갑에 대한 '협'제사 이후의 1순은 도리어 모두 다음 조합組의 사전에서 공전工典에 대한 제사의 순旬이 되었다(조갑에 대한 '익'제사의 이후는 "제祭"제사에서의 공전工典에 대한 제사이고, 조갑에 대한 '협'제사의 이후는 공전에 대한 '융'제사를 말한다). 즉 무을과 문정이 제사를 받을 수 있는 곳을 남겨놓지 않고 말았다. 이러한 모순을 해결하기 위해 그는 '융'제사에서 조갑에 대한 제사 이후에 공순空旬이 있는 예를 모방해, '익'제사에서 조갑에 대한 제사 이후와 '제'제사에서 조갑에 대한 제사 이후에 각각 하나의 공순空旬을 추가했으며, 이로써 무을과 문정에 대한 '익'제사와 '협'제사를 배치했다. 하지만 이렇게 되면, 5가지 사전의 주기가 38순으로 변해버린다. 그래서 그는 다시 '융'

107) 島邦男, 溫天河·李壽林 譯, 『殷墟卜辭研究』(中譯本), 臺灣 鼎文書局, 1975, 112면.

108) 「各家祭祀周期比較表」는 常玉芝, 『商代周祭制度』(中國社會科學出版社, 1987), 201~203면 참조.

109) 즉 「帝乙·帝辛時五種祀典祖妣祭日表」로 『殷曆譜』 上編 卷3(1945), 5~8면에 보인다.

제사를 5가지 사전의 첫 제사로 설정하였고, 공전에 대한 '융'제사를 보류했고, 공전에 대한 '익'제사와 공전에 대한 "제"제사의 두 순旬을 취소해 버렸다. 이렇게 하나를 보태고 하나를 빼 버려, 1주기가 여전히 36순이 되게 되었다. 하지만 이 또한 무을과 문정의 제사에 관한 문제만 해결할 수 있었지, 무을의 배우자인 비무와 소위 문정의 배우자라 불리는 비계의 3가지 큰 제사 조합三大祀組은 여전히 배치할 곳이 없게 된다. 그래서 그는 또다시 다른 사전祀典에서는 "서로 중첩하여相疊" 제사를 거행하는 방법을 고안했다. 그래서 무을의 배우자인 비무와 소위 문정의 배우자라 불리는 비계에 대한 '융'제사와 상갑에 대한 '익'제사를 같은 순旬에 거행하고, 무을의 배우자인 비무와 소위 문정의 배우자라 불리는 비계에 대한 '익'제사와 상갑에 대한 "제"제사를 같은 순旬에 거행하고, 무을의 배우자인 비무와 소위 문정의· 배우자라 불리는 비계에 대한 '협'제사와 공전에 대한 '융'제사를 같은 순旬에 거행하도록 만들었다. 진몽가의 「제사 순서표」에서는 무을과 문정을 조갑에 대한 '제'제사의 다음 순인 제11순에 배치하였고, 제을과 무을의 배우자인 비무와 소위 문정의 배우자라 불리는 비계를 제12순에 배치하였다.110) 그도 조갑에 대한 '융'제사 뒤에 있는 공순空旬은 무을과 문정에게 '융'제사를 지냈던 순旬이라 생각했고, 더구나 조갑에 대한 '익'제사 뒤에도 공순空旬이 있어 무을과 문정의 '익'제사를 배치할 수 있다고 생각했다. 하지만 조갑에 대한 '협'제사 이후에는 도리어 무을과 문정의 '협'제사를 배치할 수 있는 공순空旬을 찾지 못했으며, 그 뒤의 제을 · 무을의 배우자인 비무 · 소위 문정의 배우자라 불리는 비계 등 3가지 큰 제사 조합三大祀組은 배치할 곳을 찾지 못하게 되었다. 그래서 그는 다른 방법을 생각해 내었다. 즉 "두 공책工冊의 사이에 사계祀季가 차지하는 순旬은 각 제사법에서 사용하는 순旬의 숫자보다 1순이나 2순이 짧다. 예컨대 복사에서 '협'제사에서의

110) 陳夢家, 『殷虛卜辭綜述』, 科學出版社, 1956, 387~388면.

문정에 대한 사는 '협계劦季'에서 제13순에 있어야 하지만, '협계'는 두 공책工冊 사이에서 단지 12순만 차지하고 있다. 또 복사에서의 문정의 배우자인 비계에 대한 '융'제사는 '융계彡季'의 제12순에 있어야 하나 '융계'는 두 공책工冊의 사이에서 단지 11순만 차지하고 있다. 그래서 가능성 있는 유일한 해석은, 바로 융우彡羽의 제12순은 다음 사계祀季의 공책工冊의 순旬 내에서 거행되었으며, '협계'의 제13순과 제14순은 융계彡季의 공책工冊과 제1순 내에서 거행되었다는 것이다. 이렇게 구성하게 되면 이 제사법에서의 끝부분과 저 제사법에서의 시작 부분이 중첩된다."[111] 도방남의 「제사 순서표」에서는 무을・문정・무을의 배우자인 비무와 소위 문정의 배우자라 불리는 비계를 제11순, 즉 조갑에 대한 '제'제사 다음 순旬에다 배치하였는데, 그는 동작빈이나 진몽가와 마찬가지로 조갑에 대한 '융'제사 다음의 공순空旬은 무을과 문정 등에 대한 '융'제사의 순旬이라 여겼다. 하지만 조갑에 대한 '익'제사 이후와 조갑에 대한 '협'제사 이후에도 공순空旬이 있어 그들의 제사를 배열할 수 있다고는 생각하지 않았다. 그들의 '익'제사는 공전에 대한 '제'제사와 같은 순旬에 거행되었으며, '협'제사는 공전에 대한 '융'제사와 같은 순旬에 거행되었다고 생각했다.[112] 도방남의 배열법은 사실 "서로 중첩되는相疊" 동작빈의 방법과 진몽가의 "중첩重疊"법이었다. 허진웅도 도방남의 배열법을 따랐다.[113]

하지만 상옥지는 이렇게 생각했다. 동작빈・진몽가・도방남은 무을・문정・제을(진몽가의 주장)・무을의 배우자인 비무과 소위 문정의 배우자라 불리는 비계를 주제周祭의 계통에 편입시켰지만 복사의 기록을 보지 않고 각자 생각하는 몇 가지 조절 방법, 즉 혹은 공전工典에 대한 어떤

111) 陳夢家, 『殷虛卜辭綜述』, 科學出版社, 1956, 396면. 여기서의 "工冊"은 바로 "工典"을, "祀季"는 각 組의 1祀典의 祭祀周期를, "祭法"은 祀典을, "羽"는 "翌"을 말한다.
112) 島邦男, 溫天河・李壽林 譯, 『殷墟卜辭研究』(中譯本), 臺灣 鼎文書局, 1975, 112면.
113) 許進雄, 「殷卜辭中五種祭祀研究的新觀念」, 『中國文字』 第35冊, 1970.

제사를 취소하거나, 혹은 공순空旬을 증설하거나, 혹은 다른 제사 조합의 수미를 교차 중첩시켜 거행하거나 하는 방법을 만들었는데, 모두 성립될 수 없는 것들이다. 왜냐하면 이러한 방법은 공전工典에 대한 제사의 거행 원칙을 위반했고, 각 제사 조합간의 접속관계의 원칙을 위반했으며, 선왕 선비의 제사 순서와 배열 원칙을 위반했기 때문이다.114) 즉 이들 모두 무을과 문정 등의 제사 문제를 합리적으로 해결할 수 없고, 모두 주제周祭의 여러 가지 원칙을 위배했다. 그래서 상옥지는 주제周祭의 제사 주기로 볼 때, 무을·문정·제을·무을의 배우자인 비무와 소위 문정의 배우자라 불리는 비계도 주제周祭 계통에 속하지 않는다고 생각했다. 또 그녀는 상나라 말의 제사제도의 변화라는 측면에서 무을과 문정이 주제周祭 계통에 속하지 않는 원인을 고찰했다. 그녀에 의하면, 상나라 말에는 종법宗法제도가 발전을 이루어, 근세의 직계 조상에 대한 특별한 제사特祭 제도가 성행했다. 예컨대 "방제祊祭" 복사에서, 무정·조갑·강정·무을·문정 등 직계의 5명의 선왕에 대해 예전처럼 제사를 거행하는 외에도, 무을과 문정 등 두 왕에 대해서는 특별한 제사를 지냈다.115) 이밖에도 "간지干支+복卜+정貞+익일翌日+간지干支+왕기우승우王其又升于+선조 이름祖先名+〔?〕+정正+왕수우王受又"와 같은 유형의 복사는 단지 무을과 문정 두 왕에게만 적용할 수 있는데,116) 이러한 것들은 무을과 문정에 대한 특수한 제사가 매우 많았음을 설명해 준다. 5가지 제사에 관한 복사에서도 같은 상황이 존재한다. 즉 5가지 사전에서 상갑부터 강정까지의 여러 선조에게는 예전처럼의 주기를 이루며 반복되는 제사를 거행하는 동시에 무을과 문정에 대해서는 단독의 제사도 거행했다.117) 그녀에 의하면, "무을과 문정에 대해 단독의 제사를 거행하게 되면, 주제周祭에

114) 상세한 논술은 常玉芝, 『商代周祭制度』, 中國社會科學出版社, 1987, 209~210면 참조.
115) 常玉芝, 「說文武帝－兼略述商末祭祀制度的變化」, 『古文字研究』 第4輯, 中華書局, 1980.
116) 常玉芝, 「說文武帝－兼略述商末祭祀制度的變化」, 『古文字研究』 第4輯, 中華書局, 1980.
117) 常玉芝, 『商代周祭制度』, 中國社會科學出版社, 1987, 304~305면.

서의 주기인 36순 혹은 37순을 유지해 이를 1년의 날짜수와 상응하는 것으로 만들 수 있고, 또 주제周祭에서의 제사를 엄밀하고 가지런하게 만드는 동시에 근세의 직계 조상에 대한 특수한 제사 제도를 유지할 수도 있었다. 이것이 바로 그들이 비록 5가지 사전의 제사를 받았지만, 주제周祭의 계통에 들지 않는 세 가지 원인이다. 제을과 무을의 배우자인 비무 및 문정의 배우자에 관해서는 그 칭위가 복사에 나타나지 않기 때문에 그들이 주제周祭계통이 들지 않은 것은 당연한 일이다"고 했다.[118] 허진웅은 무을·문정 등이 주제周祭 계통에 들지 않는다는 상옥지의 이러한 견해에 이미 기본적으로 동의했다.[119]

5) "추왕기사隹王幾祀"의 "사祀"의 의미와 주제周祭 제사계보의 복원

(1) "추왕기사隹王幾祀"의 "사祀"의 의미

주제周祭의 문제를 계통적으로 연구한 학자들은 주제周祭에서의 선왕 선비의 제사의 순서와 5가지 사전의 제사 주기를 논의한 후, 주제周祭의 제사계보를 복원하는 작업을 했다. 하지만 제사 계보를 복원하기 전에 "추왕기사隹王幾祀"라고 할 때의 "사祀"의 의미에 관해 논의하고자 한다.

몇몇 황黃조 복사와 상나라 말의 몇몇 청동기 명문에 "추왕기사隹王幾祀"나 "왕기사王幾祀"라는 기록이 등장한다. 예컨대 "상갑부터 이후의 여러 왕들自上甲至多后"에게 제사를 드린 합제合祭 복사에는 거의 모든 경우에서 복사의 뒷부분에 "추왕기사隹王幾祀"라는 말이 붙어 있다. 갑甲이라는 이름을 가진 선왕에 대한 5가지 제사의 복순卜旬 복사에서도 "추왕기사隹王幾祀"라는 말이 기록되어 있으며, 상나라 말의 몇몇 청동기 명문에

118) 常玉芝, 『商代周祭制度』, 中國社會科學出版社, 1987, 305면.

119) 許進雄, 「第五期五種祭祀祀譜的復原－兼談晚商的曆法」, 『大陸雜志』 第73卷 第3期, 1986; 「讀『商代周祭制度』, 談例外旬」, 『金祥恒教授逝世周年紀念論文集』, 臺灣, 1990.

서도 "추왕기사隹王幾祀"라는 기록이 보인다.

"추왕기사隹王幾祀"라는 말을 도대체 어떻게 해석해야 할 것인가? "추隹"는 어기사로 다른 별 뜻이 있는 것이 아니며, "왕王"은 당시의 왕을 지칭하며, "기幾"는 서수라는 것에 대해 학자들은 모두 동의하고 있다. 하지만 "사祀"자의 의미에 대해서는 두 가지의 다른 견해가 있다. 절대 다수의 학자들은 "사祀"가 바로 "년年"을 지칭하여, 즉 "사祀"를 빌려 "년年"을 표시했다고 생각하며, 그래서 "추왕기사隹王幾祀"는 당시 왕의 몇 년이라는 뜻이라고 여긴다. 단지 도방남만이 "사祀"는 "제사祭祀"를 말하며, "추왕기사隹王幾祀"는 당시 왕의 몇 번째 주제周祭의 제사주기라는 뜻이라고 했다.

"추왕기사隹王幾祀"가 당시 왕의 몇 년을 말한다는 견해를 견지하는 학자들이 처음 근거한 것은 고대 문헌자료였다. 예컨대, 『이아』「석천釋天」에서는 "하夏나라 때에는 세歲, 상商나라 때에는 사祀, 주周나라 때에는 년年, 당우唐虞 때에는 재載라고 했다"고 했는데, "상商나라 때에는 사祀라고 했다"는 증거를 제일 먼저 복사에서 찾아낸 사람은 나진옥이었다. 그는 『은허서계 고석』에서 "상나라에서는 년年을 사祀라 하였고 달리 사祠라고도 하였다"고 했다. 이어서 속세징은 「은상제도고殷商制度考」에서 "은殷나라 사람들은 세歲를 사祀라고 했으며, 달리 사巳나 사司라고도 하였는데, 『이아』의 말과 부합된다. 지금 살펴보건대, 사祀와 사巳는 같은 글자이며, 사司는 사祀의 가차자이다. 은殷나라에서는 사祀, 주나라에서는 년年이라고 한 『이아』의 말은 정말 틀리지 않았다"고 했다.[120] 그 후 동작빈은 상나라 때의 예제 연구와 결합시켜, 상나라 사람들이 년年을 사祀로 불렀던 원인을 진일보하게 밝혀냈다. 그에 의하면, "제을·제신 때에 왕의 재위 년도王年을 '추왕기사隹王幾祀'라 불렀던 것은 나름대로의 특별한 원인이 있으며, 그 전의 왕세에서 사祀라 부르지 않은 것도 여기에 원인

120) 束世澂, 「殷商制度考」, 『半月刊』 第2卷 第4期, 國立中央大學, 1930.

이 있다. 즉 제을·제신 때에는 조갑 때의 사전祀典을 다시 수정했는데, 융彡·익翌·제祭·치𡋯·협𣪘 등 5가지 제사를 주축으로 하여 선조와 선비들께 제사를 드렸고, 한바퀴 도는 주기가 마침 36순旬으로 1년의 날짜 수와 비슷했다. 그래서 1년을 1사祀라고 했으며, 당시 왕의 재위 년도를 '왕의 재위 몇 년惟王幾祀'라는 식으로 기록했다. 5가지 제사의 제도는 조갑 때 만들어졌으며, 조갑 때 선왕과 선비에 대한 제사가 한바퀴 도는 데는 단지 30순밖에 걸리지 않았고, 이는 1년의 날짜 수에 모자랐기 때문에 사祀라고 부르지 않았던 것이다. 이것이 그 이유이다"고 했다.[121] 그를 이어 진몽가도 이와 같은 견해를 제시했다. 그는 "제을·제신 시대에 이르러 각각의 사계祀季는 약 13순旬을 차지하기 때문에 1사祀는 360~370일 사이가 되어, 태양년의 길이와 비슷해진다. 그래서 제을·제신 시대의 '사祀'는 아마도 1년이라는 뜻이었을 것이다"고 했다.[122]

하지만 도방남은 "추왕기사隹王幾祀"는 당시 왕의 몇 번째 제사를 말한다고 했는데, 이는 복사의 기록에 직접 근거해 해석한 것이다. 그는『은허복사 연구』에서 "제5기에 '왕기사王幾祀'라는 복사가 있는데, 이는 당시 왕이 받았던 제사의 숫자를 기록한 것이다"고 했다.[123] 또 "'왕하사王何祀'라는 말은 당시의 왕이 거행했던 5가지 제사의 횟수를 말한 것이지, 후세에서 말하는 것처럼 '왕의 몇 년王何年'이라는 뜻은 아니다"고 했다.[124] 사실은 도방남이 이러한 의견을 제시하기 전, 동작빈은 이미 이러한 설을 부정하는 분석을 한 적이 있다. 그에 의하면, "제을·제신 두 왕세에서는 사전祀典의 관계 때문에 '년年'을 '사祀'라고 불렀다. 그렇다면 소위 '왕의 재위 몇 년惟王幾祀'이라는 것은 사실 몇 번째의 대제사大祭祀라는 말과는 관계가 없다. '사祀'는 단지 태음년太陰年을 대표할 뿐이며,

---

121) 董作賓,『殷曆譜』上編 卷3, 1945, 2면 上.
122) 陳夢家,『殷虛卜辭綜述』, 科學出版社, 1956, 236~237면.
123) 島邦男, 溫天河·李壽林 譯,『殷墟卜辭研究』(中譯本), 臺灣 鼎文書局, 1975, 128면.
124) 島邦男, 溫天河·李壽林 譯,『殷墟卜辭研究』(中譯本), 臺灣 鼎文書局, 1975, 502면.

태음년는 평년平年의 경우 12태음월太陰月로 354.5일이며, 윤년閏年의 경우 13태음월의 383.4일로, 5가지 제사에서의 1주기인 360일과 완전히 일치하지는 않는다. 그래서 제사의 시작과 끝이 점차 해마다 앞으로 옮겨가게 된다. 그런 즉 소위 '사祀'라는 것은 '사전祀典'의 관계를 이탈하게 되고, 그리하여 하나의 태음년을 대표하는 고유 명사가 되었다."[125] 그는 "'사전祀典'은 '왕의 재위 년도王年'와 시종 같을 수가 없고, 게다가 또 앞뒤로 이동하기 때문에, '왕의 재위 년도王年'를 대표하는 '사祀'가 되었다. 단지 '사祀'를 빌려와 '연年'을 표기했을 뿐, 36순이 한 주기를 이루는 '사전祀典'과 직접적인 관계가 있는 것이 아니니, 이는 우리가 주의해야 할 점이다"고 특별히 강조했다.[126] 허진웅도 도방남의 견해에 동의하지 않았다. 그는 "36순과 태양년의 일수는 여전히 차이가 있었고, 그래서 변통하고자 37순의 주기를 만들어 조정했다.(…중략…) 만약 사祀가 제사의 주기祀周만을 뜻하고 년年과 무관하다면, 그들이 왜 일률적으로 36순을 제사의 총괄 주기로 삼지 않았던 것일까?"[127] 상옥지는 동작빈과 허진웅의 논단은 매우 일리가 있다고 했다. 그녀에 의하면, 만약 "사祀"가 5가지 제사의 주기의 회수를 말한다면, 왜 5가지 제사가 아닌 몇몇 복사, 심지어 제사 복사가 아닌 몇몇 복사에서도 "추왕기사隹王幾祀"라는 기록이 등장하겠는가? 그녀는 "추왕기사隹王幾祀"라는 말이 기록된 5가지 제사가 아닌 제사 복사, 복순卜旬 복사 · 복석卜夕 복사 · 정벌征伐복사 · 농업 복사들을 열거하면서, 만약 이러한 복사에서의 "추왕기사隹王幾祀"의 "사祀"를 "5가지 제사의 횟수"로 해석하게 되면 복사의 의미가 통하지 않거나, 혹은 난해해지고 만다. 오로지 "추왕기사隹王幾祀"를 "어떤 왕의 몇 년某王幾年"으로 해석해야만 문장이 순조롭게 통한다. 특히 "추왕기사隹王幾祀"의 앞에는 일반적으로 달의 이름이 있으며, 이는 몇 년 몇 월로 해

125) 董作賓, 『殷曆譜』 上編 卷3, 1945, 2면 上.
126) 董作賓, 『殷曆譜』 上編 卷3, 1945, 11면 下.
127) 許進雄, 『殷卜辭中五種祭祀的硏究』, 臺灣大學, 1968, 77면.

석하는 것이 순리에 맞는 일일 것이다고 했다.[128] 지금의 입장에서 볼 때, "추왕기사"는 당시 왕의 재위 몇 년을 말하며, "사祀"가 "년年"이라는 의견에 이의를 제기할 사람은 없어 보인다.

(2) 주제 제사계보의 복원

주제周祭의 제사계보를 복원하는 작업은 주제周祭의 발견자인 동작빈에 의해 처음 이루어졌다. 그 후 도방남 · 허진웅 · 상옥지 등도 계속해서 자신들의 제사계보를 만들었다. 그들은 선왕 선비의 제사 순서의 5가지 제사의 첫 제사에 대해서, 또 주제周祭의 제사주기의 몇몇 자료의 인정이라는 부분에서, 그리고 "사祀"자의 의미의 인식 등에 관한 문제에서 의견의 차이가 있었다. 그래서 그들의 주제周祭 제사계보는 일치할 수가 없었다. 대체로 동작빈 · 도방남 · 허진웅 등 3사람은 제5기의 황黃조 복사가 제을 · 제신 때의 것이라 보기 때문에 그들이 배열한 사보는 모두 두 가지 제사 계통의 제사계보이다.[129]

하지만 동작빈은 제을 · 제신 때의 제사계보를 재구하면서, "재봉이라는 말이 새겨진 뼈宰丰雕骨"에 기록된 제사는 제을 · 제신 때의 6가지 제사계보에 편입시킬 수가 없다고 했는데, "재봉이라는 말이 새겨진 뼈宰丰雕骨" 각사는 다음과 같다.

> 임오일에 왕께서 '맥록'에 사냥을 나갔다가 '상'에서 적황색의 무소를 잡았다. 왕께서 '재봉'의 침소에 보관되어 있던 작은 끵觥의 술을 하사했다. 5월이었다. 왕의 재위 6년 '융'제사를 지내던 날이었다. 壬午, 王田麥錄, 獲商戠兕, 王賜宰丰寢

128) 常玉芝, 『商代周祭制度』, 中國社會科學出版社, 1987, 222~224면.

129) 董作賓의 祀譜는 1945年 출판된 『殷曆譜』에, 島邦男의 祀譜는 1958年 출판된 『殷墟卜辭研究』에, 許進雄의 祀譜는 1968年 출판된 『殷卜辭中五種祭祀的研究』에 실려 있으며, 허진웅의 것은 이후 다시 정리되어 「第五期五種祭祀祀譜的復原－兼談晚商的曆法」이라는 이름으로 『大陸雜志』 第73卷 第3期(1968)에 실렸다.

小𡧊貺, 在五月, 隹王六祀, 彡日.

—『일』 518편 뒷면

동작빈에 의하면, "이 골기骨器에 새겨진 문장의 경우, 6사 5월 임오 '융'일六祀五月壬午彡日은 「을乙」(「제을보帝乙譜」를 지칭한다—필자 주)에서 6사 5월 유융일六祀五月有彡日로 되어 있어 임오壬午라는 말이 없다. 여기(「제신보帝辛譜」를 지칭한다—필자 주)에서는 임오壬午는 있고 융일彡日은 없다. 아마도 제사 이름이거나 오기로 보인다."[130] 이후 그는 『은력보』 「후기」에서 다시 새로운 자료에 근거해 제신 사보를 조정했는데, 결과는 제신 때의 6사보祀譜에는 임오일壬午日도 없고 융사彡祀도 없는 것으로 되었다.[131] 동작빈 이후 도방남・허진웅도 제을・제신 때의 사보에서 "재봉조골宰丰雕骨"이라 기록된 제사를 넣을 수가 없음을 발견했다. 이러한 현상은 동작빈・도방남・허진웅 등 어느 누구도 그 이유를 해석하지 못해, 이 각사 재료를 동작빈은 「존의存疑」에 첨부해 두었고, 도방남은 "모두 위작"이라고 의심했으며, 허진웅은 「대문待問」에다 첨부해 두었다.

동작빈이 「은력보 후기」를 발표한 이듬해, 즉 1949년 고거심高去尋은 조골雕骨각사의 귀속문제를 시도한 적이 있다. 그는 「은허에서 출토된 우거골 각사殷墟出土的牛距骨刻辭」에서,[132] 동작빈의 제사계보를 수정했다. 먼저 그 중의 「육사업기유六祀鄴其卣」의 명문에 기록된 제사 관련 기록을 삭제하고, 그런 다음 다시 '역보曆譜'를 수정했는데, 결과적으로 조골雕骨각사에서 기록한 제사는 제신 6년의 제사계보에 넣을 수 있다고 했다. 하지만 고거심은 이때부터 이미 조골 각사가 제을과 제신 때의 것이 아닌 다른 왕(조갑) 때의 각사라고 생각하기 시작했다. 1975년 엄일평嚴一萍

130) 董作賓, 『殷曆譜』 下編 卷2, 1945, 26면 上.

131) 董作賓, 「殷曆譜後記」, 『六同別錄』 中冊, 1945.12. 또 『中央研究院歷史語言研究所集刊』 第13本(1948)에 실림.

132) 『中國考古學報』 第4冊, 1949.

도 조골雕骨각사의 귀속문제에 관해 글을 썼는데, 그는 「문무정 제사계보文武丁祀譜」에서,133) 조골 각사는 문무정 시기에 속한다고 했다. 1981년 이학근는 황조 복사의 주제周祭기록은 3조組로 나눌 수 있고, 이들은 응당 세 왕세에 속하며, 그중 한 조組는 분명 문정 시기에 속한다는 사실을 분명하게 밝혔다.134)

1986년 상옥지는 「방제 복사의 시대에 대한 재분석祊祭卜辭時代的再辨析」을 발표했는데,135) 그녀는 황조 복사의 "방제"복사를 체계적으로 분석하여, 그중 상당한 수량이 문정 때의 복사임을 밝혔다. 1987년 그녀는 『상대 주제 제도商代周祭制度』에서136) 황조의 5가지 제사 복사에서 강정을 조祖라 불렀지만 무을은 조祖라 부르지 않은 현상에 근거해 황조의 5가지 제사 복사 중에도 문정 복사가 있음을 밝혔다. 이에 근거해 주제周祭의 제사계보를 복원하면서, 제을·제신 때의 제사계보에 넣을 수 없었던 "재봉조골" 각사는 문정 시기에 넣어야 한다고 했다. 또 왕20사王二十祀의 세 조組의 재료에 근거해 황조의 주제周祭는 3명의 왕으로 분리되어야 한다는 사실을 진일보하게 증명했다. 즉 황조의 왕 6사王六祀·왕 20사王二十祀의 두 조組의 자료는 황조의 주제周祭 제사계보가 문정·제을·제신의 세 왕의 제사계보를 포함하고 있음을 증명했다. 1988년 그녀는 「황조 주제의 3왕에의 분리 귀속에 관한 새로운 증거와 유관 문제黃組周祭分屬三王的新證據與相關問題」에서,137) 왕 20사王二十祀라는 주제周祭 기록을 가진 새로 출토된 「부자방정甯孳方鼎」 명문에 근거해, 왕 20사王二十祀의 주제周祭 기록은 황조에 3왕의 제사계보가 포함되어 있음을 진일보하게 증명했다. 1993년에는 「황조 주제의 3왕에의 분리 귀속의 또 다른 증거黃組周祭分屬三王的又一證據」에서,138) 왕 2사王二祀라는 주제 기록을 가진 자신이 새로

133) 『中央硏究院歷史語言硏究所集刊』 第46本 2分, 1975.
134) 李學勤, 「小屯南地甲骨與甲骨分期」, 『文物』, 1981年 第5期.
135) 『甲骨文與殷商史』 第2輯, 上海古籍出版社, 1986.
136) 常玉芝, 『商代周祭制度』, 中國社會科學出版社, 1987.
137) 『古文字硏究』 第21輯, 中華書局, 2001.

짜 맞추기 한 1편의 갑골복사에 근거해 다시 왕 2사王二祀의 주제周祭기록도 황조의 주제周祭에 3왕의 제사계보가 포함되었음을 증명했다. 이에 이르러, 황조 복사에 문정・제을・제신 등 3왕의 제사계보가 포함되었다는 논증은 2명의 왕의 제사계보에 넣을 수 없었던 그러한 자료의 귀속 문제도 해결되게 되었다.

138) 『文博』 第2期, 1993.

제14장 상나라의 기상 · 역법 · 의학 전통의 발굴과 연구

1. 갑골문의 기상 기록과 상나라 기후

1) 갑골문의 기상 기록에 대한 연구

은상 때에는 농업과 축목업이 발전하여 일상생활의 필요에 의해 자연 현상을 자주 세밀하게 살폈다. 은허의 갑골복사에는 대량의 기상 관련 기록이 남아 있으며, 이에 대한 연구 성과도 뛰어나다. 지금까지 비교적 명확하게 확인된 것으로는 다음의 것이 있다.

(1) 비雨

복사에는 비에 관한 기록이 가장 많다. 상나라 사람들은 비를 큰 비大

雨, 적은 비小雨, 많은 비多雨, 장대비疾雨, 폭우烈雨, 충분한 비足雨, 조화로운 비盧雨, 소나기從雨, 계속 내리는 비征雨 등으로 구분했다. 또 비가 내릴 것인지를 점쳤으며, 구름이 각우各雨 · 내우來雨 · 운우雲雨 등을 가져다 줄 것인지를 관찰했다.

첫째, 큰 비大雨.

을유일에 점을 칩니다. '대'가 물어봅니다. 이번 2월이 되면 큰 비가 내리겠습니까? 乙酉卜, 大, 貞及茲二月有大雨.

—『합집』 24,868편

둘째, 적은 비小雨.

'정'일부터 '경'일까지 비를 만나지 않겠습니까? 丁至庚不遘小雨.

—『합집』 28,546편

계해일에 점을 칩니다. '각'이 물어봅니다. 오는 갑자일에 비가 내리지 않겠습니까? 갑자일에 비가 적게 내렸다. 癸亥卜, 殼, 翌甲子不雨. 甲子雨小.

—『합집』 12,973편

셋째, 많은 비多雨.

을묘일에 점을 칩니다. 물어봅니다. 오늘 많은 비가 내리겠습니까? 己卯卜, 貞今日多雨.

—『영국 소장』 2,588편

넷째, 장대비雨疾.

물어봅니다. 오늘 밤 장대비가 내리겠습니까? 貞今夕其雨疾.

—『합집』 12,670편

"질疾"은 복사에서 '속도가 빠르다'의 뜻으로 쓰이므로, "우질雨疾"은 빠른 속도로 비가 내리는 것을 말한다.

다섯째, 폭우烈雨.

물어봅니다. 또 폭우가 내리겠습니까? 貞其亦烈雨.

—『합집』 6,589편 앞면

"열烈"자는 "[illegible]"과 같이 적었는데, 우성오의 해석을 따랐다. 우성오는 "[illegible]"을 "열列"자의 처음 모습으로 보았으며, "[illegible]"은 "열烈"자로 읽어야 한다고 하면서, "열우烈雨"는 폭우와 같은 뜻이다"고 했다.1)

여섯째, 충분한 비足雨.

□□일에 점을 칩니다. 기장 농사에 풍년이 들도록 충분한 비가 내리겠습니까? □□卜, 黍年有足雨.

—『영국 소장』 818편

"족우足雨"는 농사에 필요한 양을 충족시킬 수 있는 비를 말한다.

일곱째, 조화로운 비[illegible]雨.

물어봅니다. 조화로운 비가 내리지 않겠습니까? 貞不其[illegible]雨.

—『합집』 1,330편

당란은 "조우[illegible]雨는 당연히 조우[illegible]雨와 같은 것으로 생각된다. 조[illegible]는

---

1) 于省吾, 『甲骨文字釋林』, 中華書局, 1979, 371면.

당연히 유卣로 해석해야 한다. 조𠨘와 유卣는 모두 수修로 가차되었고, 수修는 길다長·오래가다久는 뜻이다. 비가 오랫동안 계속 내리는 것을 말한 것으로 보인다"고 했다.[2] 하지만 우성오는 "조𠨘"를 조調로 읽어야 하며, "조우調雨는 조화調和된 비를 말한다"라고 했다.[3]

여덟째, 소나기從雨.

> 신사일에 점을 칩니다. '빈'이 물어봅니다. 무당을 부르면 소나기가 내리겠습니까? 辛巳卜, 賓, 貞呼舞有從雨.
>
> —『합집』 12,831편 앞면

곽말약은 "종從"을 "종縱"으로 읽고, "종우從雨"는 "급작스레 내리는 비, 즉 소나기를 말한다"고 했다.[4] 하지만 우성오는 "종우從雨"를 순로롭게 내리는 비順雨로 해석했다.[5]

아홉째, 계속 내리는 비延雨.

> 물어봅니다. 오늘 밤 비가 계속해서 내리겠습니까? 貞今夕不延雨.
>
> —『합집』 12,787편

"연우延雨"는 "연우延雨" 즉 연속해서 내리는 비를 말한다.

열째, 각우各雨.

> 신사일에 점을 칩니다. '즉'이 물어봅니다. 오늘 낮에 비가 내리겠습니까? 申巳[卜], 卽, 貞今日有各雨.

---

2) 唐蘭, 「考釋」『天壤閣甲骨文存』 第19片, 1939.
3) 于省吾, 「釋蟲雨」, 『甲骨文字釋林』, 中華書局, 1979.
4) 郭沫若, 『殷契粹編』, 科學出版社, 1965. 第57片의 考釋.
5) 于省吾, 『雙劍誃殷契駢枝』「續編」「釋從雨」, 1941.

—『합집』 24,756편

“각우各雨”는 “격우格雨”를 말하며, “격格”은 문헌에서 “이르다至”로 해석한다. 그래서 “유각우有各雨”는 바로 비가 내리다는 뜻으로, 오늘 비가 내릴 것임을 말한다.

열한째, 내우來雨.

서쪽에서부터 비가 오겠습니까? 其自西來雨.

—『합집』 12,870 갑편

“내우來雨”는 비가 올 것이다, 즉 비가 내릴 것이라는 뜻이다. 이번 비가 서쪽에서부터 올 것이라고 했다.

열두째, 운우雲雨.

계□일에 [점을 칩니다]. ‘고’가 물어봅니다. 이 구름이 비를 내리게 하겠습니까? 癸□[卜], 𠁩, 貞兹雲其雨.

—『합집』 13,649편

물어봅니다. 이 구름이 비를 계속 내리게 하겠습니까? 貞兹雲㣇雨.

—『합집』 13,392편

“운우雲雨”는 비를 머금은 구름을 말한다. 상나라 사람들은 구름을 관찰해 비가 내릴 것인지를 판단했는데, 이는 천상을 장기간 관찰해 온 경험에서 나온 것이었다.

(2) 우박雹

병오일에 점을 칩니다. '위'가 물어봅니다. 오는 10월에 비가 내릴 때 우박이 올까요? 丙午卜, 韋, 貞生十月雨, 其隹雹.

병오일에 점을 칩니다. '위'가 물어봅니다. 오는 10월에 우박이 오지 않을까요? 丙午卜, 韋, 貞生十月不其隹雹雨.

—『합집』 12,628편

복사에서 "포雹"자를 ""로 적고 있는데, 진몽가와 우성오는 "제霽"로 해석하고, "비가 그치다"는 뜻이라고 했다.6) 하지만 복사를 대조해 보면, "제霽"로 해석하면 의미가 통하지 않는다. 호후선과 침건화는 이를 "포雹"로 해석했는데,7) 이렇게 하면 자형과도 맞고 의미도 통하게 된다.

(3) 천둥雷

을축일에 점을 칩니다. 물어봅니다. 오는 1월에 …… 비가 내릴까요? 7일째 되던 임신일에 천둥이 쳤다. 신사일에는 비가 내렸다. 임오일에도 비가 내렸다. 乙丑[卜], [貞]生一月 …… 其雨. 七日壬申雷. 申巳雨. 壬午亦雨.

—『합집』 13,417편

복사에 보이는 "뢰雷"자에 대해서는 해석이 분분하다. 나진옥羅振玉은 전電으로, 섭옥삼葉玉森은 포雹로, 곽말약은 홍虹으로, 동작빈董作賓은 산霰으로, 우성오는 뢰雷로, 진몽가陳夢家는 제𨏥로 해석했다. 대다수의 학자들이 전電·포雹·홍虹·산霰·제𨏥로 해석하는 것은 자형과 맞아 떨어지지

---

6) 陳夢家, 『殷虛卜辭綜述』, 中華書局, 1988, 245면; 于省吾, 「釋霽」, 『甲骨文字釋林』, 中華書局, 1979, 116면.

7) 胡厚宣, 「殷代的冰雹」, 『史學月刊』, 1980年 第3期; 沈建華, 「甲骨文釋文二則」, 『古文字研究』 第6輯, 中華書局, 1981.

않고 의미도 잘 통하지 않으며, 뢰靁로 해석하는 것이 형체나 의미상으로 잘 통한다고 여겼다.[8]

(4) 무지개虹

무…… 보살핌이 있을까요? 왕께서 점괘를 해석해 [말했다]. '정'에 해당하는 날이면 길하리라. 그…… 미일에 과연 …… 과연 무지개가 나타났다. 날이 개고 구름이 [나타났다]. …… 또 무기개가 나타났는데, 북쪽에서부터 무지개가 생겼으며, 황하에서 [물을 마시는] 형상이었다. 12월이었다. 戊…… 又. 王占[曰]…… 隹丁吉. 其…… 未允…… 允有設. 明有[各]雲…… 是亦有設, 有出虹自北, [飮]于河. 在十二月.

—『합집』 13,442편 앞면

"홍虹"자는 우성오에 의해 해독되었는데,[9] 지극히 타당한 해석이다.

(5) 가뭄熯

갑진일에 점을 칩니다. '영'이 물어봅니다. 서쪽 영토에 가뭄이 내리게 될까요? 2월이었다. 甲辰卜, 永, 貞西土其有降熯. 二月.

—『속존』 하 155편

물어봅니다. 우리가 가뭄을 겪게 되지 않을까요? 1월이었다. 貞我不熯. 一月.

—『합집』 10,178편

"한熯"을 당란은 "한暵", 즉 지금의 "한旱"자라고 했다.[10] 복사에서는

8) 于省吾 主編, 『甲骨文字詁林』, 中華書局, 1996, 1172~1176면.
9) 于省吾, 「釋虹」, 『甲骨文字釋林』, 中華書局, 1979.

위에서 든 두 예처럼 가뭄이 들다는 뜻으로 쓰였다.

(6) 구름雲

첫째, 운우雲雨.

> 물어봅니다. 이 구름이 비를 내리게 하겠습니까? 貞玆雲其雨.
>
> —『합집』 13,385편

"자玆"는 "차此"와 같으며, "기其"는 부사로서, 곧 …… 하게 될 것이라는 뜻이다. 이 복사는 이러한 구름이 앞으로 비를 내리게 할 것인 지를 물은 것인데, 이는 상나라 사람들이 비를 가진 구름인가를 판단한 것이다.

둘째, 각운各雲.

> 계해일에 점을 칩니다. 물어봅니다. 10일 동안 무탈할까요? 1월이었다. 해질 무렵에 비가 동쪽에서부터 내렸다. 9일째 되던 신미일 '대채' 때 북쪽으로부터 구름이 왔으며, 천둥이 계속되었다. 큰 바람이 서쪽으로부터 왔으며, 다른 구름이 비를 몰고 왔다. 태양을 볼 수 없었다. 癸亥卜, 貞旬. 一月, 昃雨自東. 九日申未大采各雲自北, 雷征, 大風自西, 別雲率雨. 毋藟日.
>
> —『합집』 21,021편

"각各"을 문헌에서는 "격格"으로 쓰는데 대부분 "이르다至", 즉 오다는 뜻이다. 이 복사의 "대채 때 구름이 북쪽에서부터 올 것이다大采各雲自北"는 대채大采(시간의 명칭) 때 북쪽에서 구름이 왔다는 뜻이다.

셋째, 이운二雲.

---

10) 唐蘭, 『殷虛文字記』, 講義本, 1934; 中華書局 影印本, 1981.

'이운'에게 '료'제사를 드릴까요? 燎于二雲.

—『임』 1.14.18편

넷째, 삼색운三嗇雲.

을해일에 점을 칩니다. '영'이 물어봅니다. 다음 경자일에 '주'제사를……? 왕께서 점괘를 해석해 말했다. '경'에 해당하는 날에는 비가 오리라. 밤에 비가 올 것인지에 대해 점을 쳤다. 경자일에 '삼색운'에게 '주'제사를 드렸다. 나무를 태워 지내는 제사가 끝나자 날이 개었다. 己亥卜, 永, 貞翌庚子酒…… 王占曰, 茲隹庚雨. 卜之[夕]雨. 庚子酒三嗇云麋, 其旣枫, 啓.

—『합집』 13,399편 앞면

다섯째, 사운四雲.

물어봅니다. '사운'에게 '료'제사를 드릴까요? 貞燎于四雲.

—『합집』 13,401편

여섯째, 오운五雲.

산신에게 먼저 '주'제사를 드리고 이어서 '주'제사를 '오운'에게 드리면 비가 올까요? 대길하리라. 叀岳先酒, 延酒五雲, 有雨. 大吉.

—『둔남』 651편

일곱째, 육운六雲.

계유일에 점을 칩니다. '육운'에게 '유侑'제사와 '주'제사를 드리는데 돼지 6마리와 배를 가른 양 6마리를 쓸까요? 癸酉卜, 又燎于六雲, 六豕·卯羊六.

—『합집』 33,273편

『합집』 13,399편 앞면의 “삼색운三𩁹雲”의 “색𩁹”을 우성오는 “색啬”이라 보고 “색色”으로 해석하면서, “삼색운”은 바로 “세 가지 색깔의 구름三色雲”이라고 했다.11) 이운二雲과 삼운三雲이 각각 두 가지와 세 가지 색깔의 구름을 말한다면, 사운四雲 · 오운五雲 · 육운六雲도 네 가지, 다섯 가지, 여섯 가지 색의 구름을 말한다. 하지만 진몽가는 “색𩁹”을 “장墻”으로 보고서, 이는 “상祥”의 가차자로 상스러운 구름祥雲을 말한다고 했다.12) 송진호는 “일운一雲부터 육운六雲은 아마도 상나라 사람들의 구름에 대한 관찰의 경험을 반영하는데, 관찰된 구름의 색깔이나 형태의 변환이나 어떤 특정한 영적 징조를 살핀 것으로 보인다”고 했다.13)

(7) 안개霧

병신일에 점을 칩니다. 오는 정유일에 ‘주’제사와 ‘벌’제사를 드리면 날이 개일까요? ‘정’일 날이 밝을 때쯤 안개가 끼었다. 대식 때가 되자 해가 나왔다. 1월이었다. 丙申卜, 翌丁酉酒伐, 啓. 丁明霧, 大食日啓. 一月.

—『영국 소장』 1,101편

여기서 “무霧”는 우성오의 해석을 따랐다.14)

(8) 눈雪

갑진일에 점을 칩니다. 눈이 올까요? 甲辰卜, 雪.

11) 于省吾, 「釋雲」, 『甲骨文字釋林』, 中華書局, 1979.
12) 陳夢家, 『殷虛卜辭綜述』, 中華書局, 1988, 575면.
13) 宋鎮豪, 『夏商社會生活史』, 中國社會科學出版社, 1994, 481면.
14) 于省吾, 「釋霍」, 『甲骨文字釋林』, 中華書局, 1979.

—『합집』 21,023편

"설雪"을 복사에서는 "[illegible]"로 적고 있는데, 왕양王襄과 섭옥삼葉玉森 등이 이렇게 해석했다.[15]

(9) 바람風

첫째, 큰 폭풍大驟風.

> 임인일에 점을 칩니다. '계'일에 비가 올까요? 큰 폭풍이 불었다. 壬寅卜, 癸雨. 大驟風.
>
> —『합집』 13,359편

우성오에 의하면, "대취풍大驟風은 오늘날의 큰 폭풍을 말한다."[16]

둘째, 큰 바람大風.

> 신미일에 점을 칩니다. 왕께서 물어봅니다. 오늘 신미일에 큰 바람이 부는데 불행한 일이 되지 않을까요? 辛未卜, 王, 貞今辛未大風不佳禍.
>
> —『합집』 21,019편

셋째, 작은 바람小風.

> 작은 바람을 만나지 않을까요? 不遘小風.
>
> —『합집』 28,972편

15) 于省吾 主編, 『甲骨文字詁林』, 中華書局, 1996, 1159～1160면.

16) 于省吾, 「釋大[illegible]」, 『甲骨文字釋林』, 中華書局, 1979.

넷째, 바람風.

계미일에 점을 칩니다. '각'이 물어봅니다. 오늘 바람이 불지 않을까요? 12월이었다. 癸未卜, 㱿, 貞今日不風. 十二月.

—『합집』 13,344편

□유일에 점을 칩니다. '빈'이 물어봅니다. 오는 병자일에 …… 깃발(풍향계)을 세울까요? 과연 바람이 불지 않았다. □酉卜, 賓,貞翌丙子其 …… 立中, 允亡風.

—『합집』 7,370편

다섯째, 사방풍四方風.

동쪽을 '석'이라 하며, 그 바람을 '협'이라 한다. 東方曰析, 風曰劦.
남쪽을 '인'이라 하며, 그 바람을 '개'라 한다. 南方曰因, 風曰凯.
서쪽을 '이'라 하며, 그 바람을 '이'라 한다. 西方曰夷, 風曰彝.
[북쪽을] '복'이라 [하며], 그 바람을 '역'이라 한다. [北方曰]伏, 風曰殴.

—『합집』 14,294편

신해일, '내'가 물어봅니다. 이번 1월에 상제께서 비를 내려주시겠습니까? 4일 후인 갑인일 밤에 [과연 비가 내렸다]. 辛亥, 內, 貞今一月帝令雨. 四日甲寅夕[允雨].

신해일, '내'가 물어봅니다. 이번 1월에 [상제께서] 비를 내려주시지 않겠습니까? 辛亥卜, 內, 貞今一月[帝]不其令雨.

신해일 점을 칩니다. '내'가 물어봅니다. '복'이라 [불리는] 북쪽과 그 [바람인] '역'에게 '체禘'제사를 지내면, [풍년이] 들겠습니까? 辛亥卜, 內, 貞帝于北方[曰]伏, [風]曰殴. 桒[年].

신해일 점을 칩니다. '내'가 물어봅니다. '개'라 불리는 남쪽과 그 바람인 '인'에게 '체'제사를 지내면, 풍년이 들겠습니까? 1월이었다. 辛亥卜, 內, 貞帝于南方曰

完, 風因. 𡆥年. 一月.

물어봅니다. '석'이라 불리는 동쪽과 그 바람인 '협'에게 '체'제사를 지내면, 풍년이 들겠습니까? 貞帝于東方曰析, 風曰劦. 𡆥年.

물어봅니다. '석'이라 불리는 서쪽과 그 바람인 '이'에게 '체'제사를 지내면, 풍년이 들겠습니까? 貞帝于西方曰彝, 風曰夷. 𡆥年.

—『합집』 14,295편

『합집』 14,294편은 커다란 소 어깻죽지 뼈에 새겨진 복사이며, 『합집』 14,295편은 커다란 거북 배딱지에 새겨진 복사이다. 복사에 보이는 사방풍四方風을 처음으로 연구한 사람은 호후선이었다. 그는 「사방에 대한 은나라 때의 풍년 기원과 사방풍에 대한 제사釋殷代求年于四方和四方風的祭祀」에서[17] 사방의 명칭과 사방풍의 이름이 기록된 갑골을 대비 분석한 결과 동방과 동방풍의 이름, 북방과 북방풍의 이름은 모든 기록에서 일치했지만, 서방과 서방풍의 이름, 남방과 남방풍의 이름은 커다란 소 어깻죽지 뼈와 커다란 거북 배딱지에 새겨진 이름이 서로 뒤바뀌어 있었음을 발견했다. 그는 『수』 195편에서의 "서이西彝", 『전』 4.42.6편에서 "이풍彝風"을 언급하지 않은 것, 『경』 4,316편의 "이위彝韋(夷)" 등에 근거해 서방과 서방풍의 이름은 당연히 커다란 거북 배딱지에 말한 "서방을 '이彝'라 하고, 그 바람을 '이夷'라 한다"고 한 것이 옳다고 했다. 또 남방과 남방풍의 이름에서는 "개𡨦를 옛날에는 기豈"로 읽었으며, 『시』 「패풍」 「개풍凱風」의 "개풍이 남쪽에서 오네凱風自南", 『이아』 「석천釋天」의 "남풍을 개풍凱風이라 한다", 『산해경』 「남산경南山經」의 "모산旄山의 끝머리, 그 남쪽에 육유育遺라는 계곡이 있는데, 개풍凱風은 거기서 나온다"고 한 기록에 근거해 남방과 남방풍의 이름은 커다란 소 어깻죽지 뼈에서 말한 남방의 "바람을 '개𡨦'라 한다"는 것이 정확하며, 커다란 거북 배딱지

17) 胡厚宣, 「釋殷代求年于四方和四方風的祭祀」, 『復旦學報』(人文科學), 1956年 第1期.

에서는 남방과 남방풍의 이름이 뒤바뀌었다고 했다.

2) 상나라 기후의 연구

상나라 시대의 기후를 처음으로 연구한 사람도 호후선이었다. 그는 1944년 장편의 논문 「기후 변천과 은나라 때 기후의 검토氣候變遷與殷代氣候之檢討」[18]에서 갑골복사를 이용해 상나라 후반기 즉 은상 시기 때의 "중국 북방 황하 유역의 기후는 분명 지금보다 더웠다"고 하면서, 다음과 같은 8가지 측면에서 이를 논증했다.

첫째, 비와 눈에 대한 기록이다. 그는 이렇게 말했다. "갑골복사로 살펴볼 때, 은나라 때의 강우량이 도대체 얼마나 되었는지는 사실 확정하기 어렵다." "복사에서 유일하게 주목할 만한 한 가지 현상은 바로 1월부터 12월과 13월까지 1년 내내 비가 내리지 않는 달이 없었다는 점이다." 그는 1월부터 13월까지의 비에 관한 151조항의 복사를 열거하고서는, "이상의 151조항 중에서 비에 관한 기록이 137조항이고 강우降雨에 관한 것이 14조항이다.(…중략…) 하지만 기왕에 비에 관해 점을 쳤다면 이는 언제라도 비가 내릴 수 있었다는 말이다. 이렇게 본다면, 이들을 복사에 지나지 않지만 여전히 믿을 만한 사료적 가치를 갖고 있다. 위의 표를 보면(151조항의 복사를 월별로 열거한 종합 표-인용자 주), 1월부터 13월까지 비에 관해 점을 치지 않은 달이 없다. 또 1, 2, 3, 5, 6, 9, 11월에는 실제 비가 내렸다. 그렇다면 은나라에서 1년 중 비가 내리지 않은 달이 없었다는 것이 지극히 분명해진 셈이다. 또 일 년 중 비에 관해 점을 친 횟수가 가장 많은 달은 3월, 2월, 1월, 5월, 13월의 순이며, 비가 내린 횟수가 가장 많은 달은 1월, 5월의 순이다." "은나라 때의 1월, 2월, 3월은

---

18) 胡厚宣, 「氣候變遷與殷代氣候之檢討」, 『甲骨學商史論叢』 初集, 1944.

분명 비가 자주 내렸으며, 복사의 기록은 결코 우연이 아니다. '은이 축을 건원으로 삼았다殷建丑'는 말을 믿는다면 은나라 때의 1월, 2월, 3월은 오늘날 사용하는 하력夏曆에서의 12월, 1월, 2월에 해당하며, 양력으로 치면 1월, 2월, 3월이다. 그러나 지금의 안양 일대에서는 이 세 달 동안 항상 눈이 내리지 절대 비가 내리지는 않으며, 이는 복사에서 비가 많았다는 기록과는 차이를 보인다."

또 다음처럼 "복사에서는 눈에 관한 기록도 언제나 비와 함께 점을 쳤다."

> 경자일에 점을 칩니다. 눈이 오겠습니까? 庚子卜, 雪.
>
> [갑]진일에 점을 칩니다. [을]사일에 비가 오겠습니까? [甲]辰卜, [乙]巳雨.
>
> 갑진일에 점을 칩니다. 병오일에 비가 오겠습니까? 甲辰卜, 丙午雨.
>
> —『후』 하 1.13편

이에 근거해 그는 이렇게 말했다. "복사에서 눈은 언제나 비와 함께 점을 쳤다. (…중략…) 이는 은나라 때는 눈이 많이 내리지 않았음이 분명하며, 눈만 내린 것도 아니고 항상 눈과 비가 섞여 내렸다는 것을 보여 준다." "이렇게 볼 때 은나라 때의 경우 1월부터 13월까지 일 년 내내 비가 내렸으며, 겨울에는 간혹 눈이 내리긴 했지만 많이 내리지는 않았고 순수한 눈만 내린 것도 아니며, 간혹 눈비가 섞여 내렸다. (…중략…) 하지만 오늘날의 하남성 안양 일대는 겨울 몇 개월 동안은 항상 큰 눈이 내리며, 엄동설한에 비가 내린다는 것은 절대 있을 수 없는 일이다. 그렇다면 은나라 때 북방의 황하 유역의 기후는 분명 지금보다 훨씬 더 따뜻했음을 알 수 있다."

둘째, 연속해서 내리는 비聯雨에 관한 복사이다. 논문에서는 "연우延雨"에 관한 많은 복사를 열거했는데, "은나라 때에는 연속해서 내리는 비가 매우 많았음에 틀림없다"고 하면서, 또 다음의 복사를 열거했다.

신미일에 점을 칩니다. '쟁'이 물어봅니다. 이번 8월에 상제께서 [많은 비를 내리겠습니까]? 辛未卜, 爭, 貞之(茲)八月帝[令多雨].

물어봅니다. [이번] 8월에 상제께서 많은 비를 내리지 않겠습니까? 정유일에 비가 내렸는데 갑인일까지 계속되었고, 18일 동안 내렸다. 9월이었다. 貞之(茲)八月帝不其令多雨. 丁酉雨, 至于甲寅, 旬有八日. 九月.

—『합집』 10,976편 앞면

"이번에 내린 비는 18일간이나 계속되었다. (…중략…) 만약 '삼정三正'의 설을 믿는다면, 은의 8월은 오늘날 쓰고 있는 하력의 7월, 양력으로는 8~9월에 해당하며, 은의 9월은 지금의 하력의 8월, 양력으로는 9~10월에 해당한다." 그래서 그의 결론은 이러했다. "은나라 때 9월에 연속되는 비가 내렸는데 18일간이나 계속되었고, 또 '연우延雨'에 대한 기록도 많이 보인다. 그렇다면 은나라 때 안양 일대의 강우량은 분명 지금보다 많았을 것이다. 또 비가 계속해서 연속으로 내리는 일은 오늘날 북방의 황하 유역에서 볼 수 있는 현상이 아니다." 그는 다시 『시경』 과 『상서대전尙書大傳』에 근거해 고대 황하 유역에서는 연속되는 비가 많다고 하면서, "고대 황하 유역의 기후는 분명 오늘날의 장강 유역이나 더 남쪽 지역에 상당했을 것이다"고 했다.

셋째, 농산물의 재배와 수확이다. 호후선은 월의 이름이 기록된 농산물의 재배와 수확에 관한 복사의 연구를 통해 다음의 결론을 도출했다. "은나라 때의 농업에서 파종과 재배 시기는 빨라서 1~2월에 이루어졌으며, 늦게 수확하는 경우는 12월이나 3월까지도 계속되었다. 기장黍과 벼稻는 모두 이모작이 이루어졌으며, 기후는 지금의 북방 지역과는 크게 달랐고, 대략 겨울이 거의 없는 지금의 장강 유역이나 그 이남 지역의 상태와 같았다."

넷째, 벼稻의 생산이다. 복사에는 "수담년受稬年" 즉 "벼를 수확하겠습니까? 受稻年"라는 내용이 많이 보이며, 게다가 "기장을 수확하겠습니까?

受黍年"라는 말과 함께 점을 쳤다. 그래서 벼稻는 기장黍과 마찬가지로 은나라 때의 가장 보편적인 농산품이었음이 분명하며, "벼가 원래 남방의 열대지역 산물이고 은나라 사람들의 가장 보편적인 양식이었다면 그때의 북방의 기후는 분명 오늘날과는 달랐음을 알 수 있다."

다섯째, 물소水牛의 보편적 존재이다. 복사에서는 소에 관해 이야기하면서 색깔을 기록한 것이 있는데, 물우勿牛나 물우物牛, 혹은 물우犁牛라 부른 것이 가장 많이 보인다. 호후선에 의하면, "물우勿牛는 논을 가는 데 쓰는 소, 즉 물소水牛를 말한다.(…중략…) 물勿자는 여흑黎黑이라고 할 때의 여黎자로 가차되어 쓰였는데, 물소의 색깔을 지칭하는 데 전문적으로 사용되었다. 복사에서 자주 보이는 '물우勿牛'는 바로 여우黎牛, 즉 물소를 말한다." 복사에는 물우勿牛라는 말이 대단히 많이 보이는데, 이로써 은나라 때 북방에서 물소가 보편적으로 존재했다는 사실을 추측할 수 있다. 그러나 오늘날의 물소는 모두 장강 유역 이남에서 생산되므로, 은나라 때의 북방의 기후는 오늘날과 같지 않았음을 알 수 있다.

여섯째, 무소兕와 코끼리象의 존재이다. 복사에는 다음처럼 "코끼리를 보내왔다來象"는 기록이 보인다.

> 물어봅니다. □에서 코끼리 3마리를 보내올까요? 貞□其來象三.
>
> —『후』 하 5.1편

호후선은 샤르댕德日進(Pierre Teihard de Chardin)과 양종건楊鍾健의 설을 인용해, 코끼리를 보내 온 것은 남방으로부터 왔을 것이라고 했다. 하지만 복사에는 또 다음처럼 사냥에서 코끼리를 잡았다는 분명한 기록이 존재한다.

> 오늘 밤 비가 내리겠습니까? …… [오늘 밤에] 비가 [내리지 않겠습니까]? …… 오늘 밤 과연 비가 내리지 않았다. …… 코끼리를 잡았다. …… 今夕其雨. ……[今

夕不]其雨. 之(茲)夕允不雨 …… 獲象.

—『전』 3.31.3편

"은나라 때 북방에서는 분명 토종 코끼리가 존재했으며, 모든 코끼리가 공납에 의해 들여온 것은 아니다"고 했다. 또 서중서는 「은나라 사람들의 코끼리 길들이기와 코끼리의 남천殷人服象及象之南遷」에서 "「우공禹貢」에서 말한 예주豫州의 예豫자는 상象과 읍邑자가 합쳐 만들어진 글자이며", "갑골문에는 손又으로 코끼리象를 끄는 모습을 한 글자가 보이는데, 이는 은나라 사람들이 코끼리를 길들였다는 증거이며",19) 은나라 때 북방에서 코끼리가 살았음을 증명해 준다고 했다. 게다가 복사에는 무소兕를 잡았다는 기록도 대단히 자주 출현한다.

임인일에 점을 칩니다. 물어 봅니다. 오는 계묘일에 왕께서도 '동록'에서 무소를 잡을 수 있겠습니까? 壬寅卜, 貞翌癸卯王其亦東彔出有兕.

—『후』 하 13.14편

서중서는 무소를 잡았다는 대량의 복사를 열거한 후 이렇게 말했다. "게다가 무소를 잡았다는 복사만 많이 보이는 것이 아니다. 그 숫자로 본다 하더라도 5마리 이상의 경우, 6마리라고 한 것이 3차례, 10마리라고 한 것이 1차례, 11마리라고 한 것이 3차례, 12마리라고 한 것이 2차례, 몇 마리라고 한 것이 1차례, 40마리라고 한 것이 1차례 보인다. 가장 많은 경우는 '왕께서 1백 마리의 무소를 뒤쫓을까요? 王逐百兕'라고 한 것이 아닐까 한다. 그렇다면 은나라 때 북방의 황하 유역의 들판에는 떼를 지어 다니는 무소가 있었다는 것을 어렵지 않게 상상할 수 있다." "이러한 무소와 코끼리는 모두 남방의 열대 지역의 동물이다."

19) 徐中舒, 「殷人服象及象之南遷」, 『中央硏究院歷史語言硏究所集刊』 第2本 1分, 1932.

일곱째, 은허에서 발굴된 포유류 동물 군群이다. 샤르댕德日進(Pierre Teihard de Chardin)과 양종건楊鍾健은 은허에서 발굴된 포유류 동물의 화석을 연구한 이후, 죽서竹鼠·표범貘·종면저腫面猪·노루獐·성수우聖水牛·인도 코끼리 등이 있다고 했다. 호후선은 글에서 "샤르댕과 양종건이 말한 은허의 죽서竹鼠·종면저腫面猪·노루獐·성수우聖水牛 등은 모두 남방의 열대 삼림지역에 사는 동물인데, 중국 고대 북방에서 상당히 많이 발견되었다는 것은 그때의 기후에 분명 일정한 변화가 있었음을 말해준다. 이들은 앞에서 들었던 은나라 때에 물소가 보편적으로 존재했고 무소와 코끼리가 살았다는 사실과 서로 보완적으로 증명할 수 있다." 그래서 "은나라 때의 기후는 오늘날보다 더웠다"고 했다.

여덟 번째, 은나라 때의 삼림과 초원이다. 호후선은 그가 수집한 6~8만 편의 갑골복사 중 수렵을 기록한 복사 16,071편을 찾아내어, 거기에 기록된 포획된 짐승을 연구한 결과 19종류에 총 6,431마리를 잡았다고 했다. 이러한 동물은 "모두 삼림과 초원 지대에 사는 동물로, 그 수량이 매우 많다. 이로부터 은나라 때 북방의 황하 유역에는 분명 광활한 삼림과 초원이 있었을 것"이라 추정할 수 있다. 그는 또 복사에서 임林자로 된 지명의 경우 어떤 것은 임林자로 지명을 삼기도 했지만 어떤 것은 임林을 두 개 합친 글자로 이름을 삼은 경우도 있어, 이들이 "모두 삼림 지역이었음"을 알 수 있다고 했다. 또 록麓으로 된 지명을 열거하면서, "복사의 지명에 棥이 들어간 글자는 달리 망茻으로 구성되기도 하는데", 이는 "숲과 초원이 분리되지 않았음을 말하며, 그런 즉 옛날에는 삼림과 초원이 종종 뒤섞였거나 삼림구역이 초원지역을 포함했음"을 보여준다고 했다. 그는 또 "복사에서 잡은 짐승이 많으며, 임林과 록麓으로 된 지명으로 볼 때, 은나라 때 황하 유역에는 분명 광활한 삼림과 초원이 형성되었을 것이나, 지금은 거의 모두 없어져버렸다. 그렇다면 은나라 때의 기후는 오늘날과 달랐다는 것은 분명하다"고 했다.

결론적으로 말해서, 호후선은 이상의 8가지 측면에서 볼 때, 은나라 때의 기후는 지금보다 따뜻했으며 오늘날의 장강 혹은 그 이남 지역의 기후에 상당한다고 했다.

1945년에 발표된 동작빈의 거작 『은력보殷曆譜』에서도 기상 복사에 대해 논증했다. 그는 다음과 같은 4가지 측면에서 "은나라 때의 기후가 근세의 기후와 별 차이가 없었다"는 것을 논증했다.20) 첫째는 "비 오는 날雨日"의 증거이다. 동작빈은 비에 관해 점친 달이 기록된 복사를 분석한 후 이렇게 말했다. "은나라 사람들이 '어느 달에 비가 올 것인가月雨'를 점친 것은 10월부터 3월에 한정되며, 4월부터 9월까지의 복사에는 '달이 기록된 비月雨'가 없다. 그렇다면 이 10월부터 3월까지는 '비 내리는 날雨日'이 극히 적었거나 심지어 '한 달 내내 비가 내리지 않았다'고 한 것도 당연히 거짓은 아닐 것이다." 그리고 "오늘날 안양에서 '비 오는 날'이 많은 달을 측정해 보면 4월부터 9월까지이다." 그렇다면 "단지 '비 내리는 날'의 관계만 갖고서 본다면 은나라 때의 기후는 지금과 별반 차이가 없다." 둘째, "큰 바람大風"의 증거이다. 동작빈은 『을편』의 짜 맞추기 한 조각편, 즉 『합집』 21,021편에 기록된 것이 "2월 신미일에 큰 바람이 서쪽으로부터 불었다"거나 "4월 5일 임신일에 큰 바람이 북쪽으로부터 불었다"고 한 것은 오늘날 황하 유역의 대부분 지역에서 겨울에는 서북풍이 많이 부는 것과 같음을 설명해 준다고 했다. 셋째는 비와 눈의 증거이다. 동작빈은 『을』 199편의 복사에 기록된 "을유일에 점을 칩니다. 눈이 오겠습니까? 오늘 밤 비가 왔다. 4월 비가오지 않았다乙酉卜, 雪. 今夕雨. 四月不雨"는 이 복사에서의 "'우雨'는 동사로서, '오다下', '떨어지다落', '내리다降'로 해석했으며", "이 4월에 친 눈에 관한 점은 단지 짐작에 의한 것으로, 끝내 눈은 내리지 않았다. 그러나 눈이 내릴 가능성은 있었다." 그래서 동작빈은 "'4월에 눈이 내렸다'는 사실은 더더욱 은나라 때의 기후가 근대와 차이가 없었음을 보여준다. 만약 오늘날에 비해 더 따뜻했

---

20) 董作賓, 『殷曆譜』, 下編 卷9(日譜 2), 1945.

다고 한다면 이러한 역사적 사실은 해석할 방법이 없다"고 했다. 넷째는 싸락눈이 내렸다는 증거이다. 동작빈은 갑골문의 "[illegible]", "[illegible]"을 "산霰"자로 해석하였으며 다음의 두 복사를 열거했다.

> 계사일에 점을 칩니다. '고'가 물어봅니다. 싸락눈이 내리겠습니까? 10월이었다. 癸巳卜, 古, 貞雨霰. 十月.
>
> —『후』 하 1.12편

> 을축일에 [점을 칩니다.] 이번 1월에 비가 내리겠습니까? 7일이 지난 임신일에 싸락눈이 내렸다. 신사일에는 비가 내렸다. 임오일에도 비가 내렸다. 乙丑[卜], 之一月其雨. 七日壬申霰. 辛巳雨. 壬午亦雨.
>
> —『전』 3.19.3편

동작빈은 이렇게 말했다. "싸락눈이 내린 것은 겨울마다 있었다." 지금 "위에서 든 1월은 겨울에 해당되며, 10월 또한 초겨울에 가깝다. 그래서 당연히 싸락눈이 내릴 것을 알았다." "겨울에 싸락눈이 내리는 것은 오늘날의 황하 유역에서 항상 볼 수 있는 일이며, 3천 년 동안 달라진 게 없다." 결론적으로 동작빈은 은나라 때의 기후가 근세의 기후와 별다른 차이가 없었다고 했다.

1972년 기상학자인 축가정竺可禎의 저명한 논문인 「중국 최근 5천 년 동안의 기후 변천의 초보적 연구中國近五千年來氣候變遷的初步研究」[21]가 발표되었는데, 그는 이렇게 말했다. "한 지방의 기후 변화는 반드시 식물과 동물의 종류에 영향을 주게 되며, 식물은 그 구조가 비교적 취약하기 때문에 보존되기가 힘들다. 하지만 다른 한편 식물은 동물과 같이 이동할 수 없기 때문에 기후변화의 표지로 삼는데 동물 화석보다 더 유효한 때

21) 竺可禎, 「中國近五千年來氣候變遷的初步研究」, 『考古學報』, 1972年 第1期. 또 『竺可禎文集』(科學出版社, 1979)에 수록되었다.

도 있다. 반파半坡 지층에서 포자孢子 꽃가루花粉를 분석하였는데 …… 당시는 지금과 별다른 큰 차이가 없었으며, 기후는 반 건조 기후대였다." "5천 년 전의 앙소仰韶 문화 이후, 대나무의 북방 한계선이 남쪽으로 약 1~3℃ 후퇴했다. 만약 황하 하류와 장강 하류의 각 지역의 월평균 온도 및 연평균 온도를 조사해 보면 정월의 평균온도가 3~5℃ 낮아졌고, 연평균 온도는 약 2℃ 낮아졌다. 어떤 역사학자들은 황하 유역이 그 당시 열대기후에 가까웠다고 주장하지만 이는 지나친 감이 없지 않다. 하지만 안양이라는 이곳의 경우, 정월의 평균 온도가 3~5℃ 낮아진다는 것은 겨울 강설의 총량에 커다란 차이를 가져 올 것이며, 사람들이 쉽게 관찰할 수도 있을 것이다." "역사시기의 기후변화는 지질시기의 기후변화와 마찬가지로 그 폭이 비교적 작을 뿐이다." "역사시기의 연평균 온도의 변화는 많아야 2~3℃에 불과하다." 그는 총체적으로 결론을 지으면서 "최근 5천 년 동안, 앙소와 은허 시대는 중국의 온화한 기후 시대라 할 수 있으며, 당시 서안과 안양 지역에는 매우 풍부한 아열대 식물과 동물이 존재했다"고 했다.

은상 시기의 기후에 관해 지금은 커다란 이견이 존재하지 않아 보인다. 하지만 몇몇 학자들은 은나라 때 역법에서의 세수월건歲首月建에 대해 다른 의견을 견지하고 있기 때문에, 기상 복사에 기록된 각 월의 기상 정황에 대해 서로 다른 해석을 갖게 되었으며, 그래서 갑골문 발견의 새로운 세기에는 이에 대한 보완된 연구가 필요하다.

2. 갑골문의 천상 기록에 대한 연구와 분석

1) 갑골문의 월식月食 각사에 대한 고변

갑골문의 빈賓조 복사에는 월식에 관한 기록이 5차례 보이는데, 총 7편의 갑골에 새겨졌다. 반세기 동안 이에 대한 여러 차례 반복적인 연구가 이루어졌으며, 이러한 월식의 발생 연대에 대해 몇몇 다른 결론이 제시되었다.

(1) 임신일 밤의 월식壬申夕月食

계□일에 [물어봅니다.] 10일 동안 [불행한 일이 없겠습니까?] 癸□, [貞]旬[亡禍].

신묘일. 辛卯.

계축일에 물어봅니다. 10일 동안 불행한 일이 없겠습니까? 癸丑, 貞旬亡禍.

계해일에 물어봅니다. 10일 동안 불행한 일이 없겠습니까? 10일 후인 임신일 밤에 월식이 있었다. 癸亥, 貞旬亡禍. 旬壬申夕月有食.

계유일에 물어봅니다. 10일 동안 불행한 일이 없겠습니까? 癸酉, 貞旬亡禍.

계묘일에 물어봅니다. 10일 동안 불행한 일이 없겠습니까? 癸卯, 貞旬亡禍.

—『합집』 11,482편 앞과 뒷면

이것은 소 어깻죽지 뼈에 새겨진 복사이다. 원래 뼈는 왕양王襄이 소장했으며, 탁본은 왕양이 1925년 편찬한 『보실은계 징문』에 발표되었다. 6조목의 복사가 뼈의 앞면과 뒷면에 새겨졌는데, 앞면에는 5개의 복순卜旬 복사(가장 아래쪽의 조목은 "계癸"와 "순旬"자만 남았다)와 "신묘辛卯"라는 간지일이 새겨졌고, 뒷면에는 "순임신석월유식旬壬申夕月有食"이 기록되어 있다. 복사의 앞면과 뒷면이 서로 이어지는 원칙과 "순임신旬壬申"이라는 시간의 지칭에 근거해 볼 때, 뒷면의 월식 각사는 계해일에 점을 친 앞면의 복순 복사에 대한 험사驗辭임을 알 수 있다. 이전의 연구자들은 뒷면의 월식 각사만 인용했을 뿐 앞면에 복순 복사가 더 있다는 사실을 알지 못했다. 이는 『보실은계 징문』을 편찬할 당시, 왕양이 아직 갑골의 새김에 관한 지식이 없었고 분류를 편하게 하고자 종종 동일한 갑골의 다른 부위의 탁본을 분산시켜 배열하거나 동일 부위의 탁본을 내용에 따라 몇 부분으로 오려내 서로 다른 곳에다 갖다 넣었기 때문이다. 그 결과 이 어깻죽지 뼈의 뒷면은 천상天象류에 들었고(글자가 없는 부분은 잘라 버렸다), 앞면은 잡사雜事류에 들어감으로써 이 각사의 전체 모습을 알 수 없게 만들고 말았다. 하지만 지금은 『갑골문 합집』에서 이미 앞뒷면의 탁본을 함께 모아 하나의 번호로 매겨 놓았는데, 그것이 『합집』 11,482편의 앞면과 뒷면이다. "월유식月有食"은 월식이 일어났음을 말하는데, 문장의 구조는 『시』「소아」「시월지교十月之交」의 "일유식지日有食之"와 같다. 단지 후자에는 어조사 "지之"가 더해졌다는 것이 차이일 뿐이다. 상옥지에 의하면, "월식 각사가 험사驗辭로서 복순 복사의 뒤에 첨부되었다는 사실로부터 두 가지의 시사점을 얻을 수 있다. 하나는 은나라 사람들이 아직 월식 발생의 원인을 잘 알지 못해 이러한 자연현상을 재앙의 하나로 보고 있었다는 사실이다. 주나라 사람들도 '일월고흉日月告凶'(『시』「소아」「시월지교」), 즉 일식과 월식이 사람들에게 재앙을 가져다준다고 생각했다. 다른 하나는 은나라 사람들이 아직 월식 발생의 규칙을 잘 알지 못하여, 월식을 미리 계산하지 못하고 월식 발생 후에 관찰하여 기록하는 단계에 머물러 있었다는 사실이다."[22]

---

22) 常玉芝, 『殷商曆法研究』, 吉林文史出版社, 1998, 22면.

(2) 을유일 밤의 월식乙酉夕月食

계해일에 점을 칩니다. '쟁'이 물어봅니다. 10일 동안 불행한 일이 없겠습니까? 1월이었다. 癸亥卜, 爭, 貞旬亡禍. 一月.

계미일에 점을 칩니다. '쟁'이 물어봅니다. 10일 동안 불행한 일이 없겠습니까? 2월이었다. 癸未卜, 爭, 貞旬亡禍. 二月.

계묘일에 점을 칩니다. ['쟁'이 물어봅니다.] 10일 동안 불행한 일이 없겠습니까? 2월이었다. 癸卯卜, [爭, 貞]旬禍. 二月.

[계]묘일에 [점을 칩니다.] ['쟁'이] 물어봅니다. [10일 동안] [불행한 일이] 없겠습니까? 5월이었다. [癸]卯[卜], [爭], 貞[旬]亡[禍]. 五月.

[계]미일에 점을 칩니다. ['쟁'이 물어봅니다.] 10일 동안 [불행한 일이 없겠습니까?] [癸]未卜, [爭, 貞]旬[亡禍].

계미일에 점을 칩니다. '쟁'이 물어봅니다. 10일 동안 불행한 일이 없겠습니까? 3일 후인 을유일 밤에 월식이 있었다. 이에 대한 보고가 있었다. 8월이었다. 癸未卜, 爭, 貞旬亡禍. 三日乙酉夕月有食. 聞. 八月.

—『합집』 11,485편

[계미일에 점을 칩니다.] '고'가 [물어봅니다.] [10일 동안] 불행한 일이 [없겠습니까?] 3일 후인 [을]유일 밤에 [월]식이 [있었다.] 재앙이 있었다. [癸未卜], 𡆥, [貞][旬亡]禍, 三日[乙]酉夕[月有]食. 聞.

—『합집』 11,486편; 『계』 632편

이 두 판은 모두 거북 배딱지 각사인데, 모두 "을유일 밤에 일식이 있었다乙酉夕月有食"는 언급이 있는 것으로 보아 같은 일식에 대한 두 번의 기록으로 보인다. 『합집』 11,485편은 엄일평이 1951년 은허의 제3차 발굴에서 얻은 5조각의 잔편을 짜 맞추기 하여 만든 것이다.[23] 이 월식 각사

23) 嚴一萍, 「八月乙酉月食腹甲的拼合與考證的經過」, 『大陸雜志』 第9卷 第1期, 1954.7.

에 보이는 "문聞"의 뜻에 대해 아직 일치된 의견을 도출하지 못했다. 동작빈은 이를 "알려오다"나 "보고를 받다"라는 뜻인데, 이는 그때의 월식이 은의 수도에서는 날이 흐렸거나 일식이 너무 작게 진행되어 관찰이 어려웠던 이유 등으로 다른 지방에서의 보고를 통해 들었음을 말한 것이라고 했다.[24] 진몽가는 고문자에서의 "문聞"과 "혼昏"은 같은 글자로, 여기서의 "문聞"은 "완전 월식이 이루어져 온 천지가 캄캄했다는 뜻이 아닐까 한다"고 했다.[25] 굴만리도 이와 같은 의견을 견지했는데, "'문聞'은 여기서 캄캄하다昏暗는 뜻으로 읽어야 한다"고 했다.[26] 상옥지는 "문聞"자가 들어가는 모든 복사를 조사해 본 결과 "보고를 받다"는 뜻으로 쓰인 경우는 한 번도 없었기에 동작빈의 해석은 근거가 없으며, 다수의 "문聞"자는 복사에서는 그 용법이 다음에서처럼 "타𡆥", "수祟", "간艱", "치齒" 등 재앙을 뜻하는 글자들과 같다고 했다.

기축일에 점을 칩니다. '쟁'이 물어봅니다. 이빨에 병이 생길까요? '부을'께 재앙이 없을까요? '북'에서였다. 己丑卜, 爭, 貞有疾齒, 父乙隹有聞. 在沘.

—『합집』 13,651편

…… 왕께서 점괘를 해석해 말했다. '재앙이 오리라.' '갑'일에 [재앙이] 오지 않았다. …… 王占曰, 其有來聞. 其隹甲不[聞].

—『합집』 1,075편 앞면

경자일에 점을 칩니다. '영'이 물어봅니다. '비기'에게 재앙이 있을까요? 庚子卜, 永, 貞妣己聞.

24) 董作賓,『殷曆譜』下編 卷3「交食譜」, 1945.「殷代月食考」,『中央研究院歷史語言研究所集刊』第22本, 1950.
25) 陳夢家,『殷虛卜辭綜述』, 中華書局, 1988, 237면.
26) 屈萬里,『殷虛文字甲編考釋』114片, 1961.

물어봅니다. '비기'에게 재앙이 없을까요? 貞妣己弗聞.

—『짜 맞추기』 227편

물어봅니다. '공방'에게 재앙이 없을까요? 貞𢀛方亡聞.

—『합집』 6,167편

상옥지는 "문聞"이 들어간 이러한 복사를 다음에 열거한 "타巷", "수祟", "간艱", "치齒"가 들어간 복사들과 대조했다.

임술일에 점을 칩니다. '긍'이 물어봅니다. 이빨에 병이 생길까요? 탈이 있을까요? 壬戌卜, 亘, 貞有疾齒, 隹有巷.

—『속』 5.5.4편

병신일에 점을 칩니다. '각'이 물어봅니다. 오는 을사일에 '하을'께 할까요? 왕께서 점괘를 해석해 말했다. '주'제사를 드려라. 재앙이 있으리라. 丙申卜, 㱿, 貞來乙巳下乙. 王占曰, 酒, 隹有祟.

—『합집』 11,497편 앞면

물어봅니다. 어려움이 주변국으로부터 올까요? 貞其有來艱, 自方.

—『문』 573편

물어봅니다. 재앙이 다가올까요? 貞其有來齒.

—『합집』 721편 앞면

물어봅니다. '부을'께 탈이 있을까요? 貞父乙巷.

—『합집』 2,232편 앞면

물어봅니다. '부경'께 탈이 없을까요? 貞父庚弗壱□.

—『합집』 2,148편 앞면

물어봅니다. 왕에게 탈이 없을까요? 貞王亡壱.

—『합집』 17,037편

"추유문隹有聞"과 "추유타隹有壱"·"추유수隹有祟", "기유래문其有來聞"과 "기유래간其有來艱"·"기유래치其有來齒", "비기문妣己聞"·"비기불문妣己弗聞"과 "부을로父乙老"·"부경불타父庚弗壱", "무문亡聞"과 "무타亡壱" 등은 통사 구조상으로나 글자의 의미상으로 모두 같다. 그래서 "문聞"은 "타壱", "수祟", "간艱", "치齒" 등과 마찬가지로 재앙을 나타내는 글자이다. 결론적으로 말해서, 월식각사에서의 "문聞"의 뜻은 진몽가와 굴만리가 말했던 것처럼 월식이 일어났을 때 하늘이 캄캄했다는 뜻이 아니라 월식이 가져올 재앙을 말한다. 이것은 『합집』 1,148판版에 기록된 월식각사와 마찬가지로, 이 월식에 대한 두 번의 기록을 길흉화복을 물은 복순복사의 뒤에다 부기했던 의도와 일치한다고 하겠다.[27]

(3) 기미석명경신己未夕皿庚申 월식月食

계[묘일에 점을 칩니다.] 물어봅니다. [10일 동안] [불행한 일이] 없겠습니까? 癸[卯卜], 貞[旬]亡[禍].

계축일에 점을 칩니다. 물어봅니다. 10일 동안 불행한 일이 없겠습니까? [7]일째 되던 기미일이 끝나고 경신일이 시작되던 시간대에 월식이 있었다. 癸丑卜, 貞旬亡禍. [七]日己未皿庚申月有食.

계해일에 점을 칩니다. 물어봅니다. 10일 동안 불행한 일이 없겠습니까? 癸亥卜, 貞旬亡禍.

---

27) 常玉芝, 『殷商曆法研究』, 吉林文史出版社, 1998, 26~27면.

계유일에 점을 칩니다. 물어봅니다. 10일 동안 불행한 일이 없겠습니까? 癸酉卜, 貞旬亡禍.

계묘일에 점을 칩니다. 물어봅니다. 10일 동안 불행한 일이 없겠습니까? 왕께서 점괘를 해석해 말했다. 재앙이 오리라. 3일째 되던 을유일 밤이 끝나고 병술일이 시작되던 시간대에 과연 재앙이 왔다. 13월이었다. 癸未卜, 爭, 貞旬亡禍. 王占曰, 有祟. 三日乙酉夕皿丙戌允有來入齒. 十三月.

왕께서 점괘를 해석해 말했다. 재앙이 오리라. 王占曰, 有祟.

—『영국 소장』886편 앞면과 뒷면, 『고』1,595편 앞면과 뒷면

[계축일에 점을 칩니다.] [물어봅니다.] [10일 동안 불행한 일이 없겠습니까?] [7일째 되던] 기미일이 끝나고 경신일이 시작되던 시간대에 월[식이] 있었다. [癸丑卜], [貞][旬亡禍]. [七日]己未夕皿庚申月有[食].

계해일. 癸亥.

계미일. 13월이었다. 癸未. 十三月.

계묘일에 점을 칩니다. 물어봅니다. 10일 동안 불행한 일이 없겠습니까? 癸巳卜, 貞旬亡禍.

계묘일에 점을 칩니다. 물어봅니다. 10일 동안 불행한 일이 없겠습니까? 癸卯卜, 貞旬亡禍.

—『영국 소장』885편 앞면과 뒷면, 『홉킨스』594편 앞면과 뒷면

이 두 판은 소 어깻죽지 뼈에 기록된 복사로, 원래 뼈는 모두 영국에 소장되어 있다. 과거에는 찰펀트의 탁본만이 있었으나, 지금은 이미 『영국 소장 갑골집』에도 수록되었다.[28] 두 뼈의 앞면과 뒷면 모두에 글이 새겨져 있다. 『영국 소장』886판의 앞면에는 5조항의 복순 복사가 기록되었다(가장 아래쪽의 1조항은 단지 "계癸", "정貞", "무亡" 3자만 남았다). 뒷면에

28) 李學勤・齊文心・艾蘭, 『英國所藏甲骨集』, 中華書局, 1985.

는 "7일째 되던 기미일이 끝나고 경신일이 시작되던 시간대에 월식이 있었다七日己未皿庚申月有食"와 "왕께서 점괘를 해석해 말했다. 재앙이 [오리라]王占曰, [有]祟"라는 글이 새겨졌는데, 복사의 앞뒷면은 서로 이어진다는 원칙과 "[7]일째 되던 기미일[七]日己未"의 시간 지칭에 근거해, 뒷면의 월식각사는 앞면의 계축일에 쳤던 복순 복사의 험사驗辭임을 알 수 있다. 『영국 소장』 885판의 앞뒷면에는 4조항의 복순 복사가 있는데(그중 4조항은 모두 간지일만 기록하고, "물어봅니다. 10일 동안 불행한 일이 없겠습니까? [貞旬亡禍]?" 등은 모두 생략되었다), 뒷면에 "기미일 밤이 끝나고 경신일이 시작되던 시간대에 월식이 있었다己未夕皿庚申月有食"가 새겨져 있다(『영국 소장』 886판과 비교를 통해 이곳에 날짜수를 나타내는 "7일七日"이 잘려나갔음을 알 수 있다). 복사의 앞뒷면은 서로 이어진다는 규칙과 "기미己未"라는 시간적 지칭에 근거해, 뒷면의 월식 각사는 앞면의 계축일에 쳤던 복순 복사의 험사驗辭임을 알 수 있다. 다만 앞면의 계축 복순 복사가 이미 떨어져 나갔을 뿐이다. "기미일 밤이 끝나고 경신일이 시작되던 시간대에 월식이 있었다己未夕皿庚申月有食"에 대해 같은 내용을 기록한 두 갑골(『영국 소장』 886판에서는 "석夕"자가 생략되었지만 "석夕"의 유무는 의미에 영향을 주지 않는다)[29]은 당연히 같은 월식에 대한 두 번의 기록이다.

이때 일어났던 월식의 발생 일시에 대해서는 학계의 의견이 일치되지 않고 있다. 먼저 날짜에 있어서는, 은나라 때의 월식을 연구했던 절대 다수의 학자들은 모두 동작빈의 설을 따라 월식이 경신일에 일어났다고 했다. 하지만 두버스德效騫(Homer H. Dubs)와 주법고만 기미일 밤에서부터 경신일 새벽에 일어났다고 했다. 이러한 인식의 차이는 월식 각사의 "기미"와 "경신"의 이어지는 두 간지일 사이에 놓인 "명皿"에 대한 해석 차이에서 기인한다. 동작빈은 그것이 제사명이거나 천상을 말한다고 했지만,[30] 두버스(Dubs)는 상나라 시대의 기일법紀日法이 한밤중을 시작으로

29) 張秉權, 『殷虛文字丙編考釋』 上輯, 第2冊, 1959, 134~137면.

30) 『殷曆譜』, 下編 卷3 「交食譜」, 1945, 27면 下.

삼았다는 것에 근거해 이때의 월식이 B.C. 1192년 12월 27일부터 28일, 즉 안양의 시간으로는 기미일 오후 9시 53분에 시작되어 경신일 새벽 0시 40분에 정상으로 돌아왔으며, 이렇게 볼 때 "명皿"은 "한밤중中夜" 혹은 "연속해 …… 까지"라는 뜻이라 추정할 수 있다고 했다.[31] 주법고도 두버스(Dubs)의 설을 따랐다.[32]

"명皿"에 대해 그간 다양한 해석이 제시되었다. 손이양은 기豈로, 섭옥삼은 풍豊으로, 곽말약은 식蝕으로, 당란은 양良으로, 우성오는 두瑿로 해석해 "석두夕瑿"는 "날씨가 흐린 것"을 말한다고 했다.[33] 진몽가는 "석명夕皿"은 "밤의 기후를 말하는 것이 분명하며", "밤에 구름 없이 별이 있거나 구름이 끼어 별이 없음을 말한 것이다"고 했다.[34] 장병권은 "명皿"자가 서로 이어지는 두 간지일의 이름 사이에 쓰일 때, 그 용법은 "명皿"자 앞에 "석夕"자를 붙인 경우와 "석夕"자를 붙이지 않은 두 가지로 구분된다고 했다. 그리고 31개의 사례를 들어 "명皿"자의 앞에 석夕자가 있는 경우와 없는 경우 뜻에는 거의 차이가 없으며", "명皿자 앞의 '석夕'자는 생략 가능하다"고 하였다.[35] 또 이어지는 두 간지일의 이름 사이에 놓인 "명皿"은 "접속사로 쓰인 것으로 보이며", "덕씨(즉 두버스德效騫, Homer H. Dubs－인용자 주)의 해석이 자의적이긴 했으나 이 글자가 '급及'이나 '여與' 등과 같은 접속사로 쓰였다는 해석이 절대 불가능한 것은 아니다"고 했다."[36] 상옥지는 복사의 내용으로 살펴볼 때, 이어지는 두 간지일의 이름 사이에 놓인 "명皿"을 제사 이름이나 기상현상으로 해석하는 것은 의

31) 德效騫, 「商代的紀日法」, 『通報』 40期, 1951. 이곳에서의 인용은 趙林이 번역하여 『大陸雜志』 第35卷 第3期(1967.8.)에 게재한 周法高의 「論商代月蝕的記日法」(『哈佛亞洲學報』 第25期, 1964～1965)에서 재인용함.

32) 周法高, 「論商代月蝕的記日法」, 『哈佛亞洲學報』 第25期, 1964～1965. 趙林이 번역하여 『大陸雜志』 第35卷 第3期(1967.8.)에 실음.

33) 李孝定, 『甲骨文字集釋』 "瑿"字條, 1970 참조.

34) 陳夢家, 『殷虛卜辭綜述』, 中華書局, 1988, 246면.

35) 張秉權, 『殷虛文字丙編考釋』 上輯 第2冊, 1959, 134～137면.

36) 張秉權, 『殷虛文字丙編考釋』 上輯 第1冊, 1959, 13면 『丙』 1 考釋,

미가 통하지 않는다고 하면서, 다음의 몇 가지 복사를 제시했다.

병진일에 점을 칩니다. '빈'이 물어봅니다. 을묘일이 지나고 병진일이 시작되는 시간대에 왕께서 서쪽으로부터 …… 꿈을 꿀까요? 왕께서 점괘를 해석해 말했다. '길하리라.' 불행한 일이 생기지 않았다. 丙辰卜, 賓, 貞乙卯㞢丙辰王夢自西 …… 王占曰, 吉. 勿隹禍.

—『합집』 17,396편

임인일에 점을 칩니다. '빈'이 물어봅니다. '부호'가 아이를 낳는 데 좋을까요? 임진일이 지나고 계사일이 시작되는 시간대에 아이를 낳았는데, 딸이었다. 壬寅, 殼, 貞帚好娩嘉. 壬辰㞢癸巳娩, 隹女.

—『합집』 6,948편 앞면

계축일에 점을 칩니다. '쟁'이 물어봅니다. 지금부터 정사일까지 우리가 '주'를 정벌할까요? 왕께서 점괘를 해석해 말했다. '정사일에 우리가 정벌하지 말라. 오는 갑자일에 정벌하라.' 11일째 되던 계해일에 전차로 공격했으나 정벌되지 않았다. 그날 밤이 지나고 갑자일이 시작되는 시간대에 과연 정벌할 수 있었다. 癸丑卜, 爭, 貞自今至于丁巳我𢦏胄. 王占曰, 丁巳我毋其𢦏, 于來甲子𢦏. 旬有一日癸亥車弗𢦏, 之夕㞢甲子允𢦏.

—『합집』 6,834편 앞면

계묘일에 점을 칩니다. '쟁'이 물어봅니다. 10일 동안 불행한 일이 없을까요? 갑진일에 …… 큰 바람이 불었다. 그날 밤이 지나고 을사일이 시작되는 시간대에 [주변국의] 포로 [1]5명을 잡았다. 5월이었다. ['돈']에서였다. 癸卯卜, 爭, 貞旬亡禍. 甲辰 …… 大驟風, 之夕㞢乙巳[方]𡴘[十又]五人. 五月. 在[敦].

—『합집』 137편 앞면

그는 이렇게 말했다. “앞에서 든 4조항 복사에서의 ‘명□’을 제사 이름이나 기상현상으로 해석하게 되면 복사의 의미가 통하지 않는다. 특히 왕이 꿈을 꾸었다거나 부호가 아이를 낳는 것 등이 어떻게 기상과 관련된단 말인가? 명□이 이어지는 두 간지일의 명칭 사이에 놓이는 것으로 보아 그것은 시간을 지칭하는 것과 관련되어 있음이 분명하다.” “명□”의 의미를 “진정으로 해석하고 고석해 낸 사람은 구석규였다. 1993년 구석규는 「은허복사의 ‘□’ ‘■’ 등에 대한 해석釋殷墟卜辭中的‘□’‘■’等字」을 발표했는데, 그는 자세하고 엄밀한 고증을 통해 ‘명□’은 ‘명皿’으로 해석되어야 한다고 했다. 또 그것은 ‘앞뒤로 연이어지는 두 개의 간지 이름 사이에 끼여 단어결합詞組을 구성한다(앞의 간지일 뒤에 어떤 경우에는 ‘석夕’자가 더해지기도 하는데, 이러한 간지일은 ‘지之’로 대체되기도 한다). 예컨대 ‘갑자명을축甲子皿乙丑’…… 등은 모두 앞 뒤 이틀 사이에 끼이는 시간대를 표시함에 분명하다. 이러한 용법에서의 ‘명皿’은 ‘향鄉’ 즉 ‘향向’으로 읽어야 하며, 『시경』에 보이는 ‘야향신夜鄉晨(밤에서 새벽으로 가는 시간대)’의 ‘향鄉’과 같은 뜻이다. 그래서 ‘갑자향을축甲子鄉乙丑’은 ‘갑자석향을축甲子夕鄉乙丑’과 같은 뜻이며, 갑자일이 곧 끝나고 을축일이 시작되는 시간대라는 뜻이다. 같은 유형의 단어결합詞組의 뜻은 이렇게 유추해 나가면 된다.”[37] 구석규가 “명□”을 “명皿”으로 읽고 그것은 “향鄉(向)”으로 해석되어야 한다고 한 것은 매우 정확한 고증이다. 하지만 상옥지는 앞뒤로 이어지는 간지일 사이에 놓여 구성된 “간지석干支夕+명皿+간지干支”의 구조가 단지 앞의 간지일이 곧 끝나고 뒤의 간지일이 시작하려 하는 때를 지칭한다고만 한 견해에 대해서, 이는 앞 뒤 연결되는 두 날짜의 중간의 어떤 시간대를 나타내는 것이 아니라는 견해를 발표했다. 그녀는 이러한 구조에서의 “명□” 즉 “명皿”, 다시 말해 “향向”의 뜻을 추적해 가면서 논증했다. “각종 사전詞典, 사전辭典, 자전字典을 찾아보면 ‘향向’에는 ‘임박

---

37) 常玉芝, 『殷商曆法硏究』, 吉林文史出版社, 1998, 33면. 裘錫圭의 글은 香港 中文大學 中文系 編, 『第二屆國際中國古文字學術硏討會論文集』(1993) 참조.

하다', '근접하다', '곧'이라는 뜻이 있는데", "복사에서의 '간지석干支夕+명皿+간지干支'로 이루어진 구조는 사실 '야향신夜鄉晨'의 다른 표현일 뿐이다. '석夕'은 복사에서 밤 전체를 지칭하여 '간지석干支夕'이라 하면 앞의 간지일의 밤을 말하지만, '명皿' 즉 '향鄉(向)' 다음에 놓인 '간지'자는 이튿날의 '새벽晨'을 말한다. 그래서 '간지석干支夕+명皿+간지干支'와 '야향신夜向晨'은 동의어이다. 다만 복사에서 '석夕(夜)'의 앞에다 날짜 이름을 더했기 때문에 '신晨'에도 날짜 이름이 더해졌을 뿐이다. '간지석干支夕+명皿+간지干支'은 '야향신夜向晨'과 마찬가지로 전날의 밤이 곧 끝나고 다음날의 새벽이 오게 되는 시간대, 다시 말해 앞 간지일의 밤 시간대가 다음날 시작되는 시간에 근접한 시간대를 말하는 것으로, 거기에는 날이 밝은 다음날의 시간대는 포함되지 않는다. 결론적으로 말해서, '간지석干支夕+명皿+간지干支'로 된 구조는 앞의 날과 뒤의 날 사이에 끼이는 시간대로 두 개의 간지일에 걸쳐 있는 시간대가 아니라, 앞의 간지일의 밤이 곧 끝나는 그 시간대를 말할 뿐이다." 그녀는 또 다음의 두 판의 복사를 예를 들어 이를 직접 증명했다.

계묘일에 점을 칩니다. '쟁'이 물어봅니다. 10일 동안 불행한 일이 없을까요? 이틀째 되던 갑진일에 …… 큰 바람이 불었다. 그날 밤이 지나고 을사일이 시작되는 시간대에 ['주'가] 포로 [1]5명을 잡았다. 5월이었다. ['돈']에서였다. 癸卯卜, 爭, 貞旬亡禍. 甲辰 …… 大驟風, 之夕皿乙巳[疛]𡴘[十又]五人. 五月. 在[敦].

계축일에 점을 칩니다. '쟁'이 물어봅니다. 10일 동안 불행한 일이 없을까요? 3일째 되던 을묘일에 [과연] 어려움이 생겼다. '단읍'에서 의식을 거행할 때 산기슭에서 이상한 일이 생겼다. [3일째 되던] 정사일에 귀족 '상자'가 의식을 거행할 때 또 이상한 일이 생겼다. …… '귀'라는 귀족에게도 질병이 생겼다. …… 癸丑卜, 爭, 貞旬亡禍. 三日乙卯[允]有艱, 單邑豊𢀛于彔. [三日]丁巳象子豊𢀛 …… 鬼亦得疾 ……(이상은 뼈의 정면에 새겨졌다.)

4일째 되던 경신일에 또 북쪽에서부터 어려움이 왔다. '자䵹'가 보고해 왔다.

'지난 갑진일에 주변국이 '우'에서 쳐들어와 포로 15명을 잡아갔습니다. 5일째 되던 무신일에 주변국이 또 쳐들어 와 포로 16명을 잡아갔습니다.' 6월이었다. [돈]에서였다. 四日庚申亦有來艱自北, 子𡨦告曰, "昔甲辰方征于蚁, 俘人[十有]五人. 五日戊申方亦征, 俘人十有六人." 六月. 在[敦](이상은 뼈의 뒷면에 새겨졌다.)

—『합집』 137편 앞면과 뒷면

상옥지는 이렇게 논증했다. "이 두 개의 복순 복사에서, 첫 번째 복사는 계묘일에 점을 쳤으며, 험사驗辭에서 이튿날 갑진일에 큰 폭풍이 불었으며, '지석명을사之夕皿乙巳' 즉 갑진일의 밤 을사일의 이른 새벽에 임박한 시간대에 '주㽵'(방국 이름)에서 15명을 잡아갔다고 했다. 두 번째 복사는 계축일에 점을 쳤는데, 험사驗辭에서 3일째 되던 을묘일(계축일로부터 계산해서), 다시 3일째 되던 정사일(을묘일로부터 계산해서), 다시 4일째 되던 경신일(정사일로부터 계산해서)에 차례로 발생한 일을 기록해 두었다. 경신일에는 북쪽에서 어려움이 일어났는데, '자𡨦'가 올린 보고에 의하면 '지난 갑진일에 주변국方이 우蚁를 정벌했으며, 15명을 포로로 잡아갔다'고 했다. '석갑진昔甲辰'은 바로 지난 갑진일을 말하는데, '주변국方'(즉 주㽵)이 '우蚁'에서 15명을 포로로 잡아갔다는 말이다. '자𡨦'가 보고해 왔던 이 사건은 바로 17일 전 첫 번째 복사에서 기록한 갑진일 밤 을사일의 날이 곧 밝을 때 쯤 일어난 그때의 일이었다. 하지만 시간의 기록에서 첫 번째 복사에서는 '지之(갑진을 지칭함)석명을사夕皿乙巳'라고 했고, 두 번째 복사에서는 '갑진'이라고 기록했는데, 이는 '지석명을사之夕皿乙巳'에서 지칭하는 날짜가 을사일은 포함하지 않았다는 증거가 된다. 이렇게 볼 때 '간지석干支夕+명皿+간지干支'로 된 구조가 지칭하는 시간은 단지 앞 간지일의 밤일뿐이며, '명皿(向)간지干支'는 이 시간이 이미 다음 간지일의 날이 밝을 시간대에 근접했다는 사실을 명시해 줄 뿐이다. 그렇다면 이 구조는 앞 간지일의 밤이 곧 끝나고, 다음 간지일이 막 시작되려는 시간대를 지칭하여, 다음날의 간지일을 포함하지 않는다. 즉 앞과 뒤

두 날 사이에 끼인 시간대를 지칭하는 것이 아니다. 이러한 해석은 다음에 열거한 빈조 복사에서도 더 분명하게 증명할 수 있다."

> [계해일에 점을 칩니다.]……7일째 되던 을사일이 끝나고 [경오일이] 시작되는 시간대에 '신대성'과 '화……? [癸亥卜]……七日己巳夕皿[庚午]有新大星幷火…….
>
> —『합집』 11,503편 앞면과 뒷면

"이 복사의 험사驗辭에서는 상나라 사람들이 '기사석명경오己巳夕皿庚午'의 시간대에 대화성의 옆에 새로운 큰 별이 출현하여 대화성과 함께 운행하는 것을 보았다는 기록이다. 만약 '을사석명경오乙巳夕皿庚午'를 전날과 다음날에 걸쳐진 시간대로 보게 되면, '신대성新大星'이 출현한 시간이 너무 길어 사리에 맞지 않게 되고, 또 날이 밝은 후라면 별이 보이지도 않았을 것이다. 그러나 기사일의 밤이 막 끝나고 경오일의 날이 막 밝으려할 때 새로운 큰 별 하나가 대화성의 곁에 출현했다고 하면 매우 합리적인 해석이 될 것이다. 결론적으로 말해서, 별의 출현을 기록한 이 복사도 '간지석干支夕+명皿+간지干支'로 된 구조는 전날의 밤이 곧 끝나고 다음날 막 밝으려 할 때의 그 시간대를 지칭하며, 거기에는 뒤의 날짜는 결코 포함되지 않는, 그래서 앞 뒤 날의 사이에 위치한 시간대를 지칭하지 않는다는 것을 보여 준다."[38] 상옥지는 이상의 "간지석干支夕+명皿+간지干支"로 된 구조가 지칭하는 시간에 대한 논증을 통해, 『영국 소장』 885편과 886편에서 기록한 "기미명경신월식己未皿庚申月食"과 "기미석명경신월유식己未夕皿庚申月有食"은 기미일의 밤 경신일의 날이 밝아지려 할 즈음에 일어난 한 차례의 월식, 즉 기미일의 밤이 막 끝나려할 때 일어난 월식으로, 이때의 월식이 발생한 날짜는 기미일이지 경신일이 아니라고

38) 常玉芝, 『殷商曆法研究』, 吉林文史出版社, 1998, 33~39면.

했다. 이전 학자들은 이때의 월식을 "경신 월식"이라 하여 월식이 일어난 날짜를 하루 늦추었다. 하지만 상옥지는 월식 각사의 문례로부터 "기미석명경신월유식己未夕皿庚申月有食"을 "경신일 밤의 월식"으로 확정한 것은 문제가 있다고 했다. 왜냐하면 나머지의 몇 차례 월식을 기록한 구조에서 "임신석월식壬申夕月食"·"을유석월유식乙酉夕月有食"·"지석월유식之夕月有食"("지석之夕"은 "계미석癸未夕"·"지석월유식之夕月有食" 등을 지칭한다. 자세한 것은 다음의 글 참조)·"[갑甲]오석월유식午夕月有食" 등은 바로 월식이 발생한 날짜의 뒤에다 "석夕"자를 더했는데, 이것은 그날 밤에 월식이 일어났음을 반영해 주기 때문이다. 또『영국 소장』886편의 "석夕"은 "기미己未"의 뒤에 첨부되었지만, 두 판(『영국 소장』886·885편)의 "경신" 뒤에는 모두 "석夕"자가 붙어있지 않은데, 이는 월식이 기미일의 밤에 일어났지 경신일의 밤에 일어난 것이 아님을 설명해 준다. 상옥지는 또 다른 몇 가지 월식 각사에서 월식이 일어난 날짜와 점을 쳤던 날짜 간의 거리는 모두 점친 날짜로부터 계산되었다고 했다. 예컨대 계해일 점을 쳐 물어본 "10일째 되던 임신일 밤 월식이 있었다旬壬申夕月有食"는 것은 계해일로부터 계산해 10일째 되던 임신일 밤 월식이 일어난 것이며, 계미일에 점을 쳐 물었던 "3일째 되던 을유일 밤 월식이 있었다三日乙酉夕月有食"는 것은 계미일로부터 계산해 3일째 되는 을유일 밤 월식이 일어난 것이며, 을축일에 점을 쳐 물었던 "6일째 되던 갑오六日甲午"일 밤에 월식이 일어났다는 등이 그렇다. 이렇게 볼 때『영국 소장』886편과 885편은 계축일에 점을 쳤고, 뒤에 기록한 "칠일기미석명경신월유식七日己未夕皿庚申月有食"은 계축일로부터 계산해서 7일째 되던 기미일 밤에 월식이 일어났으며, "명경신皿庚申"은 단지 월식의 발생 시간대가 경신일에 근접했다는 것을 말해 줄 뿐이다. 만약 이 두 복사에서 말한 월식이 경신일 밤에 일어난 것이라면 분명 "8일째 되는 경신일 밤 월식이 있었다八日庚申夕月有食"고 되었어야 할 것이며, 게다가 그 앞에다 "칠일기미석명七日己未夕皿"이라는 말을 기록할 필요도 없었을 것이다. 결론적으로 말해서, 상옥지는 이상의 분석을 통해 볼 때 『영국 소장』 886편과 885편에서 기록한 것은 "기미일 밤 있었던 월식"이지 반세기 이상 이해해왔던 것처럼 "경신일 밤에 있었던 월식"은 아니라고 주장했다.

이 월식이 일어났던 달에 대해서, "12월", "13월", "1월"이라는 세 가지의 학설이 있다. 동작빈은 12월 설을 견지했는데, 그는 『쿨링』 1,595편(즉 『영국 소장』 886편)과 『홉킨스』 594편(즉 『영국 소장』 885편)을 해독하면서, 『쿨링』 1,595편의 기록에 대해서 이렇게 말했다. "월식은 반드시 보름 때 일어나며, 경신은 계축으로부터 8일째 되는 날이므로, 계축은 이 달의 상순에 위치한다. 이 달에는 계로 시작되는 날이 계축 · 계해 · 계유가 있다. 복순 복사의 문례에 근거해 위에서부터 아래쪽으로 읽어 내려가면 서로가 매우 긴밀하게 연계되어 있고, 그 아래쪽에 '13월十三月'이라는 기록이 있다. 제3판(즉 『홉킨스』의 594편－인용자 주)에는 '계'로 시작하는 날이 계미 · 계사 · 계유가 있는데, 계미 아래쪽에 '13월十三月'이라고 기록되어 있어 계미일은 13월의 첫 번째 복순일卜旬日임에 분명하다. 이렇게 역으로 추산해 보면, 계축 · 계해 · 계유일이 모두 12월에 들어 있었다는 것은 의심의 여지가 없다."[39] 그래서 이때의 월식은 12월에 발생했다고 했다. 두버스德效騫(Homer H. Dubs) · 주법고 · 장배유 등도 동작빈의 설을 따랐다.[40] 장광직과 서진도도 구체적 이유를 밝히지는 않았지만 13월이라고 했다.[41] 진몽가는 1월 설을 견지했는데, 그는 『쿨링』 1,595편과 『홉킨스』 594편에 대해 동작빈과 다른 해석을 시도했다. 그는 "『홉킨스』 594편만 이용하고 『쿨링』 1,595편으로 계축의 복사를 보충 기술하면서" 이렇게 말했다. "계미일은 13월이며, 경신일은 다음 달인 '1월'의 보름날이며,

---

39) 董作賓, 『殷曆譜』 下編 卷3 「交食譜」, 1945, 28면 下.

40) 德效騫과 周法高의 견해는 周法高의 「論商代月蝕的記日法」(『哈佛亞洲學報』 第15期, 1964~1965), 趙林의 번역문으로 『大陸雜志』 第35卷 第3期(1967.8.)에 보인다. 張培瑜, 「殷商武丁世的月食和曆法」, 『中國古代天文文物論集』, 文物出版社, 1989.

41) 張光直, 「商史新料三則」, 『中央研究院歷史語言研究所集刊』 第50本 4分, 1979; 徐振韜, 「甲骨文日月食和現代天文計算」, 1991. 洛陽 "夏商文化國際硏討會" 論文, 打印稿.

계축일은 1월의 초순이다. 그렇다면 13월에는 응당 계미·계사·계묘일이 존재해야 하고, 1월에는 계축·계해·계유일이 있게 된다." 이러한 해독법에 의하면 "경신 월식은 1월, 즉 윤 13월 후의 정월에 일어났을 가능성이 크다."[42] 상옥지는 진몽가의 해석이 두 가지의 원칙을 위배했다고 했다. 첫째는 『쿨링』 1,595편과 『홉킨스』 594편은 같은 월식에 대한 두 번의 기록이기 때문에 이를 해독할 때에는 이 두 복사를 서로 참증 해야만 함에도, 파손 상태가 매우 심한 『홉킨스』 594편에만 근거하고, 내용이 비교적 완전한 『고』 1,595편은 버렸다는 점이다. 두 번째는 복순 복사의 계각 규칙에 위배된다는 점이다. 이러한 점은 『고』 1,595편만으로도 증명이 가능하다. 이 복골에 기록된 월식 각사의 계축 상순 복사(월식 각사는 복골의 뒷면에 새겨졌다)가 "13월"의 계미일 복순 복사의 아래쪽에 기록되어 있다. 복순 복사의 경우 어깻죽지 뼈에서 대부분 위에서 아래의 순서로 새긴다는 계각 규칙에 근거한다면, 월식이 기록된 각사의 계축 복순 복사는 "13월"의 계미 복순 복사보다 먼저 새겨진 것이다. 다시 말해 월식 각사의 달은 13월의 이후인 1월이 될 수가 없다. 마찬가지로 13월에 일어났을 수도 없는데, 그것은 "13월"의 계미순癸未旬이 13월의 가장 마지막 순에 기록되었다 하더라도 그 앞뒤의 2순旬에는 계유순癸酉旬과 계해순癸亥旬만 있을 뿐 계축순癸丑旬에 이르지는 못한다. 그래서 월식 각사를 기록한 계축순癸丑旬은 12월에 있을 수밖에 없다. 뿐만 아니라 월식은 언제나 보름날에 일어난다는 사실로 추산해 보아도 기미일은 분명 12월 15일로, 기미일은 점을 쳤던 날인 계축일로부터 7일 떨어져 있기 때문에 당연히 12월 상순에 속해야 하며, 12월의 초하루는 을사일이 되어야만 한다. 그래야만 12월에는 계축·계해·계유일이, 13월에는 계미·계사·계묘일이 존재하게 되어, 마침 두 판의 복사의 기록이 맞아떨어진다. 그래서 동작빈이 확정했던 것처럼 "기미석명경신월유식己未夕

---

42) 陳夢家, 『殷虛卜辭綜述』, 中華書局, 1988, 239면.

皿庚申月有食"의 달은 12월이었다는 것이 정확하며, 13월이나 1월이라는 설은 잘못된 것이다.[43)]

(4) 계미일 밤의 월식癸未夕月食

[계미일에 점을 칩니다.] '쟁'이 물어봅니다. 오는 갑신일에 별이 보이겠습니까? 그날 밤에 월식이 있었다. '갑'일에 안개가 끼었고, 비는 오지 않았다. [癸未卜], 爭, 貞翌甲申易日. 之夕月有食. 甲霧, 不雨.

그날 밤에 월식이 있었다. 之夕月有食.(뒷면)

[물어봅니다.] 오는 갑신일에 별이 보이지 않겠습니까? [貞]翌甲申不其易日.

[물어봅니다.] 오는 [기해일에] 별이 보이겠습니까? [貞][翌己亥]易日.

[물어봅니다.] 오는 기해일에 별이 보이지 않겠습니까? [貞]翌己亥不其易日.

—『합집』 11,483편 앞면과 뒷면

이 거북 배딱지는 장병권과 엄일평이 차례로 6편의 조각을 짜 맞추기 하여 만들어낸 것이다. 처음에는 장병권이 먼저 4조각의 잔편을 하나로 짜 맞추기 했는데, 그때 얻었던 월식 복사는 다음과 같다.

[계]미일에 점을 칩니다. '쟁'이 물어봅니다. 오는 갑신일에 별이 보이겠습니까? [癸]未卜, 爭, 貞翌甲申易日.

그날 밤 월식이 있었다. 之夕月有食.

이에 근거해 장병권은 이 복사의 기록이 "갑신일 밤에 월식이 있었다 甲申夕有食"고 했다.[44)] 얼마 후, 엄일평은 장병권이 짜 맞추기 한 것에 다

43) 常玉芝, 『殷商曆法硏究』, 吉林文史出版社, 1998, 42면.

44) 張秉權, 「卜辭甲申月食考」, 『中央硏究院歷史語言硏究所集刊』 第27本, 1956.4.; 「卜辭甲申月食考後記」 上・下, 『大陸雜志』 第12卷 第6・7期, 1956年 3・4月.

시 1조각을 더 붙여 다음의 2조항을 얻었다.

> [물어봅니다.] [오는 기해일에] 별이 보이겠습니까? [貞][翌己亥]昜日.
> [물어봅니다.] 오는 기해일에 별이 보이지 않겠습니까? [貞]翌己亥不其昜日.

엄일평은 이에 근거해 이 기록은 동작빈이 말했던 "계미일 밤에 일식이 있었다 癸未夕月食"는 것이라고 했다.[45] 장병권은 엄일평의 논증이 근거가 부족하다고 하면서, 다시 1편의 조각을 찾아 짜 맞추어 마침내 다음과 같은 완전한 월식 각사를 얻을 수 있었다.

> [계]미일에 점을 칩니다. '쟁'이 물어봅니다. 오는 갑신일에 별이 보이겠습니까? [癸]未卜, 爭, 貞翌甲申昜日.
> 그날 밤 월식이 있었다. '갑'일에 안개가 끼었고, 비는 오지 않았다. 之夕月有食. 甲霧, 不雨.

장병권은 새로 짜 맞춘 갑골에서의 "갑일에는 안개만 끼고 비는 오지 않았다 甲霧, 不雨"는 것으로 "그날 밤 월식이 있었다 之夕月有食"는 것은 계미일의 밤에 발생한 월식이라 하면서, "갑신일 밤에 월식이 있었다 甲申夕月食"는 이전의 학설을 수정했다.[46] 지금 이 복사에서 말하는 월식이 "계미일 밤의 월식 癸未夕月食"을 말함은 이미 학자들의 공인을 받았다.

---

45) 嚴一萍, 「卜辭癸未月食辨」, 『大陸雜志』 第13卷 第5期, 1956.8. 董作賓의 의견은 張秉權, 「卜辭甲申月食考」 「附記」(『中央硏究院歷史語言硏究所集刊』 第27本, 1956. 4.)에 보인다.

46) 張秉權, 「論卜辭癸未月食的求證方法」, 『大陸雜志』 第13卷 第8期. 1956.10, 「卜辭癸未月食的新證据」, 『中央硏究院院刊』 第3輯, 1956.

(5) 갑오일 밤의 월식甲午夕月食

> 기축일에 점을 칩니다. '빈'이 물어봅니다. 오는 을[미일에] '주'제사를 드리는데 기장을 '조을'께 올릴까요? [왕께서] 점괘를 해석해 말했다. 재앙이 있으리라. 비가 오리 않을 것이리라. 6일째 되던 [갑]오일 밤에 월식이 있었다. 기미일에 '주'제사를 올렸다. '다공'이 '조'를 이끌고 파견되었다. [己]丑卜, 賓, 貞翌乙[未酒]黍𢍁于祖乙. [王]占曰, 有祟. 不其雨. 六日[甲]午夕月有食. 乙未酒. 多工率條遣.
>
> 기[축]일에 점을 칩니다. '주'제사 때 올리지 말까요? 己[丑]卜, 貞勿酒𢍁.
>
> —『합집』 11,484편 앞면

이 월식 각사는 배딱지의 갑수甲首 부위에 새겨졌지만 갑수의 오른쪽 윗부분이 떨어져 나가는 바람에, 전사前辭와 험사驗辭의 천간일, 명사命辭의 지지일 등이 잘려 나가버렸다. 원래 있던 4개의 간지일 중 복사 마지막에 남은 "을미乙未"일, 전사前辭의 지지일인 "축丑", 명사命辭의 천간일인 "을乙", 험사驗辭의 월식 각사의 지지일인 "오午"를 복원시키기 위해 오랜 세월 동안 많은 학자들이 이의 날짜 연구에 심혈을 쏟아왔다.

제일 먼저 유조양과 동작빈의 연구가 있었는데, 1944년 유조양은 「은말 주초 일식과 월식에 대한 초고殷末周初日月食初考」에서 이렇게 말했다. "이어지는 문장에서 을미乙未라고 했지만, 남은 잔편의 지지인 오午가 마침 미未와 서로 이어지기 때문에, 그 천간도 을乙과 서로 이어져 '갑오甲午'라고 가정할 수 있다." 이로부터 이 복사에 잘려나간 천간일이 "기己", 명사命辭에서 잘려나간 지지일은 "미未"라고 추측할 수 있다. 유조양은 이 복사가 기축일에 점을 쳤고, "갑오일 밤에 월식이 있었다"는 사실이 기록되었다고 했다.[47] 1945년 동작빈은 『은력보』 「교식보交食譜」에서 "이 판에서의 기己·미未·갑甲은 각기 일부가 잘려나갔는데, 모두 을미乙未에 근거해 추정하여 보충해 넣었다." 즉 그는 유조양과 마찬가지로,

47) 劉朝陽, 「殷末周初日月食初考」, 『中國文化硏究彙刊』 第4卷 第10冊, 1944.

뒤에 있는 복사의 을미에 근거해 앞 3개의 간지일을 차례로 기축·을미·갑오로 보충했고, "갑오일 밤 월식이 있었다甲午夕月食"는 것을 기록했다고 했다. 1957년 장병권은 『병편』의 해석문을 만드는 과정에서, "을미"에 근거해 빠진 글자들을 보충해 넣은 동작빈의 연구에 근거하는 외에도, 복사의 대정對貞 관계에 근거해 잘려나간 3개의 간지일을 보충하면서 이렇게 말했다. "①과 ②의 두 복사는 대정對貞 복사이기 때문에 그것들의 빠진 글자들을 서로 보충할 수 있다. ① 복사의 '축丑'자와 ② 복사의 '기己'자가 있기 때문에 그것들이 기축己丑일에 점친 것임을 알 수 있다. 그래서 ① 복사에서 기록된 잘려나간 글자의 월식은 갑오일 밤에 일어난 것임을 확정할 수 있다."[48] 수십 년 동안 은나라 때의 월식을 연구해 온 학자들은 거의 "갑오일 밤의 월식甲午夕月食"설을 따르고 있다. 하지만 실제 추산해 보면 대부분 그 연대나 간지와 시각에서 이 월식을 배열할 방법이 없다는 곤경에 빠지게 된다. 그래서 이때의 월식은 갑골학과 연대학에서의 커다란 난제로 등장했다. 어떤 학자들은 이때의 월식이 일어났다고 하는 "갑오甲午"가 정확한지에 대해 의심을 하게 되었다. 1981년 엄일평은 월식의 날짜를 수정했다. 그는 장병권의 대정對貞설에 대해 월식을 기록한 복사와 왼쪽 갑수甲首 아래쪽의 잘려나간 지지일의 복사는 글자의 크기가 다르기 때문에, 그것들은 대정복사가 아니라고 했다. 그는 앞 복사의 간지가 "정축丁丑", 명사命辭의 간지가 "을유乙酉", 월식이 일어난 날짜가 "임오壬午"라고 하여, "임오일 밤의 월식壬午夕月食"임을 주장했다.[49] 엄일평의 보충은 근거가 없었기에 장병권의 반격을 받았다. 장병권은 이러한 보충이 복사의 문례나 문법, 은나라 사람들의 점복습관에도 모두 맞지 않기 때문에, "임오일 밤의 월식"설은 성립될 수 없다고 했다.[50] 상옥지는 반복되는 연구를 통해 유조양·동작빈·장병

---

48) 張秉權, 『殷虛文字丙編考釋』, 上輯 第1冊, 1957. 『丙』 57편 考釋.

49) 嚴一萍, 「壬午月食考」, 『中國文學』 新4期, 1981.

50) 張秉權, 「甲骨文中的"甲年月食"問題」, 『中央研究院歷史語言研究所集刊』 第58本.

권의 "갑오일 밤의 월식"설의 근거를 더욱 충분하게 보충했으며, 그들의 의견을 따라 이때의 월식을 "갑오일 밤의 월식"으로 보았다. 하지만 이때의 월식 날짜를 "갑오甲午"로 보충하긴 했지만, 5차례의 월식 연대를 추정하면서 이때의 월식을 배열할 방법이 없다는 곤경에 다시 빠지게 되었고, 그래서 은상의 연대 문제를 해결할 방법이 없게 되었다. 상옥지는 이렇게 말했다. "사실 월식의 연대 추정이 곤경에 빠진 것은 '갑오일 밤의 월식甲午夕月食'의 간지 확정에 있는 것이 아니라, 추정 연대의 기준점으로 삼는 '기미석명경신월식己未夕皿庚申月食'의 간지를 잘못 확정한 데 가장 큰 원인이 있다. 이때의 월식은 원래 기미己未일 밤 경신庚申일의 새벽이 임박했을 때 일어난 것으로, 응당 '기미일 밤의 월식己未夕月食'이 되어야 한다. 하지만 이전 사람들은 모두 동작빈의 설을 따라 그것을 '경신일 밤의 월식庚申夕月食'으로 보아 이때의 월식의 날짜를 하루 늦게 잡았고, 「월식표月食表」에서 '기미일 밤의 월식己未夕月食'과 '경신일 밤의 월식庚申夕月'이 발생한 연대가 다르다고 보았다. 또 이전 사람들은 동작빈의 설을 따라 은상의 역법이 이미 추보推步하여 제정한 합천合天의 정밀한 역법이며, 은력의 세수歲首인 정월은 하력에서의 12월에 해당하는 '은정건축殷正建丑법'을 따랐다. 게다가 은나라 사람들의 역법은 매우 부정확해서 종종 윤달이 빠지거나 윤달이 더 들어가는 현상이 존재한다는 사실을 몰랐다. 그래서 추산하는 사람들이 복사에 기록된 월식의 월과 「월식표」의 월을 가능한 한 서로 일치되게 하려 했지만, 결과는 대부분 뜻대로 되지 않았던 것이다."[51]

월식 각사의 연구가 가지는 매우 현실적인 의미의 하나는 월식이 발생했던 연대를 추정하는 데 있으며, 나아가 은상의 연대를 추측하는 데 있다. 위에서 든 5차례의 월식을 연구했던 학자들은 대부분 그 발생의 연대에 대해 추산했지만 추정 연대가 되었던 「월식표」는 그다지 정밀하

51) 常玉芝, 『殷商曆法研究』, 吉林文史出版社, 1998, 49~51면.

지 못했고, 또 월식 날짜의 확정이 부정확했다. 특히 사료의 부족과 고대 문헌 기록의 차이로, 은상의 존속 연대와 각왕들의 재위 연수에 대해 공통된 의견이 도출될 수 없었으며, 그래서 월식의 연대에 대해서도 일치된 의견이 만들어질 수 없었다. 지금 중국에서는 국가 중대 과학연구 프로젝트인 "하상주 시기구분 프로젝트夏商周斷代工程"가 진행되고 있으며, 자연과학과 인문·사회과학 학자들이 연합하여 이 문제의 해결에 매달리고 있으므로, 조만간 이전보다 비교적 더 정확한 월식의 연대표가 나올 것으로 생각된다.

앞에서 든 것들에 대해서는 모두 월식의 기록으로 공인되고 있다. 이상에서 든 다섯 가지 외에 근년에 들어 이학근은 임인월식壬寅月食의 기록을 제시했다.52)

(6) 임인일의 월식壬寅月有戠

임인일에 물어봅니다. 월식이 있겠습니까? 왕 한 사람에게 불행한 일이 생기지 않겠습니까? 壬寅, 貞月又戠. 王不于一人禍.

불행한 일이 생기겠습니까? 又禍.

임인일에 물어봅니다. 월식이 있겠습니까? '유侑'제사를 토지 신에게 드리고, 큰 희생소를 올려 '료'제사를 드릴까요? 壬寅, 貞月又戠, 其又土, 尞大牢.

이 복사를 사용하라. 玆用.

―『둔남』 726편

이학근은 『은계수편』의 고석에서 "시戠는 식食과 독음이 같으며, 일식日蝕을 말한 것으로 보인다"고 한 곽말약의 말에 근거해 이렇게 말했다. "'시戠'는 장모章母 직부職部에 들어 있는 글자이며, '식食'은 선모船母 직부職部에 들어 있어, 독음이 극히 비슷하기 때문에 통가에 전혀 문제가

52) 李學勤, 「日月又戠」, 『文博』, 1998年 第5期.

없다. 갑골문에서 몇몇 자주 보이는 글자들이 어떤 시기에 이르면 통가되기도 하는데, 예를 들어 연사年祀라고 할 때의 '사祀'를 '사司'로 적기도 한다. 그래서 '시戠'를 '식食'의 뜻으로 썼다는 것은 전혀 이상할 게 없다." 또 진몽가가 "시戠"에 대해 "식지識志를 뜻하는 지痣와 같이 읽는데, 이는 태양의 검은 점 즉 흑점을 말한다"[53]고 한 것에 대해, 『소둔 남지 갑골』 편집자의 말을 인용해 "'일유시日又戠'의 출현은 이러한 가능성이 존재하지 않음을 설명해 준다"고 했다.[54] 그는 또 "임인일의 월식은 당시의 관념으로 볼 때 왕에게 해가 올 가능성이 있다고 생각했기 때문에 '왕 한 사람에게 허물이 생기지 않겠습니까? 王不于一人咎'나 '허물이 생기겠습니까? 有咎'"라고 물었던 것이라고 했다.[55]

2) 갑골문의 일식 각사 연구

이학근은 「태양과 달에 '시'가 있었다日月又戠」는 글에서 이렇게 말했다. "은허 갑골복사에서의 '태양에 '시'가 있었다 日又(有)戠'는 문제는 1937년 곽말약의 『은계수편』에서 처음으로 제시되었다. 당시 그는 이것이 일식을 말하는 것이 분명하다고 확신했다. 이후 적잖은 학자들이 이에 대해 논의하고 추론했었다. 하지만 최근에 들어서는 이에 대한 소식이 점점 잦아지더니, 많은 학자들이 이것은 일식이 아닌 것으로 생각하는 것처럼 보이기까지 한다." "1980년 출판된 『소둔 남지 갑골』 상책의 한 갑골 편에 '달에 '시'가 있었다 月又(有)戠'는 말이 등장한다. 이는 '일우시日又戠'와 함께 고려해 보아야 할 것으로, 분명 일식과 월식의 가능성을 높여 주었다"고 했다. 이학근이 들었던 "일월시日月戠"에 관한 복사는 다음의

53) 陳夢家, 『殷虛卜辭綜述』, 中華書局, 1988, 240면.

54) 中國社會科學院考古研究所, 『小屯南地甲骨』 下冊, 中華書局, 1984.

55) 李學勤, 「日月又戠」, 『文博』, 1998年 第5期.

몇 가지가 있다.[56]

(1) 경진일에 태양에 '시'가 있었다庚辰日有戠

경진일에 물어봅니다. 태양에 '시'가 있는데, 불행한 일이 없을까요? 순조로울 것이다. 庚辰, 貞日又, 匪禍, 隹若.

경진일에 물어봅니다. 태양에 '시'가 있는데, 불행한 일이 없을까요? 순조로울 것이다. 庚辰, 貞日又戠, 匪禍, 隹若.

경진일에 물어봅니다. 태양에 '시'가 있는데, 황하 신에게 '고'제사를 드릴까요?庚辰, 貞日戠, 其告于河.

경진일에 물어봅니다. 태양에 '시'가 있는데, '부정'께 '고'제사를 드리는데 소 9마리를 쓸까요? '𣏟'에서였다. 庚辰, 貞日又戠, 其告于父丁. 用牛九. 在𣏟.

—『합집』 33,698편

경진일에 물어봅니다. 태양에 '시'가 있는데, 황하 신에게 '고'제사를 드릴까요? 庚辰貞, 日又戠, 告于河.

—『합집』 33,699편

(2) 신사일에 태양에 '시'가 있었다辛巳日有戠

신사일에 태양에 '시'가 있었다. 辛巳日有戠.

신사일에 물어봅니다. 태양에 '시'가 있는데, '주정'께 '고'제사를 드릴까요? 辛巳, 貞日又戠, 其告于父丁.

—『후』 상 29.6편

---

56) 李學勤, 「日月又戠」, 『文博』, 1998年 第5期.

(3) 을사일에 태양에 '시'가 있었다乙巳日有戠

을사일에 물어봅니다. '주'제사와 '융'제사를 드리는데, '탁'제사를 '소을'께 드릴까요? 사용하라. 태양에 '시'가 있었다. 밤에 '상갑'께 '고'제사를 드렸는데 소 9마리를 사용했다. 乙巳, 貞酒彡, 其𠧞小乙. 茲用. 日又戠, 夕告于上甲, 九牛.

—『합집』 33,696편

불행한 일이 없을까요? '시'가 있었다. 弜才, 戠.

□사일에 [물어봅니다]. 태양에 '시'가 서쪽에서 있었는데, 불행한 일이 □할까요? □巳, [貞]日戠在西, □禍.

—『합집』 33,704편

(4) 을축일에 태양에 '시'가 있었다乙丑日有戠

갑자일에 물어봅니다. '아'가 점을 치면 보살핌이 있겠습니까? 甲子, 貞我占又ナ.

을축일에 물어봅니다. 태양에 '시'가 있겠습니까? 과연 일식이 있었다. 乙丑, 貞日又戠, 允隹戠.

—『합집』 33,700편

을축일에 물어봅니다. 태양에 '시'가 있겠습니까? ['고'제사를] '상갑'께 올리는데 소 1마리를 사용할까요? 쓰지 말라. 乙丑, 貞日又戠, 其[告]于上甲, 一牛. 不用.

소 5마리를 사용할까요? 쓰지 말라. 其五牛. 不用.

소 6마리를 사용할까요? 쓰지 말라. 其六牛. 不用.

을축일에 물어봅니다. 태양에 '시'가 있겠습니까? '고'제사를 '상갑'께 올리는데, …… 에 희생 소 ……, '의'제사에 큰 희생소를 사용할까요? 乙丑, 貞日又戠, 其告于上甲 …… 牢, 宜大牢.

—『합집』 33,697편

(5) 다른 날에 태양에 '시'가 있었다其他日有戠

…… 물어봅니다. 태양에 '시'가 있었는데 …… 소 1마리를 …… 할까요? 쓰지 말라. …… 貞日又戠, 其 …… 一牛. 不用.

…… 물어봅니다. 태양에 '시'가 있었는데, '고'제사를 …… 에게 올릴까요? …… 貞日又戠, 其告于 ……

—『둔남』 3,120편

…… '시'가 있었는데, '고'제사를 '조 …… 에게 올릴까요? …… 又戠, 其告于祖 ……

—『둔남』 3,120편

(6) 계유 일식癸酉日食

계유일에 물어봅니다. 일식과 월식이 있겠습니까? 있을 것이다. 癸酉, 貞日月又食, 隹若.

계유일에 물어봅니다. 일식과 월식이 있겠습니까? 없을 것이다. 癸酉, 貞日月又食, 非若.

—『보』「천」 1편

계유일에 물어봅니다. 일식과 월식이 있겠습니까? 있을 것이다. 癸酉, 貞日月又食, 隹若.

계유일에 물어봅니다. 일식과 월식이 있겠습니까? 없을 것이다. 癸酉, 貞日月又食, 非若.

—『일』 374편

계유일에 물어봅니다. 일식과 월식이 [있으면], '상갑'께 …… 할까요? 癸酉, 貞

日月[又]食, …… 上甲.

—『합집』 33,695편

『보』「천」 1 · 『일』 394 · 『합집』 33,695판 등은 모두 역조 복사에 속한다. 『보』「천」 1판은 1925년 왕양의 『보실은계 징문』에 처음으로 수록되었다. 왕양은 "우又"를 "유有"로, "월月"을 "석夕"으로 고석했으며, "석夕은 저녁莫을 말한다"고 한 『설문』과 "막莫은 날이 캄캄해진 것을 말한다"고 한 단옥재의 주석을 인용했다. 그래서 "일석유식日夕有食"을 황혼 때 "일식에 대해 친 점日食之貞"을 기록한 것이라 했다.[57] 1933년 곽말약은 『복사 통찬』에서 왕양의 논의에 대해 이렇게 말했다. "『보실은계 징문』의 첫머리에 복사 2편을 실었는데, 모두 일석유식日夕有食에 대해 말하면서 이를 일식이라고 했는데, 매우 견강부회한 해석이라 생각된다. 혹은 석夕을 월月로 읽어 일월식日月食으로 해석하기도 하지만 이는 더 문제가 많다. 일식과 월식이 결코 함께 일어나지 않는다는 것을 모르고 한 말이다."[58] 그 후 우성오는 『일』 374판을 얻었는데 『보』「천」의 것과 같은 문장이었으며, 1933년 상승조는 이를 『은계 일존』에 수록하고, "일월유식日月又食"으로 해석했다. 1940년 우성오는 또 이를 자신의 『쌍검치 고기물 도록』에 수록했다. 1941년 호후선은 『남』「천」 1편과 『일』 374편은 동일한 사안에 대한 다른 기록으로, 모두 일식에 관한 기록이라고 했다.[59] 1944년 유조양은 「은말 주초의 일식 · 월식에 대한 초보적 고찰」이라는 글에서 계유일에 "태양의 중심을 파먹고 들어갔는데 오후에 그 일이 일어났다"고 했으며, 또 "갑골문에서 석夕과 월月은 별다른 구별 없이 쓰이기 때문에 이는 월식의 기록으로 보아야 한다"고 했다.[60] 1945년 동작빈

57) 王襄, 『簠室殷契徵文考釋』, 天津博物院出版, 1925, 1면.
58) 郭沫若, 『卜辭通纂, 考釋』, 日本 文求堂書店, 1933, 92면.
59) 胡厚宣, 「甲骨文中之天象記錄」, 『責善半月刊』 第2卷 第17期, 1941.
60) 劉朝陽, 「殷末周初日月食初考」, 『中國文化研究彙刊』 第4卷 第10冊, 1944.

은 『은력보』에서 "먼저 월식이 있었고, 나중에 일식이 있었다"는 진준규의 견해를 받아들여,[61] 일식과 월식의 연대를 추산했다. 1950년 동작빈은 「은나라 때 월식 고찰」에서 다시 자신의 이전 설을 채택하면서 이렇게 말했다. "단지 일월유식日月有食이라고만 기록하였지만, 일식과 월식이 중첩되어 나타났기 때문에, 재앙을 멈추어 달라고 점을 쳤던 것이다. 점을 쳤던 날짜가 반드시 월식이나 일식이 일어났던 그날일 필요는 없기 때문에 날짜를 추정할 수 없다. 그리고 「교식보交食譜」에서는 이전에 이를 일식日食에다 넣어 두었는데, 지금 삭제한다."[62] 1950년 미국의 두버스德效騫(Homer H. Dubs)는 「상 왕조의 연대」에서, "일월우식日月又食"을 "일야유식日夜有食"으로 해석했다.[63] 1956년 진몽가는 "복사의 일월우식日月又食은 일석우식日夕又食으로도 읽을 수 있다"[64]고 했지만 해석은 하지 않았다. 1981년 진방회는 「복사의 '일월유식日月有食'에 대한 해석」에서 복사에서의 "일월유식日月有食"은 일식과 월식이 교대로 이루어진 것, 즉 『한서』 「천문지天文志」에서의 "일월박식日月薄食"을 말한다고 했다.[65] 1985년 호후선은 다시 「복사에서의 "일월우식" 설」[66]에서 과거 왕양의 설을 따라 "일석유식日夕有食"으로 읽었던 것을 바꾸어, "일월우식日月又食"으로 읽어야 한다고 하였다. "☽은 무을·문정 시에는 일반적으로 모두 '월月'로 사용되었으며, '석夕'으로 사용된 경우는 없다. 복사에서 자주 보이는 '오늘밤 불행한 일이 없을까요? 今夕亡禍'에서의 '석夕'은 모두 '밤夜'이라는 뜻이며, 오후나 저녁이라는 뜻으로 쓰인 경우는 없다. 이렇게 본다면 오후나 밤에 일식이 있었다는 설은 성립되기 어렵다"고 했다. 그는 또 무정 때 일어났던 5차례의 월식 각사(즉 앞에서 들었던) 임신석월식壬申夕月食,

61) 陳遵嬀, 「春秋以前之日食記錄」, 『學林』 第6輯, 1941.
62) 董作賓, 「殷代月食考」, 『中央硏究院歷史語言硏究所集刊』 第22本, 1950.
63) Homer H. Dubs, "The Date of Shang Period", *T'oung Pao* XL 4~5, 1951.
64) 陳夢家, 『殷虛卜辭綜述』, 中華書局, 1988, 240면.
65) 陳邦懷, 「卜辭日月有食解」, 『天津社會科學』, 1981年 第1期.
66) 胡厚宣, 「卜辭"日月又食"說」, 『出土文獻硏究』, 文物出版社, 1985.

을유석월식乙酉夕月食, 을미석명경신월식乙未夕皿庚申月食, 계미석유식癸未夕有食, 갑오석월식甲午夕月食 등은 "모두 험사驗辭 속에 기록되었으며, 게다가 석월유식夕月㞢食이라 지칭했는데, 이는 밤에 월식이 있었다는 뜻이다." 하지만 "지금의 복사에서 '계유일 물어봅니다. 태양과 달에 '식'이 있겠습니까? 癸酉, 貞日月又食"라고 하여 일日과 월月이 병칭되고 있는데, 일식과 월식이 어찌 동시에 일어날 수 있단 말인가? 게다가 이는 험사에 기록된 것도 아니기 때문에 그것이 사실을 기록한 것일 필요도 없다. 또 월식을 이야기 하면서 '석夕'을 언급하지 않은 것은 계유일이 결코 월식이 일어났던 날도, 일식이 일어났던 날도 아님을 알 수 있다. 그래서 "계유일에 물어봅니다. 일식과 월식이 일어나도 괜찮을까요? 계유일에 물어봅니다. 일식과 월식이 일어나면 괜찮지 않을까요? 癸酉, 貞日月又食隹若? 癸酉, 貞日月又食非若"는 명사命辭로, 긍정과 부정으로 물은 대정對貞 형식의, 태양과 달에 과연 일식과 월식이 일어나겠는지, 또 길할 것인지 불길할 것인지에 대해 물은 것이지, 계유일에 정말로 일식이나 월식 혹은 월빈식月頻食의 현상이 일어났던 것은 결코 아니다." 1996년 이학근은 「'계유일식'설癸酉日食說」에서 앞서 들었던 3판의 복사를 "'일석유식日夕有食'이나 '일월유식日月有食'으로 읽든 아니면 다른 몇몇 관점으로 해석해도 모두 문장이 잘 통하지 않으며, 이러한 복사의 진정한 의미를 들추어낼 수 없다고 했다." 이학근은 이렇게 말했다. "문제의 관건은 여전히 복사의 해독에 있다"고 하면서 앞서 들었던 이 3판의 행의 배치行款를 들어, "아래쪽에 공간이 있든 없든 '일월日月'이라는 글자는 언제나 한 글자의 공간을 차지하고 있다." 이에 근거해 볼 때 "'일월日月'은 사실 하나의 글자로, 바로 '명明'자이다." "이 몇 편의 역조 복사의 '명明'자는 '일日'로 구성되었는데, '일日'자를 '월月'자의 위쪽에다 썼을 뿐이다." 이렇게 해서 그는 앞서 말한 복사를 다시 이렇게 해석했다.

> 계유일에 물어봅니다. 날이 밝을 때쯤 일식이 있으면 괜찮겠습니까? 癸酉, 貞明

又(有)食, 惟若.

계유일에 물어봅니다. 날이 밝을 때쯤 일식이 있으면 괜찮지 않겠습니까? 癸酉, 貞明又(有)食, 匪若.

그리고 이렇게 해석했다.

계유일에 물어봅니다. 날이 밝을 때쯤 일식이 있으면 '상갑'께 ['고'제사를 올릴까요?] 癸酉, 貞明[有]食, [告于]上甲.

"'명유식明有食'은 응당 일식을 지칭하지 월식을 말하는 것은 아니다. 구체적으로 말해서, 여기서 기술한 것은 계유일에 일어난 일식을 말한다"고 그는 말했다.

계유일의 일식을 기록한 3판의 복사에 대한 해석은 학계에서 아직까지도 일치된 의견을 도출하지 못하고 있는데, 다른 측면에서의 검증과 해독이 필요해 보인다.

3) 갑골문 "성星"자의 연구

갑골문에서 "성星"자는 주로 빈조 복사에 보이며, 다른 조에서는 어쩌다 가끔 출현한다. "성星"자의 의미에 대해서는 대체로 다음의 세 가지가 있다. 첫째는 하늘의 별을 지칭하여 "성星"이 명사로 쓰인 것이며, 둘째는 복사에서의 "성星"은 모두 이후의 "청晴"자로 읽어야 하며 동사로 쓰인 것이며, 셋째는 "성星"자를 어떤 복사에서는 명사인 "별星"로, 어떤 복사에서는 동사인 "청晴"으로 읽어야 하는 것이다.

"성星"을 "청晴"으로 읽어야 한다는 주장은 양수달에 의해 처음 제기되었다. 1945년 양수달은 「'성'의 해석釋星」에서 "대성大星이나 신성新星이라 한 복사에서 성신星辰을 성星으로 해석하면 의미가 통하지 않는다. 옛날 사람들은 동사와 명사를 같이 썼는데, 비바람風雨의 우雨도 우雨라 하고, 비가 내리다降雨고 할 때에도 우雨라고 했다. 이처럼 별星辰도 성星이라고 하고, 하늘에 별이 나타났다고 할 때도 성星이라고 했다. 『시』「용풍」「정지방중定之方中」의 '성언숙가星言夙駕'에 대해 정현은 '성星은 비가 그치고 별이 나타난 것을 말한다'고 해석했는데 바로 이러한 것을 말한다. 갑골문에서 대성大星이라고 한 것은 하늘에 별이 크게 나타난 것을 말하며, 신성新星이란 하늘에 오랫동안 보이지 않던 별이 지금 새롭게 나타났다는 것을 말한다. '별이 나타나다星見'는 의미를 나타낼 때에는 이후 따로 성姓자를 만들었는데, 『설문』 7편(하)의 석夕부수에서, '성姓은 비가 내리다가 밤에 그쳐 별이 나타나는 것을 말한다雨而夜除星見也. 석夕이 의미부이고 생生이 소리부이다'고 했는데, 성姓은 지금의 청晴자이다." "이후에 생겨난 글자를 고문古文으로 읽었는데, 대성大星은 대성大姓이며, 신성新星은 신성新姓이다." 양수달은 또 『한비자』「설림說林」(하)에서, "10일 동안 비가 내리더니 밤에 별이 나타났다雨十日, 夜星"고 할 때의 "성星"자를 『설원』「지무指武」에서 인용할 때 "청晴"자로 쓴 예를 제시하면서, 이는 복사에서의 "성星"자를 후세의 "청晴"자로 읽어야 함을 설명해 준다고 했다.[67] 양수달의 정교하고 확정적인 논술은 오랜 기간 동안 학술계의 충분한 주목을 받지 못했다. 하지만 1981년 이학근이 「은허복사에서의 "성星"을 논함」이라는 글에서,[68] 양수달의 관점을 이용해 "대성大星"이나 "조성鳥星" 등의 단어가 들어간 복사를 정확하게 해독하게 되면서 비로소 학계의 주목을 받게 되었다. 다음은 "대성大星"과 "조성鳥星"이 포함된 복사들이다.

67) 楊樹達, 『積微居甲文說』, 上海古籍出版社, 1986.
68) 李學勤, 「論殷墟卜辭的"星"」, 『鄭州大學學報』, 1981年 第4期.

(1) "대성大星"

갑인일에 점을 칩니다. '각'이 물어봅니다. 오는 을묘일에 날이 개일까요? 甲寅卜, 㱿, 貞翌乙卯易日.

물어봅니다. 오는 을묘일에 날이 개이지 않을까요? 왕께서 점괘를 해석해 말했다. 오는 '을'일에는 비가 오지 않을 것이다. 을묘일에 과연 날이 밝을 때 쯤 안개가 끼었다. □때까지 계속되었다. '식일' 때 쯤 되어서 크게 개였다. 貞翌乙卯不其易日. 王占曰, 翌乙勿雨. 乙卯允明霧, 乞□, 食日大星.

—『합집』 11,506편 앞면과 뒷면

과거 어떤 학자들은 이 복사의 가장 끝 부분을 "삼염식일三焰食日, 대성大星"으로 읽어, 개기 일식 때 햇무리日珥가 나타났다는 기록으로 보기도 했다.

이에 대해 이학근은 "이 거북 배딱지의 뒷면은 거칠고 울퉁불퉁하여 '염臽'(즉 焰)자도 분명하지 않다"고 하면서, "식일食日"은 오전의 일정 시간대를 말한다고 한 조금염의 논증에 근거하고,[69] 또 "성星"을 "청晴"으로 읽어야 한다는 양수달의 설에 근거해, "'식일대성食日大星'은 바로 식일食日 때에 날이 크게 개였다大晴는 뜻이라고 했다."[70]

(2) "조성鳥星"

병신일에 점을 칩니다. '각'이 물어봅니다. 오는 을사일에 '하을'께 '주'제사를 드릴까요? 왕께서 점괘를 해석해 말했다. '주'제를 드려도 재앙이 있을 것이다. 기상변화가 나타나리라. 을사일에 '주'제를 드렸는데, 날이 밝을 무렵 비가 왔다. '벌'제를 지낼 때도 비가 내렸다. '벌'제가 모두 끝났을 때도 비가 왔다. '시'

69) 曹錦炎, 「讀甲骨文札記」, 李學勤의 「論殷墟卜辭的"星"」, 『鄭州大學學報』, 1981年 第4期에서 재인용.

70) 李學勤, 「論殷墟卜辭的"星"」, 『鄭州大學學報』, 1981年 第4期.

제와 '묘'제를 지낼 때 갑자기 별이 나타났다. 丙申卜, 㱿, 貞來乙巳酒下乙. 王占曰, 酒, 隹有祟, 其有設. 乙巳酒, 明雨, 伐既雨, 咸伐亦雨, 施卯鳥星.(앞면)

을유일 밤 동쪽에서 기상변화가 생겼다. 乙巳夕有設于西.(뒷면)

—『합집』 11,497편 앞면과 뒷면

병신일에 점을 칩니다. '각'이 물어봅니다. 오는 을사일에 '하을'께 '주'제를 드릴까요? 왕께서 점괘를 해석해 말했다. '주'제를 드려도 재앙이 있을 것이다. 기상변화가 나타나리라. 을사일 날이 밝을 무렵 비가 왔다. '벌'제를 지낼 때도 비가 내렸다. '벌'제가 모두 끝났을 때도 비가 왔다. '시'제를 지낼 때 갑자기 별이 나타났다. 丙申卜, 㱿, 貞, 來乙巳酒下乙. 王占曰, 酒, 隹有祟, 其有設. 乙巳明雨, 伐既雨, 咸伐亦雨, 施, 鳥星.(앞면)

을유일 밤 서쪽에서 기상변화가 생겼다. 乙巳夕有設于西.(뒷면)

—『합집』 11,498편 앞면과 뒷면

이 두 복사의 "조성鳥星"은 한 동안 천상에 대한 기록으로 알려져 왔다. 하지만 이학근은 이것이 기상에 관한 기록이라는 설을 제기했다. 그는 양수달의 "성星"을 "청晴"으로 읽어야 한다는 설에 근거해 이렇게 말했다. "시묘조성施卯鳥星"(『합집』 11,498편에서는 "묘卯"자가 생략됨)은 "바로 '시施'와 '묘卯'제사를 드릴 때 이르러 날이 개었다는 뜻이다." "전체 복사에서 기술하고자 한 것은 하을下乙께 주酒제사를 드리는 것이며, '벌伐', '시施', '묘卯' 등은 모두 주酒제사를 드릴 때의 구체적인 의식을 말하며", "문장의 뜻을 살펴볼 때 '조鳥'는 부사로 쓰였을 가능성이 높다. 독음으로 살펴볼 때, 아마도 '숙倏'으로 읽어야 하며, '조성鳥星'은 바로 '갑자기 날이 개였다倏晴'는 뜻이다."71)

이학근은 "식일대성食日大星"과 "시묘조성施卯鳥星"에서의 "성星"은 "청

71) 李學勤, 「論殷墟卜辭的"星"」, 『鄭州大學學報』, 1981年 第4期.

晴"으로 읽어야 한다고 하면서, 복사에서 다음과 같은 명확한 증거를 제시했다.

> 계묘일에 점을 칩니다. '쟁'이 물어봅니다. '하을'께 '유侑'제와 '정'제를 드릴까요? 왕께서 점괘를 해석해 말했다. '유侑'제와 '정'제를 드려라. '대시'를 거행하라. '왕해'께도 울창주를 올려라. 을사일에 '주'제를 드렸다. 날이 밝을 때 쯤 비가 왔고, '벌'제가 다 끝났을 때도 비가 내렸다. '시'제와 '묘'제를 드릴 때 갑자기 크게 날이 개였다. 햇빛이 났다. 癸卯卜, 爭, 貞下乙其㞢鼎. 王占曰, 㞢鼎, 隹大示, 王亥亦鬯. [乙巳]酒, 明雨, 伐[既]雨, 咸伐亦[雨], 施卯鳥大啓, 易.
>
> —『합집』 11,499편 앞면

이학근은 이렇게 말했다. 이 복사는 "위에서 말한 소위 '조성鳥星'의 복사(즉 앞에서 든 『합집』 14,497·14,498편—인용자 주)에서 기록한 것과 같은 사안이다. 험사驗辭가 같은데, 주목할 만한 것은 한 곳에서는 '시묘조성施卯鳥星'이라 했고, 다른 한 곳에서는 '시묘조대계施卯鳥大啓, 역易'이라고 해, 단어의 사용에서만 차이가 있을 뿐이다. '성星'을 '청晴'으로, '대계大啓, 역易'은 바로 '대계大啓, 양暘'이다. 대계大啓는 태양이 나왔다는 것으로 마침 '청晴'과 같은 뜻이다. 이 두 가지를 비교해 보면 그 의미가 명확해진다." 상옥지는 이학근이 "식일대성食日大星"과 "시묘조성施卯鳥星"에서의 "성星"을 "청晴"으로 해석해야 한다는 견해에 동의했다. 하지만 『합집』 14,497편과 14,498편의 아래 위 문장의 뜻에 근거해 "조성鳥星"의 "조鳥"는 혹 "식일대성食日大星"의 "대大"처럼 형용사로 쓰였을 가능성도 있다고 했다. 그녀는 "조鳥는 꼬리가 긴 새의 총칭이다"고 한 『설문』과 "꼬리가 짧으면 추隹, 꼬리가 길면 조鳥라고 한다"는 단옥재의 주석을 인용하며, "이 복사(즉 『합집』 14,497편)의 험사驗辭에서 말한 을사일 날이 밝자 바로 비가 내렸으며, 벌伐제사를 지낼 때 비가 멈추었고, 벌伐제사가 끝났을 때 다시 비가 내렸으며, 비가 계속해서 그치지 않더니 시施와 묘卯제사를 지낼 때가 되어서야 비로소 장시간 날이 개었다는 뜻이다. 그렇다면 '조鳥'자는 비교적 긴 시간을 뜻한다"고 했다.[72] 연소명은 "조성鳥星"의 "조鳥"는 제사 때 바치는 현조玄鳥를 말한다고 하기도 했다.[73]

상옥지는 복사에서의 "성星"자는 별星辰을 지칭한다고 논증하면서 다음의 4판의 복사를 예로 들었다.[74]

> 무신일에 …… 기상 변화가 있을까요? [새로] 별이 나타났다. 戊申 …… 有設. [新]星.
>
> —『합집』 11,507편

> …… 기상변화가 없을까요? 새로 별이 나타났다. …… 未有設. 新星.
>
> —『전』 7.14.1편

> [계해일에 점을 칩니다] …… 7일째 되던 을사일 밤이 끝나고 [경오일이] 시작될 때 쯤 새로 큰 별이 화성과 함께 나타났고 …… [癸亥卜] …… 七日己巳夕皿[庚午]有新大星幷火 ……
>
> —『합집』 11,503편 뒷면

> …… 큰 별이 남쪽에서 나타날까요? …… 大星出南.
>
> —『합집』 11,504편.

상옥지는 『합집』 11,507편과 『전』 7.14.1편의 복사가 모두 잘려나가긴 했지만 모두 "유설有設. 신성新星"이라는 말은 남아 있으며", 『합집』 11,503편 뒷면에는 "신대성新大星"이 남아 있다고 했다. 양수달은 "신성新

72) 常玉芝, 『殷商曆法硏究』, 吉林文史出版社, 1998, 15~16면.
73) 連劭名, 「卜辭中的月與星」, 『出土文獻硏究續集』, 文物出版社, 1989.
74) 常玉芝, 『殷商曆法硏究』, 吉林文史出版社, 1998, 18~19면.

星은 하늘에 오래 동안 별이 보이지 않다가 새롭게 별이 나타난 것을 말하며", "신성新星이란 신新㫫을 말한다"고 했다.75) 상옥지에 의하면, "위에서 든 3편의 복사에서의 '신성新星'·'신대성新大星'을 '신청新晴'·'신대청新大晴'으로 해석하게 되면 매우 어색해 지고, 게다가 '유설有設'이라는 단어와 서로 연결되지도 않는다"고 했다. 그녀는 "유설有設"이라는 단어를 가진 다음의 복사들을 제시했다.

> …… 경'일에는 길할 것이다. …… 기상변화가 있을 것이다. 무지개가 서쪽에서 나타났다. …… 庚吉. 其隹 …… 有設, 虹于西.
>
> —『합집』 13,444편

> …… 해가 넘어갈 무렵 기상변화가 있었다. 무지개가 북쪽에서부터 나와서 황하 강에 [이르렀다.] 12월이었다. …… 昃亦有設, 有出虹自北[飮]于河. 在十二月.
>
> —『합집』 13,442편 앞면

> …… 묘'일에 …… 모습이 있을 것이다. 경신일에 또 기상변화가 있었다. 새가 울었다 …… 강족과 융족을 사로잡았다. …… 卯有 …… 象, 庚申亦有設, 有鳴鳥 …… 𢍰執羌戎.
>
> —『갑』 2,415편

이 세 복사에 모두 "유설有設"이라는 말이 들어 있고, 그 뒤에는 자연계의 조짐兆象이 열거 되었다. 『합집』 13,444·13,442편에서는 무지개가 나타났고, 『갑』 2,415편에서는 새가 울었다고 했다. 이를 앞서 인용했던 『합집』 11,507편과 『전』 7.14.1편의 복사에 있는 "유설有設" 뒤에 이어지는 "신성新星"과 비교해 볼 때, 이 "신성新星"은 아마도 "무지개가 나왔다.

75) 楊樹達, 「釋星」, 『積微居甲文說』, 上海古籍出版社, 1986.

出虹"나 "새가 울었다鳴鳥"는 것과 같이 자연계의 조짐兆象을 말한 것으로, 하늘에 새로운 별이 나타났음을 말한 것으로 보인다. 특히 『합집』 11,503편 뒷면의 복사에서 기사일 밤 경오일 날이 밝을 때가 가까웠을 때 "새로운 큰 별이 화성과 함께 나타났다有新大星幷火"고 한 기록에서,[76] "신대성新大星"은 새롭게 발견된 큰 별大星을, "화火"는 대화성大火星, 즉 심숙心宿 제2성인 전갈자리 알파성을 말하는데, 상나라 사람들은 이 대화성大火星의 운행을 관찰하여 역법을 제정했었다.[77] "병幷"은 바로 "먹다餠"는 뜻이다. 즉 이 복사에서 기록하고 있는 내용은, 상나라 사람들이 대화성大火星의 옆에 새로운 큰 별大星이 나타나 대화성大火星과 함께 운행하던 것을 관찰한 것이다. 만약 이 복사의 "성星"을 "청晴"으로 해석해, "신대청병화新大晴幷火"라 하게 되면 의미는 통하지 않는다. 『합집』 11,504편의 전반부가 떨어져 나갔고 남아 있는 글자는 "대성출남大星出南"인데, 이는 커다란 별이 남쪽 하늘에 출현했다는 뜻이다. 상나라 사람들은 대화성大火星이 황혼이 질 때 남쪽 하늘 가운데 나타나는 것을 한 해의 시작歲首으로 삼았기 때문에, 이 복사는 아마도 『합집』 11,503편의 복사와 마찬가지로 상나라 사람들이 새로운 큰 별이 남쪽 하늘에 나타나 대화성大火星과 함께 운행됨을 관찰한 것이 아닐까 생각된다. 만약 이 복사의 "성星"을 "청晴"으로 읽어 "대청출남大晴出南"으로 해석하면 의미가 통하지 않는다.[78] 결론적으로 말해서 학자들의 연구를 통해 복사에서의 "성星"자에는 두 가지의 용법이 있다는 사실이 밝혀졌는데, 하나는 갠 하늘에 별이 나타나다는 뜻으로 이후 "날이 개다晴"의 뜻으로 파생되었고, 다른 하나는 하늘의 별을 지칭하는 것이다.

---

76) "皿"자는 裘錫圭의 해석으로 「釋殷墟卜辭中的"[illegible]""[illegible]"等字」, 『第二屆國際中國古文字學術硏討會論文集』(香港中文大學 編, 1993)에 보인다. 常玉芝는 "干支夕皿干支"로 된 단어결합의 경우 전날이 곧 끝나고 다음날이 막 시작되려는 시간대를 말한다고 했는데, 『殷商曆法硏究』(吉林文史出版社, 1998), 32~39면에 보인다.

77) 常玉芝, 『殷商曆法硏究』, 吉林文史出版社, 1998, 第5章 第3節.

78) 이상의 논증은 常玉芝, 『殷商曆法硏究』(吉林文史出版社, 1998), 18~19면을 참조.

4) 갑골문의 "지일至日"에 대한 변증

1945년 동작빈이 발표한 거작『은력보』는 은나라 때에는 이미 4분술四分術의 역법이 사용되었고, 은나라 사람들은 동지와 하지를 이미 정확하게 인지할 수 있었으며, 은허 갑골복사에도 동지와 하지에 대한 기록이 등장함을 밝혀주었다.[79] 반세기 이상 동안 절대 다수의 학자들은 모두 동작빈의 이러한 관점을 받아들였다. 다만 일본의 지전말리池田末利·수내청藪內淸과 중국의 상정광常正光·상옥지 등만이 이에 대해 부정적인 의견을 표시했다.[80] 1994년 상옥지가 발표한「복사의 '일지'설에 관한 의문卜辭日至說疑議」에서는 복사에 보이는 "동지와 하지"에 대해 상세히 고증했다. 그녀는 지금까지 볼 수 있는 모든 은허 갑골 복사를 조사해 그중에서 "지至"자가 들어간 완전하거나 비교적 완전한 275편의 복사를 추출해냈고, 이를 하나하나 연구해보았지만 하지와 동지를 기록한 복사를 한 편도 발견하지 못했다. 그녀는 각 연구자들이 제기했던 "지至"나 "지일至日"이 들어간 13편의 '일지'에 관한 예증에 대해서도 하나하나 분석하였는데, 이를 간단히 소개하면 다음과 같다.

(1) 동작빈의 '일지日至'에 관한 예증

동작빈은『은력보』하편의 제4권「일지보日至譜」에서 2편의 복사를 들어 무정 때의 일지日至와 문무정 때의 '일지'를 증명했다.

---

79) 董作賓,『殷曆譜』下編 卷4「日至譜」, 1945. 이 절에서 인용한 董作賓의 논술 중 특별히 주석을 달지 않은 경우는 모두 이 책에서 나왔다.

80) 池田末利,「再答嚴一萍氏－殷曆譜之問題等等」,『甲骨學』第11號, 1976; 藪內淸,「關于殷曆的兩三個問題」,『東洋史研究』第15卷 第2號, 1956; 常正光,「殷曆考辨」,『古文字研究』第6輯, 中華書局, 1981;『古文字研究論文集』(『四川大學學報叢刊』第10輯), 1982; 常玉芝,「卜辭日至說疑議」,『中國史研究』, 1994年 第4期;『殷商曆法研究』, 吉林文史出版社, 1998, 第2章 第3節. 다음에서 인용하는 常玉芝의 논의 중 특별히 주석을 달지 않은 경우는 모두 이 책에서 나왔다.

물어봅니다. 오늘 밤 '일지' 때 '오'가 '어'제를 '정'께 드릴까요? 貞今之夕至吳御于丁.

병진. 丙辰.

물어봅니다. 다음 정사일 '일지' 때 '오'가 '어'제를 드릴까요? 貞于翌丁巳至吳御.

병진일에 점을 칩니다. 물어봅니다. '복'이 '오'의 질병을 '정'께 보고 드리고, 새로 빚은 술을 올릴까요? 丙辰卜, 貞福告吳疾于丁, 新鬯.

물어봅니다. '일지' 때 '오'가 '어'제를 '정'께 드릴까요? 戊午卜, 貞今日至吳御于丁.

□□일에 점을 칩니다. [물어봅니다.] '어'제를 '오'가 '추'께 드릴 때 3마리의 희생을 쓸까요? 5월이었다. □□卜, [貞], 御吳于帚, 三宰. 五月.

—『합집』 13,740편; 『귀』 1.22.1+『속』 1.44.6편

동작빈은 이 편의 복사를 가지고 무정 때의 '일지'를 증명했다. 그는 이 판에 보이는 제1복사 · 제3복사 · 제5복사 중의 "지至"를 일지로 해석하면서 이렇게 말했다. "이 판에 기록된 '일지'는 당시 하지의 해 길이를 측정했다는 흔적을 상당 정도 보여줄 수 있다." "그 위의 잘려나간 복사에 5월이 기록되어 있으므로, 그 복사가 먼저 새겨졌고(무오 복사는 계선의 아래에 위치해 있고, 게다가 그것을 피해서 새겨졌다), 무오가 그 뒤에 새겨졌음을 알 수 있다." "'오'가 '어'제를 '정'에게 드릴까요? 吳御于丁'를 물어본貞 것은 처음에는 병진일이었으니 정사일이 '지일至'이 되어야 마땅하나, 정사일의 해의 길이가 '일지'에 못 미쳤던 때문이었는지, '일지至'에 대해 그날 밤夕에 다시 물어보았고, 마침내 무오일에 '일지日至'에 해당하는 해의 길이를 얻을 수 있었다. 그래서 '오늘 일지에 '오'가 '어'제를 '정'에게 드렸다今日至, 吳御于丁'고 확정하여 말할 수 있었던 것이다." 동작빈은 자신이 재구한 역보에 근거하고, "무정의 역보 중 유력儒曆의 날짜를 이용해 격력格曆을 환산했으며 …… 더욱이 오늘날의 측정에 근거해 다시 정밀하게 추산"한 결과, 무오일은 항기恒氣 하지夏至로 무정 44년 7월 8일이었으며, 7월 7일 정사일 9시 22분이 정기定氣 하지夏至에 해당한다고 했

다. 하지만 상옥지에 의하면, 동작빈이 이 판의 각 복사에서 점을 친 순서의 배열, 복사내용의 해석, 그리고 복사의 시대 판정에만 근거해 얻은 결론만으로도 그가 확정했던 '지일'에 대한 이 예증은 성립할 수 없다고 했다.

먼저, 각 복사의 점친 순서에 관해 살펴보자. 상옥지에 의하면 이 판에는 가장 위쪽에 기록된 "5월"을 제외하면 다른 복사에는 모두 월에 대한 기록이 없다. 동작빈은 그것이 시간적으로 7월의 하지에 맞아떨어지도록 추산하기 위해 각 복사의 점을 친 순서를 뒤바꾸었고, "계선"에 대해 설명을 만들어 넣었다. 그는 "5월"이 기록된 가장 위쪽의 복사가 가장 먼저 새겨진 것으로 확정했고, 그 후에 "지至"자가 들어간 3조항의 복사, 그리고 결코 연속되지 않는 복사들을 연속해서 물어본 것이라고 했던 것이다. 하지만 복사의 순서를 이렇게 배열하는 것은 옳지 않다. 그것은 갑골학이 오늘날의 수준까지 발전하는 과정에서 이미 다른 시기의 다른 유형의 복사로부터 소 어깻죽지 뼈나 거북의 배딱지와 등딱지에 새기는 계각 규칙을 잘 이해할 수 있게 되었기 때문이다. 동작빈이 들었던 이 복사는 소 어깻죽지 뼈의 측면에 새겨졌고, 이 부위에 새겨진 복사는 초기든 후기든 시기에 관계없이 모두 아래서부터 위로의 순서로 새기는 것이 일반적이다. 동작빈이 들었던 이 복사는 사실 간지에만 근거하더라도 아래서부터 위로의 순서로 새겼음을 알 수 있다. 다음으로, 동작빈은 달의 이름이 포함된 가장 마지막의 복사가 제일 먼저 새겨졌다고 했는데, 이러한 설명을 근거로 삼을 수 있는 어떤 특정한 규칙도 결코 존재하지 않는다. 은허갑골 복사에서 달이 기록된 복사라고해서 먼저 새겨졌다고 할 수는 없으며, 그러한 예는 수도 없이 많다. 그리고 또 동작빈은 그려진 계선이 상하의 두 복사를 두 개의 달로 분리시킬 수 있게 만들어 준다고 했는데, 이는 더더욱 근거가 없다. 계선이 단지 두 복사를 갈라놓는 기능만 담당한다는 것은 이미 상식에 속한다. 갑골이 작고 좁아 상하 혹은 좌우의 두 복사 거리가 너무 가깝거나 두 복사의 글자가 서로 침범하는 수도 있기 때문에 다른 복사의 글자가 혼재되어 읽히는 일이 없도록 하기 위해 두 복사의 사이에다 경계선을 긋거나 짧은 선으로 이들이 분리된다는 것을 표시해 둔 것이며, 갑골 학자들은 이를 '계선을 긋는다界划線'라고 표현한다. 이 선은 결코 두 복사 간의 떨어진 시간을 표시하는 것이 아니며, 시간표시는 복사에 표현된 간지일・해당 월・연사年祀 혹은 기타의 시간을 나타내는 단어에 의해 표시된다. 동작빈은 무오일이 그가 정한 7월의 하지에 맞도록 하기 위해 계선이 그려진 상하 두 복사를 두 달의 시간차를 가진 것이라 정리하였는데, 이는 수긍할 수 없는 부분이다.

다음으로 복사의 내용에 대해 살펴보자. 상옥지와 상정광은 복사의 내용에 대한 동작빈의 해석과 하지에 대한 추정도 자체적으로 모순된다고 했다. 상옥지는 이렇게 말했다. 동작빈은 "정사일을 정기定氣 하지로 무오일을 항기恒氣 하지로 추정했다. 하지만 복사의 내용을 해석할 때에는 도리어 '정사일의 그림자가 혹 이르지 못했고丁巳影或未至', '무오일의 그림자가 하지에 이르렀다戊午日測得日至'고 했는데, 이는 모순이다. 왜냐하면 그가 추정한 정사일의 태양 그림자가 바로 하지에 이르러, 하지에 이르지 않은 것이 아니었으며, 무오일의 태양 그림자는 이미 하지를 넘어섰기 때문이다." 상정광도 "기왕에 무오일에 하지의 길이를 측정할 수 없었다면, 어떻게 복사에서의 '금일지今日至'를 '그림자가 이른日至' 것으로 해석할 수 있단 말인가?" "'오늘 밤 이르렀다今之夕, 至'는 말도 추산된 하지로 해석했는데, 이는 해 그림자의 측정으로 하지를 추측한 것과 더더욱 자체적으로 모순된다. 은나라 때의 '석夕'은 전체 밤을 지칭하는데, 밤에 어떻게 해의 길이를 측정할 수 있단 말인가? 이러한 실제정황에 근거해 볼 때 여기서 말한 '지至'가 절대로 '일지日至'를 뜻할 수는 없다."[81] 결론적으로 말해서, 상옥지는 이 복사에서의 "지至"는 "이르다到"는 뜻으로 해석해야

81) 常正光, 「殷曆考辨」, 『古文字硏究』 第6輯, 中華書局, 1981. 또 『古文字硏究論文集』(『四川大學學報叢刊』 第10輯, 1982)에 수록되었다.

만 한다고 했다. 각기 오늘(병진일) 밤, 이튿날인 정사일 및 셋째날인 무오일에 오吳(사람 이름)가 오게 될 것인지, 그렇게 해서 어御제사를 무정武丁("정"은 무정을 말한다)에게 지낼 수 있는지에 대해 점을 친 것이다.

또 복사의 시대에 관해 말해 보자. 동작빈은 이를 무정 때의 것으로 확정했는데, 그 근거는 "이 판의 주요 인물이 오吳이며, 글자는 비록 알아볼 수는 없지만 그가 무정 때의 인물인 것은 알 수 있으며", "오吳와 동시대의 정인인 각 · 쟁爭 · 영永 · 위韋 등은 이것이 무정 때의 복사임을 증명해 준다"는 것이었다. 상옥지는 이것은 순전히 동작빈이 정인 관계에 의해 시기를 구분한 결과라고 했다. 하지만 이러한 시기구분법은 과학적이지 못함이 이미 실천 과정에서 증명되었다. 최근 이학근 · 팽유상 등의 복사의 시기구분에 관한 연구에 의하면[82] 동작빈이 들었던 이 판의 복사는 빈賓조 제2류(혹은 빈賓조 후기라 부름)나 출出조 제1류(혹은 출出조 초기라 부름)에 속하는 것이 옳으며, 이 두 부류의 복사는 절대 다수가 조경 때의 복사이고 나머지 소수가 무정의 복사라고 했다. 동작빈이 들었던 이 판의 복사가 구체적으로 어느 왕세에 속하는지는 여기에 등장하는 선조의 이름인 "정丁"과 등장인물인 "오吳"로써 판단할 수 있다. "정丁"에 관해서, 동작빈은 "무정의 형인 정丁"을 말한다고 했지만, 연구 결과에 의하면 빈조 후기나 출조 초기의 복사에 등장하는 "정丁"은 무정武丁을 지칭한다.[83] 그래서 이 복사는 조경 때의 것으로 보아야 하며, "정丁"은 조경이 그의 부친인 무정을 불렀던 칭호이다. 상옥지는 다음의 복사를 제시하면서 한걸음 더 나아가 이렇게 증명했다.

을사일에 물어봅니다. '오'가 '이남' 제사를 '부정'의 종묘에서 드릴까요? 乙巳,

---

82) 李學勤 · 彭裕商, 「殷墟甲骨分期新論」, 『中原文物』 第3期, 1990; 李學勤 · 彭裕商, 『殷墟甲骨分期研究』, 上海古籍出版社, 1996.

83) 裘錫圭, 「論"歷組卜辭"的時代」, 『古文字研究』 第6輯, 中華書局, 1981. 또 『古文字論集』(中華書局, 1992)에 수록되었음. 黃天樹, 『殷墟王卜辭的分類與斷代』, 文津出版社, 1991.

貞吳以二南于父丁.

신해일에 물어봅니다. '오'가 '이남' 제사를 '부정'의 종묘에서 드릴까요? 辛亥, 貞吳以二南于父丁宗.

—『경인』 2,283편

이것은 역歷조 복사로, 무정 후기 혹은 조경 때의 복사이다.[84] 마찬가지로 오吳가 등장인물이고, 점을 쳐 그가 "부정父丁"께 드리는 제사를 주재할 것인지를 물었는데, 여기서의 "부정父丁"은 조경이 그의 부친인 무정을 불렀던 칭호임에 틀림없다. 그렇다면 이 복사는 조경 때의 것임이 분명하다. 이 부정父丁은 동작빈이 들었던 예증에서도 마찬가지로 오吳가 주재했던 제사의 "정丁"으로, "부정父丁"과 "정丁"은 모두 조경이 그의 부친인 무정을 불렀던 칭호이다.

동작빈이 예증으로 들었던 문무정 때의 "지일"에 관한 복사는 『을』 15편(즉 『합집』 20,843편)인데, 동작빈은 이렇게 해석했다.

(결)도망하다 (결)괜찮을까요 (결) …… 에서 (결)개간을 하다. 547일, 이르다, 정해일, 뒤따랐다. 6월이었다. (上缺)亡 (缺)若 (缺)在 (缺)行坙, 五百四旬七日, 至, 丁亥, 從. 在六月.

동작빈은 자신의 시기구분법에 근거해 이 갑골을 문무정 때의 복사로 확정했다. 그는 여기서 말한 "547일"의 날짜 수에 대해 이렇게 말했다. 문무정 때의 기일법記日法에서는 날짜수를 계산할 때 시작하는 날은 계산에 넣지 않기 때문에, 시작하는 날까지 넣으면 548일이 되고, 이는 공교롭게도 1년의 4분 역세四分曆歲의 실제 모습과 일치한다. 또 "이 갑골 편의 '547

---

84) 李學勤, 「論"婦好"墓的年代及有關問題」, 『文物』, 1977年 第11期; 「小屯南地甲骨與甲骨分期」, 『文物』, 1981年 第5期; 李學勤・彭裕商, 「殷墟甲骨分期新論」, 『中原文物』, 1990年 第3期; 李學勤・彭裕商, 『殷墟甲骨分期研究』, 上海古籍出版社, 1996.

일'의 아래에서 '지至'라 했고, '정해丁亥'라 했고, '6월이었다在六月'고 했다. 그래서 이 '정해'는 '일지日至'임에 분명하며, 은나라 때의 '6월'이었다면 하지였음에 분명하다." 그는 이 정해일의 하지를 "문무정 13년 6월 26일"이었던 것으로 추정했다. 또 "개간을 했다行埾는 말이 있음으로 해서 여기에서의 기록이 농사와 관련된 일임을 알 수 있다"고 했다. 동작빈은 이 복사를 매우 중시하여, 몇 년간 이의 중요성을 여러 차례 강조했으며, 그것은 은나라 때의 역법에서 이미 사분술四分術이 시행되었다는 유일한 증거라고 했다.[85] 장정낭은 동작빈의 이 복사에 대한 해석에 기본적으로 동의했지만 정해일은 하지가 아니라 동지라고 했다.[86]

하지만 상정광은 이 복사에 대한 동작빈의 해독에 동의하지 않았으며, 이렇게 말했다. "저자(동작빈-인용자 주)는 복사에서의 '5백'과 '4순7일'이 연결되어 문제를 충분히 설명해 줄 수 있는 숫자로 만들기 위해 부위가 다른 두 단락의 복사를 의도적으로 하나로 합쳤다. 즉 '간오백埾五百'이라는 단락에 든 '간埾'자를 앞 단락의 '행行'자와 연결시켜 '행간行埾'으로 만들어버렸다. '행行'자에는 후세에서 말하는 '시행施行·추진推行' 등의 의미가 들어 있으며, 나아가 '여기서 행한 것은 아마도 농지를 개간하고 농사짓는 것에 관한 일일 것이다'고 했다. 그리하여 '행간行埾'도 앞 단락 복사의 술어성분으로 만들어 버렸다. 하지만 이렇게 되어버리면 도리어 앞 단락에 있는 복사의 실제 상황과 부합하지 않고 만다. 왜냐하면 이 단락에서 떨어져나가지 않고 남은 4글자는 가장 상부에 위치하여, 각각의 글자 아래에 있는 글자들이 떨어져나갔음을 분명하게 볼 수 있기 때문이다. 저자(동작빈-인용자 주)는 지금의 글자로 옮기면서 앞의 3자, 즉 '망亡'·'약若'·'재在'자의 아래에는 글자가 빠졌다缺文고 하면서도, 4번째 글자 즉

85) 董作賓, 「殷曆譜後記」, 『六同別錄』 中冊, 1945. 또 『中央研究院歷史語言研究所集刊』 第13本(1948)에 실림. 「中國古曆與世界古曆」, 『大陸雜志』 第2卷 第10期, 1951; 「殷曆譜的自我檢討」, 『大陸雜志』 第9卷 第4期, 1954.

86) 張政烺, 「卜辭裒田及其相關諸問題」, 『考古學報』, 1973年 第1期.

'행行'자의 아래에만은 글자가 빠졌다고 주석하지 않았고, 도리어 '행行'을 다른 단락의 '간𢆶'자와 억지로 결합시켰다. 복사를 이런 식으로 처리한다는 것은 이해할 수 없는 부분이다." "이 복사들은 이치상 두 단락으로 나누어져야만 한다."87) 상옥지도 "동작빈이 이 판의 모든 글자를 연결시켜 하나의 복사로 만들어버린 것은 타당성을 상실했으며, 거북 딱지상의 복사의 위치와 잔존 글자로 볼 때 적어도 두 개의 복사로 나뉘어져야 한다"고 했다. 그녀는 이 판의 복사의 시대와 내용으로부터 동작빈이 이를 문무정의 '일지'의 기록이라 확정한 것도 성립될 수 없다고 했다.

복사의 시대로 볼 때, 상옥지는 이 복사의 글자체로부터 이것이 사𠂤조 복사에 속한다는 것을 알 수 있다고 했다. 사조(오午조 · 자子조 포함) 복사는 전 세계 학자들의 20여 년간에 걸친 연구 끝에 동작빈이 말했던 문무정 때의 복사가 아니라 무정 때의 복사임이 밝혀졌다.88) 그래서 동작빈이 무정 때에 속하는 『을』 15편을 문무정 13년의 기록이라 한 것은 잘못된 것이다.

또 복사의 내용을 살펴보자. 동작빈은 이 판의 복사에 "547일"이라는 날짜수가 있고, 게다가 문무정 때에는 날짜수의 계산법이 시작하는 날은 포함시키지 않았기에 이는 사실 548일이 되며, 이는 사분역세四分曆歲의 1년 반에 해당하는 날짜수라고 했다. 상옥지는 동작빈이 "5백"과 "47일"을 연속해 읽은 것도 의심이 가지만, 이외에도 사조복사(즉 동작빈이 말한

87) 常正光, 「殷曆考辨」, 『古文字研究』 第6輯, 中華書局, 1981. 또 『古文字研究論文集』(『四川大學學報叢刊』 第10輯, 1982)에도 수록됨.

88) 陳夢家, 「甲骨斷代學」, 『燕京學報』 第40期, 1951; 『考古學報』 第5·6·8期, 1951~1954. 이후 『殷虛卜辭綜述』(科學出版社, 1956)에 수록됨. 貝塚茂樹·伊藤道治, 「甲骨文斷代研究的再檢討」, 『東方學報』(京都), 第23冊, 1953; 姚孝遂, 「吉林大學所藏甲骨選釋」, 『吉林大學社會科學學報』, 1963年 第3期; 鄒衡, 「試論殷墟文化分期」, 『北京大學學報』(人文科學), 1964年 第4·5期. 또 『夏商周考古學論文集』(文物出版社, 1980)에 수록됨. 肖楠, 「安陽小屯南地發現的"𠂤組卜甲"—兼論"自組卜辭"的時代及其相關問題」, 『考古』, 1976年 第4期; 肖楠, 「略論午組卜辭」, 『考古』, 1979年 第6期; 中國社會科學院考古研究所, 『小屯南地甲骨』 上冊 「前言」, 中華書局, 1980.

문무정 복사)의 날짜수 계산법만 가지고 보더라도 시작하는 날을 계산에 넣지 않는 경우도 있었지만 시작하는 날을 넣는 경우도 적지 않았다고 했다. 상옥지는 8판의 사조복사를 예로 들어 이를 증명해본 결과, 시작하는 날을 계산에 넣은 경우도 적지 않았다. 그래서 동작빈이 들었던 『을』 15편의 경우 시작되는 날을 반드시 계산에 넣지 않았다고 할 수는 없다. 다시 말해 반드시 548일로 보아야 하는 것은 아니며, 그것이 은나라 때에 사분력四分曆이 시행되었다는 확실한 증거가 결코 될 수 없다. 다음으로, 동작빈이 말했던 이 편의 정해일이 6월에 있었으며, 이는 은나라의 하지라는 것도 옳지 않다. 복사에 등장하는 "달"은 언제나 점을 쳐 물어본 날이 해당되는 "달"이기 때문에 이 판의 복사의 "6월이었다"는 것은 점을 쳐 물어본 날의 "달"이지 547일(동작빈은 이 날짜수라고 했다)이 지난 후의 정해일을 지칭한다는 것은 근본적으로 불가능하다. 정해일이 6월에 들어있지 않았기 때문에 동작빈의 "6월 정해 하지"설은 성립될 수가 없다. 또한 『을』 15편은 문무정 때의 일지를 기록한 복사가 아니다. 상정광에 의하면, 이 복사의 "'간오백坙五百'은 '5백 마지기의 논을 개간했다坙五百田'는 말이 아니라 5백 명이 농지를 개간하는坙田 것을 말하며", "'47일의 정해'는 이를 규정한 기한임이 분명하다." 동작빈이 "서로 다른 두 가지의 일을 기술한 것의 숫자를 하나의 숫자로 잘못 합쳐버렸다. 그렇기 때문에 이 복사가 은나라 때에 이미 사분세四分歲가 실제적으로 운용되었다는 증거가 될 수는 없다"고 했다.[89] 상옥지는 "성星"자의 뜻에 대한 장정낭의 고증[90]에 근거하고, 또 복사에서의 "종從"자에 근거해, 이 복사는 "어떤 사람을 따라가서 농지를 살피거나星田 수렵 활동에 종사한 것을 말한 것으로, '5백'이라는 숫자는 농지의 숫자이거나 사람의 숫자이거나 잡은 동물의 숫자를 말한 것이며, 그 기한은 47일 후인

89) 常正光, 「殷曆考辨」, 『古文字研究』 第6輯, 中華書局, 1981. 또 『古文字研究論文集』(『四川大學學報叢刊』 第10輯, 1982)에도 수록됨.

90) 張政烺, 「卜辭裒田及其相關諸問題」, 『考古學報』, 1973年 第1期.

정해일이다”고 했다. 이는 상정광의 해석과 기본적으로 일치한다.

(2) 다른 '일지'의 예증

동작빈 외에도 몇몇 학자들은 “지至”자가 들어간 11편의 복사가 일지를 기록한 것으로 보았는데, 그 복사는 다음과 같다.

오늘부터 □일에 이를까요? 今日至□日.

—『갑』 3,550편

물어봅니다. 전책典冊으로 제사를 지내면 보살핌을 받을까요? ‘대 …… . 貞 …… 冊至 …… 又. 大 ……

—『합집』 30,656편

전책典冊으로 제사를 지내면 비가 올까요? 冊至, 又雨.

—『합집』 30,653편

‘지일’에 ‘무’에게 ‘주’제사를 드릴까요? 其至日戊酒.

—『합집』 30,871편

계유일에 점을 칩니다. ‘호’제사를 ‘무기’께 드리는데 암퇘지를 쓸까요? 癸酉卜, 祜母己叀豼.

작은 희생양을 쓸까요? 길하리라. 叀小宰. 吉.

오늘 밤에 ‘주’제사를 드릴까요? 크게 길하리라. 사용하라. 叀今夕酒. 大吉. 茲用.

오는 오는 ‘갑’일에 ‘주’제사를 드릴까요? 于翌日甲酒.

‘지일’인 ‘무’일에 ‘주’제사를 드릴까요? 其至日戊酒.

‘호’제사를 ‘부갑’께까지 드릴까요? 길하리라. 祜其至父甲. 吉.

하지말까요? 弜.

—『합집』 27,454편

하신에게 '정'에게 풍년을 내려달라고 할까요? 河求叀丁年.

'지일'에 '주'제사를 하신에게 드릴까요? 至日酒河.

풍년을 하신에게 구하면서, '신'제사를 …… ? 其求年于河, 新 ……

—『합집』 28,261편

신묘일에 …… ? 길하리라. 사용하라. 辛卯 …… 吉. 茲用.

'지일'에 할까요? 其至日.

'기'에게 '료'제사를 드리고 '지일'에 '주'제사를 드리지 말까요? 길하리라. 사용하라. 夒尞[弜]至日酒. 吉. 茲用.

'지일'에 할까요? 其至日.

'기'에게 '료'제사를 …… '묘'제사를 '대을'께 …… ? 길하리라. 夒尞 …… 卯大乙 …… 吉.

—『둔남』 4,582편

…… 하지말까요? 弜 ……

'지일'인 '갑'일에 할까요? 至日甲.

'지일'에 하지말까요? 弜至日.

신[일에] …… 辛[日] ……

—『둔남』 2,271편

'지일'에 하지말까요? 弜至日.

—『합집』 29,702편

'지일'에 [하지말까요?] [弜]至日.

—『합집』 29,701편

무자일에 점을 칩니다. '사'일에 이르러 '어'제사를 '부정'께 드리는데 돼지 백 마리를 쓸까요? 戊子卜, 至巳御父丁百豕.

무자일에 점을 칩니다. '사'일에 이르러 '어'제사를 '자경'께 드리는데 강족과 희생소를 쓸까요? 戊子卜, 至巳御子庚羌牢.

[무자일에 점을 칩니다.] '어'제사를 '부정'께 드릴까요? [戊子卜], 至御父丁.

무자일에 점을 칩니다. '어'제사를 '가경'께 드릴까요? 戊子卜, 至御子庚.

임진일에 점을 칩니다. '지일'에 할까요? 壬辰卜, 至日.

임진일에 점을 칩니다. '지일'에 하지말까요? 壬辰卜, 弜至日.

—『합집』 22,046편

현재까지는 상옥지만 이 11편의 복사에 대해 상세하게 분석했다.[91] 그녀에 의하면, 『갑』 3,350판은 "금일지모일今日至某日"은 잘려나가고 남은 복사殘辭이다. 『합집』 30,656편과 30,653판의 "책지冊至"에 대해서는 일부 학자는 이의 뒤에 주로 선조의 묘호가 붙어 나온다고 했고, 심지유沈之瑜는 "복사에 보이는 수많은 '책지모왕冊至某王'으로 된 복사를 살펴보면 모두 묘호를 사용하고 있다"고 했다.[92] 일본학자 패총무수의 말을 인용해 "'조정'에게 이르면 왕께서 보살핌을 받겠습니까? 전책典冊으로 제사를 드리면 왕께서 보살핌을 받겠습니까? 至祖丁, 王受又. 冊至, 王受又'(『수』 265편)와 같은 예문으로 볼 때, '책지모조冊至某祖'라는 이 목적격은 선조 이름이 생략된 것으로 보아야만 한다"[93]고 하기도 한다. 결론적으로 말해, 상옥지는 이상의 세 복사는 모두 '일지'에 관한 기록이 아니라고 했다. 『합집』 30,871편과 27,454편의 "기지일무주其至日戊酒"에 대해, 상옥지

91) 常玉芝, 『殷商曆法硏究』, 吉林文史出版社, 1998, 77~86면.

92) 沈之瑜, 「說"至"」, 『文物』 第11期, 1979.

93) 『京都大學人文科學硏究所藏甲骨集』 第1883版의 考釋.

는 "일무日戊는 무일戊日을 말한다"[94]고 한 굴만리의 『갑편 고석』의 말을 인용해, "기지일무其至日戊"는 무일戊日이라는 날짜에 이르러 주酒제사를 거행한 것을 말한다고 했다. 이에 대해 상옥지는 "갑술일에 점을 칩니다. 물어봅니다. 사냥을 나가 5일째 되는 '무'일에 이르면甲戌卜, 貞田至五日戊" 이라고 한 『을』 356편의 복사로써 이를 증명했다. 상옥지는 "지오일무至五日戊"는 "지일무至日戊"에 비해 단지 날짜수를 나타내는 "오五"자가 하나 더 추가되었을 뿐이다. 그래서 5일 후인 무일戊日을 말하며, "지무일至日戊"에서는 단지 날짜수가 생략되었을 뿐이라고 했다. 상옥지는 각사 내용이 비교적 많은 『합집』 27,454판의 복사를 상세하게 분석했다. 그녀는 이렇게 말했다. 이 편에는 "총 7조목의 복사가 기록되었는데, 5조목은 모기母己에 대한 제사의 거행에 대한 점복이고, 2조목은 부갑父甲에 대한 제사의 기록이다. 모기母己에 대한 제사는 먼저 계유일에 '죽음死'에 관해 점을 친 것으로부터 제사가 시작되었고, 다시 '작은 희생양을 사용小宰' 할 제사에 대해 물었으며, 이어지는 세 편의 복사는 차례대로 '오늘밤에 주제사를 드릴까요? 叀今夕酒', '오는 갑일에于翌日甲', '무일에 이르러 주제사를 드릴까요? 其至日戊酒'에 대해 물었다. 즉 오늘(계유일) 밤늦은 시간인지, 아니면 이튿날인 갑일(갑술일)인지, 아니면 무일(무인일)에 이르러 '주酒'제사를 거행할 것인지를 물었다. '일무日戊'는 '무일戊日'의 도치임이 매우 분명하며, 단어의 도치는 복사에서 매우 자주 보이는 현상이다.(…중략…) 다만 '기지일무주其至日戊酒'의 '지至'를 동사인 '이르다到'로 해석해야만 세 복사 간의 시간이 서로 이어지고 내용도 통하게 된다. 만약 '지至'자를 '일日'자와 결합된 명사로 보아 '일지日至'로 해석해 버리면 복사의 의미가 연계되지 않으며 잘 이해도 되지 않는다. 복사에 일지가 기록되었다고 주장하는 학자들은 모두 하나 같이 단지 '기지일무주其至日戊酒'라는 복사만 가져와 제멋대로 해석하고 있다. 이렇듯 같은 판에 등장

94) 『殷虛文字甲編考釋』 第1520片.

하는 다른 복사를 연계해 고찰하지 않으면 오독이 생겨나기 쉽다"고 했다.[95]『합집』 28,261판의 복사에 대해 이것이 "일지"를 기록한 것이라 주장하는 학자도 단지 그 중의 "지일주하至日酒河"라는 조목만 인용하여 이것이 일지의 기록이라고 단정하였는데, 상옥지는 이 판의 3조목의 복사 중, "지일주하至日酒河"의 의미도 같은 판의 다른 복사와 연계시켜 해석해야 한다고 주장했다. 그녀는 이렇게 말했다. "첫 번째 복사인 '하구혜정년河求叀丁年'은 '혜정구년하叀丁求年河'의 도치형이며, 두 번째 복사인 '지일주하至日酒河', 세 번째 복사인 '풍년을 하신에게 비는데 '신'제사를 …… 其求年于河, 新 ……' 등은 결론적으로 말해서 풍년을 위해 황하河에 제사를 드린 복사이다. 그래서 '지일하至日河'는 황하河에 제사를 드릴 날짜에 주酒제사를 드릴 것인지에 대한 이야기이며, '지일至日' 뒤에 간지일이 생략되었을 뿐이다." 상옥지는 상나라 사람들은 서로 다른 제사대상에 대해서도 특정한 제삿날을 규정해 두는 것이 일반적이었는데, 이러한 예는 복사에 자주 보인다고 했다. 그녀는『합집』28,261판의 복사와 동일 시기에 해당하고 마찬가지로 황하에 풍년을 빌었던 4판의 복사를 들어 이를 증명하면서(즉『합집』 28,262 · 28,263 · 30,688 · 28,260편) 이렇게 말했다. "4판의 복사는 '황하에 풍년을 빌기求年于河' 위해 드린 주酒제사가 모두 신일辛日에 거행되었으며", 그래서『합집』28,261판의 "'일지주하至日酒河'는 '지일至日' 뒤에 천간일인 '신辛'이 생략된 것이며, 그래서 '지일至日'은 여전히 어떤 날에 이르다는 뜻이지, 24절기 중의 일지를 지칭하는 것이 결코 아니다."[96] 복사에 "일지"에 대한 기록이 존재한다고 주장하는 학자들은 또『둔남』4,852 · 2,271편,『합집』29,071 · 29,072 · 22,046편 등 5판에 보이는 "지일至日", "필지일弜至日" 등을 증거로 제시했다. 상옥지는 이를 분석한 결과,『둔남』2,271판의 "지일갑至日甲"은 앞에서 분석한『합집』22,454판과 30,871판의 "지일무至日戊"와 같은 것으로, 갑甲에 해당하

95) 常玉芝,『殷商曆法硏究』, 吉林文史出版社, 1998, 82~83면.
96) 常玉芝,『殷商曆法硏究』, 吉林文史出版社, 1998, 83~84면.

는 어느 날이라는 뜻이라고 했다. 그렇다면 이 판에 등장하는 "필지일弜至日"도 당연히 '갑甲이라는 이 날에 이르지 않아야 할까요?'라고 반문한 것으로("필弜"은 '~하지 말라'는 뜻이다),[97] "지일至日" 뒤에 천간일인 "갑甲"이 생략된 것이다. 상옥지는 글자 수가 많고 의미가 온전한 『둔남』 4,582판과 『합집』 22,046판을 예로 들어 이렇게 분석했다. 『둔남』 4,582판의 "5조목의 복사 중, '기'에게 '료'제사를 드리는데 '지일'에 '주'제사를 올리지 말까요? 夔尞弜至日酒"라고 물었고, 이어서 '그 날에 이르렀다其至日'고 반문한 것이다. 이것은 '기'에게 '료'제사와 '주'제사를 드리는 날짜의 선택에 관한 것으로, 어떤 고정된 날짜에 제사를 드리는 것이 좋을지 아니면 그 날짜에 드리지 않는 것이 좋을 지를 물었던 것이고, 점복의 결과는 그 날에 드리지 않아야 좋을 것이라는 것임을 단번에 알 수 있다. 그래서 "'기'에게 '료'제사를 드리는데 '지일'에 '주'제사를 올리지 말까요?夔尞弜至日酒'의 오른쪽 윗부분에 점사占辭인 '길吉(좋다)'과 '자용兹用(이 복사를 사용하라)'을 기록해 두었던 것이다." 이로 인해 『둔남』 4,582판의 "'지일'에 '주'제사를 드리지 말까요? 弜至日酒"의 경우 "일지至日" 뒤에 간지일이 생략되었으며, "기지일其至日"은 간지일 뿐 아니라 "주酒"자까지도 생략되었다. 『합집』 22,046판의 복사에 대해 상옥지는 이 복사의 내용과 "필弜"자의 의미로부터, "지일至日"과 필지일"弜至日"은 '일지'를 말한 것이 아니라고 하면서 이렇게 말했다. 『합집』 22,046판은 오午조 복사의 거북 배딱지로, 위쪽에 12조항의 복사가 있는데, '일지'설을 주장하는 사람들은 그중 "임진일에 점을 칩니다. '지일'에 할까요? 壬辰卜, 至日"와 "임진일에 점을 칩니다. '지일'에 하지 말까요? 壬辰卜, 弜至日"의 두 복사를 들어 상나라 시대에 이미 '일지'를 측정할 수 있었다고 설명한다. 이 판에는 이들 외에도 8조항의 간지일(그중 1조항은 파손되었다)이 있는데, 모두 무자일로 되어 있다. 서로 연결된 4조항의 복사는 다음과 같다.

---

97) 裘錫圭, 「說"弜"」, 『古文字研究』 第1輯, 中華書局, 1979. 또 『古文字論集』, 中華書局, 1992年에도 수록됨.

무자일에 점을 칩니다. '사'일에 이르러 '어'제사를 '부정'께 드리는데 돼지 1백 마리를 쓸까요? 戊子卜, 至巳御父丁百豕.

무자일에 점을 칩니다. '사'일에 이르러 '어'제사를 '자경'께 드리는데 강족과 희생소를 쓸까요? 戊子卜, 至巳御子庚羌牢.

[무자일에 점을 칩니다.] 이르러 '어'제사를 '부정'께 드릴까요? [戊子卜], 至御父丁.

무자일에 점을 칩니다. 이르러 '어'제사를 '자경'께 드릴까요? 戊子卜, 至御子庚.

앞의 두 복사는 무자일에 "'사'일에 이르러 '어'제사를 '부정'께 드리는데 돼지 백 마리를 쓸까요? 至巳御父丁百豕'와 "'사'일에 이르러 '어'제사를 '자경'께 드리는데 강족과 희생소를 쓸까요? 至巳御子庚羌牢'에 대해 물었는데, "'사'일에 이르러至巳'라고 한 것은 바로 무자일의 5일 후인 계사일에 이른다는 뜻이다. 다만 날짜를 지지를 이용한 '사巳'로 기록했을 뿐이다. 뒤의 두 복사도 무자일에 각기 '이르러 '어'제사를 '부정'께 드릴까요? 至御父丁'와 '이르러 '어'제사를 '자경'께 드릴까요? 至御子庚'에 대해 물은 것인데, '지至'자의 뒤에 모두 지지자인 '사巳'가 생략되었으며, 부정父丁에게 제사드릴 때의 '백百 마리' 돼지豕와 자경子庚에게 제사드릴 때의 '강족과 희생소羌牢'도 생략되었다. 그래서 '임진복, 지일壬辰卜, 至日'과 '임진복, 부지일壬辰卜, 弜至日'은 각기 부정父丁과 자경子庚께 제사를 드리는 복사의 중간에 새겨진 것으로, 이는 제삿날인 계사일의 하루 전인 임진일에 다시 계사일에 제사를 드려야 좋을지 아니면 계사일이 되지 않아서 제사를 드리는 것이 좋을지를 물은 것임에 분명하다. '지일至日'과 '필지일弜至日'의 뒤에 모두 지지일인 '사巳'가 생략되었다. 다시 말해 여기서의 '지至'는 여전히 이르다到는 뜻이며, '지일至日'은 어떤 날에 이르다는 뜻이지, 결코 '일지'를 말하는 것이 아니다." 그녀는 또 복사에 보이는 네 가지의 주요 부사성 부정사인 "불不"·"불弗"·"물勿"·"필弜"의 의미와 용법에 대한 구석규의 고증을 인용하여, 앞에서 인용한 복사에서 "필지일弜至日"에서의 "지일至日"은 '일지'를 지칭한 것이 아니라고 했다. 구석규는 "'물勿'과 '필弜'의 용법은 매우 비슷하며, '불不'과 '불弗'의 용법도 비교적 근접한다. 하지만 '물勿'·'필弜'과 '불不'·'불弗'의 용법에는 현격한 차이가 있다. 거칠게 말하자면, '불不'과 '불弗'은 가능성과 사실적인 것을 말하지만, '물勿'과 '필弜'은 바람을 말한다. 만약 현대어로 번역하자면, '불不……'과 '불弗……'는 종종 '…… 하지 않을 것이다不會…'로 번역되지만, '물勿……'과 '필弜……'은 '물勿……'과 마찬가지로, 종종 '…… 하지 말라不要……'로 해석된다." 구석규는 또 부정사로 쓰인 "필弜"의 경우 한 번도 빈賓조 복사 및 제2기 전기의 복사(즉 출出조류 복사)에 나타난 적이 없으며, 제2기 이후의 복사와 사조·오午조 등과 같은 복사에 대량으로 나타난다고 했다.98) 이를 위해 상옥지는 무명조 중에서 부정사로 쓰인 "필弜"을 조사했다. 그녀는 "필弜"의 뒤에 "필사弜射"(『합집』 31,141편), "필령弜令"(『합집』 31,259편), "필호弜乎"(『합집』 31,892편), "필용弜用"(『합집』 29,504·30,050편), "필전弜田(『합집』 28,556·29,335편), "필작弜乍"(『합집』 29,688편), "필성弜星"(『합집』 28,198편) 등과 같이 주로 동사가 연결된다는 사실을 발견했으며, 상옥지는 이러한 것은 모두 '~하지 말라'는 뜻이라고 했다. 또 무명조의 복사인 "필지정사弜至丁巳"(『합집』 30,817편)를 들어, 이 복사는 앞에서 든 여러 예들과 마찬가지로, 부정사 "필弜"의 뒤에 놓인 "지至"로서 분명히 동사이며, 그 뜻은 정사일에 이르지 말라는 뜻이며, 동사 "지至" 뒤에 다시 명사인 간지일이 놓여, 동사-목적어 구조를 형성했다고 했다. 그래서 "이렇게 볼 때, '필지일弜至日'의 '지至'는 분명 동사이며, '지至'의 뒤에 간지를 생략한 채 단지 '일日'만 기록했고, '어떤 날에 이르게 하지 않다'는 뜻이다. 만약 '필지일弜至日'의 '지일至日'을 명사로 보고 '일지'로 해석하게 되면, 이 복사는 '일지'를 하지 말라는 것을 물어본 것이 되므로, 의미가 통하지 않게 되고, 은나라 사람들이

98) 裘錫圭, 「說"弜"」, 『古文字硏究』 第1輯, 中華書局, 1979. 또 『古文字論集』(中華書局, 1992)에도 수록됨.

그들의 바람을 물었던 것과도 위배된다. '일지'는 올 것인가 말 것인가의 문제가 아니며, 주관적 바람에 의해 이루어질 것인지를 결정할 수 있는 것도 아니기 때문이다."[99]

은허복사에 일지에 대한 기록이 존재하는가에 대해서는 물론 다른 의견이 존재할 수 있다. 하지만 이 문제는, 일본의 저명학자인 지전말리池田末利의 말처럼 "지금의 단계에서는 복사에 '일지'에 관한 사실이 존재한다고 확정하는 것은 곤란하다"[100]는 것은 매우 분명한 사실이다.

3. 상나라의 역법 연구와 복원

상나라 때의 역법은 도대체 어떤 모습이었을까? 이것은 서한 때의 천문 역술가들도 이미 분명하게 알지 못했다. 『한서』「율력지律曆志」에서 상고시대부터 삼대三代에 이르기까지 황제黃帝, 전욱顓頊, 하夏, 은殷, 주周, 노魯의 고대 6력六曆이 있었다고 했지만, 남북조 때의 걸출한 천문학자이자 수학자였던 조충지祖沖之는 이렇게 말했다. "옛날의 6술六術[101]은 모두 4분법四分法에 의거했다. 4분법은 오래 되어 훗날까지 계속되었다. 일식과 월식으로 검증해 보건대 3백 년이 지났건만 단지 하루 밖에 차이가 나지 않는다. 옛날의 역법은 오늘날에 견주어 볼 때 대단히 엉성하여 초하루 이후로도 2일 이상이나 차이가 난다. 이렇게 추측해 보건대, 옛날의 6술六術은 모두 주나라 말 한나라 초기에 이루어졌으며 이치상 더 멀리 올라갈 수는 없었다 古之六術, 并同四分. 四分之法, 久則後天. 以食檢之, 經三百年,

---

99) 常玉芝, 『殷商曆法硏究』, 吉林文史出版社, 1998, 84~86면.

100) 池田末利, 「再答嚴一萍－殷曆譜的問題等」, 『甲骨學』 第11號, 1976.

101) (역주) 占日, 占月, 占星氣, 律呂, 甲子, 算數의 여섯 가지를 말한다..

輒差一日. 古曆課今, 其甚疏者, 朔後天過二日有餘. 以此推之, 古術之作, 皆在漢初周末, 理不得遠"(『송서』「율력지律曆志」). 이것은 소위 고대의 6력六曆이라는 것이 이름은 "옛날"의 것이라고 했지만 사실은 주周나라 말부터 한나라 초까지 사용되었던 역법이라는 말이다. 그래서 6력 중의 "은나라 역법"도 결코 은나라 때에 사용되었던 역법은 아니며, 그것은 "은나라 역법"이라고 이름만 가탁한, 실제로는 주나라 말부터 한나라 초기 때의 역법일 뿐이다.

2천여 년이 지난 1899년 하남성 안양의 은허에서 상나라 시대의 갑골문이 발견된 이후, 갑골문으로부터 은상 때의 역법의 모습을 찾으려는 노력이 시작되었다. 1930년 속세징束世澂이 「은상제도 고殷商制度考」(중앙대학 『반월간半月刊』 제2권 제4기)를 발표하여 처음으로 은나라 때의 역법에 관한 문제를 제기했으며, 이를 이어 유조양劉朝陽·손해파孫海波·동작빈董作賓 등도 이러한 논의에 참여했다. 1950년대에 이르면 은나라 역법에 대한 인식에서 이미 두 학파가 형성되었다. 한 파는 유조양劉朝陽을 대표로 한다. 그들은 은상 때의 역법은 일종의 "순수한 정치력政治曆"으로, 이러한 역법에서는 월月과 연年의 길이가 천상과는 전혀 무관하며 모두 인위적으로 규정된 것이라고 해석했다. 다른 한 파는 동작빈을 대표로 하는데, 그들은 은상 때의 역법은 추보推步식으로 제정된 합천合天의 음양력陰陽曆이라고 주장했다. 1950년대 이후 유조양이 작고한 이후로는 은력이 "정치력"이라는 관점을 지지하는 사람은 이미 더 이상 존재하지 않는 것처럼 보인다. 하지만 은력에 관한 동작빈의 학설에 대해서도 중국 내외에서 예리하고 부정적인 비평이 끊임없이 제기되어 왔다. 결론적으로 말해, 은상 때의 역법 문제는 전 세계 학자들이 약 70년간 반복적으로 연구해 왔고, 발표된 논저만 해도 이미 2백여 종에 이르고 있지만, 지금까지 구축된 공통된 인식은 단 한 가지, 즉 은상 시기에 사용했던 것은 태음太陰으로 월月을 기록하고 태양太陽으로 연年을 기록한 태음태양력太陰太陽曆, 즉 음양 합력合曆이라는 점에 지나지 않는다. 하지만 그것의 구체적인 모습에 대해서도 또 의견 통일이 이루어지지 않은 상태이다. 동작빈은 그것이 사분술四分術에 근거한 추보推步식의 방법으로 제정된 엄밀한 합천력合天曆(어떤 학자들은 동작빈이 복원한 은력은 실제는 결코 사분력四分曆이 아니라 사분력보다 더욱 정확한 오늘날의 일종의 새로운 역법이라 하기도 한다)이라고 했지만, 동작빈의 이러한 논점에 동의하는 학자로는 오기창吳其昌과 엄일평嚴一萍 두 사람 밖에 없는 것처럼 보인다. 나머지 대다수의 학자는 은나라 때의 역법은 아직 추보推步에 의해 제정된 것이 아닌 것으로 보고 있다. 하지만 이런 학자들의 은력에 대한 구체적인 내용, 예컨대 은력의 하루의 기록紀日法과 하루의 시작日始, 한 달의 길이, 윤달의 안배, 한 달의 시작月首을 비롯한 1년의 기록법紀年法과 1년의 길이와 1년의 시작歲首 및 시작 달月建 등에 대해서는 아직도 다른 의견이 존재한다.

하루日, 한 달月, 1년年은 역법을 구성하는 세 가지 요소이다. 1970년 이후 전 세계 학자들이 이룩한 은상 역법의 역일曆日, 역월曆月, 역년曆年의 연구 현황은 다음과 같다.

1) 역일曆日의 연구와 복원

(1) 은나라 때의 간지 기일법紀日法

오래된 옛날, 사람들은 새끼매듭이나 나무에 글을 새기는 방법 등과 같은 여러 가지 방법으로 하루의 시간을 기록했다. 역사가 발전하여 은상 시기에 이르면 이미 간지를 이용하여 하루를 기록하게 된다. 은허에서 출토된 십 수만 편의 갑골각사에 간지 형식으로 기록된 날짜는 온 천지에 늘려 있다. 은나라 사람들은 10천간, 즉 갑甲・을乙・병丙・정丁・무戊・기己・경庚・신辛・임壬・계癸와 12지지, 즉 자子・축丑・인寅・묘卯・진辰・사巳・오午・미未・신申・유酉・술戌・해亥 등을 순서대로 배합시켜 한 사이클을 만들며 60개의 간지를 만들고 이로써 날짜를 기록했다.

이 60개의 간지 단위는 순배를 돌며 반복적으로 사용되었는데, 갑골문에 존재하는 날짜를 검색하기 위한 적지 않은 전문적인 간지표가 이를 증명해 주고 있다. 현재까지 발견된 가장 완전한 간지표는 황黃조 복사의 소 어깻죽지 뼈에 기록된『합집』37,986편이다. 상나라 때에 간지 기일법이 쓰였다는 것에 대해 의심하는 학자는 없다. 간지 기일법은 고대 중국인의 중요한 발명으로, 간지로 날짜를 기록하면 오차도 생기지 않고 중복되는 경우도 생기지 않는다. 이러한 날짜 기록법은 오늘까지도 중단 없이 계속 이어지고 있다.

은허에서 출토된 갑골문에 의하면, 은나라 사람들의 날짜 기록은 절대 다수가 천간과 지지를 함께 기록했지만, 천간만 기록한 경우도 적지 않게 보인다. 상옥지는 각 조 복사에 보이는 천간으로 날짜를 기록한 현황에 대해 통계를 낸 적이 있다. 그녀는 이렇게 말했다. "천간으로만 날짜를 기록한 경우는 역歷조 복사에서 가장 많이 보여 총 106판이 출현했으며, 그 다음은 무명조로 87판, 빈조가 51판, 사조가 14판, 하何조가 5판, 자子조가 2판, 황조가 2판, 오午조가 1판고, 출出조에서는 출현하지 않았으며", 이러한 날짜 기록법은 각 조의 비에 관한 점복에서 대부분 출현하였고, 그 다음이 제사에 관한 점복과 기상에 관한 점복이었다."[102]

은나라 사람들이 지지만으로 날짜를 기록하였는지의 여부에 대해서, 진몽가·온소봉·원정동은 부정적인 견해를 피력했다. 진몽가는 "'갑자우甲子雨'를 생략해 '갑우甲雨'라고는 할 수 있어도 '자우子雨'라고는 할 수 없다"고 했으며,[103] 온소봉·원정동은 "복사에는 절대로 '금일今日+지지자'의 형태로 오늘을 지칭한 경우는 없으며, 지지地支로써 어떤 날짜를 지칭한 경우도 없다"고 했다.[104] 하지만 상옥지는 지금까지 발견된 수만 편의 갑골복사 중 다음의 9판에서는 지지를 사용한 날짜 기록의 예가 발

102) 常玉芝,『殷商曆法研究』, 吉林文史出版社, 1998, 89~90면.
103) 陳夢家,『殷虛卜辭綜述』, 中華書局, 1988, 93면.
104) 溫少峰·袁庭棟,「科學技術篇」,『殷墟卜辭研究』, 四川省社會科學院出版社, 1983, 79면.

견되었다고 했다.

을축일에 점을 칩니다. '내'가 물어봅니다. 다가오는 '인'일에 날이 개이겠습니까? '병'일에 과연 날이 개였다. 乙丑卜, 內, 翌寅啓. 丙允啓.

—『합집』 13,140편

물어봅니다. 다가오는 기사일에 '의'제사를 지내지 말까요? 貞翌己巳勿宜.

물어봅니다. 다가오는 '사'일에 '의'제사를 지내지 말까요? 貞翌巳勿宜.

—『영극국소장』 1,276편

오늘 신미일 왕께서 밤에 외출을 나갈까요? 今辛未王夕步.

오늘 '미'일 밤에 나가지 말까요? 今未勿夕步.

—『합집』 7,772편 앞면

갑술일에 물어봅니다. '을'일에 불행한 일이 없을까요? 甲戌, 貞乙亡禍.

을해일에 물어봅니다. '자'일에 불행한 일이 없을까요? 乙亥, 貞子亡禍.

—『합집』 34,728편

무오일에 물어봅니다. '유'일에 산신에게 풍년을 비는데, 돼지 3마리를 불에 태우고, ……를 배를 갈라 지낼까요? 戊午, 貞酉求禾于岳, 燎三豕, 卯 ……

—『둔남』 2,626편

을미일에 [물어봅니다]. 그 '신'일에 햇빛이 날까요? 乙未, [貞]其申易日.

—『둔남』 4,170편

을축일에 물어봅니다. '축'일에 '주'제사와 □제사와 '세'제사를 드릴까요? 乙丑, 貞于丑酒□歲.

—『둔남』 1,110편

무자일에 점을 칩니다. '사'일에 이르러 '어'제사를 '부정'께 드릴 때 돼지 1백 마리를 쓸까요? 戊子卜, 至巳御父丁百豕.

무자일에 점을 칩니다. '사'일에 이르러 '어'제사를 '자경'께 드릴 때 강족과 희생소를 쓸까요? 戊子卜, 至巳御子庚羌牢.

—『합집』 22,046편

갑오일에 왕께서 점을 칩니다. 물어봅니다. '여'가 '주'제사를 우리의 곡식신에게 드리고, '유'일에 '여'가 '희후'를 따라 '인방'의 정벌에 나설까요? 甲午王卜, 貞乍余酒朕禾, 酉余步從侯喜征人方.

—『합집』 36,482편

상옥지는 이렇게 해석했다. 『합집』 13,140편은 을축일에 점을 쳤고, 명사命辭에서 "다가오는 '인'일에 날이 개이겠습니까? 翌寅啓"라고 했고, 험사驗辭에서 "'병'일에 과연 날이 개였다 丙允啓"고 했다. 을축일의 다음날이 병인일이므로, 명사命辭에서의 "인寅"과 험사驗辭에서의 "병丙"은 모두 병인일로, 하나는 지지를, 다른 하나는 천간을 이용했음이 분명하다. 『영국 소장』 1,276편의 두 복사는 모두 기사일에 "의"제사를 거행하지 말 것인가를 물은 것인데, 앞 복사의 날짜는 "기사"라 했지만, 뒷 복사에서는 지지자인 "사巳"로써만 표시했다. 『합집』 7,772편의 경우, 하나는 "오늘 신미일今辛未"이라고 했지만 다른 하나는 "오늘 '미'일今未"이라고 하여 지지자인 "미未"만으로 "신미"일을 표시했다. 『합집』 34,728편의 경우, 첫 번째 복사는 갑술일에 "'을'일에 불행한 일이 없겠습니까? 乙亡禍"라고 물었고, 두 번째의 복사에서는 을해일에 "'자'일에 불행한 일이 없겠습니까? 子亡禍"라고 물었는데, 갑술일의 다음 날이 을해일이고 을해일의 다음날이 병자일이므로, 이 복사에서의 천간인 "을乙"은 두 번째 복사의 "을해乙亥"일을 줄여 부른 것이며, 두 번째 복사의 지지인 "자子"는 "병자丙子"일의 생략된 모습이다. 『둔남』 2,626편은 무오일에 "유酉"일에 풍년을 비는 제사를 거행할 것인가를 물었는데, 지지인 "유酉"는 무오일의 3일 후인 신유일을 지칭함이 분명하다. 『둔남』 4,170편은 을미일에 "신申"일에 "햇빛이 날 것이지易日"에 관해 물은 것인데, 을미일의 다음 날이 병신일이므로, 지지인 "신申"은 병신의 생략된 모습임이 분명하다. 『둔남』 1,110편은 을축일에 "축丑"일의 주酒 제사와 세歲 제사 등을 지낼 것인지를 물은 것인데, 지지인 "축丑"이 당일인 을축일을 지칭하는지 다음의 "축丑"일인 정축일을 지칭하는지에 대해서는 확정할 수가 없다. 『합집』 22,046편은 모두 무자일에 "사巳"일의 제사를 거행할 것인지를 물은 것인데, 무자일의 5일 후가 계사일이므로, 지지인 "사巳"는 계사癸巳의 생략된 모습이다. 『합집』 36,482편은 갑오일에 점을 쳐 "유酉"일에 상나라 왕이 제후인 희喜를 따라 인방人方을 정벌할 것인지를 물은 것인데, 갑오일의 3일 뒤인 정유일이므로, 지지인 "유酉"는 정유丁酉의 생략된 모습임이 분명하다.[105] 이상에서 든 예증은 드물긴 하지만 은나라 때 지지만으로도 날짜를 기록하였음을 보여주고 있다. 다만 초기부터 후기 복사에 이르기까지 모두 나타나고 있지만 그 숫자가 매우 적을 뿐이다.

상옥지는 상나라 시대의 날짜 기록법을 연구하면서, 상나라 사람들은 또 선왕先王·선비先妣의 일간명日干名으로써 날짜를 기록하기도 했으며, 간지를 주제周祭에 더하는 식으로 날짜를 기록하였다는 사실도 발견했다.

은허 갑골복사에 의하면, 상나라의 선왕은 상갑上甲부터 시작되며, 선비는 시임示壬의 배우자인 비경妣庚부터 천간자를 사용해 날짜의 이름으로 삼았다."[106] 일명日名의 의미에 대해, 역대로 생일이라는 설, 죽은 날

---

105) 常玉芝, 『殷商曆法研究』, 吉林文史出版社, 1998, 93~95면.

106) 엄격하게 말해서, 상나라의 先王은 大乙(成湯)부터 시작되어야 하며, 大乙의 앞인 上甲·報乙·報丙·報丁·示壬·示癸 등은 습관적으로 先公이라 부른다. 여기서는 서술의 편의를 위해 일괄적으로 先王이라 불렀다.

이라는 설, 제사 이름이라는 설, 순서라는 설 등 여러 가지 해석이 있었다.[107] 이학근은 먼저 복사를 이용해 은나라 사람들의 "몇몇 일명日名은 시호법과 같이 죽은 후에 결정되는 것으로, 생일이나 죽은 날짜와는 무관하며, 제사일은 이 일명日名에 의해 정해지지 일명日名이 제사일에 의해 정해지는 것은 결코 아님"을 증명했으며, 다음과 같은 4가지의 복사를 증거로 들었다.

> 을사일에 점을 칩니다. '제일'을 '정'으로 할까요? '을'로 할까요? 다른 날이 있다. '신'으로 할까요? 다른 날이 있다. 乙巳卜, 帝日叀丁. 叀乙. 又日. 叀辛. 又日.
>
> —『쿨링』 985+1,106편

> 계미일에 점을 칩니다. □이 물어봅니다. 10일 동안 불행한 일이 없겠습니까? 을축일에 '소사'가 죽었다. 8월이었다. 癸未卜, □, 貞旬亡禍. 己丑, 小𠨘死. 八月.
>
> —『허』 1,983편

> 정해일에 점을 칩니다. □이 물어봅니다. 어려움이 오겠습니까? 을축일에 '소사'가 죽었다. 8월이었다. 丁亥卜, □, 貞其有來艱. 二日己丑, 小𠨘死. 八月.
>
> —『철』「1」 210편

> 병신일에 점을 칩니다. '출'이 물어봅니다. '소사'의 날을 정하는데, '계'로 할까요? 8월이었다. 丙申卜, 出, 貞作小𠨘日, 叀癸. 八月.

107) "生日說"은 『白虎通』「姓名篇」·『帝王世紀』(『太平御覽』 卷83의 인용)·『史記』「殷本紀」「索隱」에서 인용한 皇甫謐의 說 등이 있다. "死日說"은 『史記』「殷本紀」「索隱」에서 인용한 譙周의 說이있는데, 이 설을 신봉한 학자로는 董作賓(「骨文斷代研究例」, 『慶祝蔡元培先生六十五歲論文集』 上冊, 1933); 王玉哲(「試論商代兄終弟及的繼統法與殷商前期的社會性質」, 『南開大學學報』(人文科學), 1956年 第1期) 등이 있다. "祭名說"은 王國維의 「殷卜辭中所見先公先王考」(『觀堂集林』 卷9, 1917)에 보인다. "次序說"은 陳夢家, 『殷虛卜辭綜述』(中華書局, 1988), 405면에 보인다.

—『후』 하 9.3편

위에서 인용한 첫 번째 복사는 무명조의 복사이다. 이학근은 이렇게 말했다. "'제일帝日'이라 운운한 것은 죽은 왕의 일명日名이 정丁인지, 을乙인지, 아니면 신辛인지에 대해 물은 것이다 '을乙'과 '신辛' 아래에 모두 '우일又(有)日'이라고 주석이 된 것으로 보아, 죽은 왕의 일명日名은 정丁임을 알 수 있다."[108] 상옥지는 상나라 시대의 왕王과 비妣의 제사일은 일명日名에 의해 정해지며, 일명日名은 또 단지 천간일天干日만 사용한다는 이학근의 연구에 근거해, 적잖은 복사에서 왕과 비의 일간명으로 날짜를 기록하였음을 밝혀냈다. 그녀는 선왕의 일간명으로 날짜를 기록한 총 28판의 복사를 제시했는데, 그중 1판에서는 선비의 일간명으로써 날짜를 기록한 경우도 보인다.[109] 다음의 3판을 예로 보자.

> 계묘일에 물어봅니다. '대갑'일에 비가 오지 않을까요? 癸卯, 貞大甲日不雨.
> 비가 올까요? 其雨.
>
> —『화이트』 1,601편

> 갑진일에 물어봅니다. '소을'일에 탈이 없을까요? 甲辰, 貞小乙日亡巷.
> 비를 만나지 않을까요? 不遘雨.
> 비를 만날까요? 其遘雨.
>
> —『합집』 32,625편

> '시임'으로부터 여러 '선왕'께 이르면, 큰 비가 내릴까요? 自示壬至后, 又大雨.
> '대을'부터 여러 '선왕'께 이르면, 큰 비가 내릴까요? 自大乙至后, 又大雨.
>
> —『화이트』 1,369편

108) 李學勤, 「論殷代的親族制度」, 『文史哲』, 1957年 第11期.
109) 常玉芝, 『殷商曆法研究』, 吉林文史出版社, 1998, 96~103면.

상옥지에 의하면, 『화이트』 1,601편은 계묘일에 "'대갑'일에 비가 내리지 않을 것인지大甲日不雨"를 물었는데, "대갑일"은 계묘일의 다음날인 갑진일을 말한다. 『합집』 32,625편은 갑진일에 "'소을'일에 탈이 없을 것인지小乙日亡巷"를 물었는데, "소을일"은 갑진일의 다음날인 을사일을 말한다. 『화이트』 1,369편에서의 "'지至'는 이르다到는 뜻인데, 『설문』에서 '도到는 이르다至는 뜻이다'고 했으며, '후后'는 선왕先王을 말하며, '우又'는 있다有는 뜻이다. 이 두 복사는 각기 어떤 시간대에 큰 비가 내릴 것인지의 여부에 대해 물었다(전사前辭가 생략됨). 하지만 기록된 시간은 어떤 간지일에서부터 어떤 간지일까지의 시간이 아니라, ''시임'부터 선왕에 이르기까지自示壬至后'나 ''대을'부터 선왕에 이르기까지自大乙至后'의 형식이다. 이것은 시임示壬에 대한 제삿날부터 어떤 선왕의 제삿날에 이르기까지 이 시간대에 큰 비가 내릴 것인가를 물은 것이며, 대을大乙의 제삿날로부터 어떤 선왕의 제삿날에 이르는 그 시간대에 큰 비가 내릴 것인가를 물은 것이다. 어떤 선왕이 어느 왕을 지칭하는지에 대해서는 별다른 설명이 없다. 이것은 무명조에 속하는 복사인데, 무명조의 복사는 시대적으로 조갑祖甲에서부터 시작해 문정文丁에 이르기 때문에[110] ……'어떤 선왕에 이르기까지至后'라는 말은 당시 왕의 아버지를 지칭하며, 아버지 항렬에 속하는 선왕의 일명日名은 점을 치는 자가 분명히 알고 있기 때문에 따로 기록하지 않았으며 단지 '후后'라는 말로만 해도 가능했을 것으로 추측된다."[111]

상옥지는 상나라 후기의 황黃조 복사에서 주제周祭를 이용해 날짜를 기록하던 풍조가 유행했음도 발견했다. 그녀는 이렇게 말했다. 상나라 후기, "상나라 왕을 비롯한 왕실 귀족들은 점복을 행하거나 명문을 주조해 기록을 해야 할 중요한 사안이 생기면 종종 각사와 명문의 가장 마지막 부분에 당일 치러졌던 주제周祭를 기록했으며, 이를 날짜 기록의 한

110) 李學勤·彭裕商, 「殷墟甲骨分期新論」, 『中原文物』, 1990年 第3期.
111) 常玉芝, 『殷商曆法硏究』, 吉林文史出版社, 1998, 102~103면.

방법으로 이용했다. 주제周祭의 5가지 사전祀典의 경우 선왕과 선비들에 대해 윤번으로 제사를 드리는 한 주기에 걸리는 시간이 36순旬이나 37순으로 태양년의 일수에 상당하기 때문에, 일반적으로 윤월이 들지 않는 상황 등에서는 한 가지 사전祀典에서 한 선조에 대한 제사는 1년에 단 한 차례만 돌아오게 된다.[112] 그래서 주제周祭로 날짜를 기록하는 것은 간지로써 날짜를 기록하는 것만큼이나 편리했다. 그리고 상나라 사람들은 종종 이 두 가지의 날짜 기록법을 결합해서 썼으며, 복사와 명문에서 간지일을 앞에서 기록하면 당일의 주제周祭는 뒤에다 기록했다."[113] 그녀가 발견한 주제周祭를 이용한 상나라 사람들의 날짜 기록 방식은 기본적으로 두 가지가 있다. 하나는 다음의 예처럼 어떤 사전祀典으로 어떤 선조께 제사를 드렸다는 것을 표시한 것이다.

① 정묘일에 왕이 점을 칩니다. 물어봅니다. 오늘 점괘에서 무당의 '구서九筮' 점으로 점괘를 해석합니다. '아'가 '다전'과 '다백'을 따르게 하여 '우방백 담'을 정벌하면, 병사를 잃겠습니까? 다음날 가면 '좌사'를 [잃지 않겠습니까?] 천신과 지신으로부터 𣪘제사를 드리면 내가 보살핌을 받겠습니까? 정벌하면 [불행한 일이] 없겠습니까? 이 대읍 '상'에게 ['고'제사를] 드리면, '화'에서 탈이 없겠습니까? [왕께서 점괘를 해석해 말했다.] 길하리라. 10월이었다. '대정'의 '익'제사를 지낼 때였다. 丁卯王卜, 貞𡆥巫九𠧞, 余其從多田于多白征盂方白炎, 叀衣, 翌日步, [亡]左, 自上下于𣪘示, 余受又又. 不𢦔[禍]. [告]于兹大邑商, 亡徭在禍. [王占曰]: 吉. 在十月, 遘大丁翌.

—『합집』 36,511편

② 갑오일에 왕께서 점을 칩니다. 물어봅니다. '여'가 짐의 곡식 신에게 '주'제사를 지낼까요? '유'일에 '여'가 보병을 보내 '후희'를 따르게 하여 '인방'을 정

112) 常玉芝, 『商代周祭制度』, 中國社會科學出版社, 1987.

113) 常玉芝, 『殷商曆法硏究』, 吉林文史出版社, 1998, 102~103면.

벌하게 할까요? 천신과 지신에게 叡제사를 드리면 '여'가 보살핌을 받을까요? 정벌하는 데 불행한 일이 없겠습니까? 대읍 '상'에게 '고'제사를 드리면, '화'에서 탈이 없겠습니까? 왕께서 점괘를 해석해 말했다. 길하리라. 9월이었다. '상갑'의 '치'제사를 지낼 때였다. 왕의 재위 10년이었다. 甲午王卜, 貞乍余酒朕禾, 酉余步從侯喜征人方, 上下叡示, 余受又又. 不𢦏禍. 告于大邑商, 亡徣在禍. 王占曰, 吉. 在九月. 遘上甲壹, 隹十祀.

—『합집』 36,482편

③ [을]해일에 왕께서 …… 이번 봄부터 …… 에 이르기까지 '익'제사를 드리면 '인방'이 크게 출몰하지 않을까요? 왕께서 점괘를 해석해 말했다. 길하리라. 2월이었다. '조을'의 '융'제사를 지낼 때였다. 왕의 재위 9년이었다. [乙]亥王 …… 自今春至 …… 翌人方不大出. 王占曰 : 吉. 在二月. 遘祖乙彡. 隹九祀[114].

—『합집』 37,852편

④ 갑자일에 왕께서 '부자'에게 하사품을 내리셨다. '상'은 이를 기념해 '부신존이'를 만들었다. 12월이었다. '조갑'의 '협일'제사 때였다. 왕의 재위 20년이었다. 甲子, 王易寢孳, 商用乍父辛隣彝. 在十月又二. 遘祖甲劦日. 隹王二十祀.[115]

⑤ 병진일에 왕께서 '필'로 하여금 '봉'에서 '축'제사□ 올리고, '전洛'에게 조개 5붕을 바치도록 했다. 정월이었다. '대을의 배우자인 비병'에게 '융'제사를 드리는 날이었다. 천신과 지신에게 이미 𥙿제사를 드린 뒤였다. 丙辰, 王令𢓊其兄□于夆, 田洛賓貝五朋. 在正月. 遘于妣丙彡日大乙奭. 隹王二祀. 旣𥙿于上下帝.

—『록유』 274편

---

114) 복사의 天干日은 떨어져 나갔다. 하지만 5종 祀典이 모두 제사의 대상이 된 先王과 先妣의 日干名에 거행되었던 원칙에 근거해, 祖乙에 대한 제사는 乙日에 거행되었으며, 그렇다면 떨어져 나간 天干日은 "乙"임이 분명하다.

115) 文化部文物局・故宮博物院 編, 『全國出土文物珍品選(1976~1984)』(文物出版社, 1987)에 수록.

이상에서 앞의 3편은 소의 어깻죽지 뼈에 새겨진 복사이며, 뒤의 2편은 청동기의 명문이다. 상옥지에 의하면, "이상은 지금까지 발견된 것 중 어떤 주제周祭의 사전祀典에서 어떤 선조에게 주제周祭를 지낸 것으로 시간을 명확하게 기록한 예들이다. 각각의 복사와 명문에서 구체적 내용은 앞 뒤 두 부분으로 나뉘는데, 앞부분은 점을 쳐 물어 본 사안이거나 내용의 기술이며, 뒷부분은 모두 해年(어떨 때에는 생략함)와 달月과 주제周祭로써 간지일의 시간을 기록한 기록이다. 이러한 복사와 명문에서, 상나라 사람들은 먼저 간지일을 기록하였고, 그 다음에 어떤 왕과 어떤 비妣의 주제周祭 제사를 기록하였으며, 간지로써 주제周祭에 더하여 함께 날짜를 기록하였는데, 이렇게 함으로써 어떤 날이 무엇을 하는 날인지는 일목요연하게 만들어 주었다."[116] 예컨대 『합집』 36,511편에서 기록한 10월의 정묘일은 대정大丁께 익翌제사를 드리는 날이며, 『합집』 36,482편에서 기록한 10사祀 9월月의 갑오일은 상갑上甲께 '치'제사를 드리는 날이고, 『합집』 37,852편에서 기록한 9사祀 2월月 을해일은 조을祖乙께 융彡제사를 드리는 날이며, 「부자방정𢆶孳方鼎」의 명문에서 기록한 20사祀 12월月 갑자일은 조갑祖甲께 '협'제사를 드리는 날이고, 「이사필기유二祀必其卣」의 명문에서 기록한 2사祀 정월 병진일은 대을大乙의 배우자인 비병妣丙께 융彡제사를 드리는 날이다. 상옥지에 의하면, "주목할 만한 것은 앞서 말한 각 복사와 청동기 명문에서 선조들의 이름 앞에 언제나 '구遘'자가 더해졌다는 점인데, 이는 주제周祭를 시간의 기록법으로 사용할 때 선조의 이름 앞에 '구遘'자를 더한 것이 하나의 규칙이었던 것으로 보인다. '구遘'는 '만나다遇'나 '마주치다逢'의 뜻을 가지므로, '구遘'자를 더했다는 것은 어떤 날짜가 마침 어떤 사전祀典으로 어떤 선조에게 제사를 지냈다는 날짜와 마주쳤다逢(혹은 만났다遇)는 것을 의미한다. '구遘'가 더해짐으로써 유기적으로 연결되지 않던 부기된 주제周祭와 복사나 명문 앞부분

116) 常玉芝, 『殷商曆法硏究』, 吉林文史出版社, 1998, 108면.

의 구체적인 내용이 쉽게 이해되도록 만들어 준다. 그것은 순수하게 앞부분의 간지일의 시간을 나타내는 기록이다."[117] 주제周祭로써 날짜를 기록하던 다른 하나의 방식은 어떤 선조가 제사를 받았는지를 명확하게 기록하지 않은 채 단지 다음처럼 그날이 어떤 사전祀典을 거행하던 시간대 내에 처했는지를 대충 기록해두는 방식이다.

① □□일, [왕께서] '경록'에 [사냥을 나갔다가], 흰 무소를 잡았다. …… 에서 𣪊제사를 드렸다. 9월이었다. 왕의 제위 10년이었다. '융일'제사를 드리는 날이었다. 왕께서 와서 '우방백 [염]'을 정벌하였다. □□, [王田]于京錄, 隻白兕, 𣪊于 …… 在九月, 隹王十祀, 彡日. 王來征盂方白[炎].[118]

—『갑』 3,939편

② 신유일에 왕께서 '계록'에 사냥을 나갔다가, 큰 무늬 있는 호랑이를 잡았다. 10월이었다. 왕의 재위 2년이었다. '협일'제사가 있는 날이었다. 辛酉, 王田于鷄錄, 隻大𩅦虎. 在十月, 隹王二祀. 劦日.

—『화이트』 1,915편

③ 임오일에 왕께서 '맥록'에 사냥을 나갔다가 '상'에서 적황색의 무소를 잡았다. 왕께서 '재봉'의 침소에 보관되어 있던 '소지'의 술을 하사했다. 5월이었다. 왕의 재위 6년이었다. '융'제사를 지내던 날이었다. 壬午, 王田麥錄, 獲商戠兕, 王賜宰丰寢小𩰫兕, 在五月, 隹王六祀彤日.

—『일』 518편 뒷면

---

117) 常玉芝, 『殷商曆法硏究』, 吉林文史出版社, 1998, 109면.

118) 이 刻辭에서의 月과 祀의 數字는 모두 龜版의 파손된 부위에 있는데, 역대로 학자들의 다양한 논쟁이 있었다. 상옥지는 이미 周祭祀譜에 근거해 그 달은 "九月"이고 祀數는 "十祀"임이 분명하다고 고증한 바 있다. 常五芝, 『商代周祭制度』, 中國社會科學出版社, 1987, 249~255면 참조.

④ 갑오일에 왕께서 점을 칩니다. 滳餗에서 물어봅니다. 오늘 □으로 갈까요? 12월이었다. 왕의 재위 10년이었다. '융'제사를 드릴 때였다. 甲午王卜, 在滳餗貞今日步于□. 十月二, 隹十祀. 彡.

—『영국 소장』 2,563편

⑤ 계사일에 왕께서 '소신'에게 고을과 조개 10붕을 하사하였다. 이를 기념해 '모계존이'를 만들었다. 왕의 재위 6년이었다. '융'제사를 드릴 때였다. 4월이었다. '이矦.' 癸巳, 王易小臣邑貝十朋, 用乍母癸𢍉彝. 隹王六祀, 彡日, 在四月. 亞矦.

—『삼대』 13.53.6편

⑥ 을해일에 '필'이 분봉을 받았다. …… 이를 기념하여 돌아가신 할아버지 '계'를 위한 보배로운 청동기를 만들었다. 6월이었다. 왕의 재위 6년이었다. '익일'제사를 드리는 날이었다. 乙亥, 邲其易作冊 …… 用乍祖癸𢍉彝. 在六月, 隹王六祀. 翌日.

—『록유』 273편

⑦ 임신일에 왕께서 '아'에게 물고기와 조개를 하사했다. 이를 기념해 '형계준'을 만들었다. 6월이었다. 왕의 재위 7년이었다. '익일'제사를 드리는 날이었다. 壬申, 王易亞魚貝, 用乍兄癸𢍉. 在六月, 隹王七祀. 翌日.

—『고고』 1986년 8기

⑧ 정사일에 왕께서 '휴삽'에게 조개를 하사했다. '한'에서였다. 이를 기념해 '형계이'를 만들었다. 9월이었다. 왕의 재위 9년이었다. '협일'제사를 드리는 날이었다. 㑒.丁巳, 王易巂亩貝, 在寒, 用乍兄癸彝. 在九月, 隹王九祀. 劦日. 㑒.

—『관지』 3.24편

⑨ 정사일에 왕께서 □조를 살피셨다. 왕께서 '소신 여'에게 □와 조개를 하

사했다. 왕께서 와서 '인방'을 정벌했다. 왕의 재위 15년이었다. '융일'제사를 드리는 날이었다. 丁巳, 王省□祖, 王易小臣艅貝. 隹王來征人方, 隹王十祀又五. 彡日.

—『삼대』 11.34.1편

이상에서 앞 4조목은 갑골복사이며,[119] 뒤의 5조목은 청동기 명문이다. 상옥지에 의하면, 앞의 4조목은 모두 상나라 왕의 수렵에 관한 일을 기록하였으며(『영국 소장』 2,563편은 비록 왕이 어떤 지역으로 갈 것인지에 대한 물음이나, 황黃조 복사에서는 상나라 왕이 수렵을 할 때는 『합집』 37,475 · 37,504편 등과 같이 "어떤 지역으로 갈까요? 步于某地?"라고 물었기 때문에, 이 복사도 상나라 왕의 수렵에 관한 일을 기록한 것일 가능성이 매우 높다), 각 복사의 앞에 간지일(『갑』 3,939편의 간지일은 떨어져 나갔다)을 기록하고 뒤에 연年이나 월月을 기록했다. 하지만 사전祀典의 이름만 기록했을 뿐 어떤 선조가 제사를 받았는지에 대해서는 기록하지 않았다. 뒤의 5조목이 경우, 앞부분에서는 어떤 날 어떤 사람이 상을 받아 어떤 선조에게 제사를 드릴 청동기물을 만들었다는 기록이며(마지막 명문의 "소신여小臣艅"의 기물은 제외), 뒷부분은 연年 · 월月 · 사전祀典의 이름 등 시간에 관한 기록이다. 연年 · 월月과 같은 곳에 기록된 사전祀典의 이름은 모두 앞부분에서 말한 간지일에 거행되었던 사전의 날짜임이 매우 분명하다. 이들 명문에서도 단지 사전의 이름만 기록했을 뿐, 어떤 선조에게 제사를 드렸는지는 기록하지 않았다. 이상의 자료는 "간지에다 주제周祭 제사를 더해 날짜를 기록했던 상나라 말 때의 제도를 설명해 주고 있다. 복사와 청동기 명문에서 앞에서는 간지일을 뒤에서는 주제周祭를 기록했다. 선조의 이름을 기록함으로써 앞부분에서 말한 간지일이 어떤 날인지를 일목요연하게 만들어 주고 있다. 선조의 이름을 기록하지 않은 경우에는 주제周祭의 사전祀典과 앞부분에서의 간지일에 근거해 이 날이 어느 조상에게 제사를 지낸 날인지를 추

---

119) 『화이트』 1,915편은 虎骨刻辭로 호랑이의 右上膊骨에 기록되었다. 許進雄 編, 『懷特氏等收藏甲骨文集』(第1,915片)의 釋文, 1979.

산할 수 있다. 간지일은 주제周祭와 서로 보완관계를 이루어 상나라 후기 일종의 새로운 날짜 기록법을 만들었다."[120]

(2) 간지가 표시하는 시간적 범위

상나라 사람들이 이미 간지자로써 날짜를 기록하였다면, 하나의 간지표가 나타내는 시간의 길이는 얼마나 될까? 다시 말해 하루의 낮과 밤을 몇 개의 간지로써 표시했던 것일까? 이에 대한 연구자들의 견해는 다음의 몇 가지로 나뉜다. 최초의 의견은 동작빈에 의해 제시되었는데, 그는 은나라 때 하나의 간지는 하나의 낮과 밤, 즉 낮 전체와 밤 전체를 다 포함한다고 했다. 그 후 미국의 천문학자였던 두버스德效騫(Homer H. Dubs)는 은나라 사람들은 하루 밤을 두 부분으로 나누었으며 전반부의 밤과 후반부의 밤을 각각 하나씩의 간지로 표시한다고 했다. 주법고周法高는 은나라 때에는 동작빈과 두버스(Dubs)가 말했던 두 가지의 기록법이 다 존재했다고 했다. 상옥지는 은허 갑골복사의 계통적인 정리와 연구를 통해 동작빈과 같은 결론을 얻어 냈다.

1931년 동작빈은 「복사에 보이는 은나라의 역법」[121]에서 은나라 사람들의 경우 하나의 간지는 완전한 낮이나 완전한 밤 전체를 표시하여 해당 날짜의 낮은 "금일今日"로, 해당 날짜의 밤은 "금석今夕"으로 표시했다고 했다. 1953년는 다시 「은나라 때의 날짜 기록법」[122]에서 은나라 때는 "일반적으로 하나의 간지는 낮과 밤을 모두 포함해 말했지만", "자세히 말할 때에는 하나의 완전한 낮이나 완전한 밤을 포함한다"고 분명하게 말했다. 그는 하나의 간지가 하나의 낮과 하나의 밤을 다 포함함을 증명하면서 이렇게 말했다. "은나라 때에는 상고시대부터 내려오던 전통을

120) 常玉芝, 『殷商曆法研究』, 吉林文史出版社, 1998, 109~115면.
121) 董作賓, 「卜辭中所見之殷曆」, 『安陽發掘報告』 第3期, 1931.
122) 董作賓, 「殷代的紀日法」, 『文史哲學報』 第5期, 臺灣大學, 1953.

계승하여, 하루를 하나의 간지로써 이름 붙였다. 예컨대 '갑자甲子'는 하루의 낮과 하루의 밤을 포함하는데, 갑자甲子라는 이름으로써 이날 전체를 대표했다. 날이 밝을 때부터 시작해서 날이 어두워질 때까지가 하루日인데, 은나라 사람들은 이를 일日이라 불렀다. 날이 어두워지는 때부터 날이 밝을 때까지가 하룻밤夜인데, 은나라 사람들은 이를 '석夕'이라 불렀다." 그는 다음의 두 가지 복사를 들어 은나라 사람들의 간지 하나는 하루 전체, 즉 하루의 낮과 밤을 나타낸다는 것을 증명했다.

> 기사일에 점을 칩니다. 경오일에 비가 오겠습니까? 과연 비가 왔다. 己巳卜, 庚午雨. 允雨.
>
> 경오일에 점을 칩니다. 임신일에 비가 오겠습니까? 임신일에 과연 비가 왔다. 庚午卜, 壬申雨. 壬申允雨.
>
> —『속』 4.6.1편

"여기서의 '경오'와 '임신'은 이 이틀간의 밤낮을 다 포함한다."

> 신미일에 점을 칩니다. '쟁'이 물어봅니다. 오는 8월 상제께서 많은 비를 내려주시겠습니까? 辛未卜, 爭, 貞生八月帝令多雨.
>
> 물어봅니다. 오는 8월 상제께서 많은 비를 내려주시지 않겠습니까? 정유일에 비가 왔는데, 갑인일까지 계속되었다. 18일간이었다. 9월이었다. 貞生八月帝不其令多雨. 丁酉雨, 至于甲寅, 旬有八日. 九月.
>
> —『합집』 10,976편 앞면

동작빈은 이렇게 말했다. "정유일부터 갑인일까지 18일 간의 날짜 중 언제라도 낮이든 밤이든 비만 내렸으면 모두 '비가 내린 날雨日'로 계산되었다. 만약 하나의 간지일에 낮이든 밤이든 한 방울의 비도 내리지 않았다면 계산에 포함되지 않는다. 그래서 은나라 때의 간지 하나에는 '일

日'과 '석夕', 즉 낮과 밤의 전체가 포함되었음이 분명하다."123) 동작빈이 간지 하나에 낮과 밤 전체가 포함되었다는 것을 증명하면서 다음의 두 가지 복사를 인용했다.

갑인일에 왕이 점을 칩니다. '박'에서 물어봅니다. 오늘 '홍'으로 가려하는데 재앙이 없겠습니까? 甲寅王卜, 在亳貞今日步于鴻, 亡災.

—『후』 상 9.21편

갑인일에 점을 칩니다. '홍'에서 물어봅니다. 왕에게 오늘 밤 불행한 일이 없겠습니까? 甲寅卜, 在鴻貞王今夕亡禍.

—『속』 3.31.7편

동작빈은 이렇게 말했다. "앞의 복사는 '출행에 관한 점卜行'이고, 뒤의 복사는 '밤에 관한 점卜夕'인데, 이들은 제신帝辛 때 '인방人方을 정벌'하는 도중에 친 점이다." "이 두 복사의 점친 날짜는 모두 갑인일이지만, 점을 친 시간과 지점은 다르다. 출행에 관한 점은 갑인일의 아침에 왕이 손수 점을 치고 직접 물어보았는데, 제신이 박亳에서 홍鴻으로 출발하기 전이었다. 갑인일 밤 무사히 도착했으며, 태복太卜과 태사太史는 관례대로 왕을 위해 '밤에 관해 점을 쳤다卜夕.' 각종 복사의 특징에 근거해 볼 때, 이는 하루의 일을 말한 것임이 분명하다. 그래서 점을 쳐 물었던 '오늘今日'에는 낮과 밤 전체가 다 포함되었고, '오늘 밤今夕'에는 밤 전체가 다 포함되었다. 만약 주나라 이후처럼 한밤중을 중심으로 이틀로 나누게 되면 밤의 전반부는 갑인일에 후반부는 을묘일에 속하게 된다. 그래서 갑인일의 '오늘 밤今夕'은 전반부 밖에 포함할 수 없으며, 그렇게 되면 그날 밤의 후반부의 안전은 보장할 수 없게 되고 마는데, 이것은 절대 불가능

123) 董作賓은 "生"을 "之"로 해석했다.

한 일이다. 이렇게 추론해 나가면 '오늘今日'과 '오늘 밤今夕'은 모두 낮 전체와 밤 전체를 말하며, 이는 10여만 편의 복사에서 모두 예외 없이 적용된다."

1951년 두버스德效騫(Homer H. Dubs)는 「상나라 때의 날짜 기록법」을 발표했는데,[124] 그는 "기미석명경신월식己未夕皿庚申月食"의 연대 추정에 근거해 은나라 사람들은 하룻밤을 두 부분으로 나누었으며, 밤의 전반부와 뒷부분을 각각 다른 간지로 표시했다고 했다.

1964년 주법고는 「상나라 때의 월식의 날짜 기록법을 논함」[125]에서 동작빈과 두버스(Homer H. Dubs)의 의견이 모두 부정확하다고 하면서, "상나라 시대의 날짜 기록법에는 두 가지가 있었다고 확신했다. 하나는 은나라 사람들이 말했던 금석今夕 혹은 모석某夕인데 이의 뜻은 하룻밤 전체를 지칭한다." "그 다음은 은나라 사람들이 두 개의 간지일의 중간에다 인𥁕(이는 명皿자이다—인용자 주)자를 놓은 경우인데, 이것은 완전한 하룻밤을 두 부분으로 나누고, 각각의 부분에 독립된 간지를 부여하는 경우이다." 즉 주법고는 상나라 시대에 동작빈과 두버스가 말했던 두 가지의 날짜 기록법이 존재한 것으로 여겼다.

1998년 상옥지는 『은상 역법 연구』를 출간했다.[126] 그녀는 지금까지 확인 가능한 모든 은허 갑골복사의 정리와 연구를 통해, 하나의 간지가 표시하는 은대의 시간적 범위에 대해 상세하게 논의했다. 최후로 얻어낸 결론은 동작빈과 일치하는 내용이었다.

그녀는 다음의 4가지 부류의 복사에 근거해 은대에서는 하나의 간지가 낮 전체를 나타내기도 하고 완전한 밤 전체를 나타내기도 한다고 했다.

제1조, "일日"과 "석夕".

---

124) 德效騫, 「商代的記日法」, 『通報』 第40期, 1951.

125) 周法高, 「論商代月蝕的記日法」, 『哈佛亞洲學報』 第25期, 1964～1965. 趙林에 의해 번역되어 『大陸雜志』 第35卷 第3期(1967)에 게재됨.

126) 常玉芝, 『殷商曆法硏究』, 吉林文史出版社, 1998, 115～134면.

이 조組에서 상옥지는 총 13조목의 복사를 들어 증명했는데, 여기서는 4가지만 선별해 예시한다.

정축일에 점을 칩니다. '여'가 물어봅니다. 낮에 비가 오지 않을까요? 丁丑卜, 旅, 貞日不雨.

—『합집』 24,668편

병인일에 점을 칩니다. 낮에 바람이 불어 불행한 일이 생기지 않을까요? 丙寅卜, 日風不禍.

—『합집』 34,036편

병술일에 점을 칩니다. 밤에 비가 올까요? 丙戌卜, 夕雨.

—『둔남』 2,287편

오늘 기사일 밤에 비가 오지 않을까요? 今己巳夕不雨.

—『합집』 12,222편

상옥지는 이렇게 말했다. 이상의 4편의 복사 중, 앞의 두 편은 "낮日"에 비가 올 것인지, "낮日"에 바람이 불 것인지를 물은 것이고, 뒤의 두 편은 "밤夕"에 비가 올 것인지를 물은 것이다. 각각의 복사에서 앞에서는 간지일을 기록했지만, 뒤에서는 간지일 없이 "일日"이나 "석夕"으로만 불렀다. "갑골문에서 '일日'자는 태양의 모습이고, '석夕'자는 반달의 모습이다. 『국어』 「노어魯語」(하)의 위소韋昭 주석에서, '해는 낮에 비치고 달은 밤에 비친다日照晝, 月照夜'고 했다. 그래서 이 복사가 말하는 하나의 간지는 하나의 완전한 낮을 치징하며, 하나의 완전한 밤을 대표하기도 한다."127)

제2조, "종일終日"과 "종석終夕".

이 조에서 상옥지는 총 8조목의 복사를 들어 증명했는데, 여기서는 다음의 두 가지만 예시한다.

> 신미일에 점을 칩니다. '내'가 물어봅니다. 오는 '임'일에 날이 개이겠습니까? '임'일에 낮 내내 안개가 끼었다. 辛未卜, 內, 翌壬中啓. 壬終日霧.
>
> —『합집』 13,140편

> 계묘일에 점을 칩니다. '갑'일에 날이 개이겠습니까? 개이지 않았다. 밤 내내 비가 내렸다. 癸卯卜, 甲啓. 不啓, 終夕雨.
>
> —『둔남』 744편

상옥지는 이렇게 말했다. 앞의 복사에는 "종일終日"이라는 단어가, 뒤의 복사에서는 "종석終夕"이라는 단어가 등장한다. "종일終日"은 낮 내내라는 뜻이고, "종석終夕"은 밤 내내라는 뜻이다. 『합집』 13,140편의 명사命辭에서 "임신일에 날이 개이겠습니까?"라고 물었는데, 험사驗辭에서 "'임'일 낮 내내 안개가 끼었다"고 했는데, "임壬"은 "임신壬申"을 줄여서 부른 것이며, 이는 천간인 '임'이 낮 내내라는 뜻임을 보여준다. 『둔남』 744편은 계묘일에 "갑甲"일에 "날이 개일지"를 물었는데, 험사驗辭에서 "날이 개이지 않았고, 밤 내내 비가 내렸다"고 했으니, "갑진甲辰"일(계묘일의 이튿날) 밤 내내 비가 내렸다는 것이며, 이 복사에서의 천간인 "갑甲"은 밤 전체를 뜻한다. 그렇다면 이 두 복사에서 하나의 간지(혹은 천간)는 완전한 낮이나 밤을 뜻한다.

제3조, "지일之日"과 "지석之夕".

이 조에서 상옥지는 총 8판의 복사를 들어 증명했는데, 여기서는 두 가지만 예시한다.

---

127) 常玉芝, 『殷商曆法研究』, 吉林文史出版社, 1998, 117~118면.

기축일에 점을 칩니다. '출'이 물어봅니다. 오늘 낮에 비가 올까요? 오늘 낮에 과연 비가 왔다. 己丑卜, 出, 貞今日雨. 之日允雨.

—『합집』 24,735편

정묘일에 점을 칩니다. 물어봅니다. 오늘 밤에 비가 올까요? 오늘 밤에 과연 비가 왔다. 丁卯卜, 貞今夕雨. 之夕允雨.

—『합집』 24,770편

위의 첫째 복사는 기축일에 점을 친 것으로 명사命辭에서 "오늘 낮에 비가 올까요? 今日雨"라고 물었고, 험사驗辭에서 "오늘 낮에 과연 비가 왔다之日允雨"고 했다. 두 번째 복사는 정묘일에 점을 쳤고, 명사命辭에서 "오늘 밤에 비가 올까요? 今夕雨"라고 물었고, 험사驗辭에서 "오늘 밤 과연 비가 왔다之夕允雨"고 했다. 여기서의 "지일之日"은 "금일今日"로, 점을 쳤던 그날의 낮을 말하며, 두 번째 복사의 "지석之夕"은 "금석今夕"으로 점을 쳤던 그날의 밤을 말함이 분명하다. 즉 각각의 간지는 모두 낮 전체나 밤 전체를 지칭한다.

제4조, "간지干支+일日"과 "간지干支+석夕".

이 조에서 상옥지는 총 5판의 복사를 들어 증명했으나, 여기서는 다음의 두 편만 예시한다.

신묘일에 점을 칩니다. 왕께서 [물어봅니다]. 갑오일 낮에 비가 올까요? 오지 않았다. 辛卯卜, 王, [貞]甲午日雨. 不.

—『합집』 20,036편

갑자일 밤에 점을 칩니다. '유侑'제사를 '조을'께 드리는데 강족 한 사람을 바치고, '세'제사에는 희생 소 3마리를 쓸까요? 甲子夕卜, 又祖乙一羌, 歲三牢.

—『합집』 32,171편

상옥지는 이렇게 해석했다. "위에서 인용한 첫 번째 복사는 신묘일에 점을 쳐 "갑오일 낮甲午日"에 비가 올 것인지를 물었다. 만약 복사에서 낮과 밤을 나누지 않고 그대로 간지를 썼다면 뒤에는 일반적으로 "일日"이나 "석夕"자를 덧붙이지 않았을 것이다. 이 복사에서는 "갑오甲午"라는 간지 뒤에 "일日"자를 덧붙인 것은 분명 갑오일의 낮을 말하며, 이는 하나의 간지가 하나의 완전한 낮을 말함을 증명해 준다. 두 번째 복사의 "갑자석복甲子夕卜"은 갑자일의 밤에 점을 쳐 물어 보았다는 것으로, 간지인 "갑자甲子"의 뒤에 "석夕"자를 덧붙였는데, 이는 하나의 간지가 밤 전체를 지칭했음을 증명해 준다.

상옥지는 다음의 세 조組의 복사에 근거해 은나라 때 하나의 간지는 완전한 낮에다 완전한 밤까지를 표시했다고 했다.

제1조, 날짜 계산 복사.

이 조에서 상옥지는 총 4판의 복사를 들어 증명했으나 여기서는 다음의 한 편만 예시한다.

> 계미일에 점을 칩니다. 물어봅니다. 10일 동안 불행한 일이 없겠습니까? 3일째 되던 을유일에 동쪽으로부터 불행한 일이 닥쳐왔다. '화'가 中를 불러 '방'과 '융'나라에게 알리라고 했다. 癸未卜, 貞旬亡禍. 三日乙酉有來自東, 畵乎中告旁戎.
>
> —『합집』 6,665편 앞면

상옥지는 이렇게 말했다. 이 복사는 "계미일에 점을 쳐 물었는데, 험사驗辭에서 '3일째 되던 을유일三日乙酉'이라고 했다. 계미의 다음 간지는 갑신이고, 그 다음의 간지가 을유이다. 을유는 계미로부터 계산해 3번째 되는 간지이다. 그래서 '3일째 되던 을유일三日乙酉'이라고 했다. 만약 '일日'이 낮을 지칭했다는 생각에 여전히 얽매인다면 '3일三日'은 계미일의 낮과 밤, 갑신일의 낮과 밤, 을유일의 낮이 되는데, 설사 이렇게 한다하더라도 간지인 '계미'와 '갑신'은 모두 각기 완전한 낮과 밤이 합쳐진 것을 대표한다. 물론 간지인 '을유'도 낮 전체와 밤 전체가 합쳐진 것을 대표한다. 이것은 은나라 때 하나의 간지는 낮과 밤을 모두 표시한다는 것을 보여 준다."[128)]

제2조, 동일 복사에 등장하는 "일日"과 "석夕".

이 조에서 상옥지는 총 7판의 복사를 들어 증명했는데, 여기서는 다음의 두 가지만 예시한다.

> 을묘일에 점을 칩니다. '긍'이 물어봅니다. 오늘 낮 왕께서 '돈'에 이르겠습니까? 밤에 '주'제사를 드렸다. '자앙'이 '출'제사를 부을께 드렸다. 乙卯卜, 亘, 貞今日王至于敦. 夕酒, 子央出于父乙.
>
> —『합집』 7,954편

> 정묘일에 점을 칩니다. 오늘 낮에 비가 오겠습니까? 밤에 비가 왔다. 丁卯卜, 今日雨. 夕雨.
>
> —『합집』 33,871편

상옥지는 이들 복사의 특징은 "일日"과 "석夕"이 한 복사에 출현하는 것이라 했다. 첫 번째 복사에서 "을묘일에 점을 쳤는데, 명사命辭에서 '오늘 낮 왕께서 돈敦에 이르겠습니까?'라고 물었고, 뒤에서 '밤에 주제사를 드렸다夕酒'고 했다. '금일今日'은 을묘일의 낮을, '석夕'은 을묘일의 밤을 말한다. 그래서 간지인 '을묘'는 낮 전체와 밤 전체를 표시한다." 두 번째 복사에서는 "정묘일에 점을 쳐 '오늘 낮에 비가 올까요?'라고 물었고, 험사驗辭에서 '밤에 비가 왔다夕雨'고 했다. 여기서의 간지인 '정묘'도 낮과 밤 전체를 가리킨다." "결론적으로 말해서 이처럼 '일日'과 '석夕'이 동시에 한 복사에 출현하는 것으로써 하나의 간지는 온전한 낮과 밤을

128) 常玉芝, 『殷商曆法研究』, 吉林文史出版社, 1998, 125~126면.

모두 지칭함을 알 수 있다."[129]

제3조, "금일석今日夕"과 "지일석之日夕".

이 조에서 상옥지는 총 10판의 복사를 들어 증명했는데, 여기서는 다음의 네 가지만 예시한다.

> 정묘일에 점을 칩니다. '각'이 물어봅니다. 오늘 밤에 '출'제사를 '형정'께 드리는데 작은 희생양을 올릴까요? 丁卯卜, 㱿, 貞今日夕出于兄丁小宰.
>
> —『합집』 2,874편

> 정묘일에 점을 칩니다. '출'이 물어봅니다. '출'제사를 '盥실'에서 올릴까요? 오늘 밤부터 '주'제사를 드릴까요? 丁卯卜, 出, 貞, 其出于盥室, 自今日夕酒.
>
> —『영국 소장』 2,177편

> 신유일에 점을 칩니다. '각'이 물어봅니다. 오는 임술일에 비가 내리지 않을까요? 이날 밤에 비가 왔다. 계속되지 않았다. 辛酉卜, 㱿, 翌壬戌不雨. 之日夕雨, 不征.
>
> —『합집』 12,973편

> 경신일에 점을 칩니다. '각'이 물어봅니다. 왕께서 …… 하지 말까요? 이날 밤에 우는 새가 나타났다. 庚申卜, 㱿, 貞, 王勿 …… 之日夕有鳴鳥.
>
> —『합집』 17,366편 앞면

상옥지는 이렇게 해석했다. 이상의 네 편의 복사 중 앞의 두 편에는 "금일석今日夕"이, 뒤의 두 편에서는 "지일석之日夕"이라는 시간 지칭이 등장한다. 『합집』 2,874편은 정묘일에 점을 쳐 "금일석今日夕'에 '출'제사를 "'형정'께 드릴까요? 出于兄丁"라고 물었는데, "금일석今日夕"은 정묘일

129) 常玉芝, 『殷商曆法硏究』, 吉林文史出版社, 1998, 128 · 131면.

의 밤을 말한다. 여기서의 "금일今日"은 앞에서 분석했던 어떤 날의 낮만 지칭하는 "금일今日"과는 달라, "금일今日"은 정묘일의 낮과 밤을 말하지만 "금일석今日夕"은 정묘일의 밤만 지칭한다. 제사 대상인 "형정兄丁"의 제삿날의 간지명과 점을 친 날인 정묘일의 천간이 일치하는 것이 이를 증명하며, "금일석今日夕"은 정묘일의 밤을 지칭함을 증명해 주기도 한다. 이렇게 볼 때 하나의 간지는 밤과 낮 전체를 포함한다. 『영국 소장』 2,177편은 정묘일에 점을 쳐 "오늘 밤부터 '주'제사를 지낼까요? 自今日夕酒"라고 물어 본 것으로, 여기서의 "금일석今日夕"은 정묘일의 밤을 지칭함이 분명하며, 이 복사에서도 하나의 간지가 낮과 밤 전체를 포함함을 알 수 있다. 『합집』 12,973편은 신유일에 이튿날인 임술일에 비가 내릴 것인지를 물어 본 것인데, 험사驗辭에서 "이날 밤에 비가 왔다之日夕雨"고 했다. 여기서의 "지일之日"은 점을 쳤던 신유일을 말하며, "지일석之日夕"은 신유일의 밤을 말한다. 그래서 "지일석之日夕"에서의 "지일之日"은 낮과 밤 전체를 포함한 '신유'라는 간지를 지칭함이 분명하다. 『합집』 17,366편은 경신일에 점을 쳐 상나라 왕이 어떤 일을 하지 말아야 할지를 물었는데, 험사驗辭에서 "이날 밤에 우는 새가 나타났다之日夕有鳴鳥"고 했다. 여기서의 "지일之日"은 점을 쳤던 경신일을, "지일석之日夕"은 경신일의 밤을 지칭한다. 마찬가지로 "지일석之日夕"의 "지일之日"이 지칭하는 것은 낮과 밤이 포함된 '경신'이라는 간지이다. 결론적으로 말해서, "금일석今日夕"과 "지일석之日夕"이 등장하는 복사도 은나라 사람에게서 하나의 간지는 낮과 밤 전체가 포함되었다는 것을 증명해 준다.

(3) 은나라 때의 시간 기록법

은허 갑골복사에 의하면, 은나라 사람들은 더욱 효율적인 생산과 생활을 위해 하루 내의 시간대를 구분했으며, 구분된 각각의 시간대에다 전문적인 명칭을 부여했다. 학자들은 이를 일반적으로 시간 기록법紀時法

이라 부른다. 은나라 때의 몇몇 개별적인 시간 지칭에 대해 연구한 학자들은 적지 않다. 하지만 시간 기록법에 대해 전면적이고 계통적으로 연구한 학자는 동작빈·진몽가·송진호·상옥지 등 몇 사람에 불과하다. 아래에서는 이를 순서대로 간단히 소개할까 한다.

1945년 동작빈은 거작 『은력보殷曆譜』를 발표하게 되는데, 이 책의 상편 제1권 제2장에서 상나라 시대의 시간 기록법에 대해 이렇게 말했다. "옛날에는 '해가 뜨면 일을 하고, 해가 떨어지면 쉬었다.' 그래서 시간의 구분도 낮에 중점을 두었지 밤에 두었던 것은 아니다. 은나라 때에는 통상 낮을 '일日'로 밤을 '석夕'이라 불렀다. 시간의 기록은 낮을 경계로 하고 밤까지는 미치지 않았다." 그에 의하면 은나라 때의 시간 기록법에는 "신구 두 파가 있었는데 서로 간에는 다소 차이가 있었다." "하루의 시간 구분의 경우, 구파는 비교적 완비되었는데, 이는 무정부터 시작해서 문무정 두 세世의 복사가 대표적이다. 그 시간 기록의 방법은 명明, 대채大采, 대식大食, 중일中日, 측昃, 소식小食, 소채小采 등과 같이 하루의 시간대를 7부분으로 나누었고, 밤은 석夕으로 통칭했다."[130] 그는 이러한 시간 명칭에 대해 순서대로 이렇게 해설했다.

> "명明"은 날이 밝을 때를 말한다.
>
> 대채大采·소채小采는 대채일大采日·소채일小采日이라 부르기도 했다. 그 시간은 하나는 대식大食의 앞에, 하나는 소식小食의 뒤에 있었는데, 대략 대채大采는 해 뜰 때朝에, 소채小采는 해 질 때暮에 해당한다.
>
> 대식大食과 소식小食은 각각 대채大采 뒤에, 소채小采의 앞에 놓였는데, 대략 하루 두 끼의 식사 때를 말한다.
>
> 중일中日은 일중日中이라고도 불렀는데, 태양이 한가운데 위치한다는 뜻으로, 정오를 말한다.

---

130) 董作賓, 『殷曆譜』 上編 卷一, 1945, 4면 下.

측昃의 경우, 『설문』에서 "태양이 서쪽에 있을 때를 말하며, 기울어지다側는 뜻이다"고 했다.

그는 이렇게 말했다. "이상의 논의에서처럼 명明, 대채大采, 대식大食, 일중中日, 측昃, 소식小食, 소채小采 등은 모두 구파에서 찾아볼 수 있는 하루의 시간 기록법이며, 밤 전체를 통틀어 석夕이라 불렀음도 복사에서 확인할 수 있다." 신파의 시간 기록법에 대해서 동작빈은 이렇게 말했다. "신파의 시간 기록법은 밤 전체를 석夕이라 불렀고, 정오를 일중中日으로 불러 구파와 같았다. 하지만 대식大食·소식小食·명明·측昃 등과 같은 명칭은 보이지 않아, 이들을 계속 썼는지는 확정할 수 없다. 확인 가능한 것은 조갑 때 '조朝'와 '모暮'로써 대채大采와 소채小采를 대신했고, 늠신·강정 때에는 '조朝'와 '모暮'의 전후에 각각 '혜兮'와 '혼昏'이 더해졌으며, 제을·제신 때에는 '혜兮'의 앞에 '매妹'를 더했는데, 이러한 것이 그 차이점이다." "'혜兮'자는 『설문』에서 말한 흔昕자와 같아 보이는데, 『설문』에서 흔昕은 단명旦明 즉 해가 막 뜨려 할 때를 말한다고 했으며", "혜兮와 혼昏은 매번 짝을 이루어 등장하는데…… 아마도 흔昕은 해 뜨기 전, 혼昏은 해가 진 후에 위치해, 하나는 조朝의 앞에 다른 하나는 모暮의 뒤에 있었을 것이다." "신파의 시간 기록을 보면 제을·제신 때 또 소위 '매妹'라는 것이 있었다. 이는 『설문』에서 말한 '매昧'로 '매昧는 상爽과 같으며, 해가 떠 날이 밝은 것을 말한다昧, 爽, 旦明也'고 했는데, 단옥재의 주석에서는 '매상昧爽은 해가 떠 날이 밝으려 할 때를 말한다昧爽, 旦明也'로 끊어 읽어야 하며, '차명旦明은 날이 밝으려 해 아직 다 밝지 않은 때를 말한다'고 했다." "은나라 때의 '매妹' 또한 '혜兮'보다 이른 시간이어야 한다."[131] 동작빈이 연구한 은나라 때의 시간 기록법의 전체적인 결론은 다음과 같다.

---

131) 董作賓, 『殷曆譜』 上編 卷一, 1945, 5면 上~7면.

구파(무정 · 문무정) : 명明 – 대채大采 – 대식大食 – 중일中日(일중日中) – 측昃 – 소식小食 – 대채小采 – 석夕(밤 전체)

신파(조갑 · 늠신 · 강정 · 제을 · 제신) : 매妹 – 혜兮 – 조朝 – 중일中日 – 모暮 – 혼昏 – 석夕(밤 전체)

1956년 진몽가는 『은허복사 종술殷虛卜辭綜述』의 제7장인 "하루 내의 시간 구분一日內的時間分段"이라는 절에서 은나라 때의 시간 기록법에 대해 상세히 논술했다.[132] 그에 의하면 "복사에는 하루 24시간의 각 시간대에 대한 상세하고도 전문적인 명칭이 존재한다."[133] 그는 자신이 연구한 은나라 때의 시간 기록법의 성과를 다음의 표로 열거했다.[134]

〈표 22〉 은나라 때의 시간 기록법

가정 시간	6	8		10	12	14	16		18		24
	卯	辰		巳	午	未	申		酉		亥
무정 복사	旦, 明, 日明	大采 大食		蓋日	中日	昃	小食		小采		夕
무정 이후 복사	妹旦	朝 大食			中日	昃		郭兮 郭, 兮	莫 昏落日		夕
문헌 자료	昧爽, 旦 旦明	朝 大采 蚤食	隅中		日中 正中	昃 小還	下昃 大還 餔時	夕	黃昏, 定昏 小采	日入	夜

이밖에도 진몽가는 또 은나라 때에는 지지를 시간의 명칭으로 삼을 수 있었다고 하면서 다음 두 편의 복사를 예로 들었다.

갑자일에 점을 칩니다. 오늘 '해'시에 비가 오지 않겠습니까? 甲子卜, 今日亥不雨.

—『수』 784편

132) 陳夢家, 『殷虛卜辭綜述』, 科學出版社, 1956, 229~233면.
133) 陳夢家, 『殷虛卜辭綜述』, 科學出版社, 1956, 229면.
134) 陳夢家, 『殷虛卜辭綜述』, 科學出版社, 1956, 233면.

왕께서 사냥을 하는데 '해'시에 비가 내리지 않을까요? 王其田以亥不雨.

—『쿨링』 713편

진몽가에 의하면 "여기서의 '해亥'는 천간天干이 아니어서 날짜를 표시하는 것이 아니라(왜냐하면 점을 친 날이 갑자일이기 때문에) 어떤 시간대를 나타내는 것으로 보인다"고 했다.135)

1985년 송진호는 「은나라 때의 시간 기록 제도에 대한 시론試論殷代的記時制度」이라는 논문을 발표했다.136) 여기서는 먼저 동작빈·진몽가 등의 은나라 때의 시간 기록법에 대해 다른 의견을 제시했는데, 그는 이렇게 말했다. "은나라 때 시간 기록법에 대한 동작빈의 의견 중, 소위 신구파 간의 다른 제도에 대한 논증은 당시의 실제정황과 꼭 맞아 떨어지는 것은 아니다. 예컨대 '조朝의 앞이 혜兮이고, 혜兮의 앞이 매妹'라는 설의 경우, 갑골문에서 혜兮는 달리 곽郭이나 곽혜郭兮라고도 부른다." "혜兮는 측昃과 혼昏의 사이에 위치한 시간 명칭이며, 오후에 있었지 아침朝 전에 있었던 것은 아니다. 매妹에 대해서도, 이것이 제을·제신 때의 특유한 시간 명칭이라고 했지만, 이 시기의 갑골문에 보이는 시간 명칭은 절대적으로 적으며, 더더욱 '혜兮의 앞이 매妹'라는 예증은 보이지 않는다. 이외에도 빠트리고 통계를 내지 않은 시간 명칭도 매우 많다. 은나라 때의 시간 기록 제도를 논의하면서, 동작빈은 '은나라 옛날 법에 의하면 낮을 7단계로 나누었고 밤은 전체를 나누지 않았다'고 했는데, 이는 사실 수정될 필요가 있다." 진몽가의 연구에 대해서도 송진호는 이렇게 말했다. "개일盖日과 각일各日을 시간 명칭이라고 했지만, 그럴 가능성은 희박하다. 진몽가는 개일盖日이 오전의 식사 때라고 했지만, 갑골문에서 '임술일에 점을 칩니다. 비가 올까요? 오늘 '소채' 때 과연 큰 비가 내렸다.(…중략…) '개일' 때 날이 개였다 壬戌卜, 雨. 今日小采允大雨……, 盖日佳啓'고 했는

135) 陳夢家, 『殷虛卜辭綜述』, 科學出版社, 1956, 93면.

136) 宋鎮豪, 「試論殷代的記時制度」, 『全國商史學術討論會論文集』, 1985.

데, 험사驗辭에서 소채小采 뒤에 개일盖日이 이어서 나오고 있다. 소채小采가 오후의 시간대인데 개일盖日이 어떻게 오히려 오전에 있을 수 있단 말인가? 그래서 진몽가의 판단은 정확하지 않다. 내 생각에는 개일盖日은 시간 명칭이 아니며, 기상과 관련된 용어이다. 달리 '양일䳼日'이라고도 쓰는데, 언제나 비雨·날이 갬啓 등과 함께 등장한다. 그래서 양暘자의 가차자가 아닌가 생각 한다. (…중략…) 개일盖日은 비가 그치고 해가 나온다는 뜻이다." "각일各日도 시간 명칭이 아니다. 갑골문에는 따로 '각석各夕'(『수』 1,061편)이라는 용어가 있기 때문에, 각일各日을 해가 떨어지다落日로 해석하는 것은 타당하지 않음을 알 수 있다. (…중략…) 각일各日은 어떤 날에 이르다至于某日는 뜻이다." 그는 진몽가가 제시한 갑골문에서 지지地支를 시간의 이름으로 사용했다는 2편의 예증에 대해서도 부정하면서, 이 2편의 복사에서 "해亥"는 만万으로 쓰여 있고, "구석규의 연구에 의하면, 만万으로 해석되어야 하며, 이는 제사이름이고", "이렇게 볼 때 갑골문에는 12지支로써 시간을 기록한 예증은 없다"고 했다.

다음으로, 송진호는 각 시기 복사에 나타나는 시간 명칭에 대해 상세히 고증했다. 그는 이렇게 말했다. "갑골문에서의 시간 명칭은 3~4기의 늠신·강정·무을·문무정 시대에 가장 많이 보이며, 그 다음은 1기의 무정 시대이고, 그 다음은 2기의 조경·조갑 시대이며, 5기의 제을·제신 시대 때에 가장 적게 나타난다." 그리하여 그는 "3~4기의 갑골문에서 보이는 시간 명칭이 총 22개이며, 각기 하루 중의 다른 시간대를 대표한다고 했다. 이러한 시간대를 시간의 순서에 따라 배열하면, 대체로 서로 꼬리에 꼬리를 물듯 이어져 있다. 하지만 한 시간대가 다른 두 개의 시간대를 뛰어 넘는 걸쳐진 경우도 있다. 예컨대 일서日西는 측昃과 곽郭의 두 시간대를 넘어 걸쳐져 있다. 이러한 것 이외에도 어떤 시간대는 서로 중첩되는 경우도 있는데, 예를 들어 조朝와 대채大采, 맹萌과 소채小采, 일중日中의 시간대 구분에서 중일中日·주晝·주督의 3가지 시간 명칭이 있다." 그는 3~4기 복사에서의 시간 명칭의 순서는 다음과 같다고 했다.

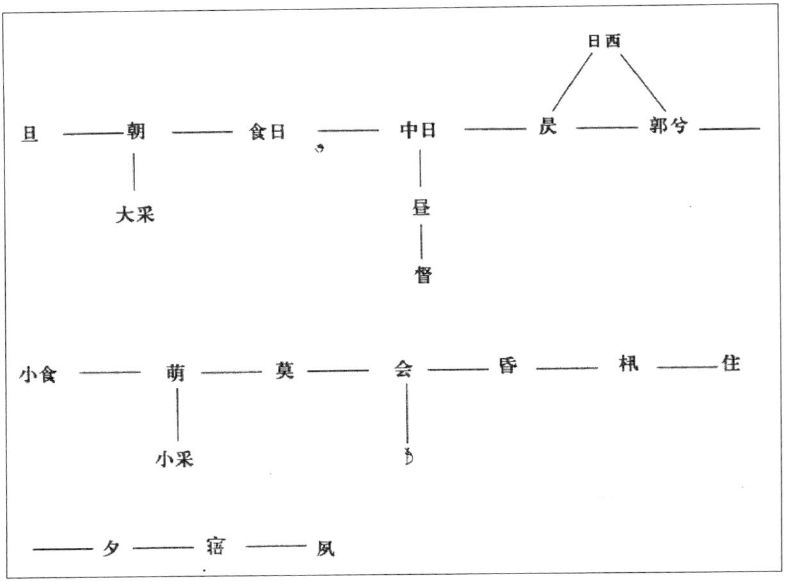

이러한 22가지 시간 명칭 중에서 주督, 예杋, 주住, 숙夙, 주晝, 일서日西, 회會, [illegible], 맹萌, 오寤 등 10개 시간 명칭은 송진호에 의해 새로 고증되었다. 그는 주督자의 "본래 뜻은 간대를 세워 해를 측정해 방위를 정하던 것을 말했는데, 간대를 세워 해를 측정하던 것이 한낮日中에 주로 행해졌기 때문에 이후 한낮日中의 시간대를 지칭하는 글자가 되었다." 또 "갑골문에서의 주晝자는 본래 나무를 세워 해의 그림자를 재던 모습이었으나, 이러한 행위가 정오日中 때 주로 이루어졌기 때문에 해가 정중앙에 위치하는日中 시간을 지칭하는 글자가 되었다"고 했다.[137] 그는 당란唐蘭의 의견을 받아들여 "예杋"는 날이 어두워져 등불을 켜던 시간대를 말하며, "주住"는 한 번 밖에 등장하지 않지만(『합집』 27,522편), "사람이 잠자리에 들 때"를 말한다고 했다.[138] "일서日西는 대략 한나라 죽간에서의 '해가

137) 宋鎭豪, 「釋督晝」, 『甲骨文與殷商史』 第3輯, 上海古籍出版社, 1991.
138) 宋鎭豪, 「釋住」, 『殷都學刊』 第2期, 1987.

서쪽의 중간에 머무를 때 日西中時'와 같은 것으로, 오후를 말한다." "회會"는 "대체로 모색暮色이 아득하게 퍼질 때"를 말한다. [illegible]자는 목木과 월月로 구성되었는데, "아마도 저녁莫 때와 인접해 있는 시간대 일 것이며", "맹萌과 혼昏의 시간대는 서로 근접해 있었다." "오寤는 밤의 후반부부터 다음날 날이 밝을 때까지의 시간대를 말한다."[139] 송진호는 3~4기 복사의 시간 지칭을 총결하면서 이렇게 말했다. "24개의 시간 명칭이 대표하는 시간대 중, 중첩되고 교차되는 부분을 제외하면, 하루를 16개의 시간대로 구분했음을 알 수 있다." 그중 "낮을 대표하는 시간대는 단旦에서부터 회會까지 총 10개의 시간대이며, 16개의 시간 명칭이 있다. 밤을 대표하는 것으로는 혼昏부터 숙夙까지 총 6개의 시간대이며, 6개의 시간 명칭이 있었다."[140] 송진호의 고증에 의하면, "1기 무정 시대의 시간 명칭 중 3~4기 때의 것과 같은 것으로는 단旦·대채大采·식일食日·대식大食·중일中日·측昃·소식小食·소채小采·회會·예枂·석夕·숙夙 등 11개가 있다. 하지만 3~4기 때의 시간 명칭과 다른 시간 명칭도 3개가 있다." 그중 하나는 "[illegible]"으로 "이 글자는 3~4기에서 말하던 [illegible]의 다른 구조로 보이며, 대략 날이 어두워지는 저녁때를 말한 것으로 보인다." 두 번째는 "일명日明"이며, 세 번째는 [illegible]·명明·일명日明인데, "명明은 아마도 3~4기에서의 조朝에 상당할 것이며", "[illegible]"은 "명明과 식일食日의 사이에 위치했다." 송진호가 배열한 1기 무정 시기의 시간 명칭의 순서는 다음과 같다.

139) 이상은 모두 宋鎭豪, 「試論殷代的記時制度」(『全國商史學術討論會論文集』, 1985)에서 인용했다.

140) 宋鎭豪, 「試論殷代的記時制度」, 『全國商史學術討論會論文集』, 1985.

그는 이렇게 말했다. "무정 시대의 시간 명칭은 14개가 있는데, 하루를 12개의 시간대로 나누었다. 그중 낮은 단旦으로부터 회會까지 9개의 단계로 나누어졌고, 11개의 시간 명칭이 있었으며, 밤은 예枫부터 숙夙까지 3개의 단계로 나누어졌고, 3개의 시간 명칭이 있었다." 송진호가 고증한 제2기 조경·조갑 시대의 시간 명칭은 6개만 등장하는데, 제1기와 제3~4기와 동일한 것으로 예枫와 석夕 2개만 있다. 나머지 4개는, 첫째 "농農"으로 "시간 명칭으로 쓰일 때에는 아마도 '해 뜨면 나가 일을 한다'는 뜻에서 가져왔을 것이다." 둘째, "槀"로 "아마 조朝의 다른 필사법일 것이다." 셋째 "맹萌"인데 "맹萌은 저녁 해가 떨어지고 달이 뜨기 시작할 때를 말한다." 넷째 "모暮"로 "이는 막莫의 다른 필사법이다." 송진호가 열거한 제2기 때의 6개의 시간 명칭의 시간적 순서는 "…… 농農－槀 …… 맹萌－모暮 …… 예枫－석夕 ……"의 순이다. 송진호가 고증한 5기 제을·제신 시대의 시간 명칭에는 단지 석夕과 매妹 2개뿐이다. 그는 매妹의 경우 매상昧爽의 매昧가 가차된 것으로, 매妹는 명明의 앞에 놓인다고 했다. 갑골문에 보이는 시간 명칭에 대한 송진호의 결론은 이렇다. "갑골문에서의 시간 명칭은 3~4기 때가 가장 상세하여 총 22개가 등장하며, 하루를 16개의 시간대로 구분했는데, 그중 낮이 10개 시간대, 밤이 6개의 시간대였다. 그 이전의 제1기 때에는 시간 명칭이 14개인데, 하루를 12개의 시간대로 나누었으며, 그중 낮이 9개의 시간대, 밤이 3개의 시간대였다. 2기와 5기에 대해서는 기록에서 빠진 것이 너무 많기 때문에 전모를 알기는 힘들다."[141] 또 은나라 때의 시간 기록 제도의 특징에 대한 송진호의 연구에 의하면, 갑골문에서의 시간 명칭은 그 성질로 볼 때 자연과 인문의 두 가지 큰 부류로 나눌 수 있다. 자연에 해당하는 것으로는 해와 달의 운행과 관련되어 있는데, 총 16개, 즉 단旦·매妹·조朝·중일中日·주晝·주督·측昃·일서日西·혼昏·막莫·회會·명明·맹萌·

141) 宋鎭豪, 「試論殷代的記時制度」, 『全國商史學術討論會論文集』, 1985.

[illegible]·석夕·[illegible] 등이 그에 해당한다. 이 중에서 태양과 관련된 시간 명칭이 11개이고 달과 관련된 시간 명칭이 3개이며, 이 둘 사이에 끼어 있는 시간 명칭이 2개이다. 인문에 해당하는 것은 인류의 생산과 생활 풍속과 관련된 것으로, 11개가 있는데, 즉 농農·식일食日·소식小食·주住·오寤·곽郭·예枫·橐·대채大采·소채小采·숙夙 등이 그에 해당한다. 이 부류에서 생산과 관련된 시간 명칭이 1개, 생활과 관련된 시간 명칭이 6개, 풍속과 관련된 시간 명칭이 4개이다. "전체적으로 볼 때 낮의 시간대 구분이 밤보다 엄밀했으며", "시간대의 구분은 균등한 폭이 아니어서, 시간대 간의 시간 간격은 균등하지 못했다. 은나라 때에는 불균등한 시간대의 시간 기록 제도를 채택하고 있었다."142)

1998년 상옥지는 『은상 역법 연구』라는 책을 출판했는데, 이 책의 제3장 "은나라 때의 시간 기록법"이라는 절에서 은나라 때의 시간 기록법에 대해 복사의 최신 시기 구분법에 근거해 조組를 나누어 논의했다.143) 그녀에 의하면, "복사를 통해 볼 때, 시간 지칭이 가장 많이 등장하는 경우는 무명조 복사이며, 그 다음이 사조·빈조와 출조 복사이다."144) 그녀가 확정한 무명조 복사에 나타나는 시간 명칭으로는(시진의 순서에 따라 배열), 단旦·조朝·식일食日·대식大食·중일中日·일중日中·주督·주晝·측昃·곽혜郭兮·곽郭·혼昏·막莫(暮)·예枫·주住·숙夙 등 총 16가지이다. 그녀에 의하면, 이 16가지 시간 명칭 중 단旦과 조朝, 식일食日과 대식大食, 중일中日과 일중日中과 주督와 주晝, 곽혜郭兮와 혜[illegible], 혼昏과 막莫(暮) 등은 각기 하나의 시간대에 대한 다른 명칭이기 때문에, 16개의 시간 명칭이 대표하는 것은 하루 낮과 밤의 9개 시간대이다. 은나라 사람들은 하루에 두 끼를 먹었는데, "식일食日"과 "대식大食"은 오전의 아침 식사를 말하

142) 宋鎭豪, 「試論殷代的記時制度」, 『全國商史學術討論會論文集』, 1985.

143) 복사의 分組 및 귀속 時代에 관해서는 李學勤·彭裕商, 『殷墟甲骨分期硏究』(上海古籍出版社, 1996) 참조.

144) 常玉芝, 『殷商曆法硏究』, 吉林文史出版社, 1998, 第3章 第3節.

며, 오후나 저녁때의 식사를 지칭하는 명칭은 보이지 않는다. 그래서 "곽혜郭兮"와 "곽郭"이 바로 저녁 식사(즉 다른 조의 복사에서 말하는 "소식小食")를 불렀던 이름이라 여겼다. 그렇게 되면 무명조 때의 하루 낮과 밤은 총 9개의 시간대로 나누어지게 되는데, 이 9가지 시간대의 순서는 단旦·조朝-식일食日·대식大食-일중日中·중일中日·주督·주晝-측昃-곽혜郭兮·곽郭-혼昏·막莫(暮)-예枫-주住-숙夙 등이다. 그중 낮은 단旦·조朝부터 시작해 혼昏·막莫(暮)에 이르기까지 총 6개의 시간대로 구성되어 오전이 2개 오후가 3개 정오가 1개이다. 밤은 예枫부터 숙夙까지 총 3개의 시간대인데, 이들은 밤이 시작될 때의 것이 2개, 밤이 끝날 때의 것이 1개로 되었으며 중간을 지칭하는 시간 명칭은 없다. 그녀에 의하면, "단旦"은 날이 밝을 때를 말하며, "조朝"는 "단旦"에 상당하는 시간대를 말한다. "식일食日"과 "대식大食"은 아침 식사 때를 말하는데, 해가 뜬 후 한낮日中의 사이에 존재한다. "중일中日"과 "일중日中"은 정오를 말한다. "측昃"은 오후 2시를 말한다. "곽혜郭兮"는 또 "곽郭"이라 부르기도 하는데, 이의 시간적 순서는 다음의 4판의 복사로 증명할 수 있다.

'중[일]'에서 '측'[까지] 비가 내릴까요? 中[日至]昃, 其雨.
'측'부터 '곽'까지 비가 내리지 않을까요? 昃至郭, 不雨.
'곽' 때 비가 내릴까요? 郭雨.

—『합집』 29,793편

'측'에서 '[곽]혜'까지 비가 내릴까요? 昃至[郭]兮, 其雨.
'곽혜'부터 '혼'까지 비가 내리지 않을까요? 郭兮至昏, 不雨.
'곽혜'부터 '혼'까지 비가 내릴까요? 郭兮至昏, 其雨.

—『합집』 29,801편

'곽혜'부터 '혼'까지 비가 내리지 않을까요? 郭兮至昏, 不雨.

—『합집』 29,794편

'중[일]' …… 中[日] ……

'곽혜'에서 '혼'까지 비가 내리지 않을까요? 郭兮至昏, 不雨.

'[곽]혜'부터 '혼'[까지] 비가 내릴까요? [郭]兮[至]昏, 其雨.

—『합집』 29,795편

이 4판의 복사는 "곽혜郭兮"와 "곽郭"의 시간적 순서가 "측昃"과 "혼昏"의 사이에 위치하며, 이들이 오후의 시간대임을 보여준다. 곽말약과 동작빈은 "곽혜郭兮"가 다음날의 새벽이라고 했지만 이는 잘못된 해석이다. 또 동작빈・곽말약・진몽가 등은 "혜兮"라고 부르는 시간 명칭이 따로 있다고도 했는데 이 역시 잘못된 것이다.[145] "혼昏"은 해가 떨어지는 시간을, "막莫"은 "모暮"로 "혼昏"과 마찬가지로 해가 떨어지는 시간을, "예枫"는 날이 어두워져 등을 켜는 시간을 말한다. 이렇게 되면 "예枫"는 해가 떨어진 이후 밤이 시작되는 시간을 말한다. "주住"는 송진호가 고증했던 것처럼 "사람들이 잠자리에 드는" 시간을 말한다. 그렇다면 "예枫"와 "주住는 모두 밤 시간대(은나라 사람들은 밤 전체를 "석夕"이라 불렀다)에 속하는 시간 지칭이다. "숙夙"은 "날이 채 밝지 않아 달과 별이 아직 보이는 시간대를 말하며, 그래서 숙夙은 밤의 후반부에서 날이 밝기 전까지의 시간대를 말한다." "숙夙은 단旦보다 앞에 놓이지만, 여전히 밤의 시간대에 속한다."[146] "숙夙"은 캄캄한 밤이 끝날 때를 말하며, 은나라 사람들에게서 하루가 끝나는 시간대였다. 상옥지는 "주督"에 대한 송진호의 고증에 동의했다. 상옥지는 단旦・조朝・주督・주晝・측昃・혼昏・막莫暮 등과 같은 낮 시간대의 명칭에 모두 "일日"자가 포함되어 있고, "식일

145) 董作賓・郭沫若・陳夢家들이 든 소위 "兮"로만 불렀다는 3條의 복사에 대한 常玉芝의 분석은 常玉芝, 『殷商曆法研究』(吉林文史出版社, 1998), 138면의 주 ①을 참조.
146) 宋鎭豪, 「試論殷代的記時制度」, 『全國商史學術討論會論文集』, 1985.

食日"・"중일中日"・"일중日中" 등과 같은 시간 명칭에도 "일日"자가 들어 있지만, "곽혜郭兮"라는 명칭에만 "일日"자가 들어 있지 않으며, "일日"자가 더해지면 낮의 시간대를 가리킴이 분명하지만 밤의 시작점을 나타내는 "예枫"자와 밤이 끝나는 시점을 나타내는 "숙夙"(즉 "𡖊")자에는 모두 "凡"의 자형이 들어 있음에 주목하였다. 상옥지에 의하면, "사조 복사와 빈조 복사는 모두 무정 시기의 것인데, 이 두 조組의 복사에 보이는 시간 지칭이 비슷하다. 그래서 그것들은 함께 합쳐 논의하기로 한다." 그녀가 확정한 사조 복사의 시간 지칭은 다음과 같다. 시간의 순서에 따라, 명明・대채大采・대채일大采日・대식大食・중일中日・측昃・소식小食・소채小采・소채일小采日・숙夙 등 총 12개의 시간 명칭이 있으며, 7개의 시간대를 대표한다. 빈조 복사의 시간 명칭에는 다음의 것들이 있다. 시간의 순서에 따라, 신晨・상膿・명明・대채大采・대채일大采日・대식일大食日・식일食日・중일中日・일중日中・측昃・측일昃日・예枫 등 총 12개의 시간 명칭이 있으며, 6개의 시간대를 대표한다. 사조와 빈조는 시대가 서로 연이어져 있었기 때문에 이 두 조의 시간 지칭을 종합하면, 신晨・상膿・명明・대채大采・대채일大采日・대식大食・대식일大食日・식일食日・중일中日・일중日中・측昃・측일昃日・소식小食・소채小采・소채일小采日・예枫・숙夙 등 총 17개의 시간 지칭이 있게 된다. 그중, 신晨과 상膿, 명明과 대채大采・대채일大采日, 대식大食과 대식일大食日・식일食日, 중일中日과 일중日中, 측昃과 측일昃日, 소채小采와 소채일小采日은 각기 한 가지 시간에 대한 동일한 명칭이다. 그래서 17개의 시간 지칭이 표시하는 시간은 하루 낮과 밤의 9개 시간대이다. 그 9개 시간대의 순서는, 신晨・상膿→명明・대채大采・대채일大采日→대식大食・대식일大食日・식일食日→중일中日・일중日中→측昃・측일昃日→소식小食→소채小采・소채일小采日→예枫→숙夙이 된다. "명明"은 "단旦"과 마찬가지로 날이 밝을 때를 가리키며, "신蔯"은 "신晨"자인데 이는 상정광常正光에 의해 해독되었다.147) "신晨"은 해가 뜨는 때인 "단旦"과 "명明" 이전의 시간대이며, "상膿"은 "상

爽"과 같이 읽는데,[148] 지칭하는 시간은 "신晨", 즉 해가 뜨기 전의 여명 때에 상당할 것이다. 그래서 상옥지는 위에서 말한 9개의 시간대 중에서, 낮 시간대는 신晨·상朦·명明으로부터 소채小采·소채일小采日에까지 이르는데, 소채小采는 혼昏·모暮의 시간대에 해당한다. 이렇게 해서, 낮에는 오전에 3개, 오후에 3개, 정오 1개 등 9개의 시간대가 있고, 밤은 예枫로부터 숙夙에 이르는데, 날이 어두워져 등을 켜는 시간대부터 날이 밝기 전까지이며, 밤 전체는 더 이상 시간대를 나누지 않았다. 상옥지가 재구해 낸 출조 복사의 시간 지칭에는 시간의 순서에 따라, 신晨·조朝·주晝·모暮·예枫 등 총 5개의 시간 지칭이 있고, 5개의 시간대를 대표한다. 낮의 시간 지칭에는 신晨부터 막莫에 이르기까지 총 4개의 시간대로, 아침이 2개, 오후가 2개, 정오가 1개이다. 밤의 시간 명칭에는 밤이 시작되는 시간대를 말하는 "예枫" 하나만 있고, 밤 전체는 더 이상 나누지 않고 "석夕"이라고 통칭했다. 상옥지가 재구해 낸 하何조 복사의 시간 지칭은 (시간의 순서에 따라), 조朝·대식大食·중일中日·혼昏·막莫·예枫 등 총 6개의 시간 지칭이 있는데, 그중 혼昏과 막莫은 같은 시간에 대한 다른 명칭이다. 6개의 시간 지칭은 5개의 시간대를 대표하며, 오전이 2개, 오후가 2개, 정오가 1개, 밤이 1개이다. 상옥지가 재구해 낸 역歷조 복사의 시간 지칭으로는 숙夙과 막莫 두 개 뿐이다. 그녀에 의하면 황黃조 복사에는 시간 지칭이 등장하지 않는다. 그녀는 다음과 같은 표로 시간 지칭 간의 대응관계를 나타냈다.

147) 常正光, 「"辰爲商星"解」, 『古文字研究論文集』(四川大學學報叢刊 第10輯), 1982.

148) 裘錫圭도 시간 지칭으로 쓰일 때의 "朦"은 爽으로 읽어야 한다고 했다. 「釋"木月" "林月"」, 『古文字論集』, 中華書局, 1992.

〈표 23〉 시간 명칭 대조표

조별	시 칭								
무명조		단旦, 조朝	식일食日 대식大食	중일中日, 일중日中, 주督, 주晝	측昃	곽혜 郭兮, 곽郭	혼昏, 막莫 (暮)	예枫	주住	숙夙
사조		명明, 대채大采, 대채일 大采日	대식大食	중일中日	측昃	소식 小食	소채小采, 소채일 小采日			숙夙
빈조	신蓐, 상𦢊	명明, 대채大采, 대채일 大采日	대식일大食日, 식일食日	중일中日, 일중日中	측昃, 측일 昃日			예枫		
출조	신蓐	조朝		주晝			막暮	예枫		
하조		조朝	대식大食	중일中日			혼昏, 막莫	예枫		
역조							막莫	숙夙		

상옥지는 은나라 시간 기록법의 특징을 다음과 같은 세 가지로 개괄했다. 첫째, 시간 명칭이 태양과 달과 별 등 자연현상의 관찰과 당시 사람들의 생활습속에 근거하고 있다는 점이다. 태양과 달과 별의 관찰에서부터 생긴 시간 명칭으로는, 신蓐·상𦢊·단旦·조朝·명明·대채大采·대채일大采日·중일中日·일중日中·주晝·주督·측昃·측일昃日·막莫(暮)·소채小采·소채일小采日 등 총 17가지가 있다. 사람들의 생활 습속에서 온 시간 지칭으로는 대식大食·대식일大食日·곽혜郭兮·곽郭·소식小食·예枫·주住·숙夙 등 9가지가 있다. 둘째, 동일 시간대에 대해 여러 가지 호칭이 있으며, 또 각 조 복사 간의 시간 명칭이 꼭 일치하는 것은 아니라는 점이다. 예컨대 해가 뜨는 시간대에 대해 무명조에서는 "단旦"·"조朝", 사조와 빈조에서는 "명明"·"대채大采"·"대채일大采日", 출조와 하조에서는 "조朝"라 불렀던 것이 그러하다. 이러한 호칭의 차이는 은나라 때 당시 각 시기 사람들의 습관 차이에 기인한 것이다. 셋째, 시간대에

대한 획분이 불균등하다는 것이다. 각조의 시간 명칭을 종합해 보면 낮 시간대의 구분은 세밀하지만 밤 시간대의 구분은 성기다. 낮 시간대는 총 7개의 시간대로, 오전이 3개, 오후가 3개, 정오가 1개이다. 밤은 밤이 시작될 때와 끝날 무렵에 대한 시간 명칭만 존재하며, 밤 전체를 통틀어 "석夕"이라 불렀고 더 이상 시간대를 나누지 않았다. 이렇게 볼 때 은나라 사람들은 낮의 시간을 중시했고, 그들의 각종 생산 활동은 주로 낮에 이루어졌다. 이것은 은나라 사람들이 기본적으로는 "해 뜨면 나가 일하고, 해 지면 들어와 쉰다"는 전통적인 생활습관을 여전히 유지하고 있었던 것으로 보인다.

은나라 때의 시간 기록법의 몇몇 시간 명칭에 대해서는 아직도 의견이 일치되지 않고 있는데, 이는 이후 계속 연구가 이루어져야 할 것이다.

(4) 은나라 때의 하루의 시작

"하루의 시작日始"은 하루가 시작되는 시점을 말한다. 은나라 때의 하루의 시작에 대해서는 현재 두 가지 견해가 있는데, 하나는 날이 밝을 때가 하루의 시작이라는 설이고, 다른 하나는 한 밤중이 하루의 시작이라는 설이다.

1951년 두버스德效騫(Homer H. Dubs)는 자신의 "기미석명경신월식己未夕皿庚申月食"의 연대 추산에 근거해, 은나라 때에는 밤을 두 부분으로 나누었으며, 앞부분과 뒷부분을 두 개의 간지로 표시했다고 했다.[149] 이것이 바로 은나라 사람들이 한 밤중을 하루의 시작으로 보았다는 말이다. 그러나 1953년 동작빈은 은나라 때의 하루의 시작은 날이 밝을 때라는 설을 제시했다.[150] 하지만 그가 들었던 예증은 낮과 밤을 하나의 간지를 사용했다는 것 외에는 다른 증거를 제시하지 못했다. 1964년 주법고는

149) 德效騫, 「商代的記日法」, 『通報』 第40期, 1951.
150) 董作賓, 「殷代的紀日法」, 臺灣大學 『文史哲學報』 第5期, 1953.

은나라 때에 날이 밝을 때를 하루의 시작으로 여긴 것과 한 밤중을 하루의 시작으로 여겼던 두 가지의 상황이 있다는 설을 제시했다.[151] 즉 "당시의 은나라 사람들이 말한 금석今夕이나 모석某夕의 의미는 밤 전체를 말했는데", 이는 당시 은나라 사람들이 날이 밝을 때를 하루의 시작으로 여긴 것이다. 그리고 "당시 은나라 사람들이 두 간지일의 중간에 넣었던 인᷊(즉 명皿자—인용자 주)은 바로 그들이 밤 전체를 두 부분으로 나누고 각각의 부분에 전문적인 간지명을 부여하고자 했던 것으로", 이는 은나라 사람들이 한밤중을 하루의 시작으로 보았음을 말해 준다고 했다. 1985년 송진호는 「은나라 때의 시간 기록 제도에 관한 시론」에서,[152] 1998년 상옥지는 『은상 역법 연구』에서[153] 각각 은나라 때의 하루의 시작이 날이 밝을 때였다는 것에 대해 상세하게 논증했다.

송진호는 세 가지 측면에서 은나라 때의 일계日界(즉 하루의 시작)에 대해 논술했는데, 하나는 은나라 때의 날짜 기록법이다. 그는 은나라 사람들이 사용했던 간지를 이용한 날짜 기록법에서 간지일의 간일干日을 생략할 수도 있었으며, 또 어떤 경우에는 지일支日을 생략할 수도 있었다고 했으며, 다음의 두 가지 예를 통해 은나라 때의 하루에는 낮과 밤이 포함된 것임을 증명했다.

> 물어봅니다. 밤 내내 비가 내리지 않겠습니까? 貞不其終夕雨.
>
> —『복』 32편

> 신미일에 점을 칩니다. '내'가 물어봅니다. 다가오는 임인일에 날이 개이겠습니까? '임'일 낮 내내 안개가 끼었다. 辛未卜, 內翌壬申啓. 壬終日霧.

---

151) 周法高, 「論商代月蝕的記日法」, 『哈佛亞洲學報』 第25期, 1964~1965. 趙林의 번역이 『大陸雜志』 第35卷(第3期, 1967.8.)에 실림.

152) 宋鎭豪, 「試論殷代的記時制度」, 『全國商史學術討論會論文集』, 1985.

153) 常玉芝, 『殷商曆法研究』, 吉林文史出版社, 1998, 第3章 第4節.

—『합집』 13,140편

송진호에 의하면, "종석終夕은 종일終日과 대칭되는 말로, 사실은 하루를 크게 나눈 두 부분을 대표하여, 하나는 밤 전체를 다른 하나는 낮 전체를 말한다"고 했다. 두 번째는 은나라 사람들의 날짜 계산법計日法에서 낮을 먼저 계산했는지 아니면 밤을 먼저 계산했는지에 대해 다음의 복사로써 증명했다.

계유일에 점을 칩니다. '모기'께 '호'제사를 드리는데, 암소를 사용할까요? 癸酉卜, 祜母己, 叀牝.

작은 희생양을 사용할까요? 길하다. 叀小宰, 吉.

오늘 밤에 '주'제사를 드릴까요? 크게 길하리라. 이 점복을 사용하라. 叀今夕酒. 大吉. 兹用.

다음 '갑'일에 '주'제사를 드릴까요? 于翌日甲酒.

—『합집』 27,454편

"이는 동일 사안에 대해 여러 번 점을 친 예이다. 계유일에 모기母己에 대한 제사에 대해 물었고, 이어서 그날 밤 '주'제사를 드릴 것인지, 아니면 다음날인 갑甲일에 '주'제사를 드릴 것인지에 대해 물었다. '오늘 밤今夕'은 다시 말해 하루 전체를 말한 것으로, 먼저 낮을 계산에 넣은 후에 다시 밤을 계산에 넣은 것이다." 세 번째는 시간 기록 제도 중에서 은나라 사람들의 하루 경계日界인데, 송진호에 의하면, "은나라 때의 하루는 먼저 낮을 계산한 후 그 뒤에 밤을 계산에 넣었는데, 그렇다면 시간 기록제도에서 낮의 시점이 바로 하루의 경계日界가 이루어지는 부분이다." 그는 다음의 3가지 복사를 들어 이를 증명했다.

'계'일에, 10명이 새벽에 정벌하면 재앙이 생겨 상해를 입지 않을까요? 癸, 十

人夙伐, 𢦏, 不雉.

계사일 아침에 바로 정벌하면 재앙이 생겨 사람들이 상해를 입지 않을까요?

癸巳旦迺伐, 𢦏, 不雉人.

—『합집』 26,897편

그에 의하면, "단旦과 숙夙은 계일癸日에 속한 다른 두 시간대인데, 이는 단旦을 하루의 시작으로, 숙夙을 하루의 끝으로 본 것이다"고 했다.

오늘 밤에 '주'제사를 드릴까요? 叀今夙酒.

—『안명』 1,685편

다음날 아침에 큰 비가 내릴까요? 于翌日旦大雨.

—『홉킨스』 381편

송진호에 의하면, "시간의 순서로 볼 때, 마침 이 두 복사는 은나라 때의 일계日界의 주기가 서로 연결되고 있다." 그는 최종 결론에서 "은나라 때의 일계日界는 시간 지칭으로 말하자면 단旦을 그 시작점으로 하고 있다"고 했다.[154]

상옥지는 다음의 세 가지 측면에서 은나라 때의 하루의 시작에 대해 논의했다. 첫째, 은나라 사람들에게서 하나의 간지는 하나의 완전한 낮에다 완전한 밤이 더해진 하루를 표시하며, 또 하나의 완전한 낮이나 밤을 표시하기도 한다고 했다. 그녀는 "종일終日"(『합집』 13,140편)과 "종석終夕"(『둔남』 744편)의 복사를 이용해 은나라 사람들의 낮과 밤은 모두 나누어지지 않는 완전한 상태, 즉 은나라 사람들의 하루의 시작은 낮에 있거나 밤의 어느 시점에 있을 수는 없으며 낮이나 밤이 교차되는 시점에 있

154) 이상의 송진호의 논술은 모두 그의 「試論殷代的記時制度」(『全國商史學術討論會論文集』, 1985)에 근거한 것이다.

을 수밖에 없다고 했다. 둘째, 은나라 사람들이 날짜를 기록할 때에는 낮을 먼저 기록했는지 아니면 밤을 먼저 기록했는지를 논증했는데, 이는 은나라 사람들에게서의 하루와 하루의 경계점이 밤과 낮이 교차할 때였는지 아니면 낮과 밤이 교차할 때였는지에 관한 것이다. 상옥지는 17조목의 복사를 통해 이 문제에 대해 논증했지만, 여기서는 다음의 두 편으로써 설명하고자 한다.

> 계유일에 점을 칩니다. '출'이 물어봅니다. 10일 동안 불행한 일이 없겠습니까? 10일 동안 재앙이 있었다. 이날 '력'이 '지'제사를 드렸다. 밤에는 무소가 나타났다. '휴'에서였다. 8월이었다. 癸酉卜, 出, 貞旬亡禍. 旬有祟, 之日鬲祉, 夕有兕. 在休. 八月.
>
> —『합집』 24,358편

> 경자일에 점을 칩니다. '쟁'이 물어봅니다. 오는 신축일에 날이 개이겠습니까? 庚子卜, 爭, 貞翌辛丑啓.
>
> 물어봅니다. 오는 신축일에 날이 개이지 않겠습니까? 왕께서 점괘를 보고 말했다. 오늘 밤 비가 내릴 것이고, 오는 신축일에는 날이 갤 것이다. 貞翌辛丑不其啓. 王占曰, 今夕其雨, 翌申[丑]啓.
>
> —『합집』 3,297편의 앞과 뒷면

이 두 복사는 모두 은나라 사람들이 날짜를 기록할 때 낮을 먼저 기록하고 그 뒤에 밤을 기록했음을 보여주는데, 이는 바로 은나라 때의 하루와 하루의 경계가 낮과 밤이 교차되는 지점에 있었던 것이 아니라 밤과 낮이 교차되는 지점에 있었음을 증명해 준다. 그래서 낮의 시작점이 바로 하루의 시작점이 되어야 한다. 은나라 사람들의 시간 기록법에서 시간 명칭인 "단旦"이 날이 밝아 해가 뜰 때를 가리키는 것임을 알 수 있고, "숙夙"이 날이 밝기 전의 밤 즉 밤의 맨 마지막 시간 지칭으로 쓰이고 있기 때문에, 은나라 사람들에게서 하루의 시작은 "단旦"이었다(무명조의 시간 명칭. 다른 조에서는 조朝·명明·대채大采가 이에 상응한다). 셋째, 은나라 때의 하루의 시작이 밤에 있을 수 없다는 것을 4가지 복사를 들어 증명했는데, 여기서는 2편만 들어 설명한다.

> 갑진일에 점을 칩니다. '윤'이 물어봅니다. 왕께서 '빈'제사를 지내는데 밤에 '복'제사를 올리면 불행한 일이 없겠습니까? 甲辰卜, 尹, 貞王賓夕福, 亡禍.
>
> 을사일에 점을 칩니다. '윤'이 물어봅니다. 왕께서 '빈'제사를 드리는데 '예枫' 때 '복'제사를 올리면 불행한 일이 없겠습니까? 9월이었다. 乙巳卜, 尹, 貞王賓枫福, 亡禍. 在九月.
>
> —『합집』 25,385편

> 갑진일에 점을 칩니다. 矣가 물어봅니다. 왕께서 '빈'제사를 드리는데 밤에 '복'제사를 다음 '예枫' 때까지 드리면, 불행한 일이 생기지 않을까요? 甲辰卜, 矣, 貞王賓夕福至于翌枫福, 不乍.
>
> —『합집』 25,460편

상옥지는 이렇게 논증했다. 위에서 인용한 첫 번째 복사는 갑진일에 점을 쳐 밤의 복福 제사에 대해 물었으며, 이튿날인 을사일에는 '예枫' 때의 복福 제사에 대해 물었다. "석夕"은 밤 전체에 대한 지칭이고, "예枫"는 날이 어두워져 등불을 켤 때의 시간 즉 날이 어두워져 밤이 시작되는 시점을 말한다. 여기서 말하는 "석夕"은 앞의 간지일을 말하고, "예枫"는 이날과 이어지는 뒤의 간지일을 말한다. 이러한 사실은 이어지는 두 개의 밤이 같은 날에 속하지 않았음을 보여준다. 만약 한밤중을 하루의 시작점으로 삼았다면 앞의 밤의 후반부와 뒤의 밤의 전반부가 하나의 간지일에 귀속되어야 했을 것이다. 즉 "밤夕 때의 복福"제사와 "예枫" 때의 복福 제사에 대한 점복의 간지가 같아야만 한다. 이렇게 볼 때, 은나라 때의 밤은 나누어진 것이 아니라 이어진 채 하나의 간지로 표시되었음을 알 수 있고, 이는 은나라 때의 하루의 시작이 밤중이 아니라는 증거가 된다. 두 번째 편의 복사에서 갑진일에 점을 친 "밤에 '복'제사를 다음 '예枫' 때까지 '복'제사를 드리면夕福至于翌枫福"에서 뒤쪽 "다음 '예枫' 때까지 '복'제사를 드리면翌枫福"의 "익翌"은 앞의 "석복夕福"의 "석夕"이 갑진일의 밤임을 알게 해 주며, 뒤의 "익예翌枫"는 갑진일의 밤과 이어지는 다음 날의 밤인 을사일의 "예枫" 때를 말한다. 이는 첫 번째 복사에서의 "석복夕福"이 앞의 날에 있고 "예복枫福"이 이튿날에 있었던 것과 일치한다. 그래서 이 또한 은나라 때의 밤은 이어져 하나의 밤을 둘로 나눌 수 없었고, 그래서 은나라 때의 하루의 시작이 한 밤중에 있지 않았음을 증명해 준다.

은나라 때의 하루의 시작(즉 하루의 경계日界)에 대한 학자들의 의견은 아직 통일되지 않고 있다. 하지만 이 문제는 매우 중요하다. 그것은 월식의 날짜 추정과 관련되어 있으며, 나아가 은상의 연대 추정과도 관련되어 있기 때문에 지속적으로 연구되어야 할 필요가 있다.

(5) "익翌"과 "래來"의 시간 지칭

복사에서는 "익翌"과 "래來"를 사용하여 날짜를 지칭하는 경우가 자주 보인다. 하지만 이들이 지칭하는 구체적인 날짜 수에 대해서는 학자들 간의 의견이 다르다.

복사에 보이는 "익翌"의 시간 지칭에 대해 나진옥은 이것이 둘째 날과 셋째 날을,[155] 왕국유는 셋째 날과 넷째 날을 지칭한다고 했으며,[156] 당란은 "멀리 60일 후를 지칭하는" 경우도 있다고 했다.[157] 동작빈은 10일

155) 羅振玉, 『增訂殷虛書契考釋』, 東方學會 石印本, 1927, 77면.
156) 王國維, 「考釋」, 『戩壽堂所藏殷虛文學』, 1917, 27~28면.
157) 唐蘭, 『殷虛文字記』 講義本, 1934, 9면 하~10면 하.

내(즉 갑甲일부터 계癸일까지)의 날이면 모두 "익翌"이라 부를 수 있다고 했다.[158] 정숙은 제1기 복사(동작빈의 시기구분법)에서 10일旬내의 날짜는 모두 "익翌"(정숙의 관점에 의하면 10일은 계癸일에서 시작하여 임壬일에서 끝난다)이라 부를 수 있지만, "제사에 관한 점복에서는 익翌이 종종 10일을 벗어나기도 한다"[159]고 했다. 이처럼 "익翌"이 지칭하는 날짜에 대해 긍정할 수 있는 어떤 학설이 없는 셈이다. 근년에 들어 상옥지는 지금까지 확인할 수 있는 모든 은허 갑골에 보이는 "익翌"을 시간 지시사로 삼고 있는 599조항의 복사를 정리하였다. 그녀는 "익翌"이 지칭하는 일수와 각 조의 복사에서 분포된 정황을 다음과 같은 표로 제시했다.[160]

〈표 24〉 "익翊"이 지칭하는 날짜 수

	2	3	4	5	6	7	8	9	11	12	22	33	34	42	61	계
빈조	201	43	21	16	7	1	6	5	0	1	0	1	1	0	1	304
출조	122	15	4	6	2	0	2	0	0	0	0	0	0	0	0	151
무명조	55	1	1	0	0	0	0	1	0	0	0	0	0	1	0	59
역조	21	3	0	3	0	0	1	0	0	0	0	0	0	0	0	28
하조	19	2	1	0	0	0	0	1	0	0	1	0	0	0	0	24
사조	18	4	2	2	0	0	0	0	0	0	0	0	0	0	0	26
황조	2	2	0	0	0	0	0	0	1	0	0	0	0	0	0	5
오조	0	0	2	0	0	0	0	0	0	0	0	0	0	0	0	2
계	438	70	31	27	9	1	9	7	1	1	1	1	1	1	1	599

상옥지에 의하면, 표에서의 날짜 수는 점을 친 날짜로부터 계산한 것이다. 표에서 보듯 "익翌"은 이틀날을 지칭하는 경우가 438조항으로 가장 많아 전체 599조항의 73%를 차지하고 있다. 또 "익翌"은 주로 9일 이내의 날을 말하며(7일을 말하는 경우는 1번만 나나타고 있다), 특히 5일 이내를 지칭하는 경우가 많다. 10일을 지칭하는 경우는 한 번도 나타나지 않는

158) 董作賓, 「卜辭中所見之殷曆」, 『安陽發掘報告』 第3期, 1931.

159) 丁驌, 「今來翌之疑」, 『殷都學刊』, 1994年 第2期.

160) 常玉芝, 「"翌"的時間所指」, 『徐中舒先生百年誕辰紀念文集』, 巴蜀書社, 1998. 또 『殷商曆法硏究』(吉林文史出版社, 1998)에 수록됨.

데, 이는 은나라 사람들이 대부분 제10일째 되는 날을 "순旬"으로 기록했기 때문에 "익翌"을 더하지 않더라도 자연스레 분명해졌기 때문이다. 동시에 "익翌"을 사용하여 20일, 30일, 40일, 50일, 60일 등과 같이 "10"의 배수 일을 지칭할 필요도 없었으며, "10"의 배수 일은 대부분 "순旬"으로 표시했다. 다음에 제시된 복사는 동작빈과 정숙의 설명이 정확하지 않았음을 보여준다.

> 갑인일에 점을 칩니다. 오는 신축일에 비가 올까요? 안개가 끼었다. 庚寅卜, 翌辛丑雨. 霧.
>
> —『합집』 12,359편

이 복사는 빈조 복사, 즉 동작빈의 시기 구분법에서의 제1기 복사인데, 여기서 경인일에 "다음 신축일에 비가 올 것인지"를 물었다. 경인일과 신축일은 동작빈의 주장처럼 갑甲에서 계癸일까지가 1순旬이든 아니면 정숙의 말처럼 계癸에서 임壬일까지가 1순이든 어떤 경우라도 1순의 안에 들어 있지 않고 2순에 나뉘어져 들어 있다. 그래서 "익翌"이 1순 내의 날짜를 말한다는 주장은 성립될 수 없다. 또 이 복사는 비에 관한 점복으로 제사에 관한 복사가 아니다. 하지만 여기서의 "익翌"이 지칭하는 것은 1순을 넘어섰다. 그래서 제사 복사에서만 "익翌"이 1순의 범위를 넘어설 수 있다는 정숙의 주장도 성립될 수 없다.

복사에서는 "래來"로써 날짜를 기록한 경우도 있다. 동작빈은 이에 대해 "상나라 사람들의 날짜 기록 중, 1순 이내의 다가올 날짜는 '익翌'으로 통칭했고, 1순 내의 그 다음날은 '래來'로 통칭했으며", "복사에서 '래모모來某某'라고 말한 것은 모두 다음 1순 내에서의 어떤 날짜를 지칭했다." 또 "'래來'는 이어지는 1순에 한정되지 않고, 다가올 순旬이면 모두 지칭할 수 있다"고 했다.[161] 정숙은 무정 때의 복사에서의 "래來"는 "다음 1순의 날짜를 말하지 이번 1순 내의 날짜를 말하는 것이 아니며, '래

來'로써 해당 순旬 내의 날짜를 지칭한 것은 후기 복사에서의 일이다"고 했다.[162] 근년에 들어, 상옥지는 지금까지 볼 수 있는 모든 은허 갑골복사에서, "래來"를 날짜 지칭으로 삼은 지시사가 든 102조항의 복사를 추출하고, "래來"가 지칭하는 일수와 순旬의 숫자가 각 조의 복사에서 어떻게 나타나는지, 그의 분포 정황을 다음의 표에서와 같이 제시했다.[163]

〈표 25〉 "래來"가 지칭하는 날짜 수

	4	5	6	7	8	9	10	11	12	13	14	15	16	17	18	19	20	21	22	23	24	27	32	34	43	계
빈조	2	2	3	2	5	6	4	4	6	1	2	3	1	2	1	1	1	1	0	2	1	0	0	0	1	51
역조	1	3	1	1	1	1	3	5	1	3	1	1	1	1	0	3	0	1	1	0	1	0	1	1	0	32
출조	0	0	0	0	3	0	0	0	1	2	0	0	0	0	0	0	0	0	0	0	1	2	0	0	0	9
사조	1	1	1	0	0	0	0	1	0	0	1	0	0	0	0	0	0	0	0	0	2	0	0	1	0	8
하조	0	1	0	0	0	0	0	0	1	0	0	0	0	0	0	0	0	0	0	0	0	0	0	0	0	2
계	4	7	5	3	9	7	7	10	9	6	4	4	2	3	1	4	1	2	1	2	5	2	1	2	1	102

〈표 26〉 "래來"가 지칭하는 순旬의 수

	1	2	3	4	5	6	계
빈조	5	27	17	1	0	1	51
역조	1	20	7	2	2	0	32
출조	0	6	1	2	0	0	9
사조	0	4	3	1	0	0	8
하조	1	1	0	0	0	0	2
계	7	58	28	6	2	1	102

상옥지에 의하면, 위의 두 표에서의 날짜 수는 모두 점을 친 날부터 계산한 것이며, 뒤의 표에서의 순旬의 숫자는 갑甲일에서 계癸일까지를 1순으로 계산했다. 앞의 표에서 보듯 "래來"가 지칭하는 일수는 4일부터 24일까지 빠짐없이 들어 있으며, 출현한 차수도 한 번에서부터 열 번까지 다양하다. 10일 째 되는 경우도 "순旬"으로 지칭하지 않을 경우에는

161) 董作賓, 「卜辭中所見之殷曆」, 『安陽發掘報告』 第3期, 1931.
162) 丁驌, 「今來翌之疑」, 『殷都學刊』, 1994年 第2期.
163) 常五芝, 『殷商曆法硏究』, 吉林文史出版社, 1998, 248면.

"래來"로써 지칭하기도 했다. 뒤의 표에서는 "래來"가 지칭하는 순旬의 숫자가 2순旬과 3순旬일 경우가 가장 많다. 또 5조목의 빈조 복사, 1조항의 역조 복사, 1조항의 하조 복사에서의 "래來"는 지칭하는 날짜가 해당 순旬 속에 들어 있다. 그래서 동작빈의 설명은 옳지 않음을 알 수 있다. 그리고 정숙의 설명도 뒤의 표에서 설명하는 정황과 정 반대임을 알 수 있다.

2) 달月에 대한 연구

(1) 달의 길이

은상 시기 역법에서 달의 길이에 관한 문제는 1930년대 초 학자들의 논의가 시작된 이후 점차 다음과 같은 세 가지 중요한 관점이 형성되었다. 한 파는 속세징束世澂·유조양劉朝陽·손해파孫海波 등으로 대표되는데, 그들은 은나라 때에 사용되었던 역법이 간단한 양력이거나 정치력이라고 여겼다. 이러한 역법에서는 1달이 3순旬으로 나누어지고, 1순은 10일이며, 1달은 30일로 고정되었다. 날짜를 기록하는 간지는 각각의 달 속에서 엄격하게 고정된 순서를 갖고 있어 갑자甲子 아니면 갑오甲午가 매월 초하루였고, 계사癸巳 아니면 계해癸亥가 매달의 마지막 날이었다.164) 이것이 소위 말하는 "1갑 10계一甲十癸"설이다. 다른 한 파는 동작빈董作賓·오기창吳其昌 등을 대표로 하며, 은나라 때에 통용되었던 역법은 추보推步의 방법에 근거해 제정한 정밀한 음양력이라고 주장했다. 이러한 역법에서는 크고 작은 달의 구분이 있고, 큰 달은 30일, 작은 달은 29일이었다.165) 세 번째는 수내청藪內清·상옥지常玉芝 등을 대표로 하며

164) 束世澂, 「殷商制度考」, 國立中央大學『牛月刊』第2卷 第4期, 1930; 劉朝陽, 「再論殷曆」, 『燕京學報』 第13期, 1933; 孫海波, 「卜辭曆法小記」, 『燕京學報』 第17期, 1935.

165) 董作賓, 「卜辭中所見之殷曆」, 『安陽發掘報告』 第3期, 1931; 吳其昌, 「叢瓴骨金文中所

은나라 때에 통용되었던 역법은 천상天象의 관찰에 의해 제정된 부정확한 음양력이라고 주장했다. 이러한 역법에서는 크고 작은 달의 구분이 있고, 큰 달은 31일 이상, 작은 달은 29일 이하였다.[166]

속세징과 유조양 등이 은나라 때의 역법에서 한 달은 30일이었다는 증거로 삼았던 것은 『후』 하 1.5판의 소 어깻죽지 뼈에 새겨진 각사인데, 이 뼈는 찬조鑽鑿의 흔적이 없음을 볼 때 복사는 아니다. 여기에는 연속되는 두 달의 간지가 기록되어 있는데, 먼저 "정월을 '식맥'이라 한다月一正曰食麥"고 하였고, 그 다음에 갑자甲子에서 계사癸巳에 이르는 30개의 간지를 기록했다. 이에 이어서 "2월은 '부현'이라 한다二月父秚"고 하고서 그 아래에 갑오甲午에서부터 계해癸亥에 이르는 30개의 간지를 기록해 놓았다. 이 각사의 1월一月 즉 정월正月의 첫째 날은 갑자甲子이고 마지막 날은 계사癸巳이며, 2월의 첫째 날은 갑오甲午이고 마지막 날은 계해癸亥이다. 이것이 바로 은력은 1달이 30일이며 각 달의 첫째 날은 언제나 갑甲일이고 마지막 날은 계癸일이라는 속세징과 유조양의 주장의 강력한 증거가 되었다. 하지만 상옥지는 다음과 같은 복사를 들어 은력에서 매 달의 마지막 날이 꼭 계사癸巳나 계해癸亥로 고정된 것이 아니라는 사실을 증명했다. 먼저 다음의 복사를 살펴보자.

> 계유일에 점을 칩니다. 矣가 물어봅니다. 10일 동안 불행한 일이 없겠습니까? 7월이었다. 癸酉卜, 矣, 貞旬亡禍. 在七月.
>
> 계미일에 점을 칩니다. 矣가 물어봅니다. 10일 동안 불행한 일이 없겠습니까? 8월이었다. 癸未卜, 矣, 貞旬亡禍. 在八月.
>
> 계사일에 점을 칩니다. 矣가 물어봅니다. 10일 동안 불행한 일이 없겠습니까?

涵殷曆推證」, 『中央研究院歷史語言研究所集刊』 第4本 3分, 1934.

166) 藪內清, 「關于殷曆的兩三個問題」, 『東洋史硏究』 第15卷 第2號, 1956. 鄭淸茂에 의해 번역되어 『大陸雜志』 第14卷(第1期, 1957.1.)에 실렸다. 常玉芝, 『殷商曆法硏究』, 吉林文史出版社, 1998.

8월이었다. 癸巳卜, 㱿, 貞旬亡. 在八月.

[계묘일에 점을 칩니다. 㱿가 물어봅니다.] 10일 동안 불행한 일이 [없겠습니까?] 8월이었다. [癸卯卜, 㱿, 貞]旬[亡]禍. 在八月.

계축일에 [점을 칩니다.] [㱿가] 물어봅니다. 10일 동안 불행한 일이 없겠습니까? 9월이었다. 癸丑[卜], [㱿], 貞旬亡禍. 在九月.

계해일에 점을 칩니다. 㱿가 물어봅니다. 10일 동안 불행한 일이 없겠습니까? 9월이었다. 癸亥卜, 㱿, 貞旬亡禍. 在九月.

—『합집』 26,664 · 26,673편

여기서 기록한 계유癸酉일은 7월의 마지막 1순旬에 들어 있으며, 계축癸丑일은 9월의 첫 번째 순旬에 들어 있다. 8월에는 계미癸未 · 계사癸巳 · 계묘癸卯 등 3개의 계癸일이 있는데, 이는 속세징과 유조양 등이 주장한 것처럼 매 달에 든 3개의 계癸일은 계유癸酉 · 계미癸未 · 계사癸巳가 아니면 계묘癸卯 · 계축癸丑 · 계해癸亥, 다시 말해 매 달의 마지막 날이 계사癸巳가 아니면 계해癸亥라는 이론과 맞지 않다. 동작빈은 저명한 대귀 4판大龜四版의 4번째 거북딱지(『합집』 11,546편)에 근거해 은나라의 역법에서 큰 달과 작은 달의 구분이 있다고 했으며, 이에 근거해 은력에서 큰 달은 언제나 30일이고 작은 달은 29일이라고 단언했다. 하지만 상옥지는 이 거북딱지에 각 달의 구체적인 일수를 상세히 기록해 놓지 않은 상황 하에서 동작빈의 큰 달과 작은 달의 일수는 받아들일 수 있지만, 이에 근거해 은력에서 큰 달은 30일이고 작은 달은 언제나 29일이라고 한 것은 복사의 실제 모습과는 맞지 않다고 했다. 그녀는 6판의 복사를 들어 은력에서 큰 달이 적어도 31일인 경우도 있음을 증명했다. 여기서는 그중 1편만 예로 제시한다.

계축일에 점을 칩니다. '빈'이 물어봅니다. 10일 동안 불행한 일이 없겠습니까? 1월이었다. 癸丑卜, 賓, 貞旬亡禍. 一月.

계해일에 점을 칩니다. '빈'이 물어봅니다. 10일 동안 불행한 일이 없겠습니까? 2월이었다. 癸亥卜, 賓, 貞旬亡禍. 二月.

계유일에 점을 칩니다. '빈'이 물어봅니다. 10일 동안 불행한 일이 없겠습니까? 癸酉卜, 賓, 貞旬亡禍.

계미일에 점을 칩니다. '빈'이 물어봅니다. 10일 동안 불행한 일이 없겠습니까? 2월이었다. 癸未卜, 賓, 貞旬亡禍. 二月.

계사일에 점을 칩니다. '빈'이 물어봅니다. 10일 동안 불행한 일이 없겠습니까? 2월이었다. 癸巳卜, 賓, 貞旬亡禍. 二月.

계묘일에 점을 칩니다. '빈'이 물어봅니다. 10일 동안 불행한 일이 없겠습니까? 3월이었다. 癸卯卜, 賓, 貞旬亡禍. 三月.

계해일에 점을 칩니다. '현'이 물어봅니다. 10일 동안 불행한 일이 없겠습니까? 癸亥卜, 先, 貞旬亡禍.

계유일에 점을 칩니다. '빈'이 물어봅니다. 10일 동안 불행한 일이 없겠습니까? 4월이었다. 癸酉卜, 賓, 貞旬亡禍. 四月.

계미일에 점을 칩니다. '빈'이 물어봅니다. 10일 동안 불행한 일이 없겠습니까? 4월이었다. 癸未卜, 賓, 貞旬亡禍. 四月.

—『합집』 16,644 · 16,660편

상옥지에 의하면, 이 복사에서 계축癸丑은 1월의 마지막 순旬에 기록되었고, 계해癸亥는 2월의 첫 번째 순旬에 들어 있다. 그 다음의 계유癸酉일에는 달의 이름이 기록되지 않았지만 계유癸酉의 뒤에 있는 계미癸未와 계사癸巳가 모두 2월에 있으므로, 계유癸酉일도 분명 2월이었을 것이다. 계사癸巳의 뒤에 있는 계묘癸卯일은 3월의 첫 번째 순旬에 있었다. 이러한 사실은 어떤 왕의 몇 년 2월에는 계해癸亥 · 계유癸酉 · 계미癸未 · 계사癸巳 등 4개의 계癸일이 든 큰 달이 있었고, 그렇다면 이 달은 적어도 31일이었다는 것을 보여준다. 상옥지는 또 6판의 복사를 들어 은나라 때의 경우 초기에서 후기 황黃조 복사까지 2개의 계癸일이 든 작은 달이 있었고,

2개의 계癸일이 든 작은 달은 길어야 29일임을 증명했는데, 그 중에는 29일보다 더 적은 달이 있었는지의 여부에 대해서는 확정할 수 없다고 했다. 하지만 상옥지가 들었던 다음의 복사는 은나라 때에 분명히 29일보다 적은 달이 있었음을 증명해 준다.

> 신미일에 점을 칩니다. '쟁'이 물어봅니다. 다음 8월에 상제께서 [많은] 비를 내리겠습니까? 辛未卜, 爭, 貞, 生八月帝令[多]雨.
>
> 물어봅니다. 상제께서 많은 비를 내리지 않겠습니까? 貞生八月帝不其令多雨.
>
> 정유일에 비가 왔는데 갑인일까지 이어졌다. 18일 동안 계속되었다. 9월이었다. 丁酉雨, 至于甲寅, 旬有八日. 九月.
>
> —『합집』 10,976편 앞면

상옥지에 의하면, 이 배딱지에는 2개의 대정對貞복사가 기록되었는데, 신미일에 "생8월生八月"에 상제께서 많은 비를 내릴 것인지를 물었는데, "생월生月"은 다음 달을 말한다.[167] 그래서 "생8월生八月"은 바로 다음 달인 8월을 말한다. 따라서 점을 친 날인 신미일은 7월에 있었다. 험사驗辭에서는 9월인 정유丁酉일부터 갑인甲寅일까지 18일 동안 계속해서 비가 내렸다고 했다. 신미일부터 정유일까지는 27일인데, 만약 신미일이 7월의 마지막 날이고 정유일이 9월의 첫 번째 날이라고 가정한다면, 8월은 임신일부터 병신일까지 25일밖에 되지 않는다. 그렇다면 이 복사는 은력에서 한 달이 29일보다 적은 달이 존재했음을 증명해 준다.

(2) 윤달의 연구

은나라 때의 역법에 이미 윤달이 있었다는 사실을 처음으로 제기한 사람은 나진옥이었다. 1914년 나진옥은 『은허서계 고석』 하권 「예제」의

---

167) 陳夢家, 『殷虛卜辭綜述』, 中華書局, 1988, 117~118면.

제7에서 "복사에서 13월이라고 쓴 것이 4번 보이는데, 아마도 윤달을 말한 것으로 보인다. 옛날에는 윤달을 만나면 윤월閏月이라 불렀는데, 후세에서 윤 몇 월이라고 부르던 것과는 달랐다"고 했다. 즉 그는 복사에서 말한 13월을 윤달로 보았던 것이다. 유조양과 손해파는 나진옥의 관점에 반대하면서 "13월"은 달의 계산積月의 잘못으로, 1월의 별칭이지 결코 윤월이 아니라고 했다.[168] 하지만 동작빈은 "13월"은 바로 "귀여치윤법歸餘置閏法"에 의한 윤월이라고 했다.[169] 은상의 역법 연구에서 복사에서 말하는 13월이 윤달을 말한다는 사실에 의문을 표시한 사람은 지금은 더 이상 없다. 게다가 상옥지는 복사에서 다시 2조목, 청동기 명문에서 1조목 등 총 3개의 "14월"이라는 기록을 찾아냈다.

> 신사일에 점을 칩니다. 물어봅니다. 13월에 '작'이 보살핌을 받을까요? 辛巳卜, 貞十三月雀受又.
>
> 신사일에 점을 칩니다. 후회하지 않을까요? 辛巳卜弗每.
>
> □□일에 점을 칩니다. …… 겨울 13월이었다. □□卜 …… 終十三.
>
> '부.' 14월이었다. 缶. 十四月.
>
> —『합집』 21,897편

> 무오일에 점을 칩니다. '골'이 물어봅니다. 왕께서 '빈'제사를 '대무'께 드릴 때 일식이 있었는데, 불행한 일이 없을까요? 14월이었다. 戊午卜, 冎, 貞王賓大戊戠, 亡禍. 在十四月.
>
> 물어봅니다. 허물이 없을까요? 貞亡尤.
>
> 무오일에 점을 칩니다. '골'이 물어봅니다. 왕께서 '빈'제사를 '대무'께 드리는데 '승'제사와 '세'제사를 올려 희생양 3마리를 쓰면 허물이 없겠습니까? 戊午卜, 冎, 貞王賓大戊升歲三宰, 亡尤.

168) 劉朝陽, 「再論殷曆」, 『燕京學報』 第17期, 1935.6.
169) 董作賓, 「殷曆中幾個重要問題」, 『中央硏究院曆史語言硏究所集刊』 第4本 3分, 1934.

—『합집』 22,847편

계사일에 □가 '소자 매'에게 10붕을 상으로 내렸다. ……'인방'을 정벌했고 …… 이를 기념해 훌륭하신 아버지 '정'을 위한 청동기를 만들었다. 14월이었다. '권.' 癸巳□賞小子𦋰十朋 …… 伐人方 …… 用乍文父丁𩁹彝. 在十月四. 𢍏.

—『집성』 4,138편

상옥지는 "14월"의 출현은 은나라 사람들이 윤달을 빠트렸던失閏 현상을 설명해 주며, 윤달을 빠트렸을 경우 이후에 다시 보충해 넣었다는 증거라고 했다. "13월"과 "14월"은 "남는 날짜를 마지막에 배치하는歸餘于終" 연종치윤법年終置閏法에 의한 윤달이라고 했다.

동작빈은 상나라 시대에 연종치윤법年終置閏法 이외에도 연중치윤법年中置閏法이 시행되었다는 사실을 처음으로 제시했다. 그에 의하면 "조경祖庚 7년은 조경이 죽고 조갑祖甲이 즉위한 해이다. 조갑이 즉위한 후 사전祀典과 역법을 모두 개혁했는데, '1월'이라 부르지 않고 '정월正月'이라 불렀으며, 윤달의 배치를 해당 달에다 배치함으로써 '13월'이란 이름을 사용하지 않았던 것 등이 그러한 명확한 증거이다"고 했다.[170] 즉 동작빈에 의하면, 연종치윤법年終置閏法은 초기 때의 조경 7년 이전에만 시행되었으며, 조경 7년 이후 즉 조갑 원년부터는 연중치윤법年中置閏法이 시행되었다는 것이다. 하지만 동작빈은 연중치윤법의 유일한 증거로 제시했던 제신帝辛 10년 때의 윤 9월은 많은 학자들의 지지를 받지 못하고 있다. 그래서 적잖은 학자들이 상나라 시대에는 연종치윤법만 존재했고 연중치윤법은 없었다고 여긴다. 1956년 진몽가는 다시 『주』 199편과 『일』 399편을 연중치윤법의 증거로 제시했는데, 이 두 판의 복사는 각각 다음과 같다.

170) 董作賓, 「閏譜」, 『殷曆譜』 下編 卷五, 1945, 3면 上.

계해일에 점을 칩니다. '빈'이 물어봅니다. 10일 동안 불행한 일이 없겠습니까? 2월이었다. 癸亥卜, 賓, 貞旬亡禍. 二月.

계유일에 점을 칩니다. 물어봅니다. 10일 동안 불행한 일이 없겠습니까? 3월이었다. 癸酉卜, 貞旬亡禍. 三月.

계미일에 점을 칩니다. 물어봅니다. 10일 동안 불행한 일이 없겠습니까? 癸未卜, 貞旬亡禍.

계묘일에 점을 칩니다. '빈'이 물어봅니다. 10일 동안 불행한 일이 없겠습니까? 5월이었다. 癸卯卜, 賓, 貞旬亡禍. 五月.

[계]축일에 점을 칩니다. '빈'이 [물어봅니다]. 10일 동안 불행한 일이 없겠습니까? 5월이었다. [癸]丑卜, 賓, [貞]旬亡禍. 五月.

—『주』 199편; 『합집』 11,545편

진몽가에 의하면, 이 복사에서 계유癸酉는 3월의 상순에 속하며, 간지가 이어지는 순서에 근거하면 계묘癸卯는 5월이 될 수 없다. 그래서 3월과 5월 사이에는 다음과 같은 6순旬이 더 들어가야만 한다.

계해癸亥 2월二月
계유癸酉 3월三月
[계미癸未] [3월三月]
[계사癸巳] [3월三月]
계묘癸卯(윤월閏月)
[계축癸丑](윤월閏月)
계해癸亥(윤월閏月)
계유癸酉 [4월四月]
계미癸未 [4월四月]
계사癸巳 [4월四月]
계묘癸卯 5월五月

[계축癸丑] [5월五月]

계해癸亥 5월五月

즉 진몽가는 이 무정 때의 복사들이 3월과 5월 사이에 윤달이 하나 더 들어 있었음을 표명해 준다고 했다.

계미일에 점을 칩니다. '형'이 물어봅니다. 10일 동안 불행한 일이 없겠습니까? 6월이었다. 癸未卜, 兄, 貞旬亡禍. 六月.

계축일에 점을 칩니다. '대'가 물어봅니다. 10일 동안 불행한 일이 없겠습니까? 6월이었다. 癸丑卜, 大, 貞旬亡禍. 六月.

계해일에 점을 칩니다. '대'가 물어봅니다. 10일 동안 불행한 일이 없겠습니까? 6월이었다. 癸亥卜, 大, 貞旬亡禍. 六月.

계유일에 점을 칩니다. '대'가 물어봅니다. 10일 동안 불행한 일이 없겠습니까? 癸酉卜, 大, 貞旬亡禍.

계사일에 점을 칩니다. '형'이 물어봅니다. 10일 동안 불행한 일이 없겠습니까? 癸巳卜, 兄, 貞旬亡禍.

계묘일에 점을 칩니다. 물어봅니다. 10일 동안 불행한 일이 없겠습니까? 癸卯卜, 貞旬亡禍.

계축일에 점을 칩니다. '출'이 물어봅니다. 10일 동안 불행한 일이 없겠습니까? 7월이었다. 癸丑卜, 出, 貞旬亡禍. 七月.

계사일에 점을 칩니다. '형'이 물어봅니다. 10일 동안 불행한 일이 없겠습니까? 癸巳卜, 兄, 貞旬亡禍.

—『일』 399편; 『합집』 26,643편

진몽가의 설명에 의하면, 형兄과 출出은 조경 때의 인물이며, 대大는 조갑 시대 때까지 활동했다. 이 복사에서 표명하고 있는 연중치윤年中置閏법의 정황은 다음과 같다.

계축癸丑 6월六月

계해癸亥 6월六月

계유癸酉(6월 혹은 윤 6월六月或閏六月)

계미癸未(윤 6월閏六月)

계사癸巳(윤 6월閏六月)

계묘癸卯(윤 6월 혹은 7월閏六月或七月)

계축癸丑 7월七月

진몽가는 이러한 복사로부터 조경 시대 때 이미 연중치윤법이 존재했다고 주장했다.[171] 상옥지는 진몽가가 제시한 이상의 연중치윤법에 관한 두 가지의 사실에 찬동하는 외에도『합집』13,361·16,706·26,569·34,991편 등 무정·조경 시대 때의 연중치윤법에 관한 4가지 증거를 들었다. 또 상나라 후기 때의 청동기인「문색이굉文嫊巳觥」의 명문에 13월의 기록이,「소자매궤小子𩰫簋」의 명문에 14월의 기록이 있음을 들어, 이러한 것들은 모두 은상 시기에서 연종치윤법과 연중치윤법이 병존했음을 보여준다고 했다. 초기 복사에서 "13월"이 비교적 자주 출현하는 것으로 볼 때, 초기에는 연종치윤법이 비교적 많이 쓰였을 것이다. 그래서 동작빈의 말처럼 은나라 때의 역법 개혁이 조경 7년에 있었다는 주장은 정확하지 않다.[172]

(3) 달의 시작에 관한 연구

지금까지 이루어진 은나라 역법에서의 달의 시작月首에 관한 연구에는 세 가지의 견해가 있었다. 하나는 유조양을 대표로 하여 은력에서 매월의 시작은 언제나 갑甲일이며 10 단위에 해당하는 날짜는 언제나 계癸일,

171) 이상은 陳夢家,『殷虛卜辭綜述』(中華書局, 1988), 220~221면에 보인다.

172) 常玉芝,『殷商曆法硏究』, 吉林文史出版社, 1998, 307~317면.

즉 매월의 말일은 언제나 계癸일이라는 학설로, 소위 "1갑 10계一甲十癸" 설이다. 두 번째는 동작빈을 대표로 하여 은력은 "초하루朔"를 달의 시작으로 삼는다는 설이다. 세 번째는 수내청藪內淸을 대표로 하여 은나라 때에는 "새로운 달이 처음 보이는 날을 달의 시작으로 삼았다"는 설이다.

유조양은 은력에서 매월의 첫날은 언제나 갑甲일이라는 증거로 다음의 두 가지가 있다고 했다. 하나는 앞에서 들었던 『후』 하 1.5편, 즉 "정월을 '식맥'이라 한다 月一正曰食麥"고 한 소 어깻죽지 뼈에 새겨진 각사인데, 이 각사에 기록된 1월의 첫날은 갑자甲子 마지막 날은 계사癸巳였고, 2월의 첫날은 갑오甲午 마지막 날은 계해癸亥였다. 두 번째 증거는 "계묘일에 왕께서 점을 칩니다. 물어봅니다. 10일 동안 불행한 일이 없겠습니까? 4월이었다. 왕께서 점괘를 해석해 말했다. 길하리라. 갑진일에 '융'제사를 '대갑'에게 드렸다 癸卯王卜, 貞旬亡禍, 在四月. 王占曰, 吉. 甲辰彡大甲"나 "계해일에 점을 칩니다. 물어봅니다. 10일 동안 불행한 일이 없겠습니까? 5월이었다. 갑자일에 '융일'제사를 '강갑'께 드렸다 癸亥卜, 貞王旬亡禍. 在五月. 甲子鄉日羌甲" 등과 같이, 소위 "구조가 매우 특별한 명칭辭名"인데, "이는 바로 한 문장 속에 두 개의 갑자甲子가 들어 있고, 이 갑자의 중간에 달을 나타내는 말이 또 들어 있는 경우이다. 이러한 복사에서 날짜를 기록한 두 개의 갑자甲子 사이에 달을 끼워 넣은 이유는 이 두 개의 갑자가 표명하는 날짜가 같은 달이 아님을 설명하기 위한 것임이 분명하다. 달의 앞에 위치한 날짜는 표명된 달에 속하는 날짜이고, 게다가 그 달의 마지막 날짜일 것이다. 표명한 달의 뒤에 위치한 날짜는 그 다음 달에 속하는 날짜이며, 게다가 그 다음 달의 첫 번째 날일 것이다. 가장 주목할 만한 것은 표명한 달의 앞에 놓인 날짜는 모두 계癸일이며, 표명한 달의 뒤에 놓인 날짜가 모두 갑甲일이라는 사실이며, 게다가 이 두 날짜의 지지가 언제나 서로 이어지고 있다는 점이다. 그래서 이것은 표명한 달의 앞 날짜가 만약 계해라고 한다면 달의 뒤에 놓인 날짜는 분명히 갑자일 것이며, 갑진 · 갑인 · 갑오 · 갑술, 갑신 등이 될 수는 없다. 나머지 다른 계癸일의 경우도 마찬가지이다. 이것은 은력에서 매월의 마지막 날은 언제나 계癸일이며, 매월의 첫날은 언제나 갑甲일이라는 움직일 수 없는 증거이다."[173] "1갑 10계一甲十癸"설에 제일 먼저 이의를 제기한 사람은 호후선이었다. 그는 3판의 출出조 복사를 들어 이를 반박했는데,[174] 여기서는 1편만 들어 살펴보기로 한다.

병신일에 점을 칩니다. '려'가 물어봅니다. 오늘 밤 불행한 일이 없겠습니까? 10월이었다. 丙申卜, 旅, 貞今夕亡禍. 在十月.

정유일에 점을 칩니다. '려'가 물어봅니다. 오늘 밤 불행한 일이 없겠습니까? 10월이었다. 丁酉卜, 旅, 貞今夕亡禍. 在十月.

무술일에 점을 칩니다. '려'가 물어봅니다. 오늘 밤 불행한 일이 없겠습니까? 10월이었다. 戊戌卜, 旅, 貞今夕亡禍. 在十月.

기해일에 점을 칩니다. '려'가 물어봅니다. 오늘 밤 불행한 일이 없겠습니까? 10월이었다. 己亥卜, 旅,貞今夕亡禍. 在十月.

경자일에 점을 칩니다. '려'가 물어봅니다. 오늘 밤 불행한 일이 없겠습니까? 10월이었다. 庚子卜, 旅, 貞今夕亡禍. 在十月.

신축일에 점을 칩니다. '려'가 물어봅니다. 오늘 밤 불행한 일이 없겠습니까? 10월이었다. 辛丑卜, 旅, 貞今夕亡禍. 在十月.

임인일에 점을 칩니다. '려'가 물어봅니다. 오늘 밤 불행한 일이 없겠습니까? 11월이었다. 壬寅卜, 旅, 貞今夕亡禍. 在十一月.

계묘일에 점을 칩니다. '려'가 물어봅니다. 오늘 밤 불행한 일이 없겠습니까? 11월이었다. 癸卯卜, 旅, 貞今夕亡禍. 在十一月.

—『문록』 42편; 『합집』 26,308편

173) 劉朝陽, 「再論殷曆」, 『燕京學報』 第13期, 1933.6.

174) 胡厚宣, 「"一甲十癸"辨」, 『責善半月刊』 第2卷 第19期(成都齊魯大學國學研究所, 1941), 『甲骨學商史論叢』 初集 第2冊(1944)에 수록.

이 판에서는 연속되는 8일간의 복석卜夕 복사를 싣고 있는데, 그중 병신·정유·무술·기해·경자·신축 등 6일은 10월에, 임인·계묘 등 2일은 11월에 들어 있다. 신축일과 임인일은 서로 연접해 있는데, 이렇게 되면 신축일은 10월의 마지막 날이고 임인일은 11월의 첫째 날이 된다. 즉 갑甲일이 11월의 첫날도 아니며, 계癸일이 10월의 마지막 날도 아니다. 유조양에 대한 두 번째 예증은 상옥지가 3판의 복사를 들어 반박했는데,[175] 여기서는 다음의 1판만 예로 들어 본다.

> 계축일에 점을 칩니다. 물어봅니다. 10일 동안 재앙이 없을까요? 갑인일에 비가 내렸다. 4월이었다. 癸丑卜, 貞旬. 甲寅雨. 四月.
>
> —『합집』 13,361편

이 또한 '계'일에 점을 쳐 10일간의 재앙에 대해 물어본 복사이다. 하지만 달의 이름이 "순旬"(즉 "10일 동안 불행한 일이 없겠습니까? 旬亡禍"의 생략된 모습)의 뒤에 표기된 것이 아니라, 그 뒤의 "갑인"일의 뒤에 놓였는데, 이는 앞에 놓인 '계'일과 뒤에 놓인 '갑'일이 같은 달에 속했음을 말해준다. 결론적으로 말해서, 지금까지 은나라 때의 역법에서 언제나 '갑'일이 달이 시작되는 첫날이라는 유조양의 학설에 동조하는 학자는 이미 없다고 생각된다.

동작빈·오기창·진몽가 등은 모두 은력에서 "초하루朔"를 달의 시작으로 보았지만, 그들의 저작에서 이에 대한 어떠한 논증도 이루어지지는 않았다. 그것은 아마도 은력은 음양력이었고, 그래서 "초하루朔"를 달의 시작으로 삼는 것은 당연하다고 생각했기 때문이었을 것이라. 하지만 많은 학자들이 그들의 의견에 동조하지 않고 있다. 먼저, 은허 갑골문과 상나라 때의 금문에서, 그리고 상나라 시대의 것으로 확정된 문헌에서 아

175) 常玉芝, 『殷商曆法硏究』, 吉林文史出版社, 1998, 322면.

직 "삭朔"자가 출현하지 않아 이를 실증할 자료가 없기 때문이다. 둘째, 은상 때의 천문학의 발전은 당시 사람들이 아직 합삭合朔을 인식하지 못했다는 것을 보여주기 때문인데, 이의 가장 분명한 증거가 '빈'조 복사에 실린 5차례의 월식에 관한 기록이다. 5차례의 월식은 모두 험사驗辭나 기사 각사의 형태로 복사의 뒤에 첨부되어 있다. 즉 월식이 발생한 후에 추가로 더해진 기록이다(이 장의 제4절 참조). 이러한 정황은 은나라 사람들이 아직 월식이 "보름望"에 일어난다는 규칙을 인식하지 못하고 있었음을 보여준다. 그들은 달이 지구의 뒤쪽에 위치했을 때, 즉 지구가 태양과 달의 중간에 위치했을 때가 "보름望"임을 알지 못했던 것이다. 그렇다면 그들은 달이 태양과 지구의 가운데 위치했을 때, 즉 태양과 달이 동일한 경도에 위치했을 때, 달이 태양의 빛을 등에 업고 캄캄한 모습으로 지구를 비출 때가 바로 "초하루朔"라는 사실도 알지 못했음은 당연하다. 이러한 것들은 은상 때에는 아직 태양·달·지구의 운행 규칙을 잘 인식하지 못했음을 보여준다. "초하루朔"는 눈에 보이지 않으므로 "초하루朔"라는 시점은 추산해 내어야만 한다. 그래서 천문학이 아직 충분히 발달하지 못했던 은나라 사람들에게 삭일朔日을 추산한다는 것은 불가능했다. 즉 그들은 "초하루朔"를 달의 시작으로 삼을 수는 없었다.[176]

수내청과 상옥지 등은 은나라 때에는 달이 새로 출현하는 날 즉 "비朏"를 달의 시작으로 삼았다고 했다. 수내청은 은력에서의 한 달의 길이에 근거해 새로운 달이 출현하는 날을 달의 시작으로 삼았음을 논증했다. 그는 3가지를 들어 은나라 역법에서 4개의 계癸일이 들어간 큰 달이 있다고 했는데,[177] 여기서는 다음의 복사를 들어 보기로 한다.

---

176) 常玉芝, 『殷商曆法研究』, 吉林文史出版社, 1998, 322~324면; 常正光, 「殷曆考辨」, 『古文字研究』 第6輯, 中華書局, 1981. 또 『古文字研究論文集』(『四川大學學報叢刊』 第10輯, 1982)에 수록됨.

177) 藪內淸, 「關于殷曆的兩三個問題」, 『東洋史研究』 第15卷 第2號, 1956. 鄭淸茂에 의해 번역되어 『大陸雜志』 第15卷 第1期, 1957年 1月에 실림.

계미일에 [점을 칩니다]. '형'이 [물어봅니다]. 10일 동안 [불행한 일이] 없겠습니까? 癸未[卜], 兄, [貞]旬亡[禍].

계사일에 점을 칩니다. '형'이 물어봅니다. 10일 동안 불행한 일이 없겠습니까? 10월이었다. 癸巳卜, 兄, 貞旬亡禍. 十月.

계사일에 점을 칩니다. '형'이 물어봅니다. 10일 동안 불행한 일이 없겠습니까? 癸巳卜, 兄, 貞旬亡禍.

계묘일에 점을 칩니다. '형'이 물어봅니다. 10일 동안 불행한 일이 없겠습니까? 癸卯卜, 兄, 貞旬亡禍.

계축일에 점을 칩니다. '형'이 물어봅니다. 10일 동안 불행한 일이 없겠습니까? 12월이었다. 癸丑卜, 兄, 貞旬亡禍. 十二月.

계해일에 점을 칩니다. '형'이 물어봅니다. 10일 동안 불행한 일이 없겠습니까? 癸亥卜, 兄, 貞旬亡禍.

계묘일에 점을 칩니다. '형'이 물어봅니다. 10일 동안 불행한 일이 없겠습니까? 癸卯卜, 兄, 貞旬亡禍.

계사일에 점을 칩니다. '형'이 [물어봅니다]. 10일 동안 불행한 일이 없겠습니까? 13월이었다. 癸巳卜, 兄, [貞]旬亡禍. 十三月.

—『일』 47편, 『합집』 26,681편

이 복사에는 10월에 계사일이, 12월에 계축일이, 13월에 또 계사일이 들어 있다. 그렇다면 10월은 계사・계묘・계축・계해 등 4개의 계癸일이 든 큰 달이다. 수내청은 은나라 역법에서 4개의 '계'일이 든 큰 달이 있다는 현상에 근거해 은력에서 한 달은 새로운 달이 처음 보이는 날을 달의 시작으로 삼았다는 견해를 처음 제시했다. 그에 의하면, "새로운 달의 출현을 한 달의 처음으로 확정하는 방법"은 "평삭법平朔法에서 한 달을 29일과 30일을 서로 교차시키는 것과는 다르며, 정삭법定朔法과 비교적 비슷하다. 평삭법에서 한 달은 29.53일의 평균 삭망월朔望月이며, 정삭법에서는 진삭眞朔부터 진삭眞朔까지를 한 달로 보기 때문에 한 달의 길이는 이 평균치와 상당한 차이가 생긴다. 그래서 가장 긴 달은 30.5일이 되지만 가장 짧은 달은 겨우 28.5일에 불과하다.(…중략…) 달의 새로운 출현은 진삭眞朔을 기준으로 하여 그 후 며칠째 되는 날로 정해지지만—보통 진삭眞朔 뒤의 하루나 이틀 째 나타난다—새로운 달이 출현할 때에는 달의 궤도 상태에 따라 간혹 기상상태의 영향을 받기도 하기 때문에, 진삭眞朔부터 새로운 달의 출현까지의 날짜 수를 정확하게 확정하기가 쉽지 않다. 그래서 새로운 달의 출현을 한 달의 시작으로 삼았을 것은 쉽게 상상되는 부분이며, 한 달의 길이는 앞서 말한 상한선(28.5~30.5일)과 아마도 하루나 그 이상의 차이를 가질 것이다.(…중략…) 새로운 달의 출현을 한 달의 처음으로 삼았다면, 한 달에 4개의 '계'일이 포함된다는 것도 결코 불가능한 일은 아니다."[178] 상옥지은 수내청의 의견에 찬동했다. 만약 은상 시기에 사용했던 역법이 평삭平朔을 한 달의 처음으로 삼는 것이었다면, 그들의 월력月曆 길이는 동작빈 등의 말처럼 30일 아니면 29일이어서 4개의 '계'일이 출현해 적어도 31일이 되는 큰 달이 있을 수 없다. 그렇기 때문에 은상 시기에는 새로운 달이 타나나는 날짜를 한 달의 시작으로 삼았었다. 동시에 상옥지는 또 복사에서의 "생월生月"·"목월木月"·"임월林月" 등의 명칭에 근거해 이 문제를 진일보하게 논증했다.[179] 그녀는 "생월生月"은 다음 달을 지칭한다는 진몽가의 고증에 근거하고,[180] "생월生月"은 달이 다시 나타나기 시작하는 다음 달을 지칭한다는 채철무의 해석에 근거해,[181] "생월生月"은 바로 달빛이 다시 생겨나는 달을 말하며, 이로부터 은나라 사람들은 달의 모습에 근거해 한 달의 시작을 정했음을 알 수 있다. 즉 은나라 사람들은 달빛이 새로 생겨나는 날, 다시 말해 새로운 달이 처음 보이는 날을 한 달의 시작으로 생각했

178) 藪內淸, 「關于殷曆的兩三個問題」, 『東洋史研究』 第15卷 第2號, 1956.
179) 常玉芝, 『殷商曆法研究』, 吉林文史出版社, 1998, 325~331면.
180) 陳夢家, 『殷虛卜辭綜述』, 中華書局, 1988, 117~118면.
181) 蔡哲茂, 「卜辭生字再探」, 『中央研究院歷史語言研究所集刊』 第64本 第4分, 1993.

음을 알 수 있다고 했다. 고대 문헌에서 새로운 달이 처음 보이는 것을 "비朏"라 불렀으며, 그래서 은력에서도 새로운 달이 처음 보이는 것, 즉 출朏을 한 달의 처음으로 삼았으며, "목월木月"·"임월林月"도 "생월生月"과 의미가 같다고 했다.182)

3) 일 년의 연구

(1) 한 해의 길이

다른 유형의 역법에서는 "한 달"의 길이에 대한 규정도 다를뿐더러 "한 해年"의 길이에 대한 규정도 다르다. 지금까지 은상시기에 사용되었던 역법 유형에는 정치력과 음양력이 있었다는 두 가지 견해가 있어 왔는데, 이와 상응해서 은나라 때의 한 해의 길이에 대해서도 두 가지의 견해가 존재한다.

하나는 유조양을 대표로 하는데, 그들에 의하면 은나라 때에는 "순수한 정치력"이 사용되었으며, 이러한 역법에서는 한 해는 12달로, 한 달은 30일로 규정되어 큰달과 작은 달의 구별이 없었으며 윤달도 없었고, 그래서 한 해의 길이는 360일이라고 했다.183) 지금까지 학계에서 은력에는 이미 크고 작은 달이 있었으며 윤달도 배치했음이 공인되었기 때문에 한 달은 30일이고 한 해의 길이는 360일이라는 관점은 이미 스스로 그 근거를 잃어버렸다.

다른 한 가지는 은력이 "음양합력"을 사용했으며, 그래서 은력에서 사용된 한 해는 "태양년"이라는 견해이다. 하지만 이를 주장하는 학자들 사이에서도 은력에서의 태양년의 길이에 대해서는 두 가지의 견해가 존

182) 裘錫圭, 「釋"木月""林月"」, 『古文字論集』, 中華書局, 1992.
183) 劉朝陽, 「中國古代天文曆法史研究的矛盾形勢和今後的出路」, 『天文學報』 第1卷 第1期, 1953.

재한다. 하나는 동작빈 등을 대표로 하여, 은나라 때의 음양력은 이미 추보推步식으로 제정된, 정밀한 합천력合天曆이며, 그 태양년의 길이는 이미 365.25일이라는 것이다. 다른 하나는 진몽가 등을 대표로 하여 은나라 때의 역법은 아직 정밀한 합천력을 사용하지 못했으며, 그 태양년의 길이는 360일에서 370일 사이라는 것이다. 동작빈이 태양년의 길이를 증명하면서 삼았던 증거는 『을』 15편의 '사'조 복사인데, 다음과 같다.

> …… 하지 않을까요? …… 괜찮을 것이다 …… 에서 …… 개간을 하다.
>
> 5백 …… 47일부터 정해일에 이르기[까지] 개간을 했다. □을 따르게 했다. 6월이었다.
>
> …… 亡 …… 若 …… 在 …… 行 ……
>
> 墾五百 …… 四旬七日至[于]丁亥, 從□. 在六月.

동작빈은 이 판의 두 가지 복사를 하나로 읽었으며, 이에 기록된 "6월 하지 정해六月夏至丁亥"와 "547일五百四旬七日"의 날짜 수, 여기에다 문무정 때(동작빈은 '사'조 복사를 문무정 때의 복사라고 했지만, 사실은 무정 때의 복사이며, 이는 이미 일반적인 이론이다)에는 날짜 수를 계산할 때 계산에 넣지 않았던지라 시작되는 날까지 계산하면 총 548일이 된다고 했다. 이 548일은 "고대의 사분술四分術에서의 1년 반에 해당하며, 그런 즉 1년은 365.25일이 된다. (…중략…) 이는 은나라 사람들이 1년의 길이가 365.25일임을 알았다는 확실한 증거이다."[184] 1956년 진몽가는 이를 비평하면서, "『은력보』에서 은나라 사람들이 1년의 길이가 365.25일임을 알았다고 했는데, 그가 든 『을』 15편의 내용은 다음과 같은데 …… 이 무정 때의 복사는 매 행行의 마지막 부분이 모두 잘려나가 글자가 빠졌다 ……. 『은력보』에서는 이 편을 문무정 때의 복사로 보았고, 또 '지至'를 일지日至로

184) 董作賓, 「殷曆鳥瞰」, 『殷曆譜』 上編 卷1, 1945, 10면 下.

해석했다. 더욱이 '동지로부터 동지까지 또 하지까지의 날짜 수가 548일이라고 했는데, 즉 이 편에서의 547일에다 시작하는 날을 하루 더 더한 날짜이다.' 그래서 이 날짜 수인 548일은 바로 1년 반이라고 단언했으며, 그래서 1년은 365.25일이라고 했다. 전국 시대 때의 『요전堯典』에 '1년은 366일 朞三百有六旬有六日'이라는 말이 있는데, 1년의 숫자는 여전히 정수로 되어 있으며, 정확하게 4분의 1로 나누지 못했다. 그런데도 은나라 사람들이 이미 4분의 1임을 알았다고 하는 것은 대단히 합리적이지 못하다."[185] 1994년 상옥지도 이 복사에는 일지日至에 관한 기록도 없으며, 또 "547일"의 일수도 아니며, 게다가 문무정 때의 복사도 아니라는 사실을 상세하게 논증했다. 그래서 그것이 은력에서 1년의 길이를 증명할 수는 없다고 했다.[186] 상정광은 "사분세四分歲의 실제 숫자 근거는 절대 황도黃道에 대한 인식보다 빠를 수가 없는데, 이에 대한 인식은 28수宿에 대한 인식이 이루어지기 전, 다시 말해 춘추시기 이전에는 절대 불가능했다"고 했다.[187] 1956년 진몽가는 주제周祭의 주기가 태양년과 관련이 있음을 처음으로 밝혔다. "제을·제신 시대에 이르면, 각각의 사계祀季가 대략 13순旬을 차지하였으며, 그 때문에 1사祀는 360~370일 사이에 있었고, 태양년과 비슷했다. 그래서 제을·제신 시대의 '사祀'는 아마도 1년年과 같았을 것이다"고 했다.[188] 진몽가 이후, 허진웅과 상옥지가 연속해서 주제周祭에 관해 연구했는데, 그들은 모두 상나라 시대 말기의 주제周祭에서의 5가지 사전祀典(즉 익翌·제祭·치𩰫·협劦·융彡제사)에서 선왕과 선비에 대해 윤번으로 지내는 제사의 1주기는 36순旬의 시간(즉 360일)이면 이미 충분했음을 발견했다. 하지만 상나라 사람들에게는 이외에도 37

---

185) 陳夢家, 『殷虛卜辭綜述』, 中華書局, 1988, 220면.

186) 常玉芝, 「卜辭日至說疑議」, 『中國史研究』, 1994年 第4期. 또 『殷商曆法研究』(吉林文史出版社, 1998), 第2章 第3節에 수록.

187) 常正光, 「殷曆考辨」, 『古文字研究』 第6輯, 中華書局, 1981. 또 『古文字研究論文集』(『四川大學學報叢刊』 第10輯, 1982)에 수록됨.

188) 陳夢家, 『殷虛卜辭綜述』, 中華書局, 1988, 236~237면.

순旬 유형의 주기(즉 370일)가 있었음이 복사에서 증명되었는데, 이는 분명 어떤 목적에 의해 날짜수가 증가되었음을 보여준다. 그들의 분석에 의하면, 37순旬 형의 주기를 더한 목적은 두 개 제사의 주기의 일수와 두 개 태양년의 일수가 일치할 수 있도록 전문적으로 설치한 것이지, 결코 "한 번 더 제사지냈던 것"은 아니다. 진몽가는 주제周祭 계보를 복원하지 않았지만, 허진웅과 상옥지는 차례로 주제의 제사 계보를 복원했다. 연구를 통해 두 사람은 36순 형의 주기와 37순 형의 주기가 어떤 큰 시간대 내에서 거행된 차수는 비슷하며, 게다가 기본적으로 서로 교체해가며 안배되었다고 했다.[189] 이것은 은나라 사람들이 37순 형태의 주기를 설정한 목적이 36순 형태의 주기(360일)와 태양년의 일수(365일) 간의 차이를 조정하기 위한 것이었음을 보여 준다. 36순 형태의 주기에 37순 형태의 주기를 더하면 360일에 370일이 더해져 730일이 되고 이의 평균은 365일이 되어, 마침 태양년의 일수와 근접하게 된다. 상옥지에 의하면, 은나라 사람들은 아직 윤달을 배치하는 규칙을 알지 못했고, 아직 모습을 관찰하여 시간을 아는觀象授時 역사단계에 처해 있었다. 그들의 36순 형태의 주기와 37순 형태의 주기가 어떤 경우에는 교체식으로 안배되지 않았음으로 볼 때, 그들은 아직 태양년의 진짜 수치를 얻지 못했음을 알 수 있다. 하지만 그 역사년歷史年의 길이의 평균치가 이미 태양년의 일수에 근접했으며, 은력殷曆의 길이는 360일에서 370일 사이에 있었다.[190]

(2) 한 해의 시작歲首에 관한 연구

고대 문헌에서 하·상·주 삼대 때의 한 해의 시작歲首에 대해, 소위 "삼정三正"설이라는 것이 있다. 즉 주나라에서는 정월이 '자'이고正建子,

189) 許進雄, 「第五期五種祭祀祀譜的復原－兼談晚商的曆法」, 『大陸雜志』 第73卷 第3期, 1986; 常王芝, 『商代周祭制度』 中國社會科學出版社, 1987, 第5章.

190) 常王芝, 『殷商曆法研究』, 吉林文史出版社, 1998, 383면.

은나라에서는 정월이 '축'이며正建丑, 하나라에서는 정월이 '인'이라正建寅는 설이 그것이다. 다시 말하면 주나라에서는 자월子月인 11월을 세수歲首로, 상나라에서는 축월丑月인 12월을 해의 시작으로, 하나라에서는 인월寅月인 1월을 해의 시작으로 삼았다는 학설이다. 이러한 "삼정三正"설은 중국 역사에서 대단히 심원한 영향을 미쳐, 오래 전인 고대는 물론 은허 갑골문이 출토된 후의 근현대에 이르러서도 여전히 많은 학자들이 "삼정三正"설을 믿었는데, 그중 가장 대표적인 학자가 바로 동작빈이었다. 1945년 동작빈은 거작 『은력보』를 발표하면서, 가능한 한 갑골복사를 사용해 "은나라에서는 '축'월을 정월로 삼았다殷正建丑"는 설이 정확한 것임을 증명하려 했다. 하지만 1980년대부터 "은나라에서는 '축'월을 정월로 삼았다"는 이러한 학설에 대해 의문이 제기되기 시작했다. 상정광은 "하나라에서는 4월이 바로 은나라 역법에서의 1월이다"고 하였는데,[191] 이는 은나라에서는 '사'월을 정월로 삼았다正建巳는 말이다. 또 온소봉과 원정동은 은나라 사람들의 경우 "하나라 역법에서의 3월을 해의 시작으로 삼았다"고 했는데,[192] 이는 은나라에서 '진'월을 정월로 삼았다正建辰는 말이다. 또 정혜생은 "은나라에서는 '미'월을 정월로 삼았음正建未"을 증명했는데,[193] 이는 은나라 사람들이 하나라 때의 6월을 해의 시작으로 삼았다는 말이다. 그리고 장배유와 맹세개는 은나라 때의 해의 시작은 엄격하게 고정된 것이 아니어서, 신申월・유酉월・술戌월도 정월이 가능했으며, 그런 즉 하나라 역법에서의 7월・8월・9월 즉 가을의 몇 달 중에 한 해의 시작이 들어 있었다고 했다.[194] 또 왕휘와 상옥지는 하력에

191) 常正光,「殷曆考辨」,『古文字硏究』 第6輯, 中華書局, 1981. 또『古文字硏究論文集』(『四川大學學報叢刊』 第10輯, 1982)에 수록됨.

192) 溫少峰・袁庭棟,「科學技術篇」,『殷墟卜辭硏究』, 四川省社會科學院出版社, 1983, 118면.

193) 鄭慧生,「"殷正建未"說」,『史學月刊』, 1984年 第1期. 또『古代天文曆法硏究』(河南大學出版社, 1995)에 수록됨.

194) 張培瑜・孟世凱,「商代曆法的月名」「季節和歲首」,『先秦史硏究』(文集), 雲南民族出版社, 1987.

서의 5월이 은력에서의 1월, 즉 은나라에서는 '오'월을 정월로 삼았다正建午고 했다.[195] 이들이 주장한 논점과 주장에 대한 논증의 과정은 다음과 같다.

동작빈은 "은나라에서는 '축'월을 정월로 삼았다殷正建丑"는 것의 "견고한 증거"는 바로 "복사에 실린 무정 시대 때의 경신庚申 월식에 관한 기록에서 12월 망望에 월식이 있었고, 그 다음에 13월을 열거한 사실이다. 지금 추산해 보면 이 해의 자월子月 때의 절기인 대설大雪은 13월 11일에 있었고, 중기中氣 동지冬至는 27일에 있었다. 다음 달에는 당연히 축월丑月의 절기가 있었을 것이다. 그렇다면 이때에는 또한 은나라의 1월인데, 이는 무정 때의 정월즉 1월이 '축'월이었다는 견고한 증거가 된다. 그래서 본 『은력보』에서는 전체를 은나라 때의 정월을 기준으로 삼고, 축월을 1월 및 정월로 삼았다"고 했다.[196] 상정광에 의하면, 일부 학자들이 '은나라는 축월을 정월로 삼았다'는 전통 관념에 사로잡히는 바람에 복사에 보이는 기상과 농작물의 파종일 등에 관련된 자료를 처리하면서, 은나라 때의 기온 문제에 관한 논쟁을 벌이게 되었다고 했다.[197] 그는 이렇게 말했다. "복사재료에 근거해 보면 이상한 현상을 발견할 수 있는데, 즉 은나라가 만약 축월을 정월로 삼았다면 겨울과 봄 사이에 비가 많이 내렸다는 것이 된다. 이러한 자료에 대해서 동작빈 선생은 이것은 이 시기에 비가 적게 내렸기 때문에 비를 내려달라고 점을 친 것으로밖에 해석할 수 없다고 했다. 비에 관한 점복은 '은나라 사람들이 1월에 비가 절박한 상황에서 종종 비가 내려 주기를, 또 많이 내려주기를 희망한 것'을 반영한다고 하면서 복사에 보이는 1·2·3월에 큰 비가 내리기를 또 자주 비가 내리기를 점친 재료들을 부정해 버렸다. 그러나 은나라

195) 王暉, 「殷曆歲首新論」, 『陝西師大學報』 1994年 第2期; 常玉芝, 『殷商曆法研究』 吉林文史出版社, 1998, 第5章 第3節.

196) 董作賓, 「年曆譜」, 『殷曆譜』 下編 卷1 1945, 4면 上.

197) 胡厚宣, 「氣候變遷與殷代氣候之檢討」, 『中國文化研究彙利刊』 第4卷, 1944; 董作賓, 「再談殷代氣候」, 『華西大學中國文化研究所集刊』 第5卷, 1946.

사람들이 왜 이 시기에 그렇게 절박하게 비를 기대했을까 하는 문제를 한번 생각해 본다면, 만약 비가 많이 내릴 가능성이 없다면, 은나라 사람들이 연목구어 식으로 비를 달라고 점을 쳤겠는가?" 상정광은 복사에 의하면 기장黍은 정월과 2월 사이에 파종했는데, 최식崔寔의 「사민월영四民月令」에서 "4월에는 누에를 자리에 넣고, 이때에는 비가 내려, 기장과 벼를 파종할 수 있네四月蚕入簇, 時雨降, 可種黍禾"라고 노래한 것과 비교해 볼 때, 은력에서의 1월은 하력에서의 4월이라고 했다. 또 "달에서 1월 정월을 식맥이라 한다月一正曰食麥"(『후』 하 1.5편)고 한 복사와 북위 때의 농서인 『제민요술齊民要術』 「종곡편種穀篇」에서 "4월과 5월에 심는 것은 어린 벼穉禾를 심으며", "치穉라고 부르는 것은 보리麥를 벤 후 심기 때문에 치穉라 한다'고 한 것으로부터, 보리의 수확도 하력에서의 4월에 해당하는 일이며, 복사에서 말한 '1월 식맥'도 하력에서의 4월 보리를 벤 후에 등장하는 활동임을 알 수 있다"고 했다. 또 은나라 사람들은 대신성大辰星(대화大火)이 저녁昏에 나타난 이후인 하력에서의 4월 이후 농경을 시작했다고 했다. 그래서 그는 하력에서의 4월이 바로 은력에서의 1월, 즉 은에서는 사巳월을 정월로 삼았다고 했다.[198] 온소봉과 원정동은 『은력보』에서 주장했던 "은나라 때 전체 기간 동안 축월을 정월로 삼았고", "소한을 축월의 절기로 삼았으며, 어떤 태음월 내에 소한의 절기가 들어 있다면, 그 달은 축월을 정월로 삼은 것이며, 그래서 그 달은 은나라에서의 정월이다"고 한 동작빈의 학설에 대해 이렇게 말했다. "이것은 근거가 없는 논리이다. 복사에서 24절기는 아직 완전하게 구비되지 않았기 때문에, '소한'에 대한 흔적도 원래부터 존재하지 않는다. 그런데 어떻게 '소한'을 확정할 수 있단 말인가? 게다가 의식적으로 '소한'이 든 달을 정월로 삼을 수 있었단 말인가?" 온소봉과 원정동은 다음과 같은 복사를 제시하면서 은나라 때의 한 해의 시작을 증명했다.

---

198) 常正光, 「殷曆考辨」, 『古文字研究』 第6輯, 中華書局, 1981. 또 『古文字研究論文集』(『四川大學學報叢刊』 第10輯, 1982)에 수록됨.

기사일에 점을 칩니다. '쟁'이 [물어봅니다]. 대화성이 나타난 이번 1월에 비가 내릴까요? 己巳卜, 爭, [貞]火, 今一月其雨.

대화성이 나타난 이번 1월에 비가 내릴까요? 火, 今一月其雨.

대화성이 나타난 이번 1[월에] 비가 내리지 않을까요? 今一[月]不其雨.

—『합집』 12,488의 갑·을편

이렇게 말했다. 이 복사에 보이는 화火는 타오르는 불이 아니라 하늘의 "대화大火"성星으로 보아야 한다. "이 복사에서 '대화大火'성이 저녁에 나타났으니, 봄이 이미 왔고, 농사가 시작되려 했다." 그래서 비가 올 것인지의 여부를 물었던 것이다. "무정 시기(이 복사는 무정 때의 복사이다-인용자 주) '대화大火'성이 저녁에 나타날 때는 절기상 청명이나 곡우 사이, 즉 하력에서의 3월에 해당한다. 그래서 은나라 사람들은 '대화大火'성이 저녁에 나타나는 달인 하력에서의 3월을 한 해의 시작 즉 1월로 삼았을 가능성이 대단히 높다."[199] 즉 진辰월을 정월로 삼았다는 말이다. 정혜생은 "'년年'자의 구조와 '달에서 1월을 식맥이라 한다月一正日食麥'는 말로부터 추론하여, 은나라 때에는 미未월을 정월로 삼아 은력에서의 정월은 하력에서의 6월에 해당함을 논증했다." 그는 또 이렇게 말했다. "상나라 사람들은 대화성大火星으로 시간을 기록했다. 『모시毛詩』가 쓰여졌던 시대 때 대화성이 남방의 중천에 나타나면 하력의 6월이었는데, 상나라 시대는 『모시』의 시대와 가깝다. 그래서 상나라 시대의 일 년의 순서는 하력에서의 6월에서 시작되었을 것이고, 그런 즉 '미'월을 정월로 삼았을 것이다." 정혜생은 또 복사에 기록된 비·수재·우박·무지개 등과 같은 각 달의 기상 정황과 은나라에서 '미'월을 정월로 삼았다는 가설을 대조해 본 결과 모두 부합함을 발견했다. 또 수년受年·훼년𡴆年에 대해 점을 친 달에 근거해, 다음에 제시한 3편의 기장 파종에 관한 복사에 근

199) 溫少峰·袁庭棟, 「科學技術篇」, 『殷墟卜辭研究』, 四川省社會科學院出版社, 1983, 117~118면.

거해 이를 논증했다.

> 1월. 물어봅니다. 3월에 기장을 뿌리면 풍년이 들겠습니까? 一月. 貞三立黍, 受年.
> 기장을 뿌리면 풍년이 들지 않겠습니까? 立黍, 弗其受年.
>
> —『을』 2,217 · 6,964편

정혜생은 이렇게 말했다. "'입서立黍'는 기장을 심는다는 뜻이다. 은력에서의 1월에 기장의 파종에 대해 물었다면, 후인들은 기장을 몇 월에 심었던 것일까? '서黍'는 벼禾의 속屬이면서 찰진 것을 말하는데, 대서大暑 때 파종한다'고 『설문』에서 말했다. 대서라면 하력으로 6월이다. 하력으로 6월이면 은력에서는 1월이다."

> 소신으로 하여금 기장을 많이 심게 할까요? 1월이었다. 叀小臣令衆黍. 一月.
>
> —『전』 4.30.2편

> 기장을 '용'의 밭에 심으면 풍년이 들까요? 2월이었다. 黍在龍囿啚, 受有年. 二月.
>
> —『전』 4.53.4편

정혜생에 의하면, "상나라 사람들은 '기장黍'을 1월과 2월에 심었다. 이는 하력에서의 6월과 7월에 해당하며, 바로 대서大暑 이후 기장의 생장을 관리하던 계절이다."200) 결론적으로 말해서, 정혜생은 하력에서의 6월은 바로 은력의 1월이며, 그런 즉 은나라에서는 미未월이 정월이었다는 것이다. 장배유와 맹세개는 복사에 기록된 비 · 천둥 · 눈雪 · 안개霧 · 수재 등과 관련된 달의 이름을 통계 낸 결과 "상나라 때에 비가 많이 내리던 시기는 대부분 한 해의 시작과 한 해의 마지막 몇 달 사이에 분포

200) 이상은 모두 鄭慧生, 「"殷正建未"說」(『史學月刊』, 1984年 第1期)에 보인다. 또 『古代天文曆法研究』(河南大學出版社, 1995)에도 수록되었다.

했다"는 결론을 얻었다. 장배유와 맹세개는 또 농사에 관한 점복 복사에 근거한 달의 이름과 계절 간의 관계를 통해, "한 해의 시작과 끝나는 달이 비교적 많은데, 특히 해가 시작되는 3달 사이에 집중되었다"는 결론을 얻었다. 또 천둥雷에 관해 점을 친 달의 통계를 통해 "무정 시기 때의 천둥과 번개는 해가 시작되는 전후 1개월간에 집중되어 있었는데, 이 또한 상나라 시대의 역법이 만물이 소생하고 겨울이면 모두 들어가고 봄이면 회생하는 그때를 한 해의 시작으로 삼았던 것이 아님을 보여 준다"는 결론을 얻었다. 그들은 복사에 보이는 일식과 월식의 정황에 근거해 상나라 시대 역법에서의 한 해의 시작에 대해 논의하기도 했으며, 그들이 도출한 결론은 다음과 같았다. "달月에 대한 기록에서, 무정시기의 월식을 통해 상나라 시대의 역법에서는 동지 전의 두 달을 한 해의 시작으로 삼았으며", "상나라 시대 역법에서의 한 해의 시작은 주요 농작물의 수확을 전후로 한 가을, 즉 신申월·유酉월·술戌월을 정월로 삼았을 가능성이 매우 높은데, 지금의 가을의 한로寒露와 상강霜降이 포함되는 3개월에 해당한다."[201] 왕휘는 복사에 보이는 농작물을 위주로 식물의 물후物候 현상과 복사의 기상자료라는 두 측면으로부터 은력의 해의 시작을 논증했다. 복사에 보이는 식물의 물후物候 현상에 대해 논술하면서, 먼저 "달에서 1월을 식맥이라 한다 月一正曰食麥"는 복사(『합집』 24,440편, 즉 『후』 하 1.5편)를 들고, 『관자』 「경중輕重 을」에서의 "하지가 되면 보리가 익는다"는 말에 근거해, 복사에서 말한 "달에서 1월을 식맥이라 한다"는 것은 하력에서의 5월에 해당한다고 했다. 그런 다음과 같은 6조목의 기장 파종에 대한 복사를 제시했다.

> 계묘일에 점을 칩니다. '고'가 물어봅니다. 왕의 아들인 '서후'께서 풍년을 맞겠습니까? 13월이었다. 癸卯卜, 𡆥, 貞王子黍侯, 受黍年. 十三月.

201) 이상은 모두 張培瑜·孟世凱,「商代曆法的月名」「季節和歲首」,『先秦史研究』文集(雲南民族出版社, 1987)에 보인다.

—『합집』 9,934편 앞면

물어봅니다. '소신'으로 하여금 기장을 많이 심게 할까요? 1월이었다. 貞叀小臣令衆黍. 一月.

—『합집』 12편

물어봅니다. '부정'을 불러 기장을 심게 하면 풍년이 들까요? [1월이었다] 貞乎婦妌黍, 受年. [一月].

—『합집』 40,079편 뒷면 · 앞면

무인일에 점을 칩니다. '빈'이 물어봅니다. 왕께서 노예들을 보내 '경'에다 기장을 많이 심을까요? …… 가르쳤다. 1월이었다. 戊寅卜, 賓, 貞王往以衆黍子冏. …… 教. 一月.

—『합집』 10편

기미일에 점을 칩니다. 기장을 '용'의 밭에 심으면 풍년이 들까요? 2월이었다. 己未卜, 貞黍在龍囿啬, 受有年. 二月.

—『합집』 95,252편

물어봅니다. 왕께서 기장을 심으면 풍년이 들겠습니까? 1월에 기장을 심으면 풍년이 들지 않겠습니까? 貞王立黍, 受年. 一月立黍, 弗其受年.

—『합집』 9,525편 앞면

왕휘에 의하면, "위에서 볼 수 있듯, 복사에 기록된 달 중 기장을 심는 때는 13월부터 이듬해 2월까지였다." 그는 「하소정夏小正」의 전傳과 「월령月令」의 '맹춘孟春'에 대한 공영달의 소疏 등 고대 문헌에 근거해, "이러한 문헌에서는 모두 기장의 파종이 일반적으로 하력으로 5월의 하지를 전후로 한다"고 했다. "복사에서 기록된 기장의 파종도 1월이 가장 많아 4번 등장하는데, 또 이때는 바로 하력의 5월의 하지 전후이다. 이외에도 복사에서는 13월이나 2월에 기장을 심었다는 기록이 각각 1번씩 등장하는데, 이때는 대략 하력의 4월과 6월에 해당한다. 4월은 「사민월령四民月令」에서 말한 기장의 파종 시기이고, 6월은 아마도 윤달을 빠트린 것 때문에 생겨났을 것이다." 그래서 은력은 하력에서의 5월을 해의 시작으로 삼았다. 또 그는 복사에 보이는 봄과 가을 두 계절에 관계된 달을 배열해 은력에서의 해의 시작을 논증했는데, "복사에서는 9월을 봄의 시작으로 하고 있는데, 이는 하력에서의 맹춘孟春에 해당하며", "복사에서의 9월은 바로 하력에서의 정월로 초목이 처음 피어나는 시기에 상당하는데, 서로 추론해 보면 은력에서의 1월은 마침 하력에서의 5월에 해당한다." 그런 다음 그는 다시 복사의 수확을 점친卜年 달과 밭을 매야 하는 시기의 달을 조사하여 진일보한 논증을 전개했다. 마지막으로 그는 또 복사의 기상자료로 은력 한 해의 시작에 관한 논증이 정확한지를 검증했는데, 비에 대한 점복卜雨과 가뭄이 들어 지낸 기우제와 사람을 불태워 지낸 기우제 등의 달과 복사에서의 천둥과 무지개 등이 등장하는 달로써 이를 논증했다. 결론적으로 말해서, 그가 얻은 결론은 "은력에서 한 해의 시작은 하력에서의 5월, 즉 은나라에서는 오午월을 정월로 삼았다는 것이었다."[202]

상옥지는 갑골문의 천상·기상·농사 활동과 관련된 기록을 통해 은상 역법에서의 한 해의 시작에 대해 논의했는데, 다음의 세 가지 방면에서 논술했다. 첫째, 기상과 관련된 복사를 통해 은력에서의 한 해의 시작이 포함된 계절에 대해 논증했다. 그녀는 지금까지 확인 가능한 5만4천여 편의 모든 은허 갑골복사를 조사하여, 그중 달이 기록된 비에 관한 344조항의 복사를 추출했다. 연구 결과에 의하면, 은나라 때는 매월 비

202) 王暉, 「殷曆歲首新論」, 『陝西師大學報』, 1994年 第2期.

에 관해 점을 쳤지만, 비에 관한 점을 가장 많이 친 달은 은력에서의 전반부 5개월로 총 201예가 이에 해당하여 전체의 약 58% 이상을 차지하고 있다. 그중 특히 2월이 가장 많아 51조항이 등장했다. 상옥지에 의하면, "이러한 점은 은력에서의 해의 시작인 1월이 절대 겨울철이 아니며, 분명 여름철에 있었음을 알려 준다"고 했다. 그녀는 또 "다우多雨"나 "대우大雨"가 들어간 복사의 연구를 통해 "다우多雨"에 대해 점친 9번의 기록 중에서 전반부의 5달이 7번을 차지했는데, 1월과 3월의 경우가 많았다. "대우大雨"에 대해 점친 5번의 기록 중에서 전반부 5달이 2번을 차지했다. 그런 즉 "다우多雨"와 "대우大雨"에 대해 점을 친 14조목의 기록 중, 앞의 3개월에 든 것이 7조목으로, 1년 전체의 절반을 차지하고 있다. 이러한 사실은 은력에서 해가 시작되는 몇 개월에는 비가 많이 내렸으며, 큰 비가 내리던 계절, 즉 은력에서의 해의 시작은 여름이지 축丑월을 정월로 삼았던 겨울이 아님을 알려준다. 상옥지는 또 달 이름이 기록된 우박雹·천둥雷·무지개虹·가뭄熯(즉 한재)·물 건너기涉水 등에 관해 점을 친 복사를 수집한 결과, 은나라 사람들이 우박·천둥·무지개·가뭄 등을 점쳤던 달이 한 해의 초인 1월·2월·3월과 한 해의 말인 10월·11월·12월에 집중되어 있으며(9월은 가뭄에 대한 단 1차례의 점이 등장, 13월은 윤달이므로 한 해의 말이나 시작하는 달로 계산 가능하다), 4월·5월·6월·7월·8월 등 5개월간은 이에 대한 점이 한 번도 없었다. 이러한 현상에 대해, 상옥지는 "우박·천둥·무지개는 모두 계절성이 매우 강한 자연현상으로, 주로 여름에 발생한다. 그래서 은력에서의 해의 끝과 시작의 교체기는 분명 여름철에 있었을 것이다. 은력에서의 4월·5월·6월·7월·8월은 축丑월이 정월이라는 것처럼 봄에 해당하는 달이 절대 아니며, 여름 3개월과 맹추孟秋에 해당하는 달이다"고 했다. 상옥지는 물 건너기涉水에 관한 복사에 대해 "은력에서의 1월·2월·3월·4월·5월과 9월·10월·11월·12월은 물을 건널 수涉水 있는 달로서, 이러한 달에는 해가 시작되는 앞의 5개월과 해가 끝나는 끝 4개월이다. 6월·7월·8월에는 물을 건너는 것에 관한 점복이 나타나지 않는데, 이는 이 3개월은 가장 추운 계절이었음을 나타내 준다. 은상 시기 안양安陽의 정월의 평균 기온은 지금보다 3~5℃정도 높았을 것으로 추정되기 때문에, 겨울철이라고 반드시 얼음이 얼었던 것은 아니겠지만, 그래도 맨발로 강을 건너기에는 차가웠을 것이다. 결론적으로 말해서, 달 이름이 기록된 물을 건너는 것에 관한 복사도 은력에서의 해의 시작과 끝의 교체는 겨울이 아니었음을 증명해 준다." 두 번째는 천문 기록과 농사에 관한 복사로써 은력에서의 해의 시작과 정월의 확정을 논증했다. 그녀가 들었던 천문 기록은 『합집』 12,488편(앞에서 들었던 『합집』 12,488편의 갑 · 을 복사)인데, 이 판의 3조목의 복사에는 "이번 1월今一月"이라는 말 앞에 모두 "화火"자가 등장하는데, 이 "화火"자는 사람 이름도 아니고 지명도 아니며 그렇다고 타오르는 불을 뜻하는 것은 더더욱 아니다. "화火"자가 시간사인 "이번 1월今一月"의 앞에 더해졌다는 것은 분명 "이번 1월今一月"을 수식하기 위한 것임에 분명하다. 그래서 이 1월은 화력火曆에서의 1월임을 설명해 준다. 즉 이들 복사의 "화火"는 대화성大火星, 즉 제2 심수心宿를 말한다. 그래서 이 복사는 대화성大火이 이미 나타났으니 지금은 1월이라는 것으로 해석해야 한다. 이것은 상나라 사람들이 대화성의 운행을 관찰해 역법을 정했음을 설명해 준다. 그렇다면 은상 시기는 대화성이 저녁昏에 출현하느냐 아니면 한 밤중昏中에 출현하느냐를 표준으로 삼았던 것일까? 상옥지는 다음의 3가지 농사에 관한 복사와 앞에서 들었던 "달에서 1월을 식맥이라 한다月一正曰食麥"고 한 복사를 들어 논증했는데, 다음을 보자.

경술일에 점을 칩니다. '각'이 물어봅니다. 왕께서 기장을 심으면 풍년이 들겠습니까? 庚戌卜, 㱿, 貞王立黍, 受年.

물어봅니다. 왕께서 기장을 심지 않으면 풍년이 들지 않겠습니까? 貞王勿立黍, 弗其受年.

물어봅니다. 왕께서 기장을 심으면 풍년이 들겠습니까? 1월이었다. 貞王立黍,

受年. 一月.

[물어봅니다.] [왕께서] 기장을 심지 않으면 풍년이 들지 않겠습니까? [貞][王]勿立黍, 弗其受年.

—『합집』 9,525편 앞면

경진일에 점을 칩니다. 왕께서 가서 기장을 심으면 풍년이 들겠습니까? 1월이었다. 庚辰卜, 王, 甫往黍, 受年. 一月.

—『합집』 20,649편

물어봅니다. 소신으로 하여금 기장을 많이 심게 할까요? 1월이었다. 貞叀小臣令衆黍. 一月.

—『합집』 12편

상옥지에 의하면, 이상의 3가지 복사에서 기록된 은나라 사람들의 기장 파종은 모두 은력의 1월, 즉 해가 시작되는 해임을 보여준다고 했다. 그녀는 『설문』의 단옥재 주와 『상서대전尙書大傳』·『회남자淮南子』·『설원說苑』 등에서 고대 기장을 파종하던 시간대는 대화성이 한 밤중昏中에 나타날 때, 즉 하력에서의 5월이라고 했다. 또 오늘날 천문학자들이 추산한 은상시기 대화성이 저녁昏에 나타나던 시간이 "망종芒種"부터 "하지夏至"에 이르는 하력 5월이었다는 데 근거하고 있다. 이 둘을 대조해 보면 은나라 사람들이 대화성이 한 밤중昏中에 나타나는 하력으로 5월에 기장을 파종했음을 알 수 있는데, 이는 바로 은력에서의 1월이 하력에서의 5월에 해당함을 알 수 있다. 이는 후세의 월건설月建說로 말하자면 은나라 때에는 오午월을 정월로 삼은 것이 된다. 그리고 『후』 하 1.5판에서 기록한 "달에서 1월을 식맥이라 한다 月一正曰食麥"는 것에 대해, 상옥지는 이는 은력에서의 1월에 보리가 이미 다 익었으며, 새로 수확한 보리를 먹는 달, 다시 말해 은력에서의 1월은 보리를 수확하던 달임을 설명해 준다고 했다. 중국의 중원 지역에서 하력의 5월은 바로 보리를 수확하던 달이었으며, 그래서 이 각사 또한 은력의 1월이 하력의 5월임을, 그래서 은나라에서는 오午월이 정월임을 말해준다고 했다. 세 번째는 농사에 관한 복사로써 은나라에서는 오午월을 정월로 삼았다는 것이 정확한지를 검증했다. 먼저, 달 이름의 든 "수서년受(保)黍年", "수미년受𦮽年", "훼년𣎴年", "어년御年", "타년𡴭年" 등과 같이 "수확에 관한 점복卜年" 복사로 검증을 했다. 통계 결과에 의하면 수확에 관한 점복卜年의 대부분 해의 시작인 1월 · 2월 · 3월과 연말인 11월 · 12월에 집중되어 있었으며, 특히 1월 · 2월에 점을 친 횟수가 대단히 많으며, 6월에는 1차례도 보이지 않았다. 은나라에서 오午월을 정월로 삼았다는 설에 의하면, 은력에서의 1월은 하력에서의 5월에 해당되며, 이렇게 되면 은력에서의 연말과 연초의 몇 달은 마침 하력에서의 봄 · 여름 · 가을철에 속하게 되며, 바로 농작물의 파종 · 생장 · 수확하는 계절이 된다. 그래서 은나라 사람들이 이 기간 동안 풍년이 들 것인지를 자주 묻게 된 것이며, 다시 말해 복사 역시 은에서 오午월을 정월로 삼았다는 것이 정확하다는 것을 검증해 준다. 둘째, 달 이름을 가진 농사활동의 복사로 검증했는데, 이에는 "농지의 선택選田"이 "13월"에 있었고(『합집』 9,572편), "𡉚" 즉 "농지의 북돋움壅田"이 "12월"(『합집』 9,486 · 3,307편) · "6월"(『합집』 6편)에 있었으며, "토전土田"이 "12월"(『합집』 10,146편) · "11월"(『합집』 10,148편)에 있었다. 농경에서 토지의 이러한 정리 작업이 이루어졌던 시간으로 볼 때, 이 또한 은나라에서는 오午월을 정월로 삼았다는 설이 옳은 것으로 증명된다. 나머지, 또 "협전劦田"(즉 협동으로 밭을 가는 일)[203]이 "11월"(『합집』 1편) · "12월"(『합집』 9,499편)에 이루어졌으며, "밭 갈기耤"(즉 경전)가 "12월"(『합집』 9,500편)에, "풀베기刈"가 "3월"(『합집』 956편)에 이루어졌는데, 토지의 경작과 수확의 시간으로 볼 때도 은나라에서는 오午월이 정월이었다는 학설이 옳은 것으로 증

---

203) 裘錫圭, 「甲骨文所見的商代農業」, 『古文字論集』, 1992, 184면.

명된다.[204] 이상에서 여러 학자들의 은력의 해의 시작에 대한 논증으로 볼 때, 상정광・온소봉・원정동・정혜생・왕휘・상옥지 등이 사용했던 자료는 기본적으로 비슷했지만 도출해 낸 해의 시작에 대한 결론은 일치하지 않고 있다. 상정광・온소봉・원정동 등은 은력에서의 해의 시작은 대화성이 저녁昏이 출현할 때이며, 그래서 "하력에서의 4월"(상정광의 설)・"하력에서의 3월"(온・원씨 설)이라는 설을 제시했고, 정혜생・왕휘・상옥지 등은 은력에서의 해의 시작이 대화성이 한밤중昏中에 나타날 때이며, 그래서 "하력에서의 6월"(정혜생의 설)・"하력에서의 5월"(왕휘・상옥지의 설)이라고 했다. 이러한 두 가지의 견해는 서로 간에 한 달의 차이만 날뿐 기본적으로 비슷하다. 한 해의 시작에 대한 이 두 가지 견해는 시간적으로 비슷하여 계춘季春과 맹하孟夏・중하仲夏・계하季夏의 여름 3개월간이다. 하지만 동작빈은 무정 때의 경신庚申 월식에 관한 자료를 이용했고, 장배유는 일식과 월식의 자료로부터 추출했지만 그들이 인식한 은력에서의 해의 시작은 이러한 의견과 심한 차이를 보인다. 동작빈은 "하력에서의 12월", 즉 계동季冬을 해의 시작으로, 장배유는 "하력에서의 7월・8월・9월" 즉 맹추孟秋・중추仲秋・계추季秋의 가을 3개월간을 해의 시작으로 보았는데, 이러한 두 가지 의견 간의 세수에 대한 시간의 차이도 비교적 크다. 그래서 은력에서의 세수에 관한 문제는 진일보된 연구가 필요하다.

204) 이상은 모두 常玉芝, 『殷商曆法硏究』(吉林文史出版社, 1998), 第5章 第3節에 보인다.

4. 상나라 때의 질병과 의학 전통의 발굴

은허 갑골 복사에는 상나라 때의 질병과 의학에 관한 자료가 적잖게 보존되어 있다. 1943년 호후선이 「은나라 사람들의 질병에 관한 고찰殷人疾病考」을 발표한 이후,[205] 많은 학자들이 이에 관해 연구해 왔다. 여기서는 지금까지 이루어진 상나라 사람들의 질병과 상나라 때의 의학에 관한 연구의 중요한 성과를 개괄한다.

1) 상나라 사람들의 질병에 대한 인식

갑골문에 보이는 "[illegible]"·"[illegible]"·"[illegible]" 등에 대해 정산은 이들을 "질疾"로 해독했다.[206] 양수달은 "녁疒"으로 해독하여, "녁疒은 병이 들어 침상에 기댄 사람의 모습을 그렸으며, 그래서 질병이라는 뜻을 가진다. 녁疒과 질疾은 글자가 조금 다르긴 하지만 뜻은 실제 별 차이가 없다. 이렇게 복사에서의 여러 문장을 읽어나가면 문제가 생기지 않을 것이다"고 했다.[207] 통계에 의하면, 상나라 시대의 "갑골문에 보이는 질병과 관련된 점복은 약 96%~97%가 무정 때의 복사에서 나타나고 있다.[208] 예컨대 다음의 복사를 보자.

> 물어봅니다. 병이 있겠습니까? 貞其有疾.
>
> —『합집』 13,784편

---

205) 胡厚宣, 「殷人疾病考」, 『甲骨學商史論叢』 初集, 1944.
206) 丁山, 「釋疾」, 『中央硏究院歷史語言硏究所集刊』 1本 2分, 1930.
207) 楊樹達, 「讀胡厚宣君殷人疾病考」, 『積微居甲文說』, 上海古籍出版社, 1986.
208) 宋鎭豪, 『夏商社會生活史』, 中國社會科學出版社, 1994, 430면.

물어봅니다. 병이 없겠습니까? 貞亡其疾.

—『합집』 13,799편

병오일에 물어봅니다. '다부'에게 병이 있겠습니까? 丙午, 貞多婦亡疾.
병오일에 물어봅니다. '다신'에게 병이 없겠습니까? 丙午, 貞多臣亡疾.

—『합집』 22,258편

이는 병이 있을 것인지 병이 없을 것인지, 혹은 '부'나 '신' 등에게 병이 있을 것인지 없을 것인지를 물은 내용이다. 상나라 사람들의 질병에 대해 가장 먼저 연구한 사람은 호후선인데, 그는 1943년 「은나라 사람들의 질병에 관한 고찰殷人疾病考」을 발표했으며,[209] 이후 학자들의 연구에 의하면 갑골문에 보이는 상나라 사람들의 질병은 대략 다음의 15가지로 요약된다.[210]

(1) 머리首

갑진일에 점을 칩니다. '출'이 물어봅니다. 왕께서 머리가 아픈데 계속되지 않겠습니까? 甲辰卜, 出, 貞王疾首, 亡征.

—『후』 하 7.12편

(2) 눈目

물어봅니다. 눈이 아픈데 재앙이 없겠습니까? 貞疾目, 不祟.

—『영습』 20.3편

209) 胡厚宣, 「殷人疾病考」, 『學思』 第3卷 第3~4期, 1943. 또 『甲骨商史論叢』 初集(1944)에도 수록되었다.

210) 孟世凱, 『殷墟甲骨文簡述』, 文物出版社, 1980, 112~115면.

(3) 귀耳

물어봅니다. 귀가 아픈데 탈이 없겠습니까? 貞疾耳, 隹有𡆥.

—『주』 271편

(4) 코鼻

물어봅니다. 코가 아픈데 탈이 없겠습니까? 貞有疾自, 隹有𡆥.

—『합집』 1,106편 정면

『설문』에 의하면 "자自는 코鼻를 말하며, 코의 모습을 그렸다"고 했다.

(5) 입口

물어봅니다. 입이 아프겠습니까? 貞疾口.

—『합집』 13,642편

(6) 이齒

임술일에 점을 칩니다. '긍'이 물어봅니다. 이가 아픈데 탈이 없겠습니까? 壬戌卜, 亘, 貞有疾齒, 隹有𡆥.

—『속』 5.5.4편

갑골문에는 충虫과 치齒가 결합된 글자가 있는데, "우齲"로 옮길 수 있으며, 이에 관한 완전한 복사가 다음처럼 전한다.

물어봅니다. '갑'일에 '어'제사를 '부'에게 드리면 충치가 나아질까요? 貞勿于甲御婦嘉齲.

—『합집』 13,663편

이외에도 잔편이 하나 전한다(『합집』 13,662편). “우齲”는 “벌레 먹은 이齲齒”로 “충치”를 말한다. 그렇다면 3천여 년 전의 상나라 사람들도 이미 “충치齲齒”에 대해 인식한 셈이 된다.

(7) 혀舌

갑진일에 점을 칩니다. ‘고’가 물어봅니다. 혀가 아픈데 탈이 없겠습니까? 甲辰卜, 古, 貞疾舌, 隹有巷.

—『속』 5.17.3편

(8) 후두言

물어봅니다. 후두가 아픈데 탈이 있겠습니까? 貞有疾言, 隹巷.

—『합집』 440편 앞면

언言은 말(언어)을 말한다. 질언疾言은 소리를 내는 후두부에 질병이 있음을 말한다.

(9) 가슴胸

임술일에 점을 칩니다. ‘고’가 물어봅니다. ‘어’제사를 ‘비계’께 드려도 가슴병이 생기겠습니까? 壬戌卜, 古, 貞御疾胸妣癸.

—『합집』 13,675편 앞면

흉胸자를 “”으로 적었는데, “가슴 속에 심장과 폐가 있는 모습을 그

렸다.” 질흉疾胸은 “가슴 속의 질병을 말하는 것으로, 심장心 · 간肝 · 폐肺 등의 질병을 포함한다.”[211]

(10) 배腹

물어봅니다. 왕께서 배가 아픈데 ‘비기’에게 탈이 있겠습니까? 貞王疾腹, 隹妣己巷.

—『합집』 822편 앞면

“복腹”을 “”과 같이 적었는데, 배 모양을 그렸다.

(11) 손手

물어봅니다. 손에 병이 생길까요? ‘용’에서였다. 貞疾手, 龍.

—『합집』 13,677편 앞면

(12) 팔꿈치肘

…… 물어봅니다. ‘중자’의 팔꿈치가 아픈데 ‘전’을 ‘범’에서 불러들일까요? …… 貞中子肘疾, 呼田于凡.

—『합집』 21,565편

(13) 정강이脛

물어봅니다. 정강이가 아플까요? ‘용’에서였다. 貞疾脛, 龍.

—『합집』 13,693편

---

211) 孟世凱, 『殷墟甲骨文簡述』, 文物出版社, 1980, 115면.

(14) 발止

물어봅니다. 발이 아픕니다. 탈이 없겠습니까? 貞疾止, 隹有壱.

—『합집』 13,683편

지止는 발(발가락까지 포함)을 말한다.

(15) 뼈骨

경술일에 점을 칩니다. '긍'이 물어봅니다. 왕에게 뼈에 병이 생길까요? 庚戌卜, 亘, 貞王其疾骨.

—『합집』 709편 앞면

복사에는 "이외에도 '골범유질冎凡有疾'이라는 말이 자주 보인다. 범凡은 갑골문에서 ⺆이나 ⽇ 등으로 썼는데, 범凡의 뜻이 바람風이기 때문에, 혹자는 이를 풍風으로 해독하기도 한다. 그래서 '골범유질冎凡有疾'은 아마도 뼈에 바람이 들어 생긴 질병이 아닐까 생각 된다."212) 또 여성의 출산 날짜와 출산이 순조로울 것인지에 관해 물은 것도 있다. 이상을 종합해 볼 때, 상나라 사람들의 질병에 대한 인식은 현대 의학의 구분으로 구분해 본다면, 이미 뇌신경과 · 안과 · 이비인후과 · 구강과 · 치과 · 흉부과 · 내과 · 외과 · 골과 · 산부인과 등과 관련된 지식이 갖추어졌음을 알 수 있다.

212) 孟世凱, 『殷墟甲骨文簡述』, 文物出版社, 1980, 115면.

2) 상나라 때의 의료 지식

상나라 사람들은 대단히 미신적이어서, 그들은 인간의 길흉과 화복이 하느님이나 귀신에 의해 만들어진다고 생각했다. 그래서 질병의 발생 원인도 천신이 내린 것이나 귀신이 빌미를 내린 것으로 해석했다. 이 때문에 그들은 병을 얻은 후 종종 귀신에게 낫게 해 달라고 기도하기도 했는데, 다음의 복사가 그 예이다.

> 경술일에 점을 칩니다. 두 귀에 이명이 생겼는데 '유'제사와 '어'제사를 '조경'께 올리면서 양 1백 마리를 쓰고, 또 50마리를 써 '유'제사를 '모……? 庚戌卜, 聯耳鳴侑御于祖庚羊百, 又用五十侑母……
>
> —『합집』 22,099편

이 복사는 상나라 왕이 직접 점을 쳐 물은 것이다. 자신이 이명耳鳴을 앓아, 백 마리의 양으로 선조인 '조경祖庚'께 제사를 드려 병이 낫게 해 달라고 했다. 하지만 고고 발굴 자료와 갑골복사에 의하면 상나라 사람들은 이미 일정한 의료 지식을 구비한 것으로 밝혀졌다. 그들의 의료 지식은 다음의 세 가지 측면으로 요약될 수 있다.

(1) 약물 치료

1973년 하북성 박물관과 문물관리처에서는 고성藁城 대서臺西의 상나라 유적지에서 30여 점의 곡물 씨를 발견했다. 중의학 연구원의 전문가의 감정에 의하면, 그중에는 복숭씨桃仁와 욱이인郁李仁이 들어 있었는데 모두 "치료에 쓰였던 약물"임이 밝혀졌다.[213)]

213) 耿鑒庭・劉亮, 「藁城商代遺址中出土的桃仁和郁李仁」, 『文物』, 1974年 第8期.

(2) 침 치료

1984년 호후선은 「은나라 사람들의 질병치료 방법論殷人治療疾病之方法」을 발표하였는데[214] 갑골복사에서 은나라 사람들이 침을 찌르는 방식을 운용하여 질병을 치료했음을 발견했으며, 그는 다음의 복사를 예로 제시했다.

> 침 치료를 할까요? 其[illegible].
>
> □□침 치료를 할까요? □□[illegible].
>
> —『을』 276편

그에 의하면, "[illegible]자는 신身과 지攴로 구성되었으며, 은殷자로 해석된다"(호후선, 『갑골문자 석림』, 「'은'의 해석釋殷」, 1979, 321면)고 했는데, 대단히 정확한 해독이다. "필자의 생각에, [illegible]자의 왼쪽 부분은 손又에 침↑을 든 모습인데, 우又는 손手을 뜻한다. ↑은 고문자에서 화살촉의 끝을 뜻하는데, 뾰족한 기물을 그려, 침針으로 보인다. 그래서 ↑는 침의 끝부분을 나타내고 예리한 것으로 찌른다는 의미를 그렸다. 따라서 [illegible]자는 사람의 배腹에 병이 생겨 손에 침을 들고 찌르는 모습을 그렸다." 그리고 은나라 때에는 청동 기술이 대단히 발달했기 때문에 "은나라 때의 치료에 사용되었던 침은 일반적으로 청동으로 만든 것이었다."

(3) 쑥뜸 치료

호후선은 「은나라 사람들의 질병치료 방법論殷人治療疾病之方法」에서 또 다음의 복사를 제시했다.

---

214) 胡厚宣, 「論殷人治療疾病之方法」, 『中原文物』, 1984年 第4期.

정묘일에 점을 칩니다. '쟁'이 물어봅니다. 뜸을 뜨는데 '용'에서 할까요? 丁卯卜, 爭, 貞𡉚𬂊, 龍.

물어봅니다. 뜸을 뜨는데 '용'에서 하지 말까요? 貞𬂊, 不其龍.

—『병』 295편; 『을』 632 · 6,412편

호후선은 이렇게 말했다. "𬂊자는 녁疒과 목木으로 구성되었다. 필자는 이를 목疰으로 해독했는데 이는 휴庥자이다. 목疰자를 휴庥로 적는 것은 부疛자를 부痡로 적고, 동시에 부府자로 잘못 적기도 하는 것과 같은 이치이다. 휴庥는 『옥편』에서 '설사 병下痢病이다'고 했으며, 『집운集韻』에서는 '휴庥는 서창黍瘡을 말한다'고 했다. 필자의 생각에 이 글자는 한 사람이 병이 들어 침상 위에 누운 모습을 그렸고, 나무木는 쑥에 불을 붙여 뜸을 뜨는 모습을 형상한 것이라 생각한다."

(4) 안마 치료

호후선은 「은나라 사람들의 질병치료 방법論殷人治療疾病之方法」에서 또 다음과 같은 두 편의 복사를 제시했다.

오늘 안마 치료를 하는데 '용'에서 할까요? 今日𬂋, 龍.

—『을』 964편

병진일에 점을 칩니다. '각'이 물어봅니다. '부호'가 안마 치료를 하는데 '용'에까지 이어질까요? 丙辰卜, 㱿, 貞帚好𬂋, 征龍.

—『갑』 2,040편

호후선은 이렇게 말했다. 𬂋자를 "왕양王襄은 급疲으로 해독했고(『보실은계 휘문 고석』, 1925), 굴만리屈萬里는 하瘕자로 해독했고(『은허문자 갑편 고석』, 1961), 이효정李考定은 우疫나 부疛로 해독했다(『갑골문자 집석』, 1965). 필자는 이효정의 해석처럼 우疫로 해독하는 데 동의한다. 그리고 서호徐灝의 설(『설문해자주전說文解字注箋』)을 따라 부疛로 풀이한다. 부疛는 『설문』 단옥재 주에서 '심복병心腹病'이라고 했는데, 『여씨춘추』 「선기先己」에 '부종府腫'이라는 말이 있다. 『옥편』에서 이를 인용하여 '부종疛腫'이라 했는데, 고유高誘의 주석에서 '부疛는 뱃병腹疾을 말한다'고 했다. 글자를 보면 한 사람이 병이 나 병상 위에 누운 모습이고, 다른 사람이 손으로 복부를 안마하는 모습이다." 그래서 "갑골문자로 볼 때 은나라 사람들은 질병을 치료하면서 이미 안마법을 알았다는 것에는 의심의 여지가 없다."

상나라 사람들의 의료 지식에 대해 호후선은 훌륭한 결론을 지었다. 그는 이렇게 말했다. "『좌전』 「성공成公」 10년 조에 진秦나라의 의사가 질병을 치료하는 방법으로 공攻・달達・약藥의 세 가지를 소개했다. 공攻은 뜸灸을, 달達은 침針을, 약藥은 약물을 말한다." "고고 발굴 자료와 갑골문자로 볼 때 은나라 사람들은 질병 치료에 공攻・달達・약藥 등 이 세 가지를 모두 구비했을 뿐 아니라 안마에 의한 치료법까지 이미 갖고 있었다. 이렇게 볼 때 은나라 사람의 의학의 수준의 대체적인 모습을 살펴볼 수 있다."[215] 이외에도, 은허 갑골복사에는 또 "소질신小疾臣"이라는 관직 이름이 보이는데, 이들은 의료 사무를 관장하던 관리로 알려져 있다.

결론적으로 말해서, 상나라 사람들은 질병에 대해 두 가지의 상반된 태도를 갖고 있었다, 하나는 미신적인 것으로 신에게 점복을 통해 구원을 요청했고, 다른 하나는 의료수단을 채택한 것이었다. 그것은 "고대사회에서 일반적으로 무당巫과 의사醫는 결합되어 있었고, 미신과 과학이 서로 뒤섞여 있었기 때문이다. 하지만 상나라 후기에 이르면 의사와 무당은 이미 분리된 역사적 흔적을 보여주고 있다."[216]

215) 이상은 모두 胡厚宣, 「論殷人治療疾病之方法」(『中原文物』, 1984) 第4期 참조.
216) 齊文心・王貴民, 『商西周文化志』, 上海人民出版社, 1998, 165면.

제15장 새로운 세기 갑골학 연구의 전망

이상 각 장의 서술을 통해 백 년 동안의 갑골학 연구가 찬란한 성적을 거두었음을 볼 수 있었다. 하지만 동시에 “목전의 과제도 아직 많이 남아 있으며”, “갑골학 연구는 이미 완성된 것이 아니라 이제 막 시작된 것”임도 분명하게 인식해야만 할 것이다.

어떤 사람들은 갑골학에 이렇게 많은 논저가 출현하여 목록 색인만 하더라도 대단히 두꺼운 한 권이 된다는 사실 때문에 중요한 과제는 이미 선배들에 의해 다 해결되었고, 앞으로는 그다지 큰 한계 돌파가 이루어지기 어려울 것으로 생각하기도 한다. 하지만 이는 결코 학과 발전의 실제에 부합하는 인식이 아니다. 갑골 연구에 진정으로 깊이 있게 들어가 본 사람이라면 이 영역이 많은 사람에 의해 개척되긴 했지만 여전히 온 천지가 미개척지이며 대단히 기본적이고 중요한 수많은 문제가 아직 해결되지 않고 있음을 알 수 있다.[1] “갑골학 연구가 이미 상당히 오랜

1) 李學勤, 「序」, 『甲骨學通論』, 中國社會科學出版社, 1989.

역사를 가졌고 엄청나게 많은 성과를 이루었다고는 하지만, 연구해야 할 부분이 여전히 많이 남아 있고, 해결되지 않은 의문점도 많이 있다. 실제로 갑골의 심오한 대부분은 아직도 파헤쳐지지 않았으며, 이러한 문제점의 해결은 고대 역사문화의 연구에도 많은 도움을 줄 수 있을 것이다. 갑골 연구가 거의 다 완성되었다고 하면서 현실에 안주하고 앞으로 나아가지 않는 관점은 취해서는 아니 될 부분이다."[2)]

그래서 우리들이 막 지나간 갑골학 연구 백 년간의 거대한 성취에 대해 회고하고 총결하면서 자만에 차고 거만한 태도를 갖거나 정체된 관점, 아무 것도 하지 않겠다는 태도 등은 모두 잘못된 것이다. 막 다가올 새로운 세기, 갑골학 연구 영역의 수많은 심오한 부분에서 아직도 발견과 발명과 창조와 진전을 기다리고 있다. 이와 동시에 아직 논쟁 중에 있는 이전 시기의 적잖은 문제도 여전히 노력과 지혜를 기다리고 있으며, 지속적인 노력 속에서 한계를 돌파할 수 있을 것이다. 게다가 막 제시되었거나 혹은 현재 진행 중인 과제 등은 인내심을 가지고 계속 추구하여 갑골학 연구의 영역을 개척해야만 할 것이다. 21세기의 갑골학 연구는 우리에게 지혜와 새로운 것을 창조할 수 있는 광활한 천지를 제공해 줄 것이다.

---

2) 李學勤, 「甲骨學一百年的回顧與前瞻」, 『文物』, 1988年 第1期.

1. 새로운 갑골 자료의 지속적인 발견과 전면적인 과학적 정리

1) 갑골 자료의 지속적인 발견을 기다리며

갑골문 자료는 갑골학 연구의 기초가 된다. 새로운 자료의 출토는 앞으로 갑골학 연구에 새로운 문제를 가져다 줄 것이며, 깊은 연구를 이끌어 낼 것이다. 그래서 새로운 백 년은 새로운 갑골 자료의 수집에 언제나 주목해야만 할 것이며, 이렇게 함으로써 갑골문 자료의 지속적인 발견을 기대해야 할 것이다.

1949년 이전에는 소둔촌의 북쪽과 남쪽이 갑골의 주요 출토 지역이었다. 하지만 1949년 이후에는 주로 소둔촌 부근에서 출토되었다. 1949년 이후에도 갑골문의 새로운 발견이 지속적으로 이루어졌다. 이렇게 볼 때 지하에 매장된 은허갑골은 비록 1899년부터 1928년까지 약 30여 년간 "도굴"되고, 1928년 이후 지금까지 70여 년간의 과학적 발굴을 거쳤지만 여전히 계속 출토되고 있다. 그래서 은허갑골은 결코 완전히 다 출토된 것이 아니라 땅 속에 아직도 적잖게 매장되어 있음을 알 수 있다. 마을 북쪽은 1949년 이전에 여러 차례 발굴되었기 때문에 1949년 이후에는 많이 발견되지 않았다. 하지만 1971년에는 소둔촌의 서쪽에서, 1973년에는 소둔촌의 남쪽 지역에서, 1991년에는 소둔의 화원장花園莊 동쪽 지역에서 몇 차례 중요한 발견이 이루어진 것으로 보아, 소둔촌을 중심으로 하여 앞으로는 소둔촌의 서쪽 지역, 서북 지역, 남쪽 지역, 동쪽 지역 등에서도 갑골문이 발견될 수 있을 것이다. 그래서 소둔촌은 동서남북의 갑골의 "바다"로 포위된 "외딴 섬"이라 할 수 있다. 이 지역은 민가가 즐비한 탓에 그 동안 기본적으로 발굴 작업이 이루어지지 못했다. 그래서 이곳은 은허에서 도굴되지 않은 원래의 퇴적물을 가진 흔치 않은 곳이라 할 수 있다. 그래서 소둔촌에 충분히 주목해야 할 것이며, 앞으로 중요한 지층 및 퇴적된 갑골이 출토될 수 있을 것이다.

은허 이외의 상나라 유적지, 예컨대 정주의 상나라 중기 유적지에서도 1950년대에 갑골이 출토되었지만 애석하게도 그 지층이 불분명했다. 하지만 1990년대에 정주 전력電力학교에서 명확한 갱위를 가진 뼈에 새겨진 문자가 발견되어, 앞으로 정주 이리강二里崗 시기 상나라 중기 유적지에서도 상나라 때의 갑골문이 출토될 것이라는 예측에 새로운 증거를 제시해 주었다. 그리하여 정주의 중기 상나라 유적지에서도 새로운 갑골문이 출토될 수 있다는 희망을 가지게 되었다.

서주 갑골문의 발견과 연구는 갑골학 연구의 중요한 성과이다. 특히 1980년대 후반 섬서 기산岐山 봉추촌鳳雛村의 궁전 기초 터에서 대량의 서주 갑골문이 발견되어 공표됨으로써, 서주 갑골학이 깊이 있게 연구되었으며, 갑골학에 서주갑골학이라는 분과도 탄생했다. 서주갑골은 홍조洪趙의 방퇴坊堆, 낙양洛陽의 태산묘泰山廟, 풍서灃西의 장가파張家坡, 기산岐山의 봉추鳳雛, 부풍扶風의 제가齊家, 방산房山의 유리하琉璃河, 방산房山의 진강영鎭江營, 창평昌平의 백부白浮, 형대邢臺의 남소왕南小汪 등 9곳의 서주 유적지에서 출토되었다. 서주 갑골의 역대 출토 상황을 보면, 봉추鳳雛·서안의 풍서灃西·낙양의 태산묘泰山廟 등과 같은 서주 왕조의 건립을 전후로 한 정치 중심 유적지가 있는가 하면, 연燕나라의 도성이었던 방산房山의 유리하琉璃河 성터와 형邢나라의 도성이었던 형태邢臺 남소왕南小汪 유적지 등, 서주 초기 제후들이 소재했던 도읍지, 나아가 산서의 홍조洪趙·북경 방산房山의 진강영鎭江營·창평昌平의 백부白浮 유적지 등과 같은 서주 때의 일반 취락(혹은 묘장)도 포함되어 있다. 이러한 사실은 서주시기 갑골문의 사용범위가 상나라 때보다 훨씬 광범위했음을 보여주고 있다. 그래서 서주 각 제후국의 유적지에서도 앞으로 갑골문이 출토될 가능성이 있다고 자신할 수 있다.

1949년 이후, 은허 갑골문 이전 시대의 골각 문자 자료에도 상당한 수확이 있었다. 예컨대 배리강裴李崗 문화시기에 속하는 무양舞陽이 가호賈

湖, 용산龍山 문화시기에 속하는 장안長安의 화원촌花園村, 악석岳石 문화시기에 속하는 환대桓臺 사가史家 유적지 등이 그렇다. 이러한 곳에서 출토된 골각 문자와 대문구大汶口 문화에 속하는 거현莒縣 능양하淩陽河, 산동 용산龍山 문화에 속하는 추평鄒平 정공丁公 유적지 등과 같은 곳에서 출토된 도기 문자는 문자의 기원과 점복의 원류 연구에 중요한 실마리를 제공해 주었다. 이후 각 원시문화 유적지에서 이와 관련된 문자자료가 지속적으로 출토되기를 기대하며, 각 유적지에서 출토된 복골卜骨・복귀卜龜 등과 같은 점복 관련 자료에 대해서도 진지하게 수집할 수 있기를 바란다.

2) 갑골문 자료의 진일보한 과학적 정리

갑골학 연구의 기초 작업으로서의 갑골문 자료의 과학적 정리에는 갑골문의 저록과 짜 맞추기綴合, 복사 사례辭例의 전면적인 분류와 집중화가 포함된다.

먼저, 갑골문 자료의 저록이라는 측면에서, 지난 백 년 동안 풍성한 성과를 거두었다. 즉 과학적 발굴로 얻은 갑골은 『은허문자 갑편殷虛文字甲編』, 『은허문자 을편殷虛文字乙編』, 『소둔 남지 갑골小屯南地甲骨』 등을 비롯해 『은허문자 을편 보유殷虛文字乙編補遺』 등이 출판됨으로써 그간의 갑골이 기본적으로 모두 수록되었다. 그리고 『갑골문 합집甲骨文合集』, 『갑골문 합집 보편甲骨文合集補編』이 출판되고 여기에다 『영국 소장 갑골록英國所藏甲骨錄』 등까지 출간됨으로써 그간 세상에 전해지던 중국 내외의 중요한 갑골은 기본적으로 이미 저록이 완료되었다. 향후 새로운 저록이 있다 해도 소량의 소장품에 한정될 것이다. 예컨대 『스웨덴 스톡홀름 고대 유물 진열관 소장 갑골瑞典斯德哥爾摩古物陳列館所藏甲骨』 및 대만 중앙연구원 역사어언연구소에서 현재 정리 중인 2백 편의 갑골 등도 조만간 세상에 모습을 드러내게 될 것이다.

1991년 은허 화원장花園莊에서 과학적 발굴에 의해 얻은 글자를 가진 갑골은 579편인데, 이는 YH127갱과 소둔 남지 갑골의 뒤를 이은 갑골학사에서 과학적 발굴에 의한 세 번째의 대규모 발견이어서 대단히 중요한 지위를 가진다. 이 갑골은 갑골편이 크고 글자가 적긴 하지만, 고고의 갱위와 지층이 분명하며, 현재 정리 중에 있다. 『둔남屯南』과 같이 갑골 뒷면의 찬조鑽鑿 형태까지 모두 저록하여 조만간 출판되어 갑골학 연구의 발전을 추동하길 희망한다.[3] 근년에 들어 몇몇 갑골 소장 기관에서도 저록 출판이 이루어지고 있는데, 이 또한 갑골의 새로운 탁본과 원래 저록을 서로 교감할 수 있도록 해줌으로써, 그간 모호하고 분명하지 않던 글자들이 비교적 정확한 뜻을 가지게 되었고, 갑골학 연구의 발전에 도움을 주고 있다. 하지만 각 소장가들이 수장하고 있던 갑골은 기본적으로 이미 저록되어 발표된 것이다. 그래서 지금은 이들 소장자가 저록한 갑골은 백 년간의 갑골학 발전사의 전체적인 모습 속에 넣어 고찰해야만 한다. 즉 먼저 이러한 갑골의 저록과 재출현하는 정황을 분명하게 구분해야 할 것이며, 그 다음으로 갑골학 연구의 발전을 따라야 할 것인데, 저록서의 과학적 체제는 이미 나진옥과 왕국유 시대 때와 함께 논할 수 없는 상황이다. 그것은 갑골문자 연구가 발전했기 때문이기도 하고, 또 섭옥삼葉玉森의 『철유鐵遺』 같은 형식의 갑골의 석문釋文으로는 오늘날의 갑골학 발전의 형세를 따라 잡을 수도 없기 때문이다. 그래서 1930년대의 저록과 차이가 없어서는 지나치게 "진부하다"는 평을 면할 수 없을 것이다. 이러한 점은 이후 어떤 기관에서 소장한 갑골을 저록할 때 주의해야 할 부분이다.

이외에도 각 기관에서 소장한 갑골문은 다소 차이는 있지만 모두 이미 저록된 상태이다. 하지만 갑골의 뒷면에 있는 찬조鑽鑿 형태는 저록된

3) (역주) 中國社會科學院考古研究所에서 편찬하여 2003년 雲南人民出版社에서 『殷墟花園莊東地甲骨』(全6冊)로 출판되었다.

적이 없다. 그래서 앞으로 각 기관에 소장된 갑골을 저록할 때에는 그간 빠졌던 갑골의 절반—뒷면의 찬조鑽鑿 형태가 저록되어야 할 것이다. 만약 기관에서 소장한 갑골을 다시 저록함에 일정한 의의를 둔다고 한다면, 뒷면에 있는 찬조의 형태는 처음으로 발표되는 것이며, 그것이 새로운 저록의 가치가 될 것이다! 가능하다면 정부의 국가 문물국 등과 같은 권위 있는 부문이 나서서 계획적이고 조직적으로 각 기관이 소장하고 있는 갑골을 저록하길 희망한다. 특히 약 백 년 동안 홀대 되었던 갑골 뒷면의 찬조 형태를 발표한다면 현재 소장하고 있는 갑골에 대한 재발굴에 다름 아니며, 분명 새로운 세기의 심화된 갑골학 연구를 크게 추동하게 될 것이다.

둘째, 은허 이외의 유적지에서 출토된 갑골은 비교적 산발적이며 집중되지 않은 상태이다. 학자들의 연구의 편의를 위해, 『갑골문 합집 보편』에서는 이들을 한데 모아 "부록" 부분에서 공표했다. 그중 서주 갑골, 특히 봉추鳳雛에서 출토된 갑골은 부서진 조각편이고 글자 크기도 작으며, 관건적인 적잖은 글자의 필획이 일정치 않다. 학자들이 연구할 때 비교할 수 있도록 『합집 보편』에서는 진전방陳全方 · 서석대徐錫台 · 주원周原 문물관리소에서 만든 3세트의 모사본을 편片이나 혹은 저록의 분류에 따라 함께 모아 두었는데, 이는 문자의 해독에 대단히 도움이 된다. 종종 각각의 갑골 편에 대한 학자들의 해석도 차이를 보이는데, 같은 편이나 같은 부류의 모사본을 함께 모아 놓으면, 여러 해석 중 어떤 해석이 믿을 만한지 분명하게 살필 수 있게 된다. 이외에도 이들 모두가 모사본이기 때문에, 어떤 모사본이 비교적 정확한지에 대해 여전히 추측하고 의심하게 만든다. 그러나 한 가지 기쁜 소식은, 국가 "9 · 5" 중점 과학연구 프로젝트인 "하상주夏商周 시기구분斷代 프로젝트"에서 이미 섬서성 고고연구소의 조위曹瑋 등에게 고배율의 현미경을 통해 봉추鳳雛 갑골을 관찰하고, 확대된 사진으로 정리하게 했다는 점이다. 조위에 의하면, 앞으로 각 편마다 확대된 사진과 학자들의 모사본 등을 한데 모아, 출토 번호

순으로 저록하여 출판할 계획이라고 한다. 이 저록은 서주 갑골연구의 발전에 중요 저작이 될 것이다![4] 이외에도 산서 홍조洪趙에서 출토된 서주갑골도 다시 탁본을 뜨고 모사본을 만들 필요가 있다. 이러한 작업도 완성되길 희망한다.

셋째, 백 년 동안의 갑골의 짜 맞추기綴合 작업도 커다란 성적을 거두었다. 비록『갑골문 합집』이 이전 학자들의 짜 맞추기의 기초 위에서 총 2천 여 판版을 짜 맞추긴 했지만, 결코 완벽한 작업은 아니었다. 많은 학자들은 "합집"의 기초 위에서 다시 짜 맞추기를 해 그 성과를 끊임없이 발표해왔다. 그 성과는『갑골문 합집 보편』의 짜 맞추기綴合 부분에 반영되어 있다. 현대『은허문자 을편 보유』와『갑골문 합집 보편』이 출판되었으므로, 짜 맞추기 방면에서의 더 많은 새로운 수확이 이루어질 것이다.[5]

넷째, "진정한 과학적 갑골학 연구"의 발전을 추동하고 여러 학과에서 갑골문 자료를 이용할 수 있도록 하기 위해, 중국 고대문명의 연구와 발굴의 시급한 상황에 부응하기 위해, 기존의 학자들은 갑골문에 대해 "전체적으로 총괄하여 철저하게 정리했는데", 이의 대표는 바로 "이전을 계승하고 미래를 열어 준" 도방남島邦男의『은허복사 종류綜類』와 요효수姚孝遂·초정肖丁의 "'진정한 과학적 갑골학 연구를 추동한'『은허갑골 각사 유찬類纂』"이다. 이 두 저술은 1970년대와 1990년대에 갑골학 발전에

---

4) (역주) 曹瑋의『周原甲骨文』(北京 : 世界圖書出版公司, 2002)에서는 지금까지의 자료를 총 정리해, H11에서 출토된 283편의 갑골과 H31에서 출토된 10편의 갑골 등 총 293편을 컬러 사진과 해독문을 함께 수록하고 있다.

5) (역주) 이외에도 이 방면에서의 탁월한 성과는 1998년 대만에서 출판된 蔡哲茂의『甲骨綴合集』을 들어야 할 것이다. 이 책에서는 총 348組의 갑골 편을 짜 맞추기 했다. 1~310번까지는 직접 짜 맞추기였고, 311~348까지는 遙綴이었다. 짜 맞추기 한 모든 갑골 편에 대해 해석문과 함께 "『甲骨綴合集』 조별 번호표"를 달아 짜 맞추기 한 상황을 상세하게 설명해두었다. 부록으로 "『甲骨文合集』綴合表", "『甲骨文合集』未收綴合版", "『甲骨綴合集』綴合表", "『小屯南地甲骨』 짜 맞추기 번호표", "『英國所藏甲骨集』 짜 맞추기 번호표" 등을 달아 갑골의 짜 맞추기 현황에 대한 이해를 돕게 만들었다.

지대한 공헌을 했다. 특히 광범위하게 영향을 미쳤던 1988년 출판된 『은허 갑골 각사 유찬類纂』은 이 책의 제10장 제2절 "심화 연구에 조건을 제공한 갑골각사의 분류와 찬집"에서 지적했던 것처럼, "학자들이 광범위하게 사용하는 과정에서 또 몇몇 부족한 점도 발견되었다." 이외에도 이 10년의 중간(즉 1988년부터 지금까지), 몇몇 새로운 갑골저록도 계속 출판되었다." 이와 동시에 몇몇 집대성식의 갑골문 고석 자전, 예컨대 우성오于省吾가 주편한 『갑골문자 고림詁林』과 송환도웅松丸道雄 등의 『갑골문자 자석字釋 종람綜覽』 등은 "90년 동안의 갑골문자 고석의 새로운 성과"를 반영한 저작들이 이미 출판되었음을 말해 준다. 그리고 호후선胡厚宣이 주편한 『갑골문 합집 석문釋文』도 1999년 출판되었는데, "앞으로 학술계에 비교적 정확한 『합집』 석문을 제공함으로써, 『모석 총집摹釋總集』에 대한 갖가지 고석과 정정을 일단락 짓게 만들 것이다."[6] 이 때문에 우리는 "갑골학 연구의 새로운 백 년이 도래한 지금, 이전 백 년간의 갑골 자료의 공표 성과와 문자연구의 수준을 전면적으로 반영하고 총결한 대형 갑골문 사례辭例 총집을 다시 편찬하는 일은 새로운 백 년 갑골학 연구의 심화 발전을 추동하고 그 수요에 부응하는 데 대단히 필요한 작업이라 생각한다.[7] 한 세기가 교차하는 지금, 역사의 필요에 의해 이러한 중요한 과제는 이미 갑골 학자들의 의사일정에 올려져 있다.

또한 갑골문의 유전類典과 사전事典의 편찬도 필요하다. 요종이饒宗頤가 주편한 『갑골문 통검通檢』은 이미 4책까지 출판되었는데, 제1책은 선공先公·선왕先王·선비先妣·정인貞人이고, 제2책은 지명地名, 제3책은 천문 기상天文氣象, 제4책은 직관職官·인물人物 등이다. 이 책은 부류에 따라 갑골문을 정리함으로써 연구자들에게 이미 커다란 편의를 제공해 주고 있다.

---

6) (역주) 이에 관한 연구로, 李宗焜의 「『殷墟甲骨刻辭類纂』刪定」(『大陸雜誌』 제94권 제6기, 1997)과 白于藍의 『殷墟甲骨刻辭摹釋總集校訂』(福建人民出版社, 2004.12)이 있다.

7) (역주) 曹偉炎에 의해 2007년 4월 上海辭書出版社에서 『甲骨文校釋總集』(20책)으로 출판되었다.

하지만 독자들은 여전히 더 나은 것을 희망하고 있다. 그것은 다름 아니라 요종이의 『갑골문 통검通檢』이 이미 갑골문을 분류 정리한 규모를 갖추고 있을 바에야 복사의 예를 모두 열거해 한꺼번에 일을 다 처리해 학계에 행복을 안겨주길 바라고 있다는 점이다.

2. 갑골학 연구의 지속적인 심화와 개척

비록 지난 백 년간의 갑골학 연구에서 찬란한 성취가 이루어지긴 했지만, 새로운 백 년 동안에도 여전히 적잖은 문제에 대한 지속적이고도 심도 있는 연구와 개척이 이루어져야만 할 것이다.

1) 갑골문자 고석 방면의 난관 돌파

우성오于省吾가 주편한 『갑골문자 고림詁林』과 송환도웅松丸道雄·고도겸일高島謙一의 『갑골문자 자석字釋 종람綜覽』은 1904년 손이양孫詒讓의 『계문거례契文擧例』 이후, 나진옥·왕국유·곽말약·당란·우성오·호후선·구석규 등 몇 대에 걸친 중국 내외의 학자들이 심혈을 기울여 80여 년간 고석해온 갑골문자의 성취를 반영해 주고 있다. 설사 갑골문자의 고석이 결코 학자들의 말처럼 "한 글자의 옛날 뜻을 찾아낸다는 것이 행성 하나를 발견하는 것과 같은 커다란 의의를 지니는 것"[8]은 아니라 할지라도, 이는 문자고석의 난도가 얼마나 큰지를 잘 말해 주고 있다. 갑골

8) 胡適, 「論國故學－答毛子水」, 『國故討論集』 上冊, 民國叢書版, 133면.

문의 경우 "불완전한 통계이긴 하지만 그 수가 3,500자 정도 되며 그중 절반 이상은 해독이 가능한 것으로 알려져 있다. 해독이 어려운 대부분의 글자는 지명 · 인명 · 족명族名 등과 같은 고유명사로, 글자의 의미는 알 수 있으나 독음은 알 수 없는 형편이다."[9] 그래서 새로운 글자를 다시 해독해 낸다는 것은 대단히 어려운 일이다. 하지만 이미 해독이 이루어진 글자라 해도 학자들의 인식이 일치하는 것은 아니며, 복사의 원래 뜻을 정확하고 전면적으로 이해하는 데 영향을 미친다. 이 때문에 연구 사료로서의 갑골문자는 사람마다 결론이 다르게 되었고, 심한 차이를 보이게 되었는데, 이러한 글자는 향후 더 깊이 있는 연구가 필요하다. 그리고 아직 해독되지 않은 일부 글자라 해도 그 난이도를 염두에 두고 난관 돌파를 시도해야만 할 것이다. 갑골문자의 고석은 갑골학 연구의 기초이기 때문에, 새로운 세기의 연구에서는 반드시 선배 학자들이 이룩한 성취의 기초 위에서, 여러 측면에서 다각도적인 면에서 갑골문자를 더욱 깊이 고석해야만 할 것이다.

또한 지적해야 할 것은, 선배 학자들이 실천하고 총결해 낸 문자 고석 이론과 방법도 갑골문자의 고석 연구에서 진지하게 계승하고 거울삼아야 할 것이다. 하지만 어떤 사람은 이전 학자들의 유효한 방법과 경험은 제쳐둔 채, 아무 근거 없이 외계인과 문자 발생을 비롯해 술수법術數法이나 유전 공학, 제어 이론 등과 같은 문자 고석의 새로운 "이론"을 창제한다. 하지만 한 바탕 "센세이션만 불러일으킨" 이후로는 갑골문자의 고석에 전혀 도움이 되지 않는 것으로 밝혀지기도 한다.

9) 郭沫若, 「古代文字之辯證的發展」, 『奴隸制時代』, 人民出版社, 1973, 250면.

2) 갑골문 시기구분 연구의 지속적인 심화

(1) 동작빈의 전통적인 “시대 구분 연구법”의 지속적인 심화와 엄밀화

동작빈이 1933년 「갑골문 시기구분 연구 예」를 발표함으로써 온통 “혼돈” 상태였던 상나라 후기 273년간의 갑골문은 드디어 깨어날 수 있게 되었다. 그리하여 갑골학의 연구가 과학적인 기초 위에서 이루어질 수 있게 되었고, 약 70년 동안의 갑골학 연구의 발전은 동작빈의 시기구분 체계가 기본적으로 정확했음을 증명해 주었다. 동시에 실제 과정에서는 수정과 보강이 이루어지기도 했다. 이에 관해서는 이미 이 책의 제5장 “갑골문의 시기구분”에서 상세히 기술한 바 있다. 하지만 동작빈이 구축했던 시기구분 연구 체계에는 아직도 계속 보완하고 심화시켜야 할 부분이 적지 않다. 이는 다음과 같이 요약될 수 있다.

상나라 무정武丁 임금은 59년 동안 재위했는데, 이때의 갑골이 10만 편 갑골의 절반 이상을 차지하고 있다. 무정 시기 갑골에 대한 세분은, 일부 학자에 의해 서로 다른 각도에서 일정한 탐색이 이루어지긴 했지만 지금까지도 체계적이며 전면적인 논술이 이루어지지 못하고 있다. 그래서 이들에 대한 새로운 시기부분은 학자들이 시급히 연구해야할 사인이 되었다.

제4기 무을武乙·문정文丁 복사에 대한 세분의 경우, 1973년 소둔 남지 갑골이 출토되면서 단서가 잡히기 시작했다. 대만학자의 『은허 제3·4기 갑골 시기구분 연구』는 이에 대한 최신의 탐색이라 할 수 있다. 앞으로 새로운 지층이 발견되고 새로운 재료의 증거가 나오길, 또한 이러한 문제에 대해 지속적으로 전면적인 논증이 이루어지길 희망한다.

“역조歷組” 복사의 시대 문제에 있어서, 이들을 제1기의 후기부터 조경祖庚 때까지로 앞당길 것인지, 아니면 그대로 동작빈의 제4기로 볼 것인지, 논쟁을 벌이고 있는 쌍방은 다양한 측면에서 오랜 시간을 끌면서 토론해 왔지만 현재까지도 교착 상태에 놓여 있다. 향후 새로운 지층 증거와 복사의 진일보한 정리를 통해 어떤 의견이 더욱 과학적이고 복사의 실제에 부합하는지를 증명해야 할 것이다.

은허갑골에 상나라 주紂왕 때의 것이 들어 있는지에 대해서, 곽말약은 일찍이 1933년 『복사통찬卜辭通纂』의 「서문」에서 의문을 제기한 바 있다. 그는 만년에 들어서도 이 문제에 관심을 가졌으며 『갑골문 합집』 편집조의 학자들에게 제신帝辛 때의 복사가 얼마나 되는지를 찾아보라고 지시하기도 했다. 학자들에 의하면, "비계妣癸는 제신帝辛이 문정文丁의 배우자를 지칭하던 것으로, 절대 다른 왕의 배우자가 될 수 없다"고 했다. 그래서 "'비계妣癸'가 들어 있는 복사는 분명히 제신 때 점을 친 것이다. 이렇게 되면 은허에는 분명 제신 때의 복사가 포함되어 있으며, 그렇다면 제을帝乙이 천도를 했다는 설은 정확한 것이 아니다."[10] 이학근도 「소둔쪽 지역 갑골과 갑골의 시대 구분」[11]에서 제5기의 "황조黃組" 복사는 응당 3명의 왕의 시대로 나뉘어져야 하는데, 그중 한 조는 문무정文武丁에 속한다. 이후 상옥지는 또 『상대 주제周祭 제도』의 제5장 제5절에서 왕6사王六祀와 왕12사王二十祀의 사보祀譜를 정리하는 과정에서, '황조黃組' 복사의 주제周祭는 3명의 왕에 나뉘어졌다고 했다. 뿐만 아니라 "황조의 주제周祭 복사가 3명의 왕에게 나누어진 또 하나의 증거"를 찾았다고 했다.[12] 학자들은 제신 때를 포함한 제5기 복사의 실물에 대해 새로운 증거를 찾았다고 했다. 하지만 그렇다하더라도 "'황조' 복사속에서 제신 때의 실제 복사를 구분해 낸다는 것은 극히 어려운 일이다. 앞에서 언급한 '비계妣癸'라는 칭위가 포함된 복사의 경우 제신 때의 복사로 확정할 수 있는 것 이외에, 소위 '왕6사王六祀'·'왕12사王二十祀'·'왕2사王二祀' 복사를 포함한 나머지 복사 중, 어느 것이 제신 때의 복사인지는 확정하

10) 常玉芝, 「說文武帝」, 『古文字硏究』 第4輯, 中華書局, 1980.
11) 『文物』, 1981年 第5期.
12) 『文博』, 1993年 第2期.

기가 쉽지 않다. 그래서 '황조' 복사 중 문무정·제을·제신 복사를 구분하는 것은 향후 갑골 시기구분 중의 또 하나의 난제가 될 수 있으며, 갑골문 연구가들의 새로운 노력이 기대된다."

은허에 무정武丁 이전의 것, 즉 "반경盤庚·소신小辛·소을小乙 시기의 갑골문이 존재하는지도 학자들이 다년간 고민해 왔던 문제이다. 은허의 현장 발굴 과정에서 찾아낸 갖가지 흔적에 의하면, 무정 이전의 복사는 분명 존재한다고 생각된다."[13] 최근 원수洹水 북쪽 화원장花園莊 유적지의 발굴은 반경이 은으로 천도한 것에 대한 새로운 실마리를 제공해 주었다.[14] 그래서 향후 은허에서 무정 이전의 갑골문이 출토되길, 또한 노력을 통해 현재 존재하고 있는 갑골문 속에서 무정 이전의 초기 갑골을 변별해 낼 수 있기를 희망한다. 그래서 무정 시기 이전의 갑골문을 찾는 것 또한 앞으로 강화되어야 할 연구인 동시에 한계 돌파가 이루어져야 할 과제이다.

(2) 시기구분의 "새로운 방안"의 검토와 실천

이미 이 책의 제5장 제5절 "학자들이 온 힘을 다해 구축한 시기구분 연구의 성공적인 새로운 방안"에서 기술했듯이, 학자들은 전통적인 "시대구분 연구"의 10가지 표준과 5시기 구분법의 기초 위에서 다시 "분파分派 정리법整理法"과 "갑골문 발전의 '두 계통설兩系說"이라는 시기구분 연구의 새로운 방안을 제시했다. 비록 동작빈이 1945년 "분파 정리법"을 제시했고, 또 다년간에 걸쳐 "그 번거로움을 마다하지 않고" 이 "분파分派 신법新法"을 제창하게 되었지만, "학계에서는 도리어 곡이 고상한 나머지 따라 부르는 사람이 적어, '여전히 소수의 일부 학자들에게서만 이해되고 있었다.' 이는 「시기구분 예」가 발표될 때 많은 사람이 함께 동

13) 曹定雲, 「殷墟甲骨文研究百年回顧與展望」, 『社會科學戰線』, 1977年 第5期.

14) 唐際根·徐廣德, 「洹北花園莊遺址與盤庚遷殷問題」, 『中國文物報』, 1999.4.14.

조하여 온 사람이 몰려들었던 당시의 상황과는 '정말이지 비교할 수 없을 정도로 달랐다.'" 비록 일부 학자들이 그 가설이 계통적이지 못하고 지나치게 단편적이라는 부족함을 지적하긴 했지만 "분파 정리법"의 제기는 그 자체만으로도 갑골학 연구의 심화시켰다는 합리성을 갖고 있다. 그래서 이 학설의 합리적 성분 및 갑골학 연구에 대한 공헌이 도대체 어디에 있는지에 대해서는 진지하게 분석하고 긍정적 평가가 내려져야만 할 것이다. 그리고 학자들이 이 새로운 방안을 받아들이지 않는다는 것은 그 자체에 불합리적인 요소가 있다고 생각하고 있기 때문이므로 앞으로는 동작빈의 "분파 신법"에 대해 전면적으로 검토하고 계통적으로 분석하여야 할 것이다. 이는 "구파"의 복고와 "신파"의 혁신 등과 같이 장기간 학술계를 괴롭혔던 "의문 덩어리"를 말끔하게 해결하고, "분파 신법"의 운용 가능성에 대해서도 전면적으로 점검하게 될 것이다.

학자들이 갑골문 자료를 전면적으로 정리한 기초 위에서 "분파 신법"에 대해 전면적이고 계통적으로 총결하고 분석하기를, 그리고 이를 통해 "분파설"에 대한 검토가 결론 단계의 의견이 얻어지기를 희망한다.

사실 "갑골문 발전의 '두 계통설'"이라는 시기구분 연구의 새로운 방안은 갑골문 시기구분 연구가 끊임없이 심화되고 전진한 결과이다. 1978년 이학근에 의해 제기된 이후, "두 계통설"은 이론적으로 부단히 발전해 왔고, 이로써 갑골문의 시대와 시기구분 연구의 새로운 방안이 되었다. "이학근 · 팽유상의 『은허 갑골 시대구분 신론殷墟甲骨分期新論』은 이학근의 '두 계통설'에 대한 전면적인 총결이자 이론의 심화라 할 수 있다." 그리고 이학근 · 팽유상의 『은허 갑골 시대 구분 연구殷墟甲骨分期研究』는 "은허갑골 분류 시기구분 연구가 '두 계통'이라고 주장하는 학설을 대표하며, 특히 이 이론의 제창자인 이학근이 다년간에 걸친 연구와 탐색 끝에 이론과 방법적인 부분에서 새롭게 한계를 극복한 것이다." 하지만 이 새로운 방안에도 더 완전해지기 위해서는 어떻게 분류할 것이며 동시에 더욱 간단명료하게 분류할 것인가 하는 문제가 여전히 존재하고 있다.

이외에도 그간 제기된 적잖은 문제에 대해서도 대답을 해야 하는 문제가 있다.[15] "두 계통설"은 앞으로 역사학의 입장에서 대답하고 합리적인 해석이 내려져야만 할 것이다.

시기구분 연구의 새로운 방안의 제기는 갑골 시기 구분학의 발전을 추동시켰다. 앞으로는 더욱 합리적이고 창조적적인, 그리고 10만 갑골편 전체를 통괄할 수 있는 새로운 방안이 만들어지길 희망해 본다.

3) 의사일정에 오른 상대사 연구의 대형 저작

1899년 갑골문 발견 이후, 백 년 동안의 은상사 연구는 대단한 진전을 이루었다. 이 책의 제11장 "상대 사회 기구와 국가 직능 연구", 제12장 "상나라 때의 사회경제", 제13장 "상나라 때의 종교 제사 및 그 규칙에 대한 인식", 제14장 "상나라 때의 기상·역법과 고대 의학 전통의 발굴과 연구" 등에서, 이전 학자들의 연구 성과를 전면적으로 총결하고 갑골문 재료의 전면적인 정리와 연구에 근거해, 갑골문에 담겨 있는 상대 사회사의 갖가지 방면에 대해 계통적으로 분석하고 연구했다. 이와 동시에 우리의 관점을 제시함으로써 가능한 한 은상사, 특히 연구 고리가 비교적 약한 은상사 부분에서 보강이 이루어지도록 했다.

하지만 지금까지 갑골문 상대사 연구는 대부분 단지 어떤 측면의 전문적인 주제로부터만 출발했지 전 방위적이며 전체적인 부분에서의 연구는 나오지 못했다. 그래도 20여 년 전, 저명한 갑골학 상대사 전문가인 호후선은 이렇게 말한 적이 있다. "갑골문은 80여 년간 지속적으로 깊이를 더해왔으며 자료도 축적되어 왔다. 그래서 마르크스 레닌주의를 지도이념으로 하는 과학적인 『은상사殷商史』를 저술한다는 것은 머지않아 실

15) 朱鳳瀚, 「近百年來的殷墟甲骨文硏究」, 『歷史硏究』, 1997年 第1期.

현될 수 있을 것이다."[16] 그리고 『갑골문 합집』 편집조 학자들이 학습과 연구의 "노력해야 할 목표"에 대해 이야기하면서, "잘 준비를 하여 새로운 『갑골학』과 새로운 『갑골문 자전』을 저술하는 것이 그 목표이다"고 했다. 그리고 "그 다음은 상나라 때의 역사에 대한 연구인데, 경제 기초와 상부 구조 등의 각 방면이 포함된다." "특히 국가형태·사회성질·계급관계·토지제도 등과 같은 몇몇 관건적인 문제에 있어서 더욱 깊은 연구가 요망된다. 이러한 전문 주제의 연구 목적은 대형의 상대 역사를 쓰기 위한 준비에 있다."[17] 그리고 10여 년 전 왕우신은 다시 한 번 "과학적 성격이 강한 대형의 상 왕조 단대사斷代史가 아직 완성되지 못했다"고 지적한 바 있다.[18] 이처럼 국내외 학계에서 고대하고 있는 대형의 은상사는 정말이지 아무리 불러보아도 나오기 "어려운" 실정에 처해있었다.

상 왕조는 "삼대" 사회에서 중요한 지위를 차지하고 있다. 상 왕조는 하 왕조를 계승하고, 아래로 "찬란하도다, 그 문채여郁郁乎文哉"라고 공자가 감탄했던 서주 왕조의 전장제도를 열어 주었다. 상 왕조의 고도로 발달한 청동기 문명, 상나라 사회와 국가, 상나라 때의 군사제도와 전쟁, 은나라 사람들의 여러 차례에 걸친 천도와 상나라 때의 도읍都邑 문명, 상나라 때의 제사와 종교, 상나라 때의 농업과 사회, 의식과 사회생활, 상나라 때의 역법 제사와 과학기술 등의 깊이 있는 발견과 개척은 중국 국가형성의 연구 뿐 아니라 세계문명사 연구에서도 전형적 의의를 가져다 줄 것이다. 그래서 새로운 세기의 갑골학에 기초한 상대사의 전면적인 발전과 개척을 추동시키기 위해, 대형의 여러 권으로 된 『은상사』는 대단히 필요한 부분이다.

백 년 동안의 갑골학 연구는 대형의 『은상사』 연구를 위해 10여 만 편에 이르는 갑골문의 제1차 연구 자료를 제공해 주었다. 뿐만 아니라

---

16) 胡厚宣, 「序」, 『建國以來甲骨文硏究』, 中國社會科學出版社, 1981.
17) 胡厚宣, 『甲骨文與殷商史』 第1輯, 上海古籍出版社, 1983.
18) 王宇信, 「甲骨學硏究九十年」, 『史學月刊』, 1989年 第4期.

왕국유의 「은 복사에 보이는 선공 선왕 고殷卜辭中所見先公先王考」 및 「속고續考」에서 갑골문 상대사 연구를 역사연구의 새로운 단계로 올려놓은 이후부터, 갑골학 상대사 연구는 1928년 이래 은허고고 발굴의 연구 성과와 서로 결합하면서 중국적 특색을 지닌 새로운 연구 경로를 만들어 왔다. 은허 발굴 이후 70여 년간의 갑골학 상대사 연구는 연구과제의 심화와 개척이라는 측면에서든, 연구 자료의 축적과 연구 성과의 성취라는 측면이든 모두 찬란한 성적을 거두었다. 이와 동시에 학자들은 『갑골문합집』, 『합집 보편』, 『갑골학 일백 년』 등의 축적과 편찬과정을 통해 은상사 연구에 여러 측면에서 다각도로 전면적이고 계통적인 가능성을 제공했다.

이 때문에 중국사회과학원 역사연구소 선진사先秦史 연구실의 갑골 학자들은 힘을 함께 모아 대형의 『은상사』 연구를 의사일정에 올려놓았다. 새로운 갑골학 일백 년을 맞아, 이전 학자들의 성과를 전면적으로 계승한 기초 위에서 개인의 연구와 구성원들의 모든 지혜를 모아 학과의 최신 수준을 반영한 대형의 『은상사』 저작을 학계에 봉헌하게 될 것이다.[19)]

---

19) (역주) 1999년 10월 20일 宋鎭豪가 발의한 『商代史』(전 10권)가 中國社會科學院 歷史所 重點硏究 課題로 채택되었다. 2000년 7월 24일 『商代史』 과제가 院務會議이 비준을 거쳐 2000년도 中國社會科學院 대형 A類 科硏 課題(編號0016)로 지정되었다. 2001년 6월 21일 또 國家 사회과학 기금 항목(01BZS004)에 편입되었다. 같은 해 8월 宋鎭豪 주도하에 저술 작업이 정식으로 가동되었으며, 7여 년간의 노력 끝에 450만자에 달하는 10책으로 된 거대한 저작 『商代史』의 원고가 드디어 탈고되었다. 2006년 12월 14일 검수가 끝났고, 얼마 후 國家社科基金課題辦 및 中國社會科學院 科硏局組織의 全國 동일 분야 전문가 회의(블라인드 심사)의 평가를 거쳤으며, 2008년 6월 현재 인쇄 중에 있다. 현재 알려진 각 권의 체제와 내용은 宋鎭豪의 「商代史硏究的新進展」(考古・文字・文化－大視野中的東亞文明國際學術硏討會論文, 鄭州大學, 2008.7.7～10)에 의하면 다음과 같다. 제1책 商代史 論綱 : 宋鎭豪가 주관하고, 과제팀의 楊升南・常玉芝・王震中・韓江蘇・徐義華・孫亞冰 등이 집필에 참여했다. 책 전체의 총강으로, 이 책의 저술 체제에 대한 개괄, 商代史 연구에 대한 회고, 商代史의 과제 항목 설정 및 의의, 商代史 관련 사료의 문제와 연구방법, 商왕조의 역사적 연대, 정치 지리, 사회인구 규모와 인구 구성, 國體와 政體, 행정 구획, 사회조직, 사회형태, 경제생활, 문화신앙 및 주변국 등에 대한 총론이다. 제2책 『殷本紀』의 訂補와 商史人物徵 : 韓江蘇・江林昌이 집필하

였다. 중점은 『殷本紀』에서부터 출발하여 文獻史料의 진위를 판별하고, 商代의 믿을 만한 역사적 성분을 밝혀내고, 甲骨文 金文 재료와 결합하여, 殷의 先公 遠世, 先公 近世 및 商王 世系, 殷王室의 구조를 밝혔으며, 『殷本紀』의 역사적 사실과 史跡을 訂補하였고, 甲骨文 중의 商史人物傳을 증보했다. 제3책 商代 社會와 國家 : 王宇信과 徐義華가 집필하였다. 甲骨과 金文, 문헌재료, 민족학재료와 고고학 재료를 운용하여 상대 사회의 성질, 상나라 왕조의 國體와 정권 구조 형식, 分封制와 內外服制를 겸비한 국가 정치체제, 사회등급과 층의 구분, 族氏 가족조직 메커니즘 등을 분석하였으며, 상대 사회의 서로 다른 신분 간의 계급속성과 계급모순을 상세히 고찰하였으며, 상나라 왕조의 공공사무 관리의 구체적인 운용, 직관 체계, 刑獄 법률 등에 대해 논술했다. 제4책 先商 文化와 商代 都邑 : 王震中이 집필했다. 商代 고고학재료를 전면적으로 수집 · 정리하였으며, 전형적인 유적지에 대한 분석과 區系文化의 類比를 진행해, 문헌사료와 결합하고, 국내외의 관련 연구와 학설을 흡수하여, 商人의 기원과 先商文化를 탐색하고, 商朝의 城邑의 공간관계 및 城邑 체계의 분층구조 형태와 都邑 문명을 분석하여, 이론적으로 귀납했다. 제5책 商代의 經濟와 科學技術 : 楊升南 · 馬季凡이 집필했다. 경제학 이론과 방법을 운용하고, 과학기술에 의한 고고연구 성과를 빌려와, 甲骨과 金文, 문헌자료와 商代 고고재료를 이용하여, 상대 사회의 경제 형태, 경제 기초, 토지 소유제, 빈부와 계층 분화 등에 관해 논술하였으며, 상나라 왕조의 재정수지, 주변국의 경제, 상업교환과 상품화폐 상황 등에 대해 살폈고, 商代의 농업 · 목축업 · 漁獵業 · 건축업 · 青銅冶鑄業 · 紡織業 · 陶瓷業 · 手工業 管理 및 관련 과학기술과 천문 曆法 등등을 자세히 분석했다. 제6책 商代의 社會生活과 禮俗 : 宋鎭豪가 집필했다. 甲骨學 · 文獻學 · 考古學 · 人口學 · 民族學 · 民俗學 · 文化人類學 등의 유효한 연구수단을 합쳐서, 商朝의 禮制와 社會生活禮俗의 운용체계를 비롯해 통치자들이 어떻게 사회행위의 규정을 조절하고 규범화시켰는가를 연구하고 탐색했다. 또 城邑 생활과 族居 형태, 建築 축조 儀式, 宮室宅落建制, 居住와 휴식 습속, 家族 親屬 稱謂, 社會 스타일 등등에 대해 논술하고, 商代의 衣食住行 · 婚喪嫁娶 · 農業信仰禮俗 · 飮食俗尙 · 婚制婚俗 · 養老敎子 · 生育觀念 · 衛生保健과 醫療俗信 등을 고찰했으며, 社會禮儀 및 禮器名物制度 · 服飾車馬制度 · 文化娛樂 · 喪葬制度 · 甲骨占卜制 등이 포함되었다. 제7책 商代의 宗敎祭祀 : 常玉芝가 집필했다. 文化人類學의 比較研究 및 宗敎學 지식을 운용하고, 전인들의 연구 성과를 충분히 흡수한 기초 위에서, 商代에 남아 있는 토템 신앙을 고찰하였으며, 上帝 및 帝廷의 諸神, 自然神, 祖先神의 3대 宗敎 分野, 神靈崇拜의 代變, 神靈權能과 神性, 祭壇 設置, 人殉 人祭 등을 체계적으로 탐색 연구하고, 甲骨文 속의 祭儀 名類에 대해 전면적으로 통계내고 분석하였으며, 王室의 周祭祀譜 및 관련 祭儀와 廟制에 대해 밝혔으며, 商代의 종교 신앙의 사회학적 의의(사회 응취력, 정감기탁, 종교 기능 등)과 종교제사활동의 성질을 깊이 있게 연구하였다. 제8책 商代의 戰爭과 군사제도 : 羅琨이 집필했다. 商朝의 영역 개척 경로, 각 시기 전쟁의 성질, 전쟁의 규모, 전쟁의 수단, 중요한 전쟁(商의 湯이 夏를 멸망시킨 전쟁, 상대 초기의 夷夏와의 전쟁, 武丁의 여러 방국에 대한 영토 개척과 南土와의 전쟁, 武乙 文丁의 召方에 대한 정벌, 帝乙 帝辛 때의 夷方에 대한 정벌, 牧野의 전쟁 등)의 시말과 과정, 갑골문 속에 등장하는 몇 차례의 중요한 전쟁의 경로에 대한 排譜 등에 중점을 두어 논술했으며, 商代의 군사제

3. 갑골학 연구 방법과 수단의 현대화

백 년 동안 갑골학 연구가 찬란한 성적을 거둘 수 있었던 중요한 원인의 하나는, 이 책의 제9장 제3절 "계승하고 선양해야 할 공동의 재산"에서 지적했듯이 "갑골학 연구를 부단히 전진하도록 만든 동서의 학문에 통달한 몇 대에 걸친 갑골 학자들의 보증수표 덕분이었다." 중국 전통문화가 심각하게 도전을 받고 있을 때, 선배 학자들은 변화무쌍한 환경에 처했으면서도 놀라지 않았으며, 중국 전통문화와 서방 선진 과학기술 및 사회학설이 서로 충돌하고 융합하는 속에서도, 낡은 것을 없애고 새 것을 창조하였으며, 이렇게 함으로써 전통학술이 근현대 학술연구의 구조로 바뀌도록 만들었다.

"과학에는 국경이 없다"고 했다. 갑골학은 시작하자마자 국제성을 띤 학문이 되었으며, 바로 몇 대에 걸친 국내외 학자들의 노력에 의해 갑골학 연구가 오늘날처럼의 "전면적인 심화 연구" 단계에 접어들 수 있게 되었다. "중국의 신시기, 개혁개방의 강화는 중국과 외국 학자들 간의

도, 軍法과 軍禮, 國防과 수비, 武裝力量의 조직, 兵種, 武器와 裝備, 後勤 保障, 軍事訓練 등에 대해 考訂했다. 제9책 商代의 地理와 方國 : 孫亞冰과 林歡이 집필했다. 역사지리학 이론의 파악과 연구방법, 연구 사색의 참신성에 중점을 두었으며, 갑골문 및 고고 발견 재료에 근거하여, 상대의 자연생태와 정치경제지리를 고찰하였으며, 갑골문과 금문 속의 농업지리, 田獵 지리, 貢納 지리, 交通 지리 등에 관한 사료의 기술에 중점을 두었으며, 商代 諸侯 方國 자료를 수집하고 고증하여, 지하에서 출토된 청동기의 "族徽"의 지리적 위치 및 상대 고고유적지와 결합시켰으며, 상대 정치지리의 뼈대, 인문지리 구조의 변화와 方國의 지리적 위치 등에 대해 밝혔다. 제10책 殷 유민과 殷鑒 : 宮長爲와 徐義華가 집필했다. 武王의 商 멸망, 周公의 東征에 관한 전말과 商王朝가 역사적 무대에서의 퇴출된 이후의 殷 유민들의 고고발견과 문헌기술 등에 대해 논술했으며, 殷 유민들의 처지와 族組織 구조의 파괴와 변화, 殷 유민들의 사회정치적 지위, 周文化의 발전에 끼친 작용 등을 고찰하고, 소위 말하는 "殷鑒" 및 周人들의 商朝의 득실에 대한 평가, 商周制度의 演繹과 變革 요소, 그간의 文化異同 등에 대해서 논의했다. 이는 斷代史인 『商代史』의 特筆부분으로, 역사 변화의 조리를 연역해 내고, 역사의 경험을 총결함으로써, 斷代史인 『商代史』의 총체성과 완전성을 담보했다.

학술합작과 교류를 더욱 발전시켰다."[20] 국내외 학자들은 상호 방문이나 학술회의를 통해 연구의 심득을 교류함으로써 우의와 이해를 넓혀나갔으며, 이를 통해 갑골학 연구는 진전을 이루었다. 중국학자의 연구 논저는 해외 학자들의 주목을 받았고, 해외학자의 연구는 관점이든 방법이든 모든 측면에서 중국학자에게 새로운 시사점을 안겨다 주었다. 솔직하게 말하자면, 언어나 다른 방면의 원인으로 인해 중국학자가 해외학자의 논저를 본다는 것은 상당히 어렵다. 특히 지방에 있는 대학이나 연구기구에서는 학술동태와 보도 등으로부터 해외학자들의 연구 정황을 이해하는 외에, 『갑골학』이나 『갑골문과 갑골학』 등과 같은 해외학자의 중요한 논저를 받아본다는 것은 사실 거의 불가능한 실정이다. 이 책에서는 이러한 독자의 편의를 위해 해외학자의 논저 내용을 의식적으로 상세하게 인용했으며, 그렇게 함으로써 더 많은 시사를 받을 수 있도록 했다. 그래서 새로운 세기에는 국내외 학자들의 학술교류가 더욱 진일보한 모습으로 강화되기를, 또 더 많은 해외 갑골학이 저작들이 제때에 국내 학계에 제공되어 참고자료로 쓰이기를 희망한다.

앞에서 이미 제기했듯이, "1928년 은허의 과학적 발굴은 근대 필드 고고학의 방법이 갑골학 연구 영역에 진입한 표지이며, 갑골학 연구를 비약적으로 발전하게 하였다. 그리고 현대 과학기술이 비약적으로 발전하고 있는 지금, 현대 과학기술의 수단과 방법을 갑골학 연구에 동원한다는 것은 갑골학 연구에 다시 한 번 비약의 기회를 줄 것이다." "앞으로 갑골학 연구의 어떤 영역에서 현대화된 기술을 도입할 수 있을 것인지, 또 어떻게 도입시킬 것이지 등은 모두가 지혜를 모아야 할 문제이다. 갑골학 발전이라는 문제를 전략적 위치에 놓고 이를 진지하게 연구하고 탐색해야 할 것이다."[21] 온 세상 사람이 눈여겨보고 있는 국가 "9・5" 중점 과학연구 항목인 "하상주夏商周 시기구분 프로젝트"에서는 자연과

20) 王宇信, 「近百年來的甲骨學研究」, 『炎黃文化研究』 第3期(『炎黃春秋』 增刊), 1996.12.
21) 王宇信, 「甲骨學研究九十年」, 『史學月刊』, 1989年 第4期.

학과 사회과학자들이 함께 모여 학제 간 연합으로 난관을 돌파하려고 하고 있으며, 현대의 과학기술 수단을 갑골학 연구 영역에 끌어 들였다. 즉 "탄소-14 질량 분광기의 이용"과 "현대 천문학 계산 수단과 학제 간의 융합"이라는 측면에서 기뻐할 만한 성적을 거두었고 경험도 축적했다. 이에 관해서는 이 책의 제5장 제6절 "시기구분 연구의 새로운 길"에서 이미 논술했기 때문에 여기서는 줄인다. 하지만 "하상주 시기구분 프로젝트"는 단지 시간적인 세로축에서만 시간의 종단면에 관한 몇 가지 좌표만 제공했을 뿐이다. 그래서 상대 역사문화에 대한 진일보한 횡단면의 전면적인 연구는 새로운 세기의 갑골학계에서 전력으로 경주해야 할 부분이다. "하상주 시기구분 프로젝트"의 수석과학자인 이학근은 이미 학제 간의 "중국 고대문명의 기원과 초기 발전"에 관한 8가지의 중대 연구 과제를 제시한 바 있다.[22] 이에 대해서 우리는 무한한 희망을 걸고 있다. 축하할 만한 것은 대만의 창화彰化사범대학에서 "대학 학술 추구의 탁월한 발전 계획"-"갑골 고대 문화의 종합적 연구"라는 중대한 과제가 제시되었다는 점이다. 이 계획에서는 국내외의 갑골 학자와 자연과학자들이 참여하여 "인문과학", "자연과학", "공학 및 응용과학", "생명과학" 등의 측면에서 대형의 "갑골학 상사商史" 등 18개의 중대 과제를 제시했으며, 갑골문에 대해 학제 간은 물론 여러 측면에서의 종합적인 연구를 계획하고 있다. 이 계획이 비준을 얻어 진정으로 시행된다면, "하상주 시기구분 프로젝트"와 어울려서 서로를 빛내주고 상호 보완하면서 21세기의 갑골학 연구에 혁명적인 영향을 미치게 될 것이다.

22) 李學勤, 「夏商周斷代工程的啓迪-談社會科學自然科學的結合」, 『中國社會科學院通訊』 第24期, 1998.9.25.

4. 갑골학 연구가 영원할 보증수표로서의 인재 배양

어떤 학문이라도 언제나 그 학문에 헌신하면서 끊임없이 추구하는 집단이 있어 발전하기 마련이다. "그 지식은 끝이 없다"라고 했던가? 학문은 끝이 없는 법이다. 끊임없이 완전해져 가고 발전하는 것이다. 하지만 "사람의 삶은 끝이 있는 법", 인생은 고달프고 생명은 언제나 유한한 법이다. 선배 학자들은 말과 행동으로 모범을 보이고, 후배들은 꾸준히 나아가 이를 배운다. 계승과 선양 과정에서 끝없이 새로운 것이 생겨나고, 이런 과정을 통해 학문은 끝없이 이어지고 언제나 새로워지는 법이다.

갑골학의 연구도 이와 같았다. 왕의영이 1899년 갑골문을 발견했지만, 1900년 장렬하게 순국하고 말았다. 그 자신도 제대로 연구할 겨를이 없었지만, 그가 소중히 보관하고 있던 갑골은 "비밀스레 감추어진 채 남들에게 보여지지 않았고", 그래서 그의 자손들조차도 그 과업을 잇지 못했다. 또 다른 학자인 손이양은 1904년 『계문거례契文擧例』를 쓰긴 했지만, 왕의영・단방端方・유악劉鶚 등에게만 책을 보여주는 바람에 1917년 출판되기 이전까지는 학계에 어떤 영향도 미치지 못했다. 그러나 유악은 1909년 신강으로 유배를 가는 바람에 제대로 연구할 시간이 없었음에도 그가 소장하고 있던 갑골을 나진옥에게 보였고 탁본을 거쳐 『철운장귀鐵雲藏龜』로 출판되었으며, 나진옥의 갑골문자 연구에 커다란 영향을 끼쳤다. 나진옥은 있는 힘을 다해 갑골을 사들였고, 갑골상의 문자에 대해서도 "분발하여 고석함"으로써, 갑골문의 "문자 해독과 문장 읽기"에 공헌하였다. 이와 동시에 그는 왕국유로 하여금 갑골학 연구의 길을 걷도록 돌보고 영향을 미쳤다. 나진옥과 왕국유를 중심으로 이들은 일련의 갑골학자들을 양성했고 그들에게 영향을 끼쳤다. "나・왕의 학문"은 갑골학 연구의 "초창기"의 최고 수준을 대표할 뿐 아니라 1928년 이후의 "발전기"에 견실한 기초를 마련해 주었다. 이로부터 학문에는 스승을 이어받는 전통이 생기게 되었고, 이러한 전통은 갑골학 연구의 건강한 발전을 담보해 주었다. 동작빈董作賓, 당란唐蘭, 상승조商承祚와 "특이한 학파異軍" 였던 곽말약郭沫若 등은 "금석문자"의 갑골학 연구를 "역사고고학" 연구라는 새로운 단계로 올려놓았으며, 갑골학 연구의 심화 발전에 대단한 영향을 미쳤다. 1949년 이후의 갑골학 "심화 연구"시기에는 이전 세대의 서중서徐中舒・호후선胡厚宣・우성오于省吾 등이 대량의 새로운 저작을 통해 갑골학 연구를 심화시켰을 뿐 아니라 몸소 실천을 통해 갑골학 연구 인력의 배양에 노력했다. 지금 이렇게 배양된 사람들은 이미 국내외에 이름을 떨친 저명한 갑골 학자가 되었고 갑골학 연구의 선도 전문가들로 자리잡았다.

문화가 학대를 받던 "문화대혁명" 기간에도 곽말약은 "있는 힘을 다해 대를 이을 학자의 배양"을 고민함으로써 이 오래된 학문이 중단 없이 이어질 수 있도록 만들었다. 1978년 과학의 봄날이 도래한 이후, 호후선・우성오・서중서 등 선배 학자들은 석사・박사 대학원생의 배양에 힘썼고, 이로써 한때 발생했던 갑골문 연구인력 수급 상에서의 "보릿고개"와 같은 공백상태를 바꾸어보고자 노력했다. 새로 배양된 박사・석사 대학원생들 중에는 송곳 끝이 주머니를 뚫고 나오듯 자신의 재능을 발휘한 사람도 적지 않았고, 이들은 한결같이 갑골학 심화 연구시기의 선도 연구자로 자리 잡았다. 그들은 또 새롭게 개척하고 창조한 다양한 연구저작을 통해 1978년 이후의 "전면적 심화" 단계에 진입할 수 있도록 만들었다.

"교수들의 교수"－우리의 선배 학자들은 하나 둘씩 세상을 떠났고, 그들을 이어 1949년 이후 성장한 학자들이 갑골학의 "심화 연구시기"의 최전선에 서게 되었다. 그들은 밤낮으로 쉬지 않고 길을 재촉하면서 문화대혁명으로 잃어버렸던 귀한 시간을 되찾고 개척하며 전진하는 동시에 선배 학자의 우수한 전통을 계승하였다. 이와 함께 갑골학 연구 인력을 보강하고 갑골학 연구를 언제나 꺼지지 않게 한다는 임무를 자신들의 책무로 삼았으며, 인재의 배양이라는 중임도 도맡았다. 지금 이학근李學勤, 구석규裘錫圭, 임운林澐, 오진무吳振武, 진은림陳恩林, 조복림晁福林, 주봉한朱鳳瀚, 팽유상彭裕商, 증헌통曾憲通, 장진림張振林, 이포李圃, 오호곤吳浩坤, 유일만劉一曼, 정광鄭光, 이민李民, 왕우신王宇信 등과 같은 교수들은 갑골학을 포함한 고문자의 박사 대학원생을 배양하면서, 새로운 세기의 갑골학 연구의 난관을 돌파할 수 있는 고급 연구 인력을 배양하고 있다. 이와 동시에 적잖은 대학에서 갑골학 등과 같은 고문자학 과정을 개설하거나 갑골학 상대사 방면의 석사 대학원생을 배양하고 있으며, 이로부터 갑골학 상대사 연구 인력은 활력으로 가득 차게 되었다. 장강의 뒷 물결이 앞 물결을 밀어서 나가게 하듯 모든 것은 신진대사를 이루어 끊임없이 전진하는 법이다. 서로 다른 차원의 연구 인력들은 갑골학 상대사 연구가 새로운 세기에 더욱 큰 발전을 이루게 될 희망이자 보증수표이다.

"임무는 무겁고 갈 길은 멀다"고 했던가? 새로운 세기 갑골학 연구의 임무는 대단히 많고 무겁다. 하지만 우리에게는 이전 백 년간의 비교적 잘 갖추어진 갑골문 자료의 축적이 있고, 선배 학자들이 남겨준 귀한 학술적 유산과 귀감으로 삼을 만한 연구 경험이 있다. 우리는 학제 간 연합으로 난관을 극복한 성공적 실천과 시대적 장점도 함께 갖고 있다. 그래서 다가올 새로운 백 년에는 매우 견고한 의지를 가진 갑골 학자들의 노력과 창조적인 탐색을 통해 갑골학 연구가 새로운 최고봉에 올라가고, 새로운 세기의 갑골학 연구가 번영하는 대단한 국면이 새로 만들어지길 기대한다!

갑골학 일백 년
부록

갑골학 연대기大事記 1899~1999

갑골문 저록 151종 및 간칭簡稱

부록 1_ 갑골학 연대기大事記 1899~1999

1899년

왕의영王懿榮이 북경에서 처음으로 갑골문을 감정하고 수매하기 시작함.

왕양王襄과 맹정생孟定生도 천진에서 갑골문을 수매하기 시작함.

1900년

가을, 왕의영 순국.

1902년

유악劉鶚이 왕의영王懿榮 소장 갑골을 수매함.

나진옥羅振玉이 유악劉鶚의 집에서 처음으로 갑골문을 보고 탁본을 함.

1903년

최초의 갑골 저록서인 『철운장귀鐵雲藏龜』 출판.

미국 장로회 주 유현濰縣 선교사였던 찰펀트方法斂와 영국 침례회 주 청주青州 선교사 쿨링庫壽齡이 상해上海 아주학회亞洲學會 박물관을 위해 갑골 4백 편을 수매함.

1904년

손이양孫詒讓이 갑골학사에서 최초의 연구서인 『계문거례契文舉例』를 저술함.

겨울, 소둔촌小屯村 주민이 마을 북쪽의 주朱씨 소유 땅에서 갑골문을 대규모로 발굴함.

미국인 찰펀트方法斂 및 영국인 쿨링庫壽齡, 주 유현濰縣 목사 버건柏爾根, 영국인 홉킨스赫布金, 독일인 웰쯔 윌리엄威爾茨 등이 유현濰縣과 청도青島 등지에서 갑골문을 수집 구매함.

1907년

나진옥羅振玉의 갑골문 연구가 이미 "점차 그 의미를 해석할 수는 있었으나", "아직 주석을 달지는 못함."(『전前』「자서」)

1908년

나진옥羅振玉이 갑골문의 실제 출토지를 하남성 안양安陽 소둔촌小屯村으로 확인하고 방문함.[1]

1909년

봄, 소둔촌小屯村 장張씨 집에서 대량의 갑골이 출토됨.

일본인 임태보林泰輔가 갑골문 연구를 시작함. 일본 최초의 갑골문 연구자가 됨.

7월, 유악劉鶚이 적화迪化(지금의 우루무치烏魯木齊)에서 사망함.

1910년

6월, 나진옥羅振玉의 『은상 정복 문자 고殷商貞卜文字考』 출판, 그에 의해 하남 안양 소둔촌이 상 왕조 "무을武乙 때의 유허지"로 고증됨.

1911년

나진옥羅振玉이 그의 동생 나진상羅振常을 하남 안양 소둔촌으로 보내 갑골문을 구매하였고, 많은 갑골을 확보함. 『청菁』에 수록된 대골4판大骨四版도 이때 얻은 명품임.

겨울, 나진옥羅振玉이 가솔을 이끌고 일본으로 감. 왕국유王國維도 동행함.

---

1) (역주) 孫詒讓 사망.

1912년

나진옥羅振玉이 일본에서 소장하고 있던 갑골문을 정리함.

1913년

나진옥羅振玉의 『은허서계殷虛書契』가 일본에서 출판됨.

1914년

영국 주 안양 장로회 목사이자 캐나다인이었던 멘지스明義士가 안양 소둔촌에서 갑골을 수매하기 시작함.

나진옥羅振玉의 『은허서계 청화殷虛書契菁華』 출판.2)

1915년

나진옥羅振玉의 『은허서계 고석殷虛書契考釋』 출판.

봄, 나진옥羅振玉이 일본에서 귀국함. 하남 안양의 은허殷墟 유적지를 방문.

1916년

나진옥羅振玉의 『은허서계 후편殷虛書契後編』 및 『은허문자 대문편殷虛文字待問編』 출판.

1917년

왕국유王國維의 「은 복사에 보이는 선공 선왕 고殷卜辭中所見先公先王考」 및 「속고續考」 등 시대의 획을 긋는 저작들이 발표됨.

봄, 멘지스明義士의 『은허복사殷虛卜辭』 출판. 이 책은 서양 학자에 의해 편집된 최초의 갑골 저록서가 됨.

12월, 임태보林泰輔의 『귀갑 수골 문자龜甲獸骨文字』 출판. 이 책은 일본학자에

---

2) (역주) 찰펀트 사망.

의해 편집된 최초의 갑골 저록서가 됨.

1918년

4월, 임태보林泰輔가 중국으로 가 하남 안양 소둔촌을 시찰함. 은허를 답사한 최초의 일본 갑골 학자가 됨.

1920년

화북華北 지역에 대 가뭄이 일어남. 소둔촌 주민들이 마을 북쪽에서 갑골을 대거 발굴함.

12월, 왕양王襄의 『보실 은계 유찬簠室殷契類纂』 출판.

1922년[3]

1923년

봄, 소둔촌의 장張씨 채소밭에서 갑골이 출토됨.

7월, 상승조商承祚의 『은허문자 유편殷虛文字類編』 출판.

12월, 섭옥삼葉玉森의 『은계구침殷契鉤沉』 출판.

1924년

소둔촌 주민들이 담을 쌓으면서 갑골 갱을 발견함. 출토 갑골은 멘지스明義士가 구매함.

7월, 섭옥삼葉玉森의 『설계說契』 및 『연계지담研契枝譚』 출판.

1925년

소둔촌 주민들이 마을 앞 도로 가를 파다가 갑골 여러 광주리를 얻음. 큰 어

3) (역주) 林泰輔와 쿨링 사망.

깻죽지 뼈는 1자 남짓 함. 이때 나온 갑골은 대부분 상해의 골동상에 의해 구매됨. 이후 유체지劉體智의 손에 들어감.

8월, 왕국유王國維의 『고사신증古史新證』 출판.

9월, 왕양王襄의 『보실은계징문簠室殷契徵文』 출판.

1926년

소둔촌 주민이 마을의 장張씨 채소밭에서 대량의 갑골을 발굴함. 이후 멘지스明義士가 수매함.

1927년

5월 3일 오전, 왕국유王國維가 북경 이화원頤和園의 곤명호昆明湖에서 투신자살함.

1928년

봄, 북벌군이 안양安陽에서 작전을 벌임. 전쟁이 끝난 후, 소둔촌 주민이 마을 앞 도로 가 및 보리타작 마당 앞의 숲속에서 대규모의 갑골을 발굴함. 이때 얻은 갑골은 대부분 상해와 개봉의 골동상에게 팔림.

2월, 곽말약郭沫若의 「복사 속의 고대사회卜辭中之古代社會」 발표.

8월, 중앙연구원中央研究院 역사어언연구소歷史語言研究所에서 동작빈董作賓을 하남성 안양 소둔촌으로 파견하여 갑골 출토 정황을 조사하게 함.

10월, 중앙연구원 역사어언연구소에서 동작빈董作賓을 파견해 안양 소둔촌에서 갑골의 과학적 발굴을 지휘하게 함. 이것이 중국 고고학사에서 유명한 15차례에 걸친 대규모의 은허에 대한 과학적 발굴의 시작이 됨.

1929년

3월, 은허의 제2차 과학적 발굴이 시작됨.

8월, 동작빈董作賓의 「상대 거북점에 대한 추측商代龜卜之推測」 발표.

10월, 은허의 제3차 과학적 발굴이 시작됨.
하남성의 하일장何日章이 은허를 2개월 여 기간 동안 발굴함.

1930년
3월, 하일장何日章이 다시 안양으로 가 은허를 발굴함. 전후 두 차례에 걸쳐 착공함.
5월, 곽말약郭沫若의 『중국 고대사회 연구中國古代社會研究』 출판.
8월, 곽말약郭沫若의 『갑골문자 연구甲骨文字研究』 출판.

1931년
3월, 은허의 제4차 과학적 발굴이 시작됨.
6월, 동작빈董作賓의 「대귀4판 고석大龜四版考釋」 발표.
11월, 은허의 제5차 과학적 발굴이 시작됨.

1932년
4월, 은허의 제6차 과학적 발굴이 시작됨.
10월, 은허의 제7차 과학적 발굴이 시작됨.

1933년
1월, 동작빈董作賓의 「갑골문 시기구분 연구 예甲骨文斷代研究例」 발표, 이 논문은 갑골학사에서 시대적 획을 긋는 명작이 됨.
5월, 곽말약郭沫若의 『복사통찬卜辭通纂』이 일본에서 출판됨.
9월, 나진옥羅振玉의 『은허서계 속편殷虛書契續編』 출판.
10월, 섭옥삼葉玉森의 『은허서계 전편 집석殷虛書契前編集釋』 출판.
같은 달, 은허의 제8차 과학적 발굴이 시작됨.
11월, 진진陳晉의 『귀갑문자 개론龜甲文字概論』 출판.
12월, 주방포朱芳圃의 『갑골학 문자편甲骨學文字編』 출판.

같은 달, 곽말약郭沫若의 『은계 여론殷契餘論』 출판.

1934년

3월, 은허의 제9차 과학적 발굴이 시작됨.

같은 달, 섭옥삼葉玉森 사망.[4)]

10월, 손해파孫海波의 『갑골 문편甲骨文編』 출판.

1935년

7월, 동작빈董作賓의 「골문 예骨文例」 발표.

1936년

3월, 은허의 제13차 과학적 발굴이 시작됨. 이때 YH127갱에서 1만7천여 편의 갑골이 대량으로 발견됨.

9월, 은허의 제14차 과학적 발굴이 시작됨.

1937년

3월, 은허의 제15차 과학적 발굴이 시작됨.

4월, 곽말약郭沫若의 『은계 수편殷契粹編』 출판.

같은 달, 동작빈董作賓 · 호후선胡厚宣의 『갑골 연표甲骨年表』 출판.

1938년

미국의 찰펀트方法斂가 모사하고 브리튼白瑞華이 교정한 『갑골복사 7집甲骨卜辭七集』 출판.

1939년

4) (역주) 鄭逸梅의 『南社叢談』에서는 1933년 사망한 것으로 되어 있음.

4월, 당란唐蘭의 『천양각 갑골문존天壤閣甲骨文存』 출판.

1940년

5월, 나진옥羅振玉 병으로 사망.

6월, 우성오于省吾의 『쌍검치 은계 변지雙劍侈殷契駢枝』 출판.

같은 달, 증의공曾毅公의 『갑골 철존甲骨綴存』 출판, 이는 최초의 갑골 짜 맞추기綴合 전문서가 됨.

10월, 일본의 매원말치梅原末治의 『하남 안양 유보河南安陽遺寶』 출판.

1941년

4월, 우성오于省吾의 『쌍검치 은계 변지 속편雙劍侈殷契駢枝續編』 출판.

1943년

5월, 우성오于省吾의 『쌍검치 은계 변지 3편雙劍侈殷契駢枝三編』 출판.

1944년

3월, 호후선胡厚宣의 『갑골학 상사 논총甲骨學商史論叢』 초집初集 1·2·3·4책 출판.[5]

1945년

4월, 동작빈董作賓의 『은력보殷曆譜』 출판.

같은 달, 호후선胡厚宣의 『갑골학 상사 논총甲骨學商史論叢』 2집二集 1·2책 출판.

7월, 호후선胡厚宣의 『갑골 6록甲骨六錄』 출판, 『갑골학 상사 논총甲骨學商史論叢』 3집三集에 수록됨.

---

5) (역주) 吳其昌 사망.

1946년

7월, 호후선胡厚宣의 『전후 북평·천진에서 새로 얻은 갑골집戰後平津新獲甲骨集』 출판, 『갑골학 상사 논총甲骨學商史論叢』 4집四集에 수록.

1948년

4월, 동작빈董作賓의 『은허문자 갑편殷虛文字甲編』 출판.

1949년

3월, 동작빈董作賓의 『은허문자 을편殷虛文字乙編』 상上·중집中輯 출판.

1950년

봄, 중국과학원中國科學院 고고연구소考古研究所에 의해 여러 해 동안 중단되었던 은허의 과학적 발굴 작업이 회복됨, 이후 매년 지속됨.

같은 해, 증의공曾毅公의 『갑골 짜 맞추기편甲骨綴合編』 출판.

같은 해, 『문물 참고자료文物參考資料』 창간(1959년 『문물文物』로 이름을 바꿈).

1951년

3월, 호후선胡厚宣의 『50년 갑골문 발견의 총결五十年甲骨文發現的總結』 출판.

4월, 호후선胡厚宣의 『전후 남경 상해에서 새로 얻은 갑골집戰後寧滬新獲甲骨集』 출판.

10월, 일본에서 『갑골학甲骨學』 잡지 출판, 이는 중국 외에서 발간된 최초의 갑골학 전문 정기 간행물이 됨.

11월, 호후선胡厚宣의 『전후 남북에 보이는 갑골록戰後南北所見甲骨錄』 출판.

같은 해, 『중국 고고학보中國考古學報』 복간(이후 『고고학보考古學報』로 이름을 바꿈).[6]

---

6) (역주) 브리톤(白瑞華) 사망.

1952년

1월, 호후선胡厚宣의 『50년 갑골학 논저목五十年甲骨學論著目』 출판.

6월, 곽말약郭沫若 『노예제 시대奴隸制時代』 출판.[7)]

1953년

3월, 일본의 패총무수貝塚茂樹・이등도치伊藤道治의 「갑골문 시기구분 연구법의 재검토甲骨文斷代硏究法的再檢討」 발표.

12월, 동작빈董作賓의 『은허문자 을편殷虛文字乙編』 하집下輯 출판.

1954년

3월, 호후선胡厚宣의 『전후 북경 천진에서 새로 얻은 갑골집戰後京津新獲甲骨集』 출판.

5월, 양수달楊樹達의 『적미거 갑문설積微居甲文說』 「복사쇄기卜辭瑣記」 출판.

11월, 양수달楊樹達의 『내림경 갑문설耐林廎甲文說』 「복사구의卜辭求義」 출판.

같은 해, 산서성 홍조洪趙 방퇴촌坊堆村에서 글자를 가진 서주갑골西周甲骨 출토

1955년

1월, 『고고통신考古通訊』 창간(1959년부터 『고고考古』로 이름을 바꿈).

4월, 곽약우郭若愚・증의공曾毅公・이학근李學勤의 『은허문자 짜 맞추기殷墟文字綴合』 출판.

5월, 호후선胡厚宣의 『은허 발굴殷墟發掘』 출판.

7월, 동작빈董作賓의 『갑골학 50년甲骨學五十年』 출판.

12월, 호후선胡厚宣의 『갑골 속존甲骨續存』 출판.

가을, 하남성 정주鄭州시에서 상나라 때의 성터가 발견됨(1956)[8)]

4월, 섬서성 장안현長安縣 풍하灃河 서쪽 강안의 서주西周 유적지에 대한 대규

7) (역주) 1952년 丁山, 홉킨스 사망.

8) (역주) 楊樹達 사망.

모의 과학적 발굴이 이루어짐, 글자를 가진 서주갑골西周甲骨 발견.

7월, 진몽가陳夢家의 『은허복사 종술殷虛卜辭綜述』 출판.

9월, 정산丁山의 『갑골문에 보이는 씨족 및 그 제도甲骨文所見氏族及其制度』 출판.

12월, 주곡성周谷城의 『고사영증古史零證』 출판.

1957년

3월, 갑골 학자 멘지스明義士 사망.

8월, 장병권張秉權의 『은허문자 병편殷墟文字丙編』 상집上輯 1 출판(전체는 상·중·하 3집 6책으로 되었으며, 1992년 완간됨).

12월, 일본 패총무수貝塚茂樹의 『고대 은제국古代殷帝國』 출판.

1958년

7월, 일본 도방남島邦男의 『은허복사 연구殷墟卜辭研究』 출판.

11월, 주홍상周鴻翔의 『상은 제왕 본기商殷帝王本紀』 출판.

1959년

3월, 일본 패총무수貝塚茂樹의 『경도대학 인문과학연구소 소장 갑골문자京都大學人文科學研究所藏甲骨文字』 도판편圖版篇 출판.

5월, 이학근李學勤의 『은대 지리 간론殷代地理簡論』 출판.

11월, 요종이饒宗頤의 『은대 정복 인물 통고殷代貞卜人物通考』 출판.

같은 해, 석장여石璋如의 『건축 유존建築遺存』 소둔小屯(을편乙編 : 유적지의 발견과 발굴) 출판.

1960년

1월, 동작빈董作賓의 『중국 년력 총보中國年曆總譜』 상·하 출판.

3월, 일본 패총무수貝塚茂樹의 『경도대학 인문과학연구소 소장 갑골문자京都大學人文科學研究所藏甲骨文字』 본문편本文篇 출판.

10월, 하남성 언사偃師 이리두二里頭 유적지에서 대규모의 다진 건축 기초터 발견.

같은 달, 대만에서 『중국문자中國文字』 잡지 창간.

1961년

11월, 굴만리屈萬里의 『은허문자 갑편 고석殷虛文字甲編考釋』 출판.

12월, 『신 중국 고고 수확新中國考古收獲』 출판.

1962년[9)]

10월, 양사영梁思永・고거심高去尋의 『제1001호 대묘第1001號大墓』 출판.

11월, 주방포朱芳圃의 『은주문자 석총殷周文字釋叢』 출판.

1963년

8월, 일본 백천정白川靜의 『은殷・갑골문집甲骨文集』 출판.

같은 해, 갑골학 대가 동작빈董作賓 사망.

1964년[10)]

10월, 진몽가陳夢家의 『은허복사 종술殷虛卜辭綜述』이 일본에서 영인되어 출판됨.

12월, 일본 지전말리池田末利의 『은허서계 후편 석문고殷虛書契後編釋文稿』 출판.

1965년

5월, 곽말약郭沫若의 『은계 수편殷契粹編』 재 인쇄 출판.

6월, 동작빈董作賓의 『갑골학 60년甲骨學六十年』 출판.

같은 달, 이효정李孝定의 『갑골문자 집석甲骨文字集釋』 출판.

---

9) (역주) 胡小石, 李旦丘 사망.

10) (역주) 王襄 사망.

7월, 양사영梁思永 · 고거심高去尋의 『제1002호 대묘第1002號大墓』 출판.
9월, 중국과학원 고고연구소에서 편집한 『갑골문편甲骨文編』 출판.

1966년
4月, 양사영梁思永 · 고거심高去尋의 『제1003호 대묘第1003號大墓』 출판.
7월, 일본 이등도치伊藤道治의 『고대 은왕조의 수수께끼古代殷王朝之謎』 출판.
9월, 고문자학자 진몽가陳夢家 사망.

1967년
11월, 일본 도망남島邦男 『은허복사 종류殷墟卜辭綜類』 출판.

1968년
6월, 허진웅許進雄의 『은 복사에 보이는 5종 제사의 연구殷卜辭中五種祭祀的研究』 출판.
7月, 양사영梁思永 · 고거심高去尋의 『제1217호 대묘第1217號大墓』 출판.

1969년
7월, 일본 백천정白川靜의 『설문신의說文新義』 출판 시작.
같은 해, 주홍상周鴻翔의 『복사 대정 술례卜辭對貞述例』 출판.

1970년
3월, 양사영梁思永 · 고거심高去尋의 『제1004호 대묘第1004號大墓』 출판.
4월, 일본 백천정白川靜의 『한자漢字』 출판.
같은 해, 석장여石璋如 · 고거심高去尋의 『은허 묘장殷墟墓葬之一』 1 소둔小屯(병편丙編 : 유적지의 발견과 발굴) 출판. 『은허殷墟 묘장墓葬 1~5』(북조묘장北組墓葬, 중조묘장中組墓葬, 남조묘장南組墓葬, 을 지구 기초 터의 아래 위 묘장乙區基址上下的墓葬, 병조묘장丙組墓葬 상 · 하)는 각기 1970년 · 1972년 · 1973년 · 1976

년·1980년 출판되었다.

1971년

9월, 마종향馬宗薌의 『갑골 지명 통검甲骨地名通檢』 출판.

12월, 고고연구소 안양공작대安陽工作隊가 소둔小屯 서쪽 지역에서 소 어깻죽지 뼈 20판版을 발견, 문자가 기록된 것은 10판版에 이름.

1972년

2월, 일본 백천정白川靜의 『갑골문의 세계甲骨文の世界』 출판.

같은 해, 허진웅許進雄이 편집한 『은허복사후편殷墟卜辭後編』 출판.

같은 해, 허진웅許進雄이 편집한 『멘지스 소장 갑골 문집明義士收藏甲骨文集』 출판.

같은 해, 이달양李達良의 『귀판 문례 연구龜版文例硏究』 출판.[11)]

1973년

3월, 하남 안양安陽 소둔小屯 남쪽 지역에서 5천여 편의 갑골 발견, 이는 1949년 이후 가장 많이 출토된 예로 기록됨.

8월, 허진웅許進雄의 『복골상의 찬조 형태卜骨上的鑽鑿形態』 출판.

11월, 하북성 고성藁城 대서臺西의 상나라 유적지에서 철인동월鐵刃銅鉞 1점 발견.

12월, 일본 백천정白川靜의 『갑골 금문학 논집甲骨金文學論集』 출판.

1974년

5월, 허진웅許進雄의 『골복 기술과 복사의 시기구분骨卜技術與卜辭斷代』 출판.

같은 해, 양사영梁思永·고거심高去尋의 『제1500호 대묘第1500號大墓』 출판.

---

11) (역주) 孫海波 사망.

1975년

3월, 북경 창평昌平 백부白浮의 서주西周 시대 무덤에서 글자를 가진 갑골 출토

6월, 엄일평嚴一萍의 『갑골 짜 맞추기 신편甲骨綴合新編』 출판.

같은 해, 엄일평嚴一萍의 『갑골 집성甲骨集成』 출판.

1976년

5월, 주홍상周鴻翔의 『미국 소장 갑골록美國所藏甲骨錄』 출판.

7월, 하남 안양安陽의 은허殷墟에서 "부호묘婦好墓" 발견, 대량의 청동기·옥기 등 진귀한 문물 출토

같은 해, 양사영梁思永·고거심高去尋의 『제1550호 대묘第1550號大墓』 출판.

1977년

3월, 일본 적총충赤冢忠의 『중국 고대의 종교와 문화—은 왕조의 제사中國古代的宗敎與文化—殷王朝的祭祀』 출판.

4월, 섬서성 기산岐山 봉추鳳雛의 궁전 기초 터 서상西廂 2호 방房 속의 움집에서 서주 갑골 1만7천여 편 출토

7월, 중국사회과학원 고고연구소와 중국 역사박물관이 연합으로 은허殷墟 5호묘(즉 부호묘婦好墓)에 관한 좌담회 개최.

11월, 이학근李學勤의 「"부호"묘의 연대 및 유관 문제를 논함論"婦好"墓的年代及有關問題」 발표, "역조歷組" 복사의 시대에 관한 논쟁이 시작됨.

같은 달, 『동작빈 전집董作賓全集』 갑·을편 총 12책 출판(갑골학사의 중요한 문헌이 됨).

같은 해, 이제李濟의 『안양安陽』(영문판) 출판.[12]

1978년

---

12) (역주) 島邦南 사망.

6월, 갑골학의 대가 곽말약郭沫若 사망.

2월, 엄일평嚴一萍의 『갑골학甲骨學』 상・하책 출판.

10월, 곽말약郭沫若 주편・호후선胡厚宣 총편집의 『갑골문 합집甲骨文合集』 제2책 출판(전체는 총 13책으로 1982년 12월 완간됨, 이는 갑골학사에서 이정표가 되는 저작임).

11월, 중국 고문자 학술 토론회가 장춘長春시에서 거행됨, 중국 고문자 학술연구회中國古文字學術硏究會 성립.

같은 해, 미국 키틀리吉德煒의 『상대 사료－중국 청동시대의 갑골문商代史料－中國靑銅時代的甲骨文』 출판.

1979년

1월, 고문자학자 당란唐蘭 사망.

6월, 우성오于省吾의 『갑골문자 석림甲骨文字釋林』 출판.

8월, 『고문자 연구古文字硏究』 창간.

10월, 『문물文物』에서 섬서성 기산岐山 봉추鳳雛에서 출토된 글자를 가진 서주 갑골이 처음으로 공개됨.

11월, 중국 고문자 학술연구회의 제2차 연례대회가 광주廣州에서 거행됨.

같은 해, 허진웅許進雄의 『화이트 씨 등 소장 갑골문집懷特氏等收藏甲骨文集』 출판.

겨울, 섬서성 부풍扶風 제가촌齊家村에서 글자를 가진 서주갑골 발견.

같은 해, 저명한 고고학자 이제李濟 사망.13)

1980년

9월, 중국 고문자 학술연구회 제3차 연례대회가 산서성 태원太原에서 개최됨.

같은 해, 중국사회과학원 고고연구소 편집의 『소둔 남지 갑골小屯南地甲骨』 상

13) (역주) 屈萬里 사망.

책 1·2 출판.[14)]

1981년

3월, 왕우신王宇信의 『건국 이래 갑골문 연구建國以來甲骨文研究』 출판.

5월, 당란唐蘭의 『은허 문자기殷虛文字記』 증정본增訂本 출판.

9월, 중국 고문자 학술연구회 제4회 연례대회가 사천성 성도成都에서 개최됨.

같은 해, 『문물文物』에서 섬서성 부풍扶風 제가촌齊家村에서 출토된 글자를 가진 서주갑골을 공표함.

1982년

5월, 진전방陳全方 『섬서 기산 봉추촌 서주갑골문 개론陝西岐山鳳雛村西周甲骨文概論』에서 글자를 가진 서주갑골 2백89편을 전부 공개, 서주갑골의 심화 연구를 촉진함.

9월, 상商 문명 국제 토론회가 미국 하와이에서 개최됨.

같은 달, 석장여石璋如의 「은허 문자 갑편의 5종 분석殷虛文字甲編的五種分析」 발표, 『갑편甲編』에 수록된 갑골의 갱위坑位 공표.

1983년

3월, 일본 송환도웅松丸道雄의 『동경대학 동양문화연구소 소장 갑골문자東京大學東洋文化研究所藏甲骨文字』 도판편圖版篇 출판.

같은 달, 고문자학자 용경容庚 사망.

같은 달, 『갑골문과 은상사甲骨文與殷商史』 출판.

7월, 저명 고고학자 윤달尹達 사망.

9월, 미국의 장광직張光直의 『중국 청동시대中國青銅時代』 북경에서 출판.

같은 달, 국제 중국고문자 토론회가 홍콩에서 개최됨.

---

14) (역주) 『中國文字』(대만, 藝文印書館) 新1期 출간.

같은 해, 중국사회과학원 고고연구소 편집의 『소둔 남지 갑골小屯南地甲骨』 하책 1·2·3 출판.

1984년

4월, 왕우신王宇信의 『서주갑골 탐론西周甲骨探論』 출판.

7월, 고문자학자 우성오于省吾 사망.

8월, 중국 고문자 학술연구회 제5차 연례대회가 섬서성 서안西安에서 개최됨.

10월, 전국 상사商史 학술토론회가 하남성 안양安陽에서 개최됨.

10월, 『은도학간殷都學刊』이 공개적으로 발행됨, "은상 문화연구殷商文化硏究" 칼럼 신설.

1985년

1월, 무한武漢대학에서 갑골문을 컴퓨터에 수록하기로 함.

5월, 중국사회과학원 고고연구소의 『신 중국의 고고발견과 연구新中國的考古發現與硏究』 출판.

6월, 저명 고고학자 하내夏鼐 사망.

같은 달, 『출토문헌 연구出土文獻硏究』 출판.

8월, 요효수姚孝遂·초정肖丁의 『소둔 남지 갑골 고석小屯南地甲骨考釋』 출판.

9월, 이민李民의 『하상사 탐색夏商史探索』 출판.

10월, 양육빈楊育彬의 『하남 고고河南考古』 출판.

12월, 오호곤吳浩坤·반유潘悠의 『중국 갑골학사中國甲骨學史』 출판.

같은 해, 엄일평嚴一萍의 『상주 갑골문 총집商周甲骨文總集』 출판.

1986년

5월, 『인민일보人民日報』에서 섬서성 서안西安에서 원시시기의 갑골문이 출토되었음을 보도.

8월 2일, 『인민일보人民日報』 소호巢湖에서 일련의 서주갑골 발견을 보도.

같은 달, 『중국 대백과 전서中國大百科全書』 고고학권考古學卷 출판.

9월, 중국고문자 학술연구회 제6차 연례회의가 산동성 연대烟臺의 장도현長島縣에서 개최됨.

같은 달, 임운林澐의 『고문자연구 간론古文字硏究簡論』 출판.

같은 해, 『영국 소장 갑골집英國所藏甲骨集』 출판.[15]

1987년[16]

2월, 이등도치伊藤道治의 『천리대학 부속 천리참고관 갑골문자天理大學附屬天理參考館甲骨文字』 출판.

9월, 중국 은상殷商 문화 국제토론회가 안양安陽에서 개최됨, 국내외 학자 120명이 참가, 107편의 논문 제출. 중국 은상殷商 문화학회 성립. 회장에 호후선胡厚宣, 부회장에 전창오田昌五·이학근李學勤·이민李民·추형鄒衡·정진향鄭振香 선출. 사무총장에 전창오田昌五, 사무부총장에 왕우신王宇信(상무)·양승남楊升南·이소련李紹連·섭옥해聶玉海 선출.

1988년

2월, 요효수姚孝遂 등의 『은허 갑골각사 모석 총집殷墟甲骨刻辭摹釋總集』 출판.

3월, 호후선胡厚宣의 『소련·독일·미국·일본에 보이는 갑골집蘇德美日所見甲骨集』 출판.

8월, "은허 발굴 60주년 기념 좌담회"가 하남성 안양安陽에서 개최됨, 40명의 국내 저명 학자 참석.

9월, 장병권張秉權의 『갑골문과 갑골학甲骨文與甲骨學』 출판.

1989년

1월, 요효수姚孝遂 등의 『은허 갑골 각사 유찬殷墟甲骨刻辭類纂』 출판.

---

15) (역주) 陳邦懷 사망.
16) (역주) 貝塚茂樹·嚴一萍 사망.

6월, 왕우신王宇信의 『갑골학 통론甲骨學通論』 출판.

8월, 『은허박물원 원간殷墟博物苑苑刊』 출판. "은허 갑골문 발견 90주년 국제학술 토론회"가 하남성 안양安陽에서 개최됨, 국내외 120명의 학자 참가.

같은 해, 왕귀민王貴民의 『상주 제도 고신商周制度考信』 출판.17)

1990년

5월, 『은허 갑골문 발견 90주년 국제학술 토론회 특집』(은상사 『사학월간史學月刊』, 1990년 제3기) 출판.

8월, 주봉한朱鳳瀚의 『상주 가족형태 연구商周家族形態研究』 출판.

9월, 『은허 갑골문 발견 90주년 국제학술 토론회 특집』(갑골학 『중원문물中原文物』, 1990년 제3기) 출판.

1991년18)

1월, 저명 고문자학자 서중서徐中舒 사망.

8월, 『갑골문과 은상사甲骨文與殷商史』 제3집輯 출판.

"하상夏商 문명 국제학술 토론회"가 하남 낙양洛陽에서 거행됨, 국내외 120명의 저명 학자 참가.

중국 은상殷商 문화학회, 고명高明·상지거商志鋸·왕우신王宇信을 이사로 선임.

9월, 하남 안양安陽 은허殷墟 화원장花園莊 동쪽 지역의 H3 움집 내에서 대량의 갑골 발견, 그중 글자가 새겨진 것만 579편, 이는 1936년 YH127 갑골 이후의 가장 중대한 발견으로 기록됨.

1992년

10월, 구석규裘錫圭의 『고문자 논집古文字論集』 출판.

12월, 양승남楊升南의 『상대 경제사商代經濟史』 출판.

---

17) (역주) 대만 학자 金常恒 사망.

18) (역주) 商承祚 사망.

같은 해, 하북성 형대邢臺 남소왕南小汪에서 출토된 글자를 가진 서주갑골 공표.

1993년

8월, "정주鄭州 상성商城과 은상殷商 문명 국제학술 토론회"가 하남성 정주鄭州에서 개최됨.

"중국 남방南方 청동기와 은상殷商 문명 국제학술 토론회"가 강서성 남창南昌에서 개최됨.

이민李民 주편의 『은상 사회생활사殷商社會生活史』 출판.

10월, "제2회 국제 중국고문자학 토론회"가 홍콩 중문中文대학에서 개최됨.

1994년

9월, "갑골문 발견 95주년 국제학술 토론회"가 하남성 안양安陽에서 개최됨.

같은 해, 송환도웅松丸道雄·고도겸일高島謙一의 『갑골문자 자석 종람甲骨文字字釋綜覽』 출판.

송진호宋鎭豪의 『하상 사회생활사夏商社會生活史』 출판.

『중국 남방南方 청동기와 은상殷商 문명 국제학술 토론회 특집』(『남방문물南方文物』, 1994년 제1·2기) 출판.

1995년

4월, 저명 갑골 학자 호후선胡厚宣 사망.

8월, "북경성城 3040주년 및 연燕 문명 국제학술 토론회"가 북경 경산房山에서 개최됨, 110명의 국내외 학자 참가.

중국 은상殷商 문화학회에서 이백겸李伯謙·뇌종운雷從運·양승남楊升南·이소련李紹連·양육빈楊育彬·제문심齊文心을 이사로 선임. 전창오田昌五를 회장, 왕우신王宇信을 사무총장, 양승남楊升南을 상무 사무부총장으로 추천.

『하상 문명 연구—91 낙양 하상 문명 국제학술 토론회 특집夏商文明研究—91洛陽夏商文明國際學術研討會專集』 출판.

같은 해, 종백생鍾柏生의 『은허문자 을편 보유殷虛文字乙編補遺』 출판.

1996년

5월, 우성오于省吾 주편 『갑골문자 고림甲骨文字詁林』 출판.

6월, "국제 갑골학 학술토론회"가 한국 서울의 숙명淑明여자대학에서 개최됨. 중국의 구석규裘錫圭・왕우신王宇信・채철무蔡哲茂, 캐나다의 허진웅許進雄 등 참가.

한국 중국고문자 학회 성립.

『고문자학 논집古文字學論集』 제1집, 갑골학 특집(한국 동문선東文選 출판사) 출판. 왕우신王宇信의 「근 백 년 동안의 갑골학 연구近百年來甲骨學研究」가 연세延世대학교 『인문과학人文科學』 75집에 발표됨.

9월, 『우성오 교수 탄신 백주년 논문집于省吾教授百年誕辰論文集』 출판.

11월, 북경 방산房山의 유리하琉璃河 연燕나라 수도 성터에서 글자를 가진 서주갑골 3편을 발견, 그중 1편에는 "성주成周"라는 2글자가 새겨졌음.

저명 갑골 학자 요효수姚孝遂 사망.

12월, 호후선胡厚宣의 『갑골속존 보편甲骨續存補編』 출판.

황목일려자荒木日呂子의 『중도옥진 옛날 소장 갑골中島玉振舊藏甲骨』 출판.

1997년

3월, 『북경성城 3040주년 및 연燕 문명 국제학술 토론회 특집』 출판.

8월, "1997 산동 환대桓臺 중국 은상殷商 문명 국제학술 토론회" 개최, 백여 명의 국내외 저명 학자 참가.

중국 은상殷商 문화학회, 고영민高英民・고대륜高大倫을 이사로 추가 선임함.

11월, "제3회 국제 중국고문자학 토론회"가 홍콩 중문中文대학에서 개최됨.

같은 해, 러푸웨雷煥章(Jean A. Lefeuwe)의 『독일・네덜란드・스위스・벨기에에 보이는 몇몇 갑골록德荷瑞比所見一些甲骨錄』 출판.[19]

1998년

5월, "갑골문 발견 백주년 학술 토론회" 대만의 대북臺北에서 개최.

8월, "1998 하북 형대邢臺 중국 상주商周 문명 국제학술 토론회" 개최, 120명의 국내외 학자 참가.

중국 은상殷商 문화학회, 왕외王巍·송진호宋鎮豪·윤성평尹盛平·진문생秦文生·난풍실欒豐實·손경명孫敬明을 이사로 선임, 왕우신王宇信을 부회장으로 추가 선임, 양승남楊升南을 사무총장으로 선임함:

9월, "은허 발굴 70주년 국제학술토론회"가 하남 안양安陽에서 개최됨, 120명의 국내외 학자 참가.

10월, 『서중서 선생 탄신 백 년 기념 문집徐中舒先生百年誕辰紀念文集』 출판.

1999년

4월, "갑골문 발견 백주년 학술 토론회"가 남경南京에서 개최됨.

6월, "왕의영王懿榮 갑골문 발견 백주년 학술토론회"가 산동성 연대烟臺에서 개최됨.

『왕의영 문집王懿榮文集』출판. 『갑골탐비甲骨探秘』(TV 영화) 처음 방영. 중국 은상殷商 문화학회, 갈영회葛英會·주봉한朱鳳瀚·유일만劉一曼·두금붕杜金鵬·왕진중王震中·재운장蔡運章을 이사로 선임.

"하남성 갑골문 발견 백주년 기념 학술 좌담회"가 정주鄭州에서 개최됨.

8월, "갑골문 발견 백주년 기념 국제학술 토론회"가 하남성 안양安陽에서 개최됨. 중국사회과학원 역사연구소, 고고연구소, 중국 은상殷商문화학회, 홍콩 중문中文대학 중국문화연구소, 안양安陽고등사범 전문학교, 안양시 인민정부 등에서 공동개최함.

같은 달, 『갑골학 일백 년甲骨學一百年』 출판.

『갑골문 합집 보편甲骨文合集補編』 출판.

---

19) (역주) 대만 학자 李孝定 사망.

『백 년 갑골학 논저목百年甲骨學論著目』 출판.

『갑골문 합집 석문甲骨文合集釋文』 출판.

『하상주 문명연구－1997 산동 환대桓臺 중국 은상殷商 문명 국제학술 토론회 문집夏商周文明研究－'97山東桓臺中國殷商文明國際學術研討會文集』 출판.

『하상주문명연구－1998 하북 형대邢臺 중국 상주商周 문명 국제학술 토론회 문집夏商周文明研究－'98河北邢臺中國商周文明國際學術研討會論文集』 출판.

『갑골학 통론甲骨學通論』(증정본) 출판.[20]

왕우신王宇信 편집

---

20) (역주) 프랑스 파리에서 "갑골문 발견 100주년 기념 국제학술대회" 개최.

劉鶚 :『鐵雲藏龜』, 抱殘守缺齋 石印本 6冊, 1903年 10月. 又 1931年 蟫隱廬 石印本 合『鐵雲藏龜之餘』共 6冊.『鐵』

羅振玉 :『殷虛書契』,『國學叢刊』石印本 3期 3卷, 1911年. 又 1913年 影印本 4冊. 1932年 重印本 4冊.『前』

羅振玉 :『殷虛書契菁華』, 1914年 10月. 又 重印本 1冊.『菁』

羅振玉 :『鐵雲藏龜之餘』,『靑古叢編』影印本 1冊, 1915年 1月. 又 1927年 重印本. 又 1931年 蟫隱廬 石印本 附『鐵雲藏龜』書後 共6冊.『鐵餘』

羅振玉 :『殷虛書契後編』, 影印本 1冊, 1916年 3月. 又『藝術叢編』第1集本. 又 重印本.『後』

羅振玉 :『殷虛古器物圖錄』, 影印本 1冊, 1916年 4月. 又『藝術叢編』第1集本. 又 翻印本.『殷圖』

明義士 :『殷虛卜辭』, 上海別發洋行石印本 1冊, 1917年 3月.『明』

姬佛佗 :『戩壽堂所藏殷虛文字』,『藝術叢編』第3集 石印本, 1917年 5月. 又 單行本 王國維의『戩壽堂所藏殷虛文字考釋』과 合 2冊.『戩』

林泰輔 :『龜甲獸骨文字』, 日本 商周遺文會影印本 2冊, 1921年 12月. 又 北京富晉書社 翻印本 2冊.『龜』

葉玉森 :『鐵雲藏龜拾遺』, 影印本 1冊, 1925年 5月. 又 翻印本 1冊.『鐵遺』

王襄 :『簠室殷契徵文』, 天津博物院石印本 4冊, 1925年 5月.『簠』

董作賓 :『新獲卜辭寫本』, 石印本『新獲卜辭寫本後記』와 合 1冊, 1928年 11月. 又『安陽發掘報告』第1期에 게재.『新』

羅福頤 :『傳古別錄』第2集, 影印本 1冊, 1928年 出版.『傳古』

董作賓 :『大龜四版考釋』,『安陽發掘報告』第3期, 1931年 6月.『四版』

中村不折 :『書道』第1卷, 日本書道院, 1931年.『書』

關百益:『殷虛文字存眞』, 河南省博物館拓本 1~8集 各 1冊, 1931年 6月.『眞』

原田淑人:『周漢遺寶』, 日本帝室博物館出版, 1932年.『周漢』

商承祚:『福氏所藏甲骨文字』, 金陵大學中國文化研究所, 1933年 4月.『福』

容庚・瞿潤緡:『殷契卜辭』, 哈佛燕京學社石印本, 1933年 5月.『契』

郭沫若:『卜辭通纂』, 日本東京文求堂石印本, 1933年 5月. 又 日本朋友書店 1977年 重印. 又 科學出版社 1983年 6月版.『通』

董作賓:「釋後岡出土的一片卜辭」,『安陽發掘報告』 第4期, 1933年 6月.「後岡」

王子玉:「甲骨文」,『續安陽縣志』에 게재, 1933年 8月.

羅振玉:『殷虛書契續編』, 影印本 6冊, 1933年 9月.『續』

商承祚:『殷契佚存』, 金陵大學中國文化研究所影印本, 1933年 10月.『佚』

吉卜生:「上海亞洲文會博物館藏甲骨卜辭」, 1934年『中國雜志』21卷 6號,『商代之象形文字』첨부.「滬亞」

黃濬:『鄴中片羽初集』, 北京尊古齋影印本 2冊, 1935年 2月.『鄴初』

金祖同:『郭齋藏甲骨拓本』, 上海中國書店石印本,『殷墟卜辭講話』과 合 1冊, 1935年 2月.『郭』

方法斂・白瑞華:『庫方二氏藏甲骨卜辭』, 商務印書館, 1935年 12月.『庫』

黃濬:『衡齋金石識小錄』, 北京尊古齋影印本 2冊, 1935年.『衡齋』

白瑞華:『殷墟甲骨相片』, 美國紐約影印 單行本, 1935年.『相』

明義士:「柏根氏舊藏甲骨文字」,『齊大季刊』67期, 1935年. 又 齊魯大學國學研究所 單行本 1冊, 1935年.「柏」

顧立雅:『中國的誕生』, 1936年.『誕』

董作賓:「安陽侯家莊出土之甲骨文字」,『田野考古報告』第1冊 첨부 摹本拓本, 1936年 8月.「侯」

郭沫若:『殷契粹編』, 日本東京文求堂石印本, 1937年 5月. 又 科學出版社, 1965年5月.『粹』

白瑞華:『殷墟甲骨拓片』, 美國紐約影印單行本 1冊, 1937年.『拓』

黃濬:『鄴中片羽二集』, 北京尊古齋影印本 2冊, 1937年 8月.『鄴二』

孫海波:『甲骨文錄』, 河南通志館出版, 1938年 1月. 又 藝文印書館, 1958年 重印本.『錄』

方法斂・白瑞華:『甲骨卜辭七集』, 美國紐約影印 單行本, 1938年.『七』

唐蘭:『天壤閣甲骨文存』, 北京輔仁大學出版, 1939年 4月.『天』

李旦丘:『鐵雲藏龜零拾』, 上海中法出版委員會出版, 1939年 5月.『鐵零』

金祖同:『殷契遺珠』, 上海中法出版委員會出版, 1939年 5月.『珠』

曾毅公:『殷契綴存』, 齊魯大學國學研究所出版, 1939年 11月.『綴存』

方法斂・白瑞華:『金璋所藏甲骨卜辭』, 美國紐約影印單行本 1冊, 1939年.『金』

孫海波:『誠齋殷虛文字』, 北京修文堂書店影印本, 1940年 2月.『誠』

李孝定:『中央大學藏甲骨文字』, 石印摹寫本, 1940年 8月.『中』

于省吾:『雙劍侈古器物圖錄』, 影印本 2冊, 1940年 11月.『雙圖』

梅原末治:『河南安陽遺寶』, 日本影印本 1冊, 1940年.『寶』

李旦丘:『殷契摭佚』, 來薰閣書店影印本, 1941年 1月.『摭』

何遂:『叙圃甲骨釋要』, 影印本 1冊, 1941年.『叙圃』

黃濬:『鄴中片羽三集』, 北京通古齋影印本, 1942年 1月.『鄴三』

胡厚宣:「厦門大學所藏甲骨文字」,『甲骨學商史論叢』 初集 4冊에 게재, 1944年 3月.「厦」

于省吾:『雙劍侈殷契駢枝三編』附圖, 1944年 5月.『駢三』

胡厚宣:『甲骨六錄』, 成都齊魯大學國學研究所專刊之一, 1945年 7月. 又『甲骨學商史論叢』第3集에 수록.『六』

懷履光:『骨的文化』, 石印本, 1945年.『骨』

胡厚宣:『戰後平津新獲甲骨集』, 成都齊魯大學國學研究所專刊之一・二冊, 1946年 5月・7月.『平』

胡厚宣:「戰後殷虛出土的新大龜七版」, 上海『中央日報』『文物』周刊 22

~31期, 1947年 2月.「七版」
金祖同 :『龜卜』, 上海溫知書店影印本 1冊, 1948年 1月.『龜卜』
董作賓 :『殷虛文字甲編』, 商務印書館, 1948年 4月.『甲』
董作賓 :『殷虛文字乙編』 上·中輯, 商務印書館, 上輯 1948年 10月, 中輯 1949年 3月. (下輯, 臺灣中研院史語所出版, 1953年 12月. 又科學出版社, 1956.3.)『乙』
李旦丘 :『殷契摭佚續編』, 中國科學院, 1950年 9月.『摭續』
曾毅公 :『甲骨綴合編』, 修文堂書店, 1950年.『綴』
胡厚宣 :『戰後寧滬新獲甲骨集』, 北京來薰閣書店, 1951年 4月.『寧』
郭若愚 :『殷契拾掇』, 上海出版公司, 1951年 8月.『掇一』
胡厚宣 :『戰後南北所見甲骨錄』, 北京來薰閣書店, 1951年 11月.『南』
郭寶鈞 :「1950年春殷墟發掘報告」,『中國考古學報』第5冊, 1951年.「50」
郭若愚 :『殷契拾掇二編』, 上海出版公司, 1953年 3月.『掇二』
「河南鄭州二里崗又發掘出"俯身葬"人骨二具和有鑿痕龜甲一片」,『文物參考資料』, 1953年第10期.「鄭二」
胡厚宣 :『戰後京津新獲甲骨集』, 群聯出版社, 1954年 3月.『京』
郭若愚·曾毅公·李學勤 :『殷墟文字綴合』, 科學出版社, 1955年 4月.『綴合』
胡厚宣 :『甲骨續存』, 群聯出版社, 1955年 12月.『續存』
董作賓·嚴一萍 :『殷虛文字外編』, 藝文印書館, 1956年 6月.『外』
饒宗頤 :「日本所見甲骨錄」,『東方文化』3卷 1期, 1956年 6月.「日見」
陳夢家 :『殷虛卜辭綜述』附圖, 科學出版社, 1956年 7月.『綜述』
饒宗頤 :『巴黎所見甲骨錄』, 香港大宏雕刻印刷公司, 1956年 12月.『巴』
董作賓 :「漢城大學所藏大胛骨刻辭考釋」,『史語所集刊』28本 下冊, 1957年 5月.「漢城」
張秉權 :『殷虛文字丙編』上輯 一, 臺灣中研院史語所出版, 1958年 8月. 上輯 二, 1959年 10月; 中輯 一, 1962年. 中輯 二, 1965年; 下輯 一, 1967

年; 下輯 二, 1972年.『丙』

河南省文化局文物工作隊第一隊 :「1955年秋安陽小屯殷墟的發掘」, 『考古學報』, 1958年, 第 3期.「55」

饒宗頤 :「海外甲骨錄遺」, 香港大學『東方文化』4卷1~2期, 1957~1958年.「海」

嚴一萍 :『中國畵譜殷商編』, 藝文印書館, 1958年 9月.『畵譜』

青木木菟哉 :「書道博物館所藏甲骨文字」, 日本『甲骨學』6・7・8・9・10, 1958~1964年.「書博」

貝塚茂樹 :『京都大學人文科學研究所藏甲骨文字』 圖版篇, 京都大學人文科學研究所, 1959年 3月.『京人』

陳邦懷 :『甲骨文零拾』, 天津人民出版社, 1959年 9月.『甲零』

松丸道雄 :「日本散見甲骨文字搜彙」1・2・3・4・5・6, 日本『甲骨學』7・8・9・10・11・12, 1959~1980年. 中譯本 第1~5部分은『古文字研究』, 第3輯, 中華書局, 1980年11月에 게재. 第6部分은『古文字研究』第8輯, 中華書局, 1983年 2月에 게재. 劉明輝 譯「日彙」

中國科學院考古研究所安陽發掘隊 :「1958~1959年殷墟發掘簡報」,『考古』, 1961年 第2期.「58」

屈萬里 :『殷虛文字甲編考釋』附圖, 中央研究院歷史語言研究所, 1961年 6月.『甲釋』

姚孝遂 :「吉林大學所藏甲骨選釋」,『吉林大學社會科學學報』, 1963年第 4期.「吉大」

金祥恒 :「國立中央圖書館所藏甲骨文字」,『中國文字』第19・20冊, 1966年.「中圖」

伊藤道治 :「故小川睦之輔氏藏甲骨文字」, 日本京都 『東方學報』 第37冊, 1966年 3月.「小川」

白瑞華校 :『方法斂摹甲骨卜辭三種』(『庫』・『金』・『七』), 藝文印書館, 1966年.『方摹』

李棪 :『枚齋甲骨展覽』, 『香港中文大學聯合書院十周年校慶』, 1966年.『棪齋』
伊藤道治 :「大原美術館所藏甲骨文字」, 日本倉敷考古館 『研究集報』 第4號, 1968年 1月.「大原」
李棪 :「卜辭貞人何在同版中之異體」, 香港中文大學『聯合書院學報』, 1969年 第5期.「何異」
李棪 :「聯合書院圖書館所獲東莞鄧氏舊藏甲骨」, 香港中文大學『聯合書院學報』 第7期, 1969年.「鄧聯」
李棪 :「北美所見甲骨選粹」, 香港中文大學 『中國文化研究所學報』 第3卷 第2期, 1970年.「北美」
劉體智 輯 :『善齋藏契萃編』, 藝文印書館, 1970年 10月.『善齋』
饒宗頤 :「歐美亞所見甲骨錄存」,『南洋大學學報』第4期, 1970年.「歐美亞」
伊藤道治 :「藤井有鄰館所藏甲骨文字」, 日本京都『東方學報』第42冊, 1971年 3月.「藤井」
伊藤道治 :「檜垣元吉氏藏甲骨文字」,『神戶大學文學部紀要』 I, 1972年 1月.「檜垣」
中國社會科學院考古研究所 :「1971年安陽後岡發掘簡報」, 『考古』, 1972年 第3期.「71」
郭沫若 :「安陽新出土的牛胛骨及其刻辭」,『考古』, 1972年 第2期.「安新」
許進雄 :『明義士收藏甲骨文集』, 加拿大皇家安大略博物館, 1972年.『安明』
許進雄 :『殷墟卜辭後編』, 藝文印書館, 1972年.『明後』
嚴一萍 :『美國納爾森美術館藏甲骨刻辭考釋』, 藝文印書館, 1973年 1月.『納爾森』
胡厚宣 :「臨淄孫氏舊藏甲骨文字考辨」,『文物』, 1973年 第9期.「臨孫」
沈之瑜 :「介紹一片伐人方的卜辭」,『考古』, 1974年 第4期.「人方」
中國社會科學院考古研究所安陽工作隊 :「1973年安陽小屯南地發掘簡報」, 『考古』, 1975年 第1期.「七三安」

嚴一萍 :『甲骨綴合新編』, 藝文印書館, 1975年 6月.『綴新』

嚴一萍 :『鐵雲藏龜新編』, 藝文印書館, 1975年 7月.『鐵新』

周鴻翔 :『美國所藏甲骨錄』, 美國加利福尼亞大學, 1976年.『美藏』

李孝定 :「李光前文物館所藏甲骨文字簡釋」, 南洋大學李光前文物館『文物彙刊』第2號, 1976年.「李」

嚴一萍 :『甲骨綴合新編補』, 藝文印書館, 1976年.『綴補』

伊藤道治 :「關西大學考古學資料室藏甲骨文字」,『史泉』51號, 1977年.「關西」

郭沫若 主編 :『甲骨文合集』第2冊, 中華書局, 1978年 10月.(第3冊, 1978年 12月. 第4冊, 1979 年8月. 第5冊, 1979年 10月. 第6冊, 1979年 12月. 第7冊, 1980年 8月. 第8冊, 1981年 1月. 第9冊, 1981年 6月. 第10冊, 1981年 12月. 第11冊, 1982年 1月. 第12冊, 1982年 6月. 第13冊, 1982年 12月. 第1冊, 1982年 10月)『合集』

渡道兼庸 :『東洋文庫所藏甲骨文字』, 東洋文庫中國史研究委員會, 1979年 3月.『東文』

許進雄 :『懷特氏等收藏甲骨文集』, 加拿大皇家安大略博物館, 1979年.『懷特』

胡厚宣 :「釋流散到德國的一片卜辭」,『鄭州大學學報』, 1980年 第2期.「德一」

徐錫臺 :『西德瑞士藏我國殷墟出土的甲骨文』,『人文雜志』, 1980年 第5期.『西瑞』

中國社會科學院考古研究所 :『小屯南地甲骨』 上冊 1・2, 中華書局, 1980年.(下冊 1・2・3, 中華書局, 1983年)『屯南』

安陽市博物館 :「安陽博物館館藏卜辭選」,『中原文物』, 1981年 第1期.「安博」

李先登 :「孟廣慧舊藏甲骨選介」,『古文字研究』第8輯, 中華書局, 1983年 2月.「孟」

胡振祺等 :「山西省文物工作委員會收藏的甲骨」,『古文字研究』 第8輯, 中華書局, 1983年 2 月.「山西」

松丸道雄:『東京大學東洋文化研究所藏甲骨文字』 圖版篇, 東京大學東洋文化研究所, 1983年 3月.『東京』

伊藤道治:「國立京都博物館藏甲骨文字」, 神戶大學『文化學年報』 第3號, 1984年.「京都博」

伊藤道治:「黑川古文化研究所藏甲骨文字」, 神戶大學『文化學年報』 第3號, 1984年.「黑川」

嚴一萍:『商周甲骨文總集』, 藝文印書館, 1985年.『總集』

雷煥章(Jean A. Lefeuwe):『法國所藏甲骨錄』, 臺北光啓出版社, 1985年.『法藏』

李學勤 等:『英國所藏甲骨集』, 中華書局, 1986年.『英藏』

肖楠:「小屯南地甲骨綴合篇」,『考古學報』, 1986年 第3期.「屯綴」

沈之瑜:『甲骨卜辭新獲』,『上海博物館刊』第3輯, 上海古籍出版社, 1986年 4月.「上新」

伊藤道治:『天理大學附屬天理參考館甲骨文字』, 天理時報社出版, 1987年 2月.『天理』

胡厚宣:『蘇德美日所見甲骨集』, 四川辭書出版社, 1988年.『蘇德美日』

胡厚宣:「蘇聯國立愛米塔什博物館藏甲骨文字」,『甲骨文與殷商史』 第3輯, 上海古籍出版社, 1991年.「愛米塔什」

鍾柏生:『殷虛文字乙編補遺』, 歷史語言研究所, 1995年.『乙補』

胡厚宣:『甲骨續存補編』, 无津古籍出版社, 1996年.『續補』

荒木日呂子:『中島玉振舊藏甲骨』, 創榮出版株, 1996年.『中島』

雷煥章(Jean A. Lefeuwe):『德荷瑞比所藏一些甲骨錄』, 利氏學社, 1997年.『德荷瑞比』

鍾柏生:「歷史語言研究所所購甲骨文選釋」,『第三屆國際中國古文字學硏討會論文集』, 1997年.「所選 1」

劉敬亭:『山東省博物館精拓甲骨文』, 齊魯書社, 1998年.『山博』

鍾柏生:「歷史語言研究所所購甲骨文選釋 2」,『甲骨文發現一百周年學術研討會論文集』, 1998年.「所選 2」
彭邦炯等 :『甲骨文合集補編』, 語文出版社, 1999年.『合補』
齊文心 等 :『瑞典斯德哥爾摩古物陳列館藏甲骨文字』, 中華書局, 1999年.『瑞斯』

王宇信 輯

후기

갑골문 발견 백 주년이 된 지금, "갑골학 일백 년" 성과의 하나인 이 『갑골학 일백 년』이라는 저서를 마침내 완성하여 학계에 바칠 수 있게 되었다. 정말 대단히 영광스럽고도 감격스런 일이 아닐 수 없다!

그 이유는 첫째, 1899년 갑골문이 왕의영에 의해 발견된 이후 몇 대에 걸친 국내외 우수 학자들의 노력을 거쳐, 갑골학은 이미 대량의 연구 자료와 풍부한 연구 과제를 갖춘 또 엄밀한 규칙을 갖춘 성숙된 학과이자 국제적인 학문으로 발전했기 때문이다. 지난 백 년 동안 3천여 명에 이르는 학자의 지혜와 힘을 합친 1만 종 이상의 논저에 힙 입어 이 학문은 지속적으로 전진해 왔다. 이러한 저작은 10만 편의 갑골문과 서로를 비추어주고 서로를 밝혀줌으로써 중국문화의 보물 중의 진귀한 문화재산으로 자리 잡았다. 선배 학자들이 이룬 거대한 성취는 다가올 새로운 백 년에서 더 큰 성적을 이루게 될 기점이자 기초석이며, 『갑골학 일백 년』을 기술하는 데 견실한 토대가 되어 왔다. 그래서 이 책이 학자들의 연구에 도움을 주게 된다면, 먼저 나진옥羅振玉, 왕국유王國維, 곽말약郭沫若, 동작빈董作賓, 호후선胡厚宣 등으로 대표되는 몇 대에 걸친 갑골학의 큰 스승들께 감사드려야 할 것이며, 불굴의 정신으로 갑골학을 끝까지 추구하고 개척했던 그들의 창조정신은 장차 영원히 우리가 중단 없이 전진하고 새로운 창조를 하는 데 격려가 될 것이다.

그 두 번째 이유는, 영광스럽게도 중국사회과학원 과학연구국과 역사연구소 지도자들의 전폭적인 지지를 받았기 때문이다. 어떤 일을 잘 해내려면 지도자들의 신임과 지지가 절대적이라는 사실을 우리는 절실히 체득할 수 있었다. 『갑골학 일백 년』이라는 과제를 설정한 후, 빠른 시간 내에 국가사회과학기금회의 비준을 얻을 수 있었으며, 또 중국사회과학원 "9·5" 중점과제로 채택될 수 있었다. 프로젝트를 계획하는 과정에서 임감천林甘泉, 이학근李學勤, 진고화陳高華, 진조무陳祖武 등과 같은 지도자와 전문가 및 중국사회과학원 과학연구국의 지도자들, 특히 왕정王正, 유휘춘劉輝春 등과 같은 동지의 커다란 지지를 얻을 수 있었다. 이렇게 중대한 과제의 책임이 우리에게 주어졌다는 사실에, 지도자들의 깊은 믿음에 감사하면서도 다른 한편으로는 커다란 중압감을 느끼기도 했다. 그래서 이 과제를 잘 수행하고자 최근 몇 년 동안 우리는 이의 수행에 몸과 마음을 다 바쳤다. 그리고 지금, 『갑골학 일백 년』이 결국 세상에 나오게 되었다. 비록 수준에 한계는 있겠지만, "못난 아내라도 언제나 남편을 보고파 하는 것"처럼 독자를 만나고 싶은 것도 사실이다. 이러한 과제가 제대로 완성되었는지, 그것은 학계의 동지들께서 평가해 줄 부분이다. 하지만 우리가 정말 진지하게 이 과제를 수행했다는 점만은 가슴에 손을 얹고 물어도 부끄럽지 않다!

그 세 번째 이유는, 과제 제도의 우월성을 느낄 수 있었기 때문이다. 『갑골학 일백 년』이라는 과제를 설정한 이후, 중앙 정부와 사회과학원에서는 우리에게 대대적으로 연구비를 지원해 주었으며, 이로써 연구가 순조롭게 진행되고 전개될 수 있도록 보장해 주었다. 과제의 실행 제도 덕분에, 과제 책임자는 각계의 뜻을 같이 하는 전문가들과 함께 의논하여 연구에 참여하였고, 그렇게 함으로써 질과 양의 모든 부분에 있어서 기한 내에 성과물을 제출할 수 있었다. 더 많은 사람들의 지혜를 한데 모으고 백 년간의 갑골학 연구 성과를 충분하게 반영하고 과학적으로 총결하기 위해, 우리 연구팀 전원은 모두 자신들의 이해에 근거한 각자의 대강을 제시했고, 연구팀 전체가 출석한 회의석상에서 진지하게 논의하고 반복적으로 연구하였으며, 하고 싶은 말이 있으면 모든 것을 말하는 분위기에서 각자가 제출한 대강의 우수성과 장단점을 비교하였다. 팀원 모두가 자신의 의견을 충분히 발표한 기초 위에서 대강을 집중시겼으며, 왕우신王宇信에게 위임하여 회의석상에서 논의된 것을 기초로 책 전체의 대강을 확정하도록 하였다. 대강이 확정된 후, 각 저자들은 한 부분씩 나누었고, 자신이 분담한 부분의 연구와 집필을 책임졌다. 책 전체의 원고가 완성된 이후에는 왕우신 · 양승남楊升南이 전체 원고와 문장의 최후 교정을 책임졌다. 과제가 진행되던 과정에서 『갑골학 일백 년』에 원래 부록으로 달고자 했던 “백 년 갑골 논저 간목百年甲骨論著簡目”이 이미 1만 여 조목이나 되기에, 이를 부록으로 붙이게 되면 “손님이 오히려 주인의 자리를 차지하는” 격이 될 것(본문이 겨우 1백 만자 정도이다)이라는 사실을 발견하게 되었다. 그래서 공동논의 결과 『갑골학 일백 년』의 부록으로는 “갑골학 연대기甲骨學大事記”(1899～1999)만 첨부하고 “간목簡目”은 빼도록 했으며, 이는 따로 송진호宋鎭豪 교수와 상요화常耀華 선생이 『백 년 갑골학 논저목百年甲骨學論著目』이라는 책으로 만들어 어문語文출판사에서 출판하도록 했다. 이렇듯 『갑골학 일백 년』의 운용 과정에서, 과제 팀의 전문가와 과제 책임자들의 일치된 협력으로 각종 어려움들을 극복했으며, 마침내 이 국가 · 사회과학원 “9 · 5” 중점 과학연구 프로젝트를 완성할 수 있었다.

그 네 번째 이유는, 『갑골학 일백 년』의 연구과제가 확정된 이후, 국내외 학자들의 관심과 지지를 받았다는 점 때문이다. 일본의 이등도치伊藤道治 교수 · 송환도웅松丸道雄 교수 등, 또 대만의 오서吳璵 교수 · 왕중부

王仲孚 교수 · 종백생鍾柏生 교수 · 채철무蔡哲茂 교수 · 허진웅許進雄 교수 · 러푸웨雷煥章(Jean A. Lefeuwe) 교수 · 황경신黃竟新 교수 등, 그리고 홍콩의 요종이饒宗頤 교수 · 심건화沈建華 교수 등, 혹자는 저서를 보내주기도 했고, 혹자는 학술 소식을 전해주면서, 여러 방면에서 도움을 주었다. 특히 과제 팀의 구성원들은 대만 · 일본 · 한국 등의 초청을 받아 회의에 참석하거나 특강을 하면서, 국외학자의 저작과 연구의 최신 성과 등에 대해 많이 이해할 수 있었다. “과학에는 국경이 없는 법이다.” 바로 국내외 학자들의 공동 노력이 있었기에, 갑골학 연구가 오늘날처럼 성취를 이룰 수 있었던 것이다. 『갑골학 일백 년』에서 국외학자들의 성과를 소개하는 데 애를 썼는데 이는 분명 중국학자들의 연구에 시사를 주게 될 것이다. 이 자리를 빌려 화하華夏 문명의 발양에 공헌을 한 해외학자들에게 경의를 표한다!

『갑골학 일백 년』의 원고가 완성된 후, 저명한 갑골 학자 이학근李學勤, 고명高明, 조복림晁福林, 갈영회葛英會, 주봉한朱鳳瀚, 왕귀민王貴民, 조정운曹定云 교수는 그 바쁜 와중에서도 전체 원고를 자세히 검토해 주기도 했고, 이 책의 관련 장절을 깊이 있게 검토해 주기도 했다. 그들은 대단히 엄격하고 진지하며, 조금도 빈틈없이 검토해 줌으로써, 우리에게 열정적으로 격려를 해 주었을 뿐 아니라 또 진일보한 수정된 원고가 나올 수 있도록 정곡을 찌르는 정확한 의견도 제시해 주었다. 이에 대해서도 심심한 사의를 표한다!

이 책이 순조롭게 출판될 수 있었던 것은 사회과학문헌출판사의 전폭적인 지지와 신뢰와 불가분의 관계에 있다. 『갑골학 일백 년』의 원고가 완성되자마자 그들은 흔쾌히 이를 받아 주었다. 1999년 8월 20일 하남성 안양安陽에서 개최되는 “갑골문 발견 백주년 기념 국제학술 토론회”에 시간을 맞추는 동시에 갑골문 발견 백주년 맞이 훌륭한 선물이 될 수 있도록 하기 위해, 사회과학문헌출판사의 지도자들은 특수한 상황에서는 특수한 방법으로 처리하는 방식까지 동원해가면서 이 책이 순조롭게 출판될 수 있도록 배려해 주었다. 책임 편집자는 밤낮을 쉬지 않고 책의 원고를 자세히 교열했으며, 적잖은 건설적인 의견까지 제시해 주었다. 이 책이 시간에 맞추어 제대로 출판될 수 있었던 것은 그들의 사심 없는 헌신과 불가분의 관계에 있다. 이 자리를 빌려 그들에게도 위로와 감사의 말씀을 전한다!

우리는 다시 한 번 중국사회과학원 과학연구국과 역사연구소의 지도자들께 감사드린다! 그들은 『갑골학 일백 년』이 순조롭게 출판되고 시간에 맞추어 출판될 수 있도록 필요한 자금을 지원해 주었으며, 덕분에 이 책의 출판이 순조롭게 진행될 수 있었다. 또 안양시安陽市의 대외 우호협회 장건형張堅兄 부회장의 관심에도 감사드린다!

이처럼 『갑골학 일백 년』은 여러 지도자와 학계의 동지들이 몸과 마음을 쏟아 부어 만든 저작이다. 만약 이 저작이 백 년 동안의 갑골학 발전의 궤적을 전면적으로 인식하고, 또 학자들에게 새로운 세기의 갑골학 연구에 필요한 시사점을 제공한다면, 『갑골학 일백 년』이라는 이 프로젝트를 처음 구상할 때의 고충은 실현되는 셈이다. 그래서 『갑골학 일백 년』은 우리 과제 팀 전체 동지들의 갑골학에 대한 이해와 추구와 기대가 응집된 것이며, 백 년 동안 갑골학의 발전에 공헌했던 몇 대에 걸친 학자들에 대한 우리의 그리움과 흠모가 응집된 것이라 할 것이다!

갑골학 연구의 찬란한 백 년은 이미 지나갔다. 한 세기가 교차하는 지금, 우리 모두 함께 두 팔을 들고 이미 도래하기 시작한 갑골학연구의 새로운 백 년의 찬란함을 다시 맞이하도록 하자!

왕우신王宇信 · 양승남楊升南

1999년 7월 26일